예수는 어떻게 신이 되었나

예수는 어떻게 신이 되었나

††††

How Jesus Became God:

The Exaltation of a Jewish Preacher from Galilee

바트 어만 지음 | 강창헌 옮김 | 오강남 해제

갈라파고스

* 일러두기

· 본문에서 인용한 성서 구절은 대체로 히브리성서(구약성서)는 대한성서공회에서 발간한 공동번역을, 신약성서는 분도출판사에서 발간한 200주년 성서를 따랐으나 맥락에 따라서 수정한 부분도 있다.

· '유다' 관련 우리말 표기에 대해 유다 사람은 유대인, 지방명은 유다, 종교는 유대교, 인명은 유다로 표기했다.

· God는 맥락에 따라서 신 또는 하느님으로 달리 옮겼다.

· 본문에 나오는 성서 밖의 인명과 지명은 한국교부학연구회, 『교부학 인명 · 지명 용례집』(하성수 엮음, 분도출판사, 2008)을 따랐으며, 이 용례집에 없는 경우 고전 라틴어 우리말 표기법을 따랐다.

그리스도교의 궁극적 질문에 대한 역사적 탐구

예수는 벽촌 갈릴래아 출신으로 하층 계급 유대인 설교가였으며 불법 활동으로 단죄 받고 반국가 범죄로 십자가형에 처해졌다. 그러나 예수가 죽은 지 얼마 지나지 않은 시기에 제자들은 예수를 신적인 존재라고 주장하였다. 그들은 더 나아가 예수가 바로 하늘과 땅의 주님인 하느님이라고 선언한다. 여기에는 의문점이 있다. 십자가에 처형된 시골뜨기가 만물을 창조한 주님으로 여겨지게 된 연유는 무엇인가? 예수는 어떻게 신이 되었나?

최근에 가까운 친구와 오랫동안 산책을 하기 전까지도 나는 이러한 역설적 질문에 별 관심이 없었다. 우리는 우리가 읽은 책과 영화들 그리고 우리의 철학적 관점 같은 다양하고 친숙한 주제들에 대해 이야기를 나누다가 결국 종교에 관한 대화를 하게 되었다. 나와 달리 내 친구는 그리스도인이라는 정체성을 꾸준히 유지해왔다. 어느 순간에 나는 그녀에게 "핵심적인 믿음으로 보는 것이 무엇이냐?"고 물어보았다. 그녀의 대답은 잠시 나를 생각에 잠기게 했다. 그녀는 자신에게 종교의 핵심은 예수 안에서 하느님이 인간이 되었다는 사상이라고 말했다.

　내가 그녀의 응답으로 인해 생각에 잠기게 된 이유 중 하나는, 그녀의 핵심적 믿음이 비록 오랫동안은 아니었지만 한때 나의 신조들 중 하나였기 때문이다. 고등학교 시절 나는 요한복음 1장 1-2절과 14절에 나오는 것과 같은 "신앙의 신비"를 열심히 묵상했다. "맨 처음에 말씀이 계셨다. 말씀이 하느님과 함께 계셨으니 그 말씀은 하느님이셨다. 그분은 맨 처음에 하느님과 함께 계셨다. …… 정녕 말씀이 육신이 되시어 우리 가운데서 거처하셨다. 우리는 그분의 영광을 보았다. 그것은 아버지로부터 오신 외아들다운 영광이라 그분은 은총과 진리로 충만하셨다." 그 이전에도 나는 니케아 신경의 그리스도론적 진술을 공개적으로 마음을 다하여 고백했다. 니케아 신경信經이 고백하는 그리스도는 아래와 같다.

　　하느님의 외아들,

　　영원으로부터 성부에게서 나신 분을 믿나이다.

　　하느님에게서 나신 하느님, 빛에서 나신 빛,

　　참 하느님에게서 나신 참 하느님으로서,

　　창조되지 않고 나시어

　　성부와 한 본체로서

　　만물을 창조하셨음을 믿나이다.

　　성자께서 저희 인간을 위하여, 저희 구원을 위하여

　　하늘에서 내려오셨음을 믿나이다.

　　또한 성령으로 인하여

　　동정 마리아에게서 육신을 취하시어 사람이 되셨음을 믿나이다.

그러나 몇 해가 지나면서 나는 변했고 중년에 이른 지금 나는 더 이상 신앙인이 아니다. 나는 신약성서와 그리스도교의 태동을 역사적 관점에서 30년 가까이 연구해온 초기 그리스도교 역사가다. 현재 나의 질문은 몇 가지 점에서 내 친구의 질문과 정확히 대척점에 있다. 역사가인 나는 더 이상 '하느님이 어떻게 인간이 되었나?' 하는 신학적 문제로 고민하지는 않지만, '인간이 어떻게 하느님이 되었나?' 하는 역사적 질문에 관심을 갖는다.

물론 이 질문에 대한 전통적인 답변은 '예수는 실제로 하느님이셨고, 자신이 하느님이었다는 것을 가르치셨으며, 항상 하느님으로 여겨졌다'는 것이다. 그러나 18세기 말 이후 역사가들은 이러한 진술이 역사상 예수에 대한 올바른 견해가 아니라고 주장했고, 자기들의 입장을 규명하기 위해 여러 가지 강력한 논거들을 제시했다. 만일 이들이 옳다면 우리에게는 당혹스런 문제가 남는다. 예수가 하느님이라는 신앙은 어떻게 발생했는가? 왜 예수의 초기 제자들은 그를 하느님이라고 여기기 시작했는가?

이 책은 나와 같은 세속적 종교 역사가들뿐만 아니라, 나의 친구처럼 예수가 실제로 하느님이라고 생각하는 신앙인들에게도 설득력을 얻을 수 있는 방식으로 이 질문에 접근하고자 한다. 이에 따라 나의 논지는 예수의 신적 신분에 대한 신학적 물음에 의존하지 않는다. 대신에 예수가 하느님이라는 확신으로 이끈 역사적 전개 과정에 관심을 기울일 것이다. 이 역사적 과정은 어떤 방식으로든 명료하게 드러나며, 이론적 견지에서 볼 때 사람들이 그리스도에 대하여 개인적으로 믿는 것은 역사적으로 끌어내는 결론에 영향을 미쳐서는 안 된다.

예수가 하느님이라는 사상은 물론 현대에 발명된 것이 아니다. 논의 과정에서 드러나겠지만, 이 사상은 예수의 죽음 직후 가장 초기 그리스도인들이 지녔던 관점이었다. 이 연구 전체를 관통하는 주요 질문 중 하나는, 이들 초기 그리스도인들에게 "예수는 하느님이다"라는 말이 무엇을 의미했나가 될 것이다. 앞으로 살펴보겠지만, 다양한 그리스도인들이 이 말을 다양하게 이해했다. 게다가 어떤 의미에서든지 이 주장을 이해하기 위해서는, 고대 세계의 사람들이 특정한 인간을 신이라고 여길 때의 일반적 의미 또는 인간이 신이 되었다고 했을 때의 의미가 무엇인지 알 필요가 있다. 이러한 주장은 그리스도인들만 한 게 아니다. 비록 우리가 아는 기적을 행하는 유일한 하느님의 아들이 예수일지라도, 고대에 인간이면서 신적이라고 여겨진 사람은 이방인과 유대인을 가리지 않고 많았다.

이미 이 단계에서 우리가 '신적 영역'을 상상하는 방식에 대한 근본적·역사적 논점을 강조하는 것이 중요하다. 내가 신적 영역이라는 표현으로 의미하려는 것은, 신이나 신들 또는 다른 초인적 힘 같은 초인이나 신적 존재들이 거주하는 '세상'이다. 오늘날 대다수 사람들은 신성을 흑백논리로 이해한다. 어떤 존재는 신이거나 신이 아니다. 신은 천상적 영역 '저 위에' 있으며 우리는 지상 '여기 아래'에 있다. 그리고 이 두 영역 사이에는 연결될 수 없는 심연이 있다. 이러한 가정은 우리 사고체계 안에 확고히 자리 잡았기에, 한 사람이 신이면서 동시에 인간이 될 수 있다고 상상하기는 무척 어렵다.

더욱이 흑백논리로 접근하면, 내가 이 책 이전의 연구에서 자주 밝혔듯이 예수가 자신을 하느님이라고 명료하게 선언하는 내용이 없는 마태오, 마르코, 루가복음서는 예수를 하느님이 아닌 인간으로 묘사하는 반면, 예수가 스스로 신적이라고 주장하는 요한복음은 실제로 예수를 하느님으로 묘사했다고 말할 수 있다. 그러나 이러한 관점을 강력하게 반대하는 학자들은 예수가 초기 복음서들에서도 하느님으로 묘사되었다고 주장한다. 그 결과 예수가 신적 존재라고 주장하는 '위로부터의 그리스도론'과 예수가 인간이라고 주장하는 '아래로부터의 그리스도론'에 대하여 많은 논쟁이 생겼다. 과연 복음서들은 예수를 신으로 묘사했는가, 아니면 인간으로 묘사했는가?

학자들의 관점이 일치하지 않는 이유 중 하나는, 신적 영역과 인간적 영역의 범주가 다르고 둘을 구분하는 커다란 틈이 있다는 패러다임에 기초하여 위로부터의 그리스도론이나 아래로부터의 그리스도론이 제기하는 물음에 응답하기 때문이다. 문제는 그리스도인이건 유대인이건 이방인이건, 고대인들은 이러한 패러다임을 갖지 않았다는 것이다. 고대인들에게는 인간적 영역과 신적 영역이 거대한 틈으로 분리된 절대적 범주가 아니었다. 오히려 인간과 신은 서로 겹쳐질 수 있고 실제로도 그러한 연속성을 지니는 실체였다.

고대세계에서는 인간이 신성하다는 믿음을 가능케 하는 몇 가지 방식이 있었다. 그리스도교, 유대교, 이방계 자료에서 입증되는 주요 두 방식은 아래와 같다.(다른 방식들에 대해서는 이 책을 전개하면서 논의할 것이다.)

• 양자로 입양시키거나 높이 받듦으로써. 예컨대 위대한 통치자나 전사나 거룩한 사람과 같은 인간은 하느님이나 어떤 신의 행위로 신성

하게 되거나, 전에는 지니지 않았던 신성의 차원으로 고양됨으로써 신성하게 될 수 있었다.

- 본성상 또는 육화를 통해서. 천사나 신들과 같은 신성한 존재는 영원히, 또는 더 일반적으로는 일시적으로 인간이 될 수 있었다.

나는 마르코복음이 예수를 첫째 방식, 곧 신성하게 된 인간으로 이해한다고 생각하며, 요한복음은 둘째 방식, 곧 인간이 된 신성한 존재로 예수를 이해한다고 여긴다. 마르코복음과 요한복음 모두 예수를 신성한 존재로 보지만 다른 방식으로 이해한다.

이러한 까닭에 이 책에서는 초기 그리스도인들이 예수를 하느님이라고 부를 때 의미했던 바가 무엇인지 논의하기 전에, 신과 인간이 교차하는 영역을 고대인들은 어떻게 이해했는지 먼저 고찰한다. 1장에서는 유대교와 그리스도교 밖 그리스와 로마 세계가 폭넓게 공유했던 관점을 논의한다. 여기서 우리는 신성한 존재들과 인간들이 겹쳐지는 신적 영역 내부에서 어떤 연속성을 지니는 존재를 만날 것이다. 이 겹침은 신들이 (일시적으로) 인간이 되고 인간들이 (영구히) 신들이 된다는 고대 신화에 익숙한 독자들에게는 놀랄 만한 사안이 아니다.

오히려 2장에서 보여주는 고대 유대교 세계 내부에 존재했던 유사한 이해들이 다소 새로운 점으로 부각될 수 있다. 이 점은 특히 중요한데, 예수와 그의 가장 초기 제자들은 모든 면에서 철저히 유대교적이었기 때문이다. 고대의 많은 유대인들은 천사 같은 신성한 존재들이 인간이 될 수 있으며 인간도 신성해질 수 있다고 믿었다. 어떤 인간들은 실제로 신으로 불리기도 했다. 이러한 점은 성서 이외의 문헌뿐만 아니라 성서 안에서도 나타난다.

이방인과 유대인의 관점을 살펴본 다음, 3장에서는 역사상 예수의 삶을 검토할 것이다. 여기서는 '예수가 자신을 하느님이라고 말했는가?'라는 문제에 초점을 둔다. 예수의 삶과 가르침에 대한 자료들이 적지 않기 때문에 이 문제는 대답하기 쉽지 않다. 그래서 나는 예수의 공생활公生活 기간에 역사적으로 어떤 일이 있었는지 현존 자료들, 특히 복음서들이 제기하는 문제점들을 논의하면서 3장을 시작할 것이다. 대다수 비판적 학자들은 종말 예언자로 예수를 바라볼 때 그를 가장 잘 이해할 수 있다고 주장했다. 그들이 이해한 예수는 종말이 다가왔으며 때가 되면 하느님이 역사에 개입하여 당신의 선한 나라가 올 수 있도록 악의 세력을 전복시킬 것이라고 예언한 묵시적 예언자다. 우리는 학자들이 1세기 이상이나 이렇게 주장했던 이유를 살펴볼 것이다. 그리고 예수가 수행한 공적 직무의 기본 취지를 다룬 다음, 유대의 로마 총독 본티오 빌라도에 의해 십자가에 매달려 죽음을 맞은 사건들에 대해 논의할 것이다. 3장에서 집중하는 것은 '예수는 자신을 어떻게 이해했고 묘사했는가?', '예수는 정말로 자기 자신을 신적 존재로 이야기했는가?'다. 나는 예수가 그렇지 않았다고 본다.

이 책의 첫 세 장은 '예수는 어떻게 하느님으로 여겨지게 되었는가?'라는 우리의 최종적 관심사의 배경이 될 수 있다. 예수가 신이 된 연유를 짧게 답하자면, '예수가 죽음에서 부활했다'는 제자들의 믿음과 관련 있다.

신앙인이면서 호교론적 학자들, 곧 예수 부활을 역사가가 '증명'할 수 있다고 주장하는 이들뿐 아니라 예수 부활을 전혀 믿지 않는 회의론자들도 예수 부활에 대해 엄청난 분량의 글을 썼다. 예수 부활 문제는 확실히 우리 논의에서 근본적 쟁점이 되는 부분이다. 만일 초기 그리스도인들이 예수가 죽음에서 일으켜졌다는 것을 믿지 않았다면, 그들은 법에 저촉되는 행위를 하고 물의를 일으켜 처형된 여러 다른 불운한 예언자와 예수가 다르지 않다고 여겼을 것이다. 그러나 그리스도인들은 정말로 예수가 부활했다고 생각했고, 그것은 내가 주장하듯이 모든 것을 변화시켰다.

역사적 관점에서 보자면 명확한 질문이 있다. 우리는 부활에 대하여 실제로 무엇을 알 수 있는가? 이 질문을 마주할 때 매우 논쟁적인 주제들로 들어가는데, 이 책을 위해 연구하던 중 일부 주제들에 대해서는 내 의견이 바뀌었다. 예수 부활 이야기에 대하여 우리가 생각하는 것이 무엇이든 간에, 그의 죽음 직후에 아리마태아 요셉이 시신을 거두었고 셋째 날에 일부 여성제자들이 빈 무덤을 발견했다는 것은 비교적 확실하다고 나는 여러 해 동안 생각했다. 그러나 이제는 더 이상 이 사항들이 비교적 확실한 역사적 자료라고 생각하지 않는다. 오히려 장례와 빈 무덤 이야기는 있음직하지 않은 일로 여긴다. 나는 역사가들이 예수 부활에 관한 전승에 대하여 알 수 없다고 생각하며 이를 4장에서 다루었다.

5장에서는 우리가 거의 확실히 알 수 있는 것을 다루었다. 예수의 몇몇 제자들이 예수가 죽은 후 그가 살아 있음을 보았다는 주장은 증거가 분명하고 설득력이 있다. 그러나 그의 제자들 중 얼마나 많은 사람이 예수 '환시'를 보았는가?(예수가 실제로 그들에게 나타났거나, 아니면 그들이 환각을 본 것이기 때문에 나는 그들의 예수 환시를 열린 물음으로 남겨둔다. 이에 대해서는 5장에서 설명했다.) 그들은 언제 예수 환시를 보았는가? 그리고 그들은 환시를 어떻게 해석했는가?

예수의 (모든 혹은 일부) 제자들은 초기에 환시 체험에 기반을 둔 부활신앙을 통해서 예수가 하늘로 들어올려졌고, 하느님의 외아들로서 그분 오른편에 앉아 있다고 믿게 되었다는 것이 나의 주요한 주장이다. 이 신조들이 예수를 신적 존재로 이해한 첫 번째 그리스도론들이다. 6장에서는 현존하는 가장 초기 자료가 의미하는 '들어올려짐(고양)'이 무엇인지 탐구한다.

7장에서는 후대에 발전되고 유지되어온 여러 그리스도론적 관점들을 다룬다. 이 관점에서 예수는 단순히 신성의 차원으로 고양된 인간일 뿐 아니라, 지상에 인간으로 오기 전에 하느님과 함께 있던 선재하는 신성한 존재였다. 나는 이러한 '육화' 그리스도론과 더 이른 시기의 '고양' 그리스도론 사이의 주요 유사점과 차이점을 보여줄 것이다. 그리고 마지막에 쓰인 정경 복음서인 요한복음서에서 육화와 관련된 핵심 구절을 탐구할 것이다.

이어지는 장들에서 신약성서가 쓰인 이후 2~4세기에 살았던 그리스도인들이 그리스도관을 더욱 발전시켜, 어떤 그리스도인들의 입장은 '이단'으로 비난받고 또 다른 관점은 '정통'으로 수용된 사실을 살펴볼 것이다. 8장은 2세기와 3세기에 그리스도교 신학자들이 취한 이단적 '막장'을 다룬다. 이들 중 일부 사상가들은 예수가 온전히 인간이었지만 신은 아니었다고 주장했고, 다른 이들은 예수가 온전히 신이었지만 인간은 아니었다고 말했다. 또 어떤 이들은 예수 그리스도가 사실상 두 존재였다고 하면서, 한편으로 신이고 다른 한편으로 인간인데 예수의 공생활 동안에만 일시적으로 결합되었다고 주장했다. 이 모든 관점은 이단으로 선포되었으며, 역설적이게도 '정통'을 지키는 것에만 골몰했던 그리스도교 지도자들이 내세운 다른 관점들도 같은 취급을 받았다.

그리스도의 본성에 대한 논쟁은 3세기 말에도 해결되지 않았으며, 4세기 초 콘스탄티누스 황제가 그리스도교로 개종한 후 곪아터지게 되었다. 당시 대다수 그리스도인들은 예수가 하느님이라고 믿었지만 여전히 '어떤 의미에서?'라는 의문은 그대로 갖고 있었다. 이러한 4세기 맥락에서 싸움은 '아리우스 논쟁'으로 이어졌다. 아리우스 논쟁에 대해서는 9장에서 다룬다. 이 논쟁은 그리스도에 대해 '종속론'적 관점을 지녔던 이집트 알렉산드리아의 영향력 있는 지도자 아리우스의 이름을 따라 붙여진 것이다. 종속론이란, 예수는 하느님이었으나 성부 하느님과 같은 영광의 차원에 있지 않은 종속적인 신이며, 더욱이 성부와 함께 항상 존재했던 것은 아니라는 입장이다. 대안적 관점을 지지한 이는 바로 아리우스가 속한 알렉산드리아의 주교 알렉산더였다. 그는 그리스도가 하느님과 항상 함께 존재했으며 본성상 하느님과 동등하다는 입장을 유지했다. 아리우스의 관점에 대한 궁극적 탄핵으로 니케아 신경이 만들어졌고 교회는 오늘날에도 이 신경을 낭송한다.

마지막으로 맺음말에서 나는 이 특별한 신학 논쟁이 해결된 이후의 결과를 다루었다. 예수가 영원으로부터 온전히 하느님이고 성부와 동등하다는 관점을 그리스도인들이 널리 받아들였을 때, 이것은 그리스도인들이 했던 다양한 논쟁들에 어떻게 영향을 끼쳤는가? 예를 들어, 초기 그리스도인들을 억압했고 자기네 황제를 신으로 널리 믿게 했던 로마인들과의 논쟁에 어떤 영향을 끼쳤는가? 또 그리스도를 죽인 것만이 아니라 심지어 하느님까지 죽였다고 비난받은 유대인들과의 논쟁에 끼친 영향은? 또 그리스도의 본성에 대한 논쟁들이 더 미묘한 차이를 띠면서 실제로 아주 오랫동안 계속되었을 때 서로에게 어떤 영향을 주었는가?

이 후대 논쟁들은 흥미를 자아내며 그 자체로도 매우 중요하다. 그러나 이 논쟁들은 그 이전 역사를 파악하지 않으면 이해할 수 없다는 것이 나의 주장이다. 따라서 우리는 역사기록에 담겨진 특별히 핵심적인 그리스도론적 질문에 관심을 기울일 것이다. 예수의 제자들은 어떻게, 무슨 의미로 그를 신성하다고 이해하기에 이르렀는가? 그들이 십자가에 처형된 갈릴래아 출신 설교자 예수를 하느님이라고 생각하게 만든 것은 무엇인가?

차례

1장

고대 그리스와 로마의 신성한 인간들

학생들에게 신약성서 개론을 가르칠 때마다 나는 어디서부터 시작해야 할지 알기 어렵다고 말한다. 신약성서 저자들 중 제일 많은 분량을 쓴 가장 초기 저자인 사도 바울로에서 시작하는 게 최선인가? 아니면 바울로 이후에 쓰였지만 바울로가 편지들을 쓰기 전에 살았던 예수의 삶에 대해 이야기하는 복음서들로 시작하는 게 최선인가? 결국 나는 학생들에게 1세기 로마제국 변방에 살았던 아주 비범한 한 인물에 대하여 이야기하는 게 아마 최선일 것이라고 말한다. 그의 후대 제자들은 그의 삶을 완전히 기적적인 것으로 묘사했다.[1]

놀라운 삶

그가 태어나기 전 어머니는, 아들이 그저 인간이 아니라 사실상 신이라고 말했던 하늘의 방문객을 맞는다. 그의 탄생에는 하늘의 비범한 신적 표징들이 동반된다. 성인이 되어 그는 유랑하며 설교하는 공생활을 위해 자기 집을 떠난다. 그는 모든 사람들에게 지상의 삶과 재물에 관심을 갖지 말고, 영적이고 영원한 것을 위해 살아야 한다고 말하면서 마을에서 마을로 옮겨갔다. 그는 주변에서 제자들을 모았고, 그들은 그가 평범한 인간이 아니라 하느님의 아들임을 확신했다. 그리고 그는 그들의 믿음을 확고히 하기 위해 기적을 행하였다. 그는 병자를 치유했고 악령을 물리쳤으며 죽은 이들을 일으켰다. 생애 말년에는 로마 지배 당국의 반대를 불러일으켰고 재판에 넘겨졌다. 그러나 그들은 그의 영혼을 죽일 수는 없었다. 그는 하늘에 올랐고 오늘까지 그곳에서 살고 있다. 지상을 떠난 이후에 살아 있음을 증명하기 위해 그는 의심하는 제자들 중한 사람에게 다시 나타났으며, 제자들은 실제로 그가 지금 우리와 함께 머무른다고 확신하게 되었다. 뒷날 그의 제자 중 몇은 그에 대한 책들을 씀으로써 오늘날에도 그에 대하여 읽을 수 있다. 그러나 우리 중 아주 소수만이 이 책들을 읽게 될 것이다. 우리 중 대다수는 기적을 행하는 이 위대한 하느님의 아들이 누구였는지 모를 것이다. 나는 지금 티아나_{Tyana} 출신 아폴로니우스_{Apollonius}에 대해서 말하고 있다. 그는 이방인, 곧 로마의 여러 신을 섬긴 다신론적 숭배자였고, 그 시대의 유명한 철학자였다. 그의 제자들은 그가 죽지 않았다고 여겼다. 후대에 그의 헌신적인 추종자가 된 필로스트라투스_{Philostratus}는 그에 대한 책을 썼고 우리는 지금도 그 책을 볼 수 있다.

8권으로 된 필로스트라투스의 책은 3세기 초반, 220년 내지 230년경에 쓰였다. 그는 자신의 책을 위해 무척 공을 들였고, 자기 이야기들은 아폴로니우스의 목격 증인이자 동료가 기록한 것에 많이 의존했다고 말한다. 아폴로니우스는 제국의 다른 지역에서 그와 유사하게 기적을 행하던 하느님의 아들 나자렛 예수보다 몇 년 뒤에 살았다. 이 신성한 두 인물의 후대 추종자들은 둘이 서로 경쟁 관계에 있는 것처럼 이해했다. 이 경쟁은 당시 이교paganism와 그리스도교 사이에 벌어진 더 큰 싸움의 일부였는데, 이교는 고대에 살았던 사람들 대다수가 옹호한 종교형태로 다신론적 종교들의 다양성을 수용했으나, 그리스도교는 한 분 하느님을 강조하고 예수가 그분 아들이라고 주장한 신흥 종교였다. 아폴로니우스에 대해 알았던 예수 추종자들은 그가 사기꾼이며 협잡꾼이라고 주장했다. 이에 응답한 아폴로니우스 추종자들은 예수야말로 사기꾼이며 협잡꾼이라고 단언했다. 두 집단 모두 자기네 논점을 강조하기 위해서 지도자의 삶에 대해 문서로 된 권위적인 근거를 댈 수 있었다.

역사적이고 전설적인 아폴로니우스

학자들은 역사상 예수와 관련하여 신약성서 복음서의 어떤 이야기들과 부분들이 역사적으로 정확한지 결정하고, 예수의 헌신적인 추종자들이 후대에 윤색한 부분은 어느 곳인지 가려내기 위해서 복음서들을 비판적 시각으로 연구해야 했다. 이와 비슷하게 고대 로마 종교를 연구하는 학자들은 역사적 아폴로니우스의 실상을 밝히기 위해, 후대에 첨가된 전설적 요소들을 제거하고자 회의주의적 감각으로 필로스트라투스의 저작을 예리하게 분석해야 했다. 아폴로니우스가 서기전 5세기 그리스 철학자 피타고라스의 관점을 옹호하는 피타고라스학파 철학자였다는 것은 일반적으로 동의하는 사안이다. 그는 1세기 후반부에 살았다.(예수는 전반기에 살았다.) 아폴로니우스는 윤리적·종교적 설교가로서 로마제국 동쪽 지역을 두루 여행했다. 종종 신전에서 살았으며 종교 인들과 관리들에게 자유롭게 조언했다. 그에게는 많은 제자들이 있었고 그가 머물렀던 곳에서 제국의 여러 엘리트들의 환대를 받았다. 그는 당 시 사람들이 빠져 있던 물질주의를 버리고 정말 중요한 영혼의 문제를 위해 살아가는 일에 특별히 관심을 기울였다.

이 연구에서 역사적 아폴로니우스의 삶보다 더 중요한 것은 당시 사 람들이 널리 신뢰했던 그에 대한 전설이다. 그의 위대한 철학적 통찰로 말미암아 많은 사람들이 그가 그저 한 인간일 리 없고, 땅 위를 활보하는 신이었다고 생각하게 되었다. 죽은 후 1세기가 넘어서 고향 티아나에서 는 거룩한 사원을 아폴로니우스에게 바쳤고, 봉헌자는 다름 아닌 서기 198년부터 217년까지 로마를 다스린 카라칼라Caracalla 황제였다. 또 다른 황제 알렉산더 세베루스Alexander Severus(재위 222~235)가 모셨던 왕실의 여러 신 중에는 아폴로니우스 상도 있었다고 한다. 열렬히 태양신을 숭 배한 황제 아우렐리아누스Aurelian(재위 270~275)도 아폴로니우스를 신으 로 경배했다.

필로스트라투스가 『티아나의 아폴로니우스의 생애Life of Apollonius of Tyana』에서 자세히 서술한 아폴로니우스의 탄생 이야기는 우리의 고찰을 위해 특별히 중요하다. "수태고지" 이야기는 루가복음 1장 26-38절에 나오는 이야기와 비슷하면서도 다르다. 아폴로니우스의 어머니가 그를 임신했을 때 그녀는 뛰어난 지혜로 이름난 프로테우스Proteus라는 이집트 신의 환시를 보았다. 그녀가 자기 아이가 어떤 이가 될 것인지 물었을 때 프로테우스는 "나 자신"이라고 답했다. 탄생은 루가복음과 비슷하게 기 적적이었다. 어머니는 하녀들과 들판으로 가라는 말을 들었고 그곳의

잔디 위에 잠들었으며 백조가 날개를 퍼덕이는 소리를 들었을 때 깨어날 수 있었다. 그녀는 조산아를 낳았다. 그 지역 사람들은 그 순간에 하늘에서 번개가 쳐서 땅을 내리치려는 듯했으나 "공중에 멈추었다가 위로 사라졌다"고 말했다.(『아폴로니우스의 생애』 1.5.) 사람들은 "신들이 표징을 내렸고, 그분의 탁월함에 대한 징조와 들어 높여짐, 하늘과의 친밀함, 다른 모든 자질을 주었음을 의심할 수 없다"고 결론지었다.(『아폴로니우스의 생애』 1.5.) 이 표징은 동방박사들을 한 아기에게 인도한 별과는 확실히 다르지만 똑같이 하늘에서 일어난 일이다. 그곳 사람들은 아폴로니우스가 실제로 제우스의 아들이라고 믿었다.

아폴로니우스는 생애 말년에 기소되어 도미티아누스Domitian 황제 앞에 끌려왔다. 특히 그는 오직 신들만 받아야 마땅한 숭배를 받았다는 죄로 고발당했다. 이것도 예수 이야기를 떠올리게 한다. 예수 역시 관리들(유대 지도자들과 로마 총독 빌라도) 앞에 끌려왔으며, 자신을 '하느님의 아들이자 유대인의 왕'이라 부르면서 스스로 높다는 생각을 했던 인물로 전해졌다. 두 경우 모두에서 관리들은 이 자기 고양 요구들이 국가의 안녕을 위협한다고 설득 당했고, 독자들은 이러한 자기주장이 두 인물에게서 완벽하게 정당화되었다는 것을 확약받았다.

필로스트라투스는 아폴로니우스의 '죽음'과 관련해서 다른 보고들이 있었음을 암시한다. 어떤 판본은 아폴로니우스가 크레타 섬에서 죽었다고 한다. 전하는 바에 따르면, 그는 지역 신에게 봉헌된 지성소至聖所에 갔는데 잔인한 경비견 무리가 그곳을 지켰다. 그러나 개들은 소란을 일으키기보다 오히려 아폴로니우스를 친절하게 맞아주었다. 지성소 관리들은 그를 찾아내고 그가 개들에게 요술을 사용하였다고 생각해서 사슬로 묶어놓았다. 하지만 아폴로니우스는 간수들에게 다음에 일어날 일을 보라고 하면서 한밤중에 스스로 자유로워졌다. 그는 지성소의 문으로 달려갔고 그 문들은 저절로 활짝 열렸다. 지성소로 들어가자 문은 자동으로 닫혔고 (그렇지 않았으면 비어 있었을) 지성소 안에서 소녀들의 노래 소리가 들렸다. "지상에서 나아가세요! 하늘로 나아가세요! 나아가세요!" 달리 말하자면, 아폴로니우스는 신들 영역으로 상승하라는 소리를 듣고 있었다. 그는 분명 그렇게 했다. 더 이상 지상에서 발견되지 않았기 때문이다. 이 이야기도 예수 이야기를 선명하게 떠오르게 한다. 예수는 생애 후반기에 성전에서 소란을 피웠고 체포되어 끌려왔으며 지상의 영역을 떠난 후 계속 삶을 이어가는 하늘로 상승했다.

아폴로니우스는 철학자로서 인간 영혼이 죽지 않는다고 가르쳤다. 육체는 죽을 수 있으나 사람은 생을 이어간다고 가르쳤다. 모두가 그를 믿은 것은 아니었으나, 그는 하늘로 떠난 후 그를 의심한 제자에게 환시로 나타났다. 아폴로니우스는 자신이 여전히 살아 있으며 제자들 가운데 현존함을 이 제자에게 확신시켜주었다. 물론 예수도 부활 이후 제자들에게 나타났고 하늘에서 지속되는 자신의 현실과 삶을, 의심하던 토마를 포함한 제자들에게 확신시켜주었다.

아폴로니우스와 예수

현대 학자들은 예수와 아폴로니우스가 명확히 연결되는 함의에 대해 논쟁했다. 그러나 이것은 그저 최근의 논쟁이 아니다. 4세기 초반 이교 저자인 히에로클레스Hierocles는 『진리의 연인The Lover of Truth』이라는 책에서 신의 아들로 알려진 두 사람을 비교했고, 이교의 신의 아들이 우월하다고 찬양했다. 현재 이 책은 온전한 상태가 아니다. 그러나 이 책이 쓰인 지 몇 년 후 4세기 교부 에우세비우스Eusebius는 자신의 저술에서 이 책을 명시적으로 논박했다. 에우세비우스는 예수 시대에서 자기 시대까지 그리스도교 역사를 저술한 첫 인물이었기 때문에, 때로 "교회사의 아버지"라고 불린다. 에우세비우스의 또 다른 책들은 히에로클레스와 아폴로니우스 찬양을 반대했다. 후대 독자들에게 다행스러운 것은 에우세비우스가 여러 곳에서 자기 적대자의 말을 직접 인용했다는 사실이다. 예를 들어 히에로클레스는 책을 시작하면서 이렇게 썼다.

> 그들은 예수를 들어 높이려고 안달해서 그가 어떻게 장님의 눈을 뜨게 했으며 여러 기적을 행했는지 수다를 떨었다. …… 그러나 그 사안들을 보는 우리의 관점이 얼마나 더 뛰어나며 더 양식이 있는지 인식하고, 놀라운 능력을 지닌 사람들을 환대하는 우리 개념을 설명해보자. …… 티아나의 아폴로니우스는 네로 통치 기간에 꽃을 피웠고 …… 여러 기적을 행했는데 나는 그것에 대해서는 많이 생략하고 조금만 언급할 것이다.(『아폴로니우스의 생애 2』.)[2]

히에로클레스는 신약성서 복음서들을 조롱한다. 예수 이야기를 담은 복음서들은 "거짓말쟁이에다 교육과 지혜가 결여된 베드로와 바울로를 비롯해 그 비슷한 사람들이 꾸며댄 것이다." 다른 한편 아폴로니우스에 대한 보고들은 하층 시골뜨기가 아니라 고등교육을 받은 저자들과 목격 증인들이 쓴 것이라고 한다. 격조 높은 그의 삶과 "신들을 대동한 몸으로 하늘로 간" 그의 죽음의 방식을 보더라도 "우리는 그를 확실히 신들 가운데 있는 사람으로 분류해야 한다." 그리스도인이었던 에우세비우스의 응답은 직접적이고 신랄했다. 아폴로니우스는 신성한 게 아니라 사악했으며, 하느님의 아들이 아니라 악마에게 힘을 받은 한 인간이었다는 것이다.

만일 이 작은 논쟁을 역사적 전망에서 본다면 에우세비우스의 승리로 끝났음을 의심할 여지는 거의 없다. 그러나 히에로클레스가 저술할 당시, 곧 그리스도교가 더 강성해지기 이전이라면 쉽게 결론내릴 수 없다. 아폴로니우스와 예수는 성스러운 명예를 다투는 경쟁자로 비쳐졌다. 한 사람은 다신을 숭배하는 이교인이었고, 다른 사람은 한 분 하느님을 숭배하는 유대인이었다. 한 사람은 이교철학의 장려자였고 다른 사람은 그리스도교의 창시자였다. 이 둘은 명백히 인간이었지만 지상의 신으로 선포되었다. 어떤 점에서, 이들은 신성한 인간으로 여겨졌다.[3]

놀라운 점은 신성한 인간이 이 둘만이 아니라는 것이다. 오늘날 사람들은 기적을 행하는 하느님의 아들이 예수밖에 없다고 생각할 수 있지만, 고대 세계에는 이러한 사람들이 많이 있었다. 만일 '유일하다' 는 용어를 오직 하나뿐이신 분과 같은 식으로, 곧 그저 죽을 운명인 우리보다 훨씬 높고 우리와 전혀 다른 인간이면서 어떤 점에서 신성한 인간이라는 의미로 이해한다면, 우리는 예수가 유일하다고 생각하지 말아야 한다. 고대에는 신성한 인간들이 많이 있었다. 앞으로 명료하게 밝히겠지만, 나는 이들이 진짜로 신성한지에 대해서는 다루지 않는다. 나는 그들이 어떻게 이해되었는가를 말하고 있다. 이런 일이 어떻게 가능했는지 인식하는 것이야말로 예수를 하느님의 아들로 여기게 된 이유를 보는 첫 단계다. 그러나 아폴로니우스가 그의 일생 동안 이러한 방식으로 여겨지지 않았던 것처럼, 예수도 원래부터 이러한 방식으로 여겨졌던 것은 아니다. 인간 예수는 죽고 난 이후에야 지상의 하느님으로 여겨지게 되었다. 어떻게 이런 일이 발생했는가? 우리는 고대 세계에서 다른 사람들은 어떻게 신으로 여겨지게 되었는지를 이해하는 것에서 출발해야 할 것이다.

신성한 인간에 대한 세 가지 모델

그리스도교는 서기 30년경 예수의 죽음 직후 로마제국에서 발생했다. 제국 동쪽은 전체적으로 그리스 문화에 깊은 영향을 받았으며, 동방제국의 공통 언어도 사실상 전체 신약성서가 쓰인 그리스어였다. 따라서 초기 그리스도인의 관점을 이해하기 위해서는 그들의 역사적·문화적 맥락인 그리스·로마 세계 안에 그들을 위치시킬 필요가 있다. 당시 유대인들은 자신들만의 여러 독특한 관점을 지녔으나, 이 연구와 관련되는 주요 부분들을 로마인이나 이웃들과 (그들만의 방식으로) 많이 공유하고 있었다. 이런 상황을 아는 것은 중요하다. 예수가 그저 인간이 아닌 하느님이라고 처음 선포한 사람들이나 그의 직제자들은 유대인이었고, 예수 역시 유대인이었기 때문이다.

그러나 하느님이나 어떤 신이 인간이 되거나 인간이 되어 나타나는 것은 어떻게 가능했나? 우리는 티아나의 아폴로니우스를 통해 한 사례를 보았다. 그의 어머니는 그를 낳기 전에 선재하는 신성한 존재인 프로테우스가 아폴로니우스로 육화할 것이라는 예고를 들었다. 이 이야기는 하느님이었던 예수가 어머니 마리아에게서 태어남으로써 육화했다는 예수에 대한 후대의 신학적 해석과 아주 비슷하다. 나는 고대 그리스나 로마의 사상에서 이미 존재하던 신성한 존재가 필멸할 여인에게서 태어나 이러한 "신인神人"으로 여겨지는 다른 사례들을 알지 못한다. 그러나 이러한 관점과 비슷한 다른 개념들은 있으며 여기에서는 그들 중 셋을 살펴보기로 한다.

일시적으로 인간이 된 신

예수보다 조금 더 이전에 살았던 오비디우스Ovid(서기전 43~서기 17)는 가장 위대한 로마의 시인들 중 한 사람이다. 그의 가장 유명한 작품은 고대 신화 안에 있는 변화 또는 변모를 다룬 15권으로 된 『변신 이야기Metamorphoses』다. 이 변화들에는 때로 신들이 당분간 필멸할 존재들과 상호 작용하기 위해 인간 형상을 취한다는 내용이 들어 있다.

『변신 이야기』에서 가장 흥미를 끄는 것 중 하나는, 현재 터키 지역 프리기아에 사는 필레몬과 바우키스라는 나이든 부부 이야기다. 이 간단한 이야기에서 유피테르Jupiter와 메르쿠리우스Mercury는 변장한 채 이 지역을 여행한다. 그들은 수없이 많은 집을 방문했지만 그들에게 밥을 주고 휴식을 취하게 해준 사람을 찾을 수 없었다. 결국 필레몬과 바우키스의 가난한 오두막에 들르게 되는데 그들은 가난을 잘 견디며 "가난을 부끄러워하지 않는" 사람들이었다. 이 노부부는 방문객들을 환영했고 가난한 자기 집으로 초대하여 가능한 최상의 식사를 대접했으며, 따뜻한 물로 그들의 피곤한 발을 씻게 했다. 이에 대한 보상으로 신들은 포도주 잔이 비워지는 일이 없을 것이라고 보증하는데, 그들이 원하는 양껏 아무리 마셔도 그 잔은 가득한 채로 남는다.

그다음에 신들은 자신을 알린다. "우리 둘은 신이다."[4] 프리기아에서 받은 접대에 응하여 이렇게 선언한다.

사악한 이웃은 대가를 치를 것이다.
공정한 형벌이다.
그러나 너희는 이 재앙을 면할 것이다.

유피테르는 노부부에게 가장 원하는 게 무엇인지 묻는다. 필레몬은 자기와 아내가 신들의 사원을 지킬 사제가 되길 원하며, 죽을 때가 되면 함께 죽길 원한다고 신들의 왕에게 말한다.

우리는 함께 잘 지내왔기에,
똑같은 시간에 우리를 함께 데려가시어,
제가 아내 무덤을 보지 않을 수 있도록,
아내가 저를 묻는 일도 일어나지 않도록 해주십시오.

유피테르는 그들의 소원을 들어준다. 이웃은 파괴된다. 사원이 생기고 필레몬과 바우키스는 사원의 수호자가 된다. 죽을 때가 되자 두 사람은 한 곳에서 자라는 두 나무가 되었고, 부부로 살면서 오랫동안 조화로운 삶을 누렸던 것처럼 죽어서도 하나가 된다. 후대에 사원에서 예배하던 이들은 이 부부의 지속되는 '생명'만 보았던 게 아니라, 실제로 신성화되어 마땅히 찬양받을 자격이 있다고 믿는다.

더 위대한 신들을 섬겼던 그들은 이제 신이다.

예배를 드리던 그들이 예배를 받게 되었다.

이승과 저승에서의 사랑에 관한 아름답고 감동적인 이 이야기는 일시적으로 인간이 된, 또는 인간으로 나타나는 신들의 이야기이며, 신들이 된 인간 이야기이기도 하다. 필레몬과 바우키스가 신들로 예배 받는 것은 이들이 유피테르와 메르쿠리우스처럼 대단하기 때문이 아니다. 그들은 하급 신, 곧 신성하게 고양된 인간으로 여겨진다. 그러나 여전히 그들은 신성하다. 우리에게는 이것이 열쇠이며 중요한 요소가 된다. 신성의 형태와 크기는 다양하다. 신성한 영역에는 여러 차원이 있다.

오늘날 우리는 신성의 영역, 신의 영역을 완벽한 타자이자 인간의 영역과 분리되었다고 생각한다. 하느님은 위쪽 하늘에 있고 우리는 아래쪽 여기 땅에 있으며, 둘 사이에는 무한한 틈이 있다고 여긴다. 그러나 대다수 고대인은 신성의 영역과 지상의 영역을 이런 방식으로 이해하지 않았다. 신성의 영역에는 다양한 층이 있었다. 어떤 신들은 다른 신들보다 "더 신성하다"고 할 수 있으며, 인간도 때로는 신들의 계급으로 고양될 수 있었다. 게다가 신들은 스스로 인간에게 내려올 수 있었으며 때로는 인간과 함께 시간을 보내려고 정말 내려왔다. 신들이 이런 일을 할 때는 흥미로운 결과가 생기거나, 불행을 겪고서야 알게 된 프리기아의 불친절한 거주자들처럼 불길한 결과가 빚어졌다.

우리가 신약성서를 통해 아는 것처럼 그 지역의 후대 거주자들도 이 교훈을 알고 있었다. 사도행전에는 사도 바울로가 동료 바르나바와 함께 선교 여행을 하던 중 리스트라를 방문하는 내용이 나온다.(사도 14,8-

18.) 바울로는 앉은뱅이를 보고 하느님의 힘으로 그를 고쳐준다. 이 기적을 본 군중은 자연스런 결론을 이끌어낸다. "신들이 사람 모양을 하고 우리에게 내려왔다."(사도 14,11.) 그들이 바르나바를 제우스라 부르고, 설교를 맡아서 하던 바울로를 헤르메스라고 부른 것은 충격적이지만, 이런 방식으로 정체를 확인하는 것은 우연이 아니다. 제우스는 로마의 유피테르에 해당하는 그리스 신이었고, 헤르메스는 메르쿠리우스에 해당하는 신이었다. 리스트라 주민들은 필레몬과 바우키스 이야기를 알았고 두 신이 자기들 가운데 다시 나타났다고 생각했다. 그들이 이를 너무 확신한 나머지 제우스 신당의 사제는 황소와 화환을 제공하고 두 사도에게 제사를 지내려고까지 하였다. 사도들은 자기들이 인간일 뿐이며 "여러분과 똑같은 사람"임을 설득하기 위해 무척 곤혹을 치렀다. 바울로는 늘 그래왔듯이, 사람들을 개종시키기 위해 자신의 복음 메시지를 설교하였다. 그러나 모든 사람을 확신시킬 수는 없었다. "그들은 이렇게 말하면서 자기들에게 제사를 지내지 못하도록 군중들을 겨우 말렸다."(사도 14,18.)

리스트라에 있었던 제우스 숭배자들이 일시적으로 인간이 된 신을 자기들 가운데서 인식하고자 열망한 것은 놀랄 일이 아니다. 그들은 마땅히 예배를 드려야 하는 곳에서 예배를 거절했을 때에 무슨 일이 벌어졌는지 잘 기억하고 있었다. 사도행전 이야기는, 바울로의 선교 활동에 대한 역사적 회상이든지, 필레몬과 바우키스 이야기처럼 후대에 생긴 흥미로운 전설이든지 간에 이 책의 연구에서는 중요하지 않다. 로마제국 세계에서는 신들이 인간의 모습을 취할 수 있고, 우리가 만나는 일부 사람들이 실제로 신성할 수 있다는 사상이 널리 퍼져 있었다. 고대 그리스와 로마의 신화들은 이러한 이야기들로 가득하다.

신과 인간으로 태어난 신성한 존재들

사람들이 아폴로니우스를 선재하던 신이 육화한 존재로 여기기는 했지만, 신성한 인간이 필멸의 존재로 태어나는 방식은 그리스나 로마의 일반적인 이해방식이 아니었다. 훨씬 일반적인 관점은, 탄생 이전에는 존재하지 않던 신성한 존재가 세상에 들어오는 방식이었다. 왜냐하면 신이 인간과 성관계를 가지면 그 자손은 어떤 의미에서 신성했기 때문이다. 그리스 신화에서 도덕적으로 의심스러운 행위를 제일 많이 저지른 신은 바로 제우스였는데, 그는 하늘에서 내려와 매력적인 여성과 색다른 성관계를 갖고 무척 유별난 임신을 하게 한다. 그러나 제우스와 필멸하는 그의 연인들 이야기는 단순한 오락거리용 신화가 아니다. 때로 알렉산더 대왕(서기전 356~323)처럼 실제 역사적 인물들에 대해서도 이러한 이야기를 했다.

그리스와 로마의 여러 위대한 인물들의 전기를 집필한 위대한 그리스 학자 플루타르코스에 따르면, 많은 사람이 알렉산더를 제우스의 자식으로 믿었다고 한다. 알렉산더의 진짜 아버지는 올림피아스라는 여인과 사랑에 빠졌던 유명하고 강력한 마케도니아의 왕 필리포스였다. 플루타르코스는, 이 둘이 결혼하기 전날 밤 올림피아스가 꿈을 꾸었는데 하늘에서 벼락이 내려와 그녀 안으로 들어왔다고 전한다. 이것은 제우스가 마법을 부린 것으로 가정할 수 있다. 그날 밤 아내를 방문했던 필리포스는 뱀이 그녀와 부부처럼 껴안고 있는 것을 본다. 플루타르코스가 암시하듯이, 그리고 사람들이 이해할 수 있듯이, 이 광경은 신부에 대한 필리포스의 정열을 많이 앗아갔다. 고대에 제우스는 뱀 형상으로 자주 묘사되었고, 이 이야기를 믿는 이들에게 그의 자식 알렉산더는 그냥 인간이 아니었다. 그는 신의 아들이었던 것이다.

신화는 밤에 이러한 행위를 하는 제우스나 유피테르와 관련해 더욱 충격적인 이야기들을 전해준다. 그중에서 헤라클레스의 탄생 이야기보다 더 흥미로운 것은 없다. 고대의 여러 양식이 이 이야기를 취하고 있지만, 가장 기억할 만한 것은 로마의 희극 작가 플라우투스Plautus가 『암피트리온Amphytrion』에 남긴 재미있는 이야기다. 희곡 제목은 알크메나라는 무척 아름다운 여성과 결혼한 테베의 총사령관 이름을 따라 지어졌다. 암피트리온은 임신한 아내를 집에 남겨두고 먼 전쟁터로 떠났다. 유피테르는 하늘에서 음탕한 시선을 그녀에게 던지고 그녀를 가져야겠다고 결심한다. 그는 그 방법을 알고 있다.

유피테르는 암피트리온으로 변장하고 알크메나에게 전장에서 돌아왔다고 말한다. 그녀는 팔을 벌려 그를 환영하고 침대로 데리고 간다. 유피테르는 그다음 일을 너무도 즐거서 별자리들에게 운행을 멈추라고 명령한다. 달리 말하자면, 신성한 능력을 갖춘 위대한 신인 유피테르조차도 향락을 충족시키려 시간을 멈추어 세웠다는 것이다. 별자리들은 다시 움직이기 시작하고 유피테르는 하늘에 있는 자기 집으로 돌아갔으며, 알크메나는 아주 긴 시간 동안의 놀이에 완전히 지쳐버렸다.

마침내 진짜 암피트리온이 그날 아침 집으로 돌아온다. 그는 긴 기간 동안 집을 비웠는데도 아내가 그를 열렬히 반기지 않자 무척 놀랐고 또 실망했다. 물론 그녀 입장에서는 충분히 이해할 수 있는 일이다. 그녀는 바로 전까지 남편 품에 안겨서 아주 긴 밤을 보냈다고 생각한다.

어쨌든 알크메나는 이 사건으로 흥미로운 임신을 하게 된다. 그녀는 이미 암피트리온의 아이를 가진 상태였으나 유피테르가 다시 그녀를 임신시킨다.(신화적 이야기들은 해부학이나 생물학 교재가 아니다.)[5] 이로 인해 알크메나는 쌍둥이를 임신하게 된다. 하나는 유피테르의 아들인 신성한 헤라클레스이고, 다른 아이는 필멸할 운명을 지닌 인간 이피클레스다.

암피트리온과 알크메나 이야기는 신화이며, 누군가 정말로 이를 믿었는지는 확실하지 않다. 그러나 위대한 이야기다. 이 이야기와 관련된 사상, 곧 필멸할 여인이 신의 아이를 낳을 수 있다는 사상은 많은 고대인에게 설득력이 있었다. 고대인들에게는 땅 위를 활보했던 일부 위대한 존재들, 예를 들면 위대한 정복자 알렉산더나 초인적 지혜를 지녔던 플라톤[6] 같은 철인들이 평범한 인간들과 다른 방식으로 임신되었다는 견해가 낯선 게 아니었다. 그 인물들은 어떤 의미에서 신성했으므로 그들에게는 신성한 부모가 있을 수 있었다.

알크메나가 유피테르의 아들 헤라클레스를 낳았을 때 동정녀가 아니었음에 유념해야 한다. 이와 반대다. 그녀는 이미 남편과 성관계를 가졌고, 유피테르와도 신성한 성관계라고 부름직한 관계를 가졌다. 신과 인간의 결합으로 태어난 신성한 인간들 이야기 중에서, 낳은 이가 동정녀인 경우는 없다. 이것은 예수 이야기가 고대 세계 여타의 신성한 인간들 이야기와 구분되는 그리스도교의 방식들 중 하나다. 예수의 어머니 마리아를 성령을 통해 임신시킨 분이 (유대교의) 하느님인 것은 진실이다.(루가 1,35.) 그러나 일신론적 그리스도인들의 신관은 너무도 높이 고양된 것이어서, 성적 환상을 일으켜 일시적으로 인간이 되었다는 생각을 하기 어려웠다. 그리스와 로마의 신들은 그러한 것을 할 수 있을지 몰라도, 이스라엘의 하느님은 그 모든 것을 초월하는 분이었다.

신성하게 된 인간

그리스와 로마의 신성한 인간들을 이해하는 세 번째 모델은, 초기 그리스도인들이 예수를 신이자 인간으로 생각하는 데 가장 중요한 개념 틀을 제공했다. 이것은 신성한 존재가 일시적인 육화나 성행위를 통해서 인간이 되는 방식에 대한 관점이 아니라 인간이 어떻게 신이 되는가에 대한 관점이다.

로물루스

가장 인상적인 사례 중 하나는 전설적인 로마의 건설자 로물루스와 관련이 있다. 로물루스의 생애에 대한 이야기는 로마의 위대한 역사가 리비우스Livy(서기전 59~서기 17)가 로물루스를 "신에게서 태어난 신"(『로마사History of Rome』1.16)이라고 진술한 것을 포함해 몇 가지가 있다. 우리 관심을 끄는 사건은 로물루스의 생애 끝에 벌어지는 사건이다.

로물루스 임신에는 틀림없이 신이 개입했다는 소문이 있었다. 그의 어머니는 베스타 여신의 시중을 드는 동정녀 중 하나였는데 이 일은 성관계를 삼가야 하는 거룩한 직무였다. 그러나 그녀는 임신하게 되었다. 무엇인가 그녀의 서약에 어긋나는 잘못된 일이 생긴 게 확실했다. 그녀는 마르스 신의 책임이라고 주장했고 아마도 몇 사람은 그녀를 믿었다. 만일 그렇다면, 지상에 출현한 뛰어난 인물을 설명하기 위해 신과 인간의 결합을 이끌어낸 것이라 볼 수 있다.

그러나 더욱 놀라운 것은 로물루스의 사라짐이다. 리비우스에 따르면, 로물루스의 생애 끝에 로마가 세워졌고, 로마 정부는 로물루스를 왕으로 삼고 준비된 원로원과 함께 그 꼴을 갖추었으며, 군대는 온전히 기능하고 있었고, 역사에서 가장 위대한 도시가 시작될 모든 것이 잘 갖춰져 있었다. 로물루스는 생애 마지막에 원로원 의원들과 함께 군대를 점검하기 위해 캄푸스 마르티우스에 모였다. 그런데 갑자기 엄청난 폭풍우가 일었다. 천둥소리가 크게 난 후 로물루스는 안개에 휩싸였다. 안개가 걷혔을 때에는 어디에도 그가 없었다.

로물루스의 죽음과 관련해서 두 가지 소문이 퍼졌다. 리비우스를 비롯해 의심 많은 대다수 관찰자들이 믿었던 것으로 보이는 소문은, 원로원 의원들이 전제 군주를 제거하는 기회로 삼았다는 것을 암시한다. 그들이 로물루스를 갈기갈기 찢어 죽이고 그의 유해를 숨겼다는 것이다. 대중이 믿었던 다른 소문은 원로원 의원들이 퍼뜨린 것으로, 로물루스는 "천둥 번개가 치는 때에 높은 곳으로 갔다." 달리 말하면, 그를 다른 신들과 함께 살도록 하늘에서 데려갔다는 것이다. 그 결과 로물루스의 신성한 지위에 대해 급작스런 찬사가 이어졌다. "몇 사람이 주도권을 잡았을 때 그들은 모두 일치하여 로물루스를 신이자 신의 아들로, 로마 왕이자 아버지로 찬양하였으며, 자비롭게 당신 자녀를 영원히 지켜주시는 그분의 은혜를 기도드리면서 애원했다."(『로마사 1.16』)[7]

여기에서 우리는 신성한 인간들에 대한 관점을 간명하게 볼 수 있다. 어떤 인간은 신들 중 하나가 됨으로써 신들로 말미암아 영광스럽게 될 수 있다. 이러한 일은 그 사람의 위대한 공로로 생겨난다. 그 사람은 신으로서 마땅히 숭배 받을 만하다. 그는 신 역할을 수행하면서 그에게 애원하는 사람들을 보호할 수 있다.

프로쿨루스 율리우스라는 사람이 뒷날 로물루스의 승천을 확인했다는 리비우스의 보고는 흥미롭다. 율리우스는 로물루스가 죽은 후 산 채로 자신에게 나타났다고 로마인들이 모인 곳에서 선언했다. "이 도시의 아버지 로물루스는 오늘 새벽 동틀 무렵 하늘에서 갑자기 내려와 저에게 나타났습니다. 저는 혼란스러워서 경건하게 그분 앞에 섰습니다. …… 그분은 '가서 세상의 수도에 선포하라. 그들이 병법을 소중히 여기고, 어떤 인간의 힘도 로마의 무기에 저항할 수 없음을 자녀들에게 알리고 가르치게 하라.' 이렇게 말하면서 …… 로물루스는 높은 곳으로 떠났다."(『로마사 1.16』)

로마인들은 인간 로물루스의 신성을 마음으로 열렬하게 받아들였다. 유피테르, 마르스, 키리누스 세 신은 고대 로마의 중심부, 고대 카피톨리노 언덕에서 살았다. 원래 키리누스는 로마 역사 초기에 로마에 합병된 사빈족Sabine의 숭배를 받던 신이었을 것이다. 그러나 리비우스가 저술할 당시 키리누스는 신성화한 로물루스로 이해되었고 신들의 아버지와 수위를 다투는 신으로 숭배 받았다.

율리우스 카이사르

로마 건설 연도는 전통적으로 서기전 753년으로 본다. 시간을 7세기 정도 앞으로 당겨보아도, 여전히 신이 되었다고 선포된 인간들을 발견할 수 있다. 그중에 자신을 로마의 절대 권력자로 선포한 율리우스 카이사르보다 더 잘 알려진 인물은 별로 없다. 독재자를 원치 않던 카이사르의 정치적 적대자들은 서기전 44년 3월 15일에 그를 암살했다. 로마의 전기 작가 수에토니우스Suetonius는 서기 115년 출간한 『황제들의 생애

Lives of the Caesars』에서 율리우스 카이사르의 생애를 알려준다. 수에토니우스에 따르면, 카이사르는 이미 생전에 자기가 신성한 유산을 물려받았다고 선언했다. 그는 고모의 장례식 연설에서, 자기 가문 한쪽은 로마의 전설적인 네 번째 왕 마르쿠스 안키우스를 통해 내려오는 고대 로마 왕들 후손이고, 다른 쪽은 신들의 후손이라고 진술했다. 그의 가계는 여신 베누스까지 거슬러 올라갈 수 있었다.

카이사르가 죽고 그의 적대자들과 옹호자들 사이에 맹렬한 권력투쟁이 이어졌다. 옹호자들 중 마르쿠스 안토니우스는 훗날 아우구스투스 황제가 된 카이사르의 양자 옥타비아누스와 결탁했다. 안토니우스는 카이사르의 장례식 때 관습적인 장례식 연설을 하지 않겠다고 결정했다. 대신에 그는 "인간이자 신으로서 모든 영예를 카이사르에게 돌리기 위한" 원로원의 결정을 널리 알렸다. 실제로 지배 권력은 투표를 통해서 율리우스 카이사르를 신격화했다. 이는 신화神化, deification라고 알려진 과정으로, 한 사람이 너무도 위대해서 죽은 후 신의 지위로 올라섰음을 인정하는 것이다. 수에토니우스가 전하는 바와 같이 "보통 사람들"과 심지어는 하늘조차도 카이사르의 신화를 옹호하는 것처럼 보였다. "(카이사르는) 쉰여섯에 죽었고, 공식적 선포를 통해서만이 아니라, 보통 사람들도 그가 신의 지위에 편입되었다고 확신했다. 사실 카이사르가 신화한 후에 그의 계승자인 아우구스투스가 개시한 첫 경연회에서 11시쯤에 7일 동안 연달아 혜성이 나타나 비추었으며, 사람들은 그것이 하늘에 받아들여진 카이사르의 영혼이라고 믿었다."(『신화神化한 율리우스 카이사르The Deified Julius Caesar』, 88.)**8**

순전히 인간적이고 정치적인 관점에서 이 사안을 볼 때 작은 의문이 있다. 계승자이자 양자인 옥타비아누스가, 카이사르가 신적 계보를 이어받았을 뿐만 아니라 신성한 존재라고 자처했음을 로마인들이 동의하길 바란 이유는 무엇인가다. 만일 율리우스 카이사르가 신이었다면, 그의 아들은 무엇이 될 것인가? 신약성서학자 마이클 페퍼드Michael Peppard가 지적한 대로, 우리가 아는 한 고대에 실제로 '하느님의 아들'이라 불린 사람은 오직 둘뿐이다. 다른 사람들은 제우스의 아들이나 아폴론의 아들처럼, 신성한 그들의 아버지 이름을 따랐다. 그러나 오직 두 사람만이 자기 이름을 그대로 쓰면서 '하느님의 아들'이라 불렸다. 하나는 로마황제 옥타비아누스 또는 카이사르 아우구스투스였고, 다른 사람은 예수였다. 이것은 우연이 아닐 것이다. 예수가 신적 인간으로 등장했을 때 그와 황제는 경쟁 중이었다.

카이사르 아우구스투스

율리우스 카이사르는 죽은 다음 신으로 여겨졌지만 그의 양자 옥타비아누스Octavian(재위 서기전 27~서기 14)는 살아 있는 동안 신으로 여겨졌다. 고대 세계에서 살아 있는 통치자를 신으로 여기는 것은 전례 없는 일이 아니었다. 이집트인은 파라오를 살아 있는 신의 대표자로 오랫동안 숭배했고, 정복자 알렉산더 대왕은 신에게 드리는 존경을 받았다. 그러나 황제숭배가 시작되기 전까지 로마 세계에서는 이런 일이 없었다.

전설들은 옥타비아누스의 탄생이 평범하지 않고 인간과 신의 결합에서 왔다고 한다. 수에토니우스에 따르면, 뱀의 형상을 한 신 아폴론이 옥타비아누스의 어머니 아티아를 임신시켰다.(알렉산더 대왕의 임신 이야기가 떠오르는 것은 당연하다.) 아티아가 신전에서 성스러운 아폴론 의례에 참석했다가 한밤중에 잠든 때 뱀이 그녀에게 미끄러져 올라갔다가 재빨리 떠났다. 잠에서 깨어났을 때 그녀는 남편과 성관계를 가진 후 하던 대로 자신을 정화했는데 신기하게도 그녀 몸에 뱀 형상이 나타났다. 수에토니우스가 전하는 바에 따르면, "아우구스투스는 열 달 뒤 태어났고 이런 이유로 아폴론의 아들이라고 여겨졌다."(『신화한 율리우스 카이사르』, 94.)

더욱이 바로 그날 밤, 그리스 북부지역 트라키아에서 전쟁 중이던 아티아의 남편은 꿈속에서 "보통 인간보다 훨씬 큰 자기 아들을 보았다. 그는 가장 훌륭하고 위대한 유피테르의 번개와 홀과 상징들을 들고 빛나는 왕관을 쓰고, 찬란한 하얀 말 열두 마리가 끄는 마차를 타고 있었다."(『신화한 율리우스 카이사르』, 94.) 확실히 이런 것들은 이 아이가 신성한 인물이며 지상의 위대한 신이라는 징조들이었다.

후대 황제들과 달리, 아우구스투스는 재위 기간에 신으로 숭배 받는 것에 열심히 매달리지 않았다. 수에토니우스는 아우구스투스가 로마의 수호 여신 로마와 자신에게 공동으로 신전이 봉헌되지 않는 한, 로마 지역에서 자신에게만 봉헌된 신전을 허락하지 않았다고 말한다. 때로 도시들은 신전을 지어 아우구스투스의 '게니우스genius'에 봉헌함으로써 황제의 주저함에 대처했다. 이 경우 '게니우스'라는 말은 그의 지성적 탁월함을 의미하지 않고, 그의 가족을 보살피는 수호 영, 특히 그의 현재를 만들며 지도자인 그를 보호하는 영이다. 어떤 의미에서 이 도시들은 아우구스투스의 게니우스를 숭배함으로써 비인격화했으나, 매우 신성화한 의미로 그를 경배했다.

더욱이 그가 주저했음에도 옥타비아누스는 황제가 되기 전인 서기

전 40년경 '신의 아들'로 찬사를 받았으며, 이 호칭은 서기전 38년경의 동전에서 발견된다. 그리스 도시인 코스의 법령은 아우구스투스를 세바스토스 신으로 환대하며(세바스토스는 라틴어 아우구스투스와 같은 말이다) 그가 "모든 백성에게 내리는 은혜를 통해서 심지어 올림포스의 신들을 능가"함을 암시한다. 한 인간이 신들과 경쟁한다는 것은 상당히 부자연스럽지만, 경건한 그의 추종자들은 그를 이보다 훨씬 더 높였다. 아우구스투스는 죽은 후 신화神化되었고 '신성'하거나 '신성하게 된' 또는 '신들 가운데 있다고 간주된' 인물로 불렸다. 수에토니우스에 따르면, 한 고위층 로마 관리가 그의 시신을 화장했을 때 "하늘로 올라가는 아우구스투스의 모습을 보았다"고 주장했다. 후대의 로마 황제들을 포함해 로마인들은 아우구스투스를 계속 신으로 숭배했다.[9]

황제숭배

오늘날 숭배cult라는 단어는 유별난 신조와 관습을 지닌 열광적인 종교 분파와 연관되지만, 고대 역사가에게는 그러한 부정적 의미를 함축하지 않는다. 이 말은 단지 신들에 대한 배려cultus deorum를 줄인 표현이며, 현대인이 '종교'라 부를 만한 것과 의미가 가깝다.(농업agriculture이 '농지에 대한 배려'를 의미하는 것과 마찬가지다.) 로마의 황제숭배는 아우구스투스와 함께 시작됐고 이어서 황제가 된 이들을 통해 지속됐다. 후대 황제들 중 여럿은 자신이 신의 현현으로 여겨지는 것에 대해 아우구스투스처럼 삼가지 않았다.[10]

유명한 로마의 웅변가 퀸틸리아누스Quintilian(서기 35~100)는 한 연설에서 대중 연설을 하는 연사들이 어떻게 신들을 찬양하는지 들려준다. "어떤 (신들)은 …… 불사의 존재로 태어났기 때문에 찬양받고, 다른 신들은 자신의 용맹을 통하여 불사를 얻었기 때문에 찬양받습니다. 이 주제는 현재 시간도 영광스럽게 만드는 우리 주권자(도미티아누스 황제)의 충성과 관련됩니다." (『연설가 교육론Institutes of Oratory』 3.7.9.)[11] 퀸틸리아누스는 어떤 신은 그리스 로마 신화에 나오는 신들처럼 태어나지만, 다른 신들은 자신의 용맹을 통하여 불사를 얻었다고 말한다. 곧 어떤 인간은 그들의 놀라운 행적으로 신성하게 되었다고 한다. 그는 '현재' 이러한 일이 일어난 사람들에 대하여 언급한다. 여기에서 퀸틸리아누스가 의미하는 이들은 신화神化된 이전 두 황제인, 도미티아누스의 아버지 베스파시아누스와 그의 형 티투스다.

일반적으로 황제는 죽은 후 로마 원로원의 투표를 통해서 신으로 공식 선포되었다. 오늘날은 낯설겠지만, 누군가를 신성하게 만드는 것보다 그들 가운데 살았던 인물을 신성하다고 인정하는 것이 원로원의 입장에서는 최선이었을 것이다. 이 인정은 그 사람이 강력하고 은혜로웠다는 사실에 기반을 두고 이루어졌다. 그렇다면 누가 로마 황제보다 더 강력하고 더 은혜로울 수 있겠는가? 이른바 나쁜 황제들은 죽어서도 신의 영예를 누리지 못했지만 선한 황제들은 신의 영예를 누렸다. 옥타비아누스의 경우처럼 많은 이가 생전에 신성한 존재로 숭배를 받았다. 페르가몬에서 나온 비문은 "신 아우구스투스 카이사르"라는 말을 새겨서 영예를 부여했으며, 밀레투스의 비문은 칼리굴라로 알려진 가이우스에게 헌정되었다. 칼리굴라는 후대에 아주 나쁜 황제로 여겨졌지만 생전에 만들어진 비문에는 "가이우스 카이사르 게르마니쿠스, 게르마니쿠스의 아들, 신 세바스토스"라고 새겨져 있다. 칼리굴라는 적어도 살아 있는 동안에는 종종 신으로 여겨졌다.

학자들은 로마제국 전 기간에 황제숭배가 어떻게 전개되었고, 특히 살아 있는 사람이 신으로 숭배 받은 사상을 이해하기 위해 오랫동안 씨름했다. 그 사람이 다른 사람처럼 인간이라는 것을 모두가 알지 않았던가? 그는 먹고 마셔야 했으며, 다른 육체적 활동도 해야 했다. 그는 인간적 강점과 약점이 있으며, 무엇보다 죽을 수밖에 없는 운명이었다. 그는 과연 어떤 의미에서 진지하게 신으로 여겨졌는가?

대체로 이전의 학문적 입장은, 사실상 대부분 사람은 황제를 신으로 생각하지 않았으며, 신성한 명예를 부여한 것은 대개 아첨이었다고 주장하면서 신화神化에 관해 회의적 의견을 내놓았다.[12] 이 관점은 사회 상류계급인 문학적 엘리트들이 생산한 고대의 저술에 널리 기초한 것이었다. 더욱이 이 관점에서는, 로마 지역의 모든 사람이 로마 당국을 이해하고 인정하도록 만들기 위하여, 지배 당국 자체에서 제국을 선전하기 위해 황제숭배를 지원한 것처럼 보인다. 궁극적으로 보면 그들은 신과 상대하는 중이었다. 즉 황제가 이전의 모든 선임자처럼 인간임을 모두 알고 있지만, 제국 구성원들은 로마의 환심을 사기 위해 황제숭배에 참여했다는 뜻이다.

그래서 도시들은 유피테르와 유노, 마르스, 베누스, 로마 등 로마의 위대한 신들과 여신들에게만 신전을 봉헌한 게 아니라, '신'이었던 황제에게도 봉헌했다. 그리고 신들에게 하듯이 황제 상像에도 제물을 바쳤다. 이러한 과거의 견해에서 황제는 여전히 하층계급의 신이며 이 인간적 신들에 대한 숭배는 죽어서 이미 신화神化한 이들에 한정되었다.

그러나 지금까지 설명한 과거의 학문적 입장은 이제 더 이상 공감을 얻지 못한다. 더 최근에는 문학적 상류계급이 로마종교에 대해 말해야 했던 것보다는, 대다수 로마인들이 어떤 생각을 했고 실제로 무엇을 행했는가에 대하여 더 관심을 기울인다. 대다수 대중은 위대한 전기나 역사서를 쓰기는커녕 글을 읽지도 못했다. 이 새로운 접근법에서 로마종교와 관련해 '믿음'의 범주는 더욱 복잡하다고 인식되었다. 그리스도교와 달리 로마종교들은 종교에 대한 믿음이나 '지적 내용'을 강조하지 않았다. 결국 종교는 행위였다. 곧 신들을 어떻게 생각하고 어떻게 믿는가에 대한 것이라기보다는, 신들과의 관계 안에서 사람들이 행한 것이었다. 이 관점에서 볼 때 황제들은 죽었든 살아 있든 신들이 대우받던 대로 대우받고, 때로는 사실상 신들과 똑같이 대접받았다.[13]

최근의 학문적 입장은 황제숭배를 상명하달식 선전 활동, 곧 로마 관료들이 무지한 바보들에게 시킨 행위로 보지 않는다. 대신에 황제의 권력을 존중하기 위한 한 방법으로서, 지방도시의 관료들이 시작한 지역 운동이었다고 본다. 더욱이 이 숭배는 촌구석이 아니라 로마 내부에서 발생했다. 많은 이가 정말로 황제를 신으로 믿었던 듯하다. 그리고 그들이 믿든 믿지 않았든 간에, 확실히 황제를 신으로 대우했다. 그들은 황제를 대신해서 (다른) 신들에게 제물을 바쳤을 뿐 아니라, 황제—적어도 그의 게니우스, 또는 그 안에서 그를 만든 힘이자 신성한 존재인 '누멘 numen'—에게 바쳤다.

나는 앞에서 강력한 통치자를 신성하게 여긴 이유를 암시했다. 그러한 인물은 여러 일을 할 수 있지만, 자기가 다스리는 사람들에게 은혜를 베풀어 그의 능력을 선한 일에 사용하기도 한다. 로마 세계 전체에 걸쳐 통치자들에게(주로 황제들, 그러나 모두가 황제는 아니다) 봉헌된 비문들은 이러한 '은혜'를 강조하고 있다. 외부지역에서 나온 것이지만 황제숭배와 관련된 한 비문은 서기전 2세기 시리아의 통치자 안티오쿠스 3세 Antiochus Ⅲ에게 봉헌되었다. 안티오쿠스는 외부 세력의 억압에서 테아스 Teas 주민들을 해방시켰다. 이에 대한 응답으로 주민들은 안티오쿠스와 그의 아내 라오디케의 상을 세우고 공식 의례에서 제물을 봉헌했다. 안티오쿠스와 라오디케 상은 그들을 찬양하는 비문과 함께 그 도시 최고 신이던 디오니소스 상 옆에 세워졌다. "도시와 그 영토를 거룩하게 하시고 …… 조세에서 자유롭게 해주셨기에 …… 그분들은 모든 이로부터 가능한 한 가장 위대한 영예를 받으셔야 하고, 디오니소스와 함께 신전 및 다른 일들을 공유하는 우리 도시의 공동구원자이시니 공동으로 우리에게 은혜를 베푸실 것입니다."14 정치적 은인들은 '종교적' 영웅으로 여겨졌다. 신전 안에는 그들의 상과 장소가 있었고 그들의 영예를 위해 제물을 바쳤다. 그들은 현실적 의미의 '구원자들'로서 실제로 그런 대우를 받았다.

황제들도 마찬가지였다. 한 비문에 나오듯이, 아시아의 속주屬州가 매년 아우구스투스의 생일을 경축하기로 결정했는데, 그 이유는 아우구스투스의 "인간에 대한 은혜"에 감사하고, "전쟁을 끝내고 모든 것을 세우신 구원자"이기 때문이다. "신의 생일은 그분이 오심으로써 세상을 위한 기쁜 소식이 시작된다는 것을 알려주는 표지"이기에, 아우구스투스는 "그분 이전에 태어난 모든 은인들을 능가한다."15

당연한 일이지만, 그리스도인들에게는 이 모든 이야기가 친숙하게 느껴질 것이다. 이 사람(황제)은 신이며, 그의 탄생은 세상에 "기쁜 소식"을 가져오기 때문에 생일을 경축해야 한다. 그는 인간들 중 가장 위대한 은인이며, 다른 모든 이를 능가하고, "구원자"로 여겨진다. 고대 세계에서는 오직 예수만 "구원자-하느님"이었던 것이 아니다.

비통치자: 페레그리누스의 죽음

지금까지 신이 된 인간으로 여겨진 이들을 탐색하면서 주로 강력한 통치자들에 초점을 맞추었다. 그러나 다른 위대한 인간들도 이러한 능력을 갖추었다. 물론 우리들 가운데 많은 이들은 상당히 강하거나 현명하거나 덕이 높다. 그리고 어떤 이들은 믿을 수 없을 정도로 강력하거나 현명하거나 덕이 높다. 만일 누군가의 힘이나 지혜나 덕이 상상을 초월한 것이라면, 그 사람은 우리처럼 죽을 운명에 있는 저차원의 생명체가 아니라 인간 형상을 한 신일 수 있다. 그리스와 로마 세계는 이 믿음을 폭넓게 공유했다.

한 사회가 가진 공동의 믿음을 평가하는 데 가장 선명한 방법 중 하나는 그곳에서 발생하는 풍자를 숙고해보는 것이다. 풍자는 일반적인 가정과 전망과 관점과 믿음을 놀려댄다. 그래서 풍자가 제 역할을 하려면 널리 수용되는 어떤 것의 반대 방향으로 가야 한다. 풍자가 다른 문화의 믿음을 해독하는 완벽한 도구가 될 수 있는 한 가지 이유가 바로 여기 있다. 알다시피 로마 세계에서 나온 멋진 풍자들이 있다.

고대의 가장 흥미로운 풍자 작가 중 한 사람은 서기 2세기에 살았던 사모사타의 루키아누스Lucian of Samosta다. 그는 모든 가식, 특히 철학적이고 종교적인 가식이 쇠파리처럼 귀찮은 것임을 입증한 그리스어권 해학가였다. 루키아누스가 남긴 여러 저술 중에 『페레그리누스의 죽음』이라는 작품이 있다. 페레그리누스Peregrinus는 자칭 견유학파형 철학자다. 고대 철학에서 견유학파로 지낸다는 것은 단지 견유주의적으로 지낸다는 의미가 아니다. 그것은 하나의 철학 양식이었다. 견유학파 철학자들은 인생에서 "좋은 것들"을 위해 살지 말아야 한다고 강조했다. 우리가 소유한 것, 우리가 입고 먹는 것들에 대하여 걱정하지 말아야 한다고 여겼다. 실제로 우리 외부의 것, 결국 우리의 통제 능력을 넘어선 모든 것에 대해 걱정할 필요가 없다. 만일 집에 불이 나서 소실된다면 그것은 우리의 통제를 벗어난 일이므로 우리는 집을 사지 말아야 한다. 만일 직장에서 해고된다면, 그것도 우리의 통제를 벗어난 일이기에 직업에 투자하지 말아야 한다. 만일 배우자가 이혼하거나 아이가 갑자기 죽을 경우, 이 일들도 통제할 수 있는 일이 아니므로 가족에게도 시간이나 돈을 들이는 노력을 하지 말아야 한다. 통제할 수 있는 것은 삶에 대한 태도다. 결국 우리가 걱정하고 관심을 기울여야 하는 것은 바로 우리의 내적 자아, 태도다.

이러한 관점을 지닌 사람들은 쾌적하고 편안한 삶에 관심을 기울이지 않을 것이고(그것은 사라질 수 있기 때문에), 다른 사람들이 그에게 어떻게 반응하는지에 대해서도 무관심할 것이며(그것을 통제할 길이 없다), 사회적 관습에도 신경 쓰지 않을 것이다.(왜 그런 것에 신경 써야 하는가?) 자신의 확신에 따라 행동하는 견유학파 철학자들은 소유물이나 개인적 사랑도 없었으며, 종종 예의도 없었다. 그들은 정해진 거처도 없었고 공공연히 배설하는 등의 행동을 저질렀다. 그들이 견유학파라고 불린 이유가 여기 있었다. 이들을 일컫는 키니코스라는 말은 개를 뜻하는 그리스 단어에서 나왔다. 이들은 개처럼 살았다.

견유학파가 아닌 일부 사람들은 그들을 매우 존경했다. 어떤 사람들은 그들을 뛰어난 철학자로 여겼다. 그리고 뛰어난 철학자로 보이고 싶던 일부 사람들은 견유학자가 되었다. 어떤 의미에서 그렇게 되기는 무척 쉬운 일이었다. 모든 것을 포기하고 현자가 되기 위해 이를 선택했다고 선언하면 끝이었다.

루키아누스는 견유학파의 모든 것을 수치스런 일로, 참된 실체 없이 관심을 끌려는 술책으로 보았다. 그래서 그는 견유학파와 그들의 방식을 조롱했다. 페레그리누스라는 견유학자보다 더 큰 비난을 받은 이는 없었다. 『페레그리누스의 죽음』에서 루키아누스는 이 유명한 견유학자의 진짜 뒷이야기를 한다. 당시 다른 사람들은 페레그리누스가 너무도 심오하고 철학적이어서 사실상 신적 존재가 아닌가 의심할 정도였다. 루키아누스가 보기에는 페레그리누스가 바라는 것이 바로 신적 존재가 되는 것이었다. 루키아누스는 페레그리누스의 삶에 대하여 설명하지만, 나는 그의 죽음을 둘러싼 사건들에 관심이 있다. 어떤 의미에서 루키아누스의 책 전체가 겨냥하는 것은, 사심 없는 타락을 자기 과시적으로 옹호하는 사람의 죽음이다.

전하는 바에 따르면 페레그리누스는 스스로 육화한 프로테우스라고 주장했다. 그는 죽는 방식을 통해서 자신의 신성한 능력을 보여주고자 했다. 루키아누스의 견해에 따르면, 위선적인 견유학자 페레그리누스는 이승의 모든 쾌락과 기쁨을 끊어야 한다고 선언했다. 그는 사람들이 실제로 어떻게 살아야 하는지 보여주고자, 폭력적이고 고통스런 죽음을 기꺼이 수용함으로써 자신의 견해를 증명하고자 했다. 그는 자신을 희생 제물로 바칠 것을 계획하고 선포했다. 루키아누스에 따르면, 그는 그 사건을 보려고 모여든 많은 군중 앞에서 일을 실행했다.

자신의 지향을 공포하고 거창하게 그 사건을 선전한 후 (루키아누스가 묘사하듯이 자기를 과시하며) 자정 무렵 정해진 시간에 올림픽 경기장 근처에서 페레그리누스와 추종자들은 거대한 장작더미를 짓고 불을 붙였다. 루키아누스에 따르면, 페레그리누스는 인간 세계에서 자신이 사라지는 것을 차마 볼 수 없었던 사람들이 말려주기를 바랐지만, 시간이 되자 선택의 여지없이 그 일을 겪어야 한다는 것을 깨달았다. 그는 타오르는 불덩이 속으로 자신을 내던졌고 그렇게 삶을 마쳤다.

루키아누스는 이 사건을 목격했다고 주장하며 사건의 전모가 터무니없고 불합리하다고 여겼다. 그는 그 장면을 보고 돌아가는 길에 그곳으로 모여드는 군중을 만났다. 그들은 그 위대한 인간을 통해 신과 같은 용기와 고통 회복 능력을 보고자 했다. 그러나 너무 늦었다. 루키아누스는 그들에게 축제가 끝났다고 알려주면서 무슨 일이 있었는지 마치 자신이 신자인 양 말해주었다.

> 듣고 싶어 들뜬 바보들을 위해서 나는 내용을 조금 각색하고 부풀려서 말했다. 화장용 장작더미에 불이 붙었을 때 프로테우스는 자신의 몸을 내던졌으며, 우렁찬 소리와 함께 큰 지진이 일어났다. 화염 속에서 독수리가 날아올라 하늘로 갔는데, "나는 지상 삶을 끝내고 올림포스 산으로 간다"는 소리가 들렸다.(『페레그리누스의 죽음』 39.)[16]

새 형상(고상한 독수리가 아닌 시체 먹는 독수리 형상)을 한 페레그리누스는 신성한 인간이고 신들의 고향인 올림포스 산으로 올라갔다고 여겨진다. 흥미롭게도 루키아누스는 그 사건에 대하여 말하는 다른 사람을 만났다. 이 사람은 그 일이 모두 끝난 뒤 죽었다고 알려진 페레그리누스를 만났고, 하얀 옷을 입고 야생 올리브 화환을 걸쳤다고 주장하였다. 더욱이 이 사람은 서로 만나기 전에 페레그리누스가 자신의 불타는 운명과 조우했고, 한 마리 독수리가 불에서 날아올라 하늘로 갔음을 암시한다. 이 독수리는 바로 루키아누스가 전에 만들어낸 독수리였다! 꾸며낸 이야기들은 계속 이어져 결국 복음적 진리가 된다.

루키아누스는 물론 전 과정을 조롱했고, 페레그리누스의 신성이 아닌 전적인 인간성, 초라한 인간성을 말하면서 결론짓는다. "(간단히 말하면) 자기 시선을 결코 진리에 두지 않고, 찬사를 들을 수 없기에 누릴 수 없음이 확실한 때조차도 불길 속으로 뛰어들 만큼, 언제나 대중의 영광과 찬양이라는 관점에서 모든 것을 행하고 말한 사람, 불쌍하고 가엾은 페레그리누스의 삶은 그렇게 끝났다."(『페레그리누스의 죽음』 42.)

그리스와 로마 세계의 신성한 인간들

우리는 그리스와 로마 세계에 나타나는 예들을 통해, 신성한 존재들을 인간으로 여길 수 있고 인간들도 신성하게 여길 수 있었던 고대 세계의 다양한 방식을 볼 수 있다. 사물을 이렇게 보는 방식은, 오늘날 대부분 사람들이 이해하는 신과 인간의 관계, 적어도 서구의 종교 전통(유대교, 그리스도교, 이슬람교)에 속한 사람들의 이해 방식과는 아주 다르다. 이미 지적한 대로, 우리 세계에서는 신의 영역과 인간 영역이 연결될 수 없는 심연으로 분리되어 있다고 흔히 생각한다. 신은 한 존재이고, 인간은 또 다른 별개 존재다. 이 둘은 결코, 아니 거의 통합될 수 없다. 그리스도교 전통에서는 예수의 인격 안에서 신과 인간이 한 번 통합되었다. 우리의 물음은 '어떻게 이러한 사상이 생겨났는가?' 다. 이러한 사상의 근저에는 세상에 대한 감수성이 다르게 작용한다. 여기에서 신성과 인성의 간격은 절대적이 아니라 상대적으로 인식된다.

이러한 고대적 사고방식에서 인성과 신성은 하나의 수직적 연속체이며, 이 두 연속체는 때로는 높은 차원에서(고급스럽게) 때로는 낮은 차원에서(저급하게) 통합된다. 이와 대조적으로 현대인, 적어도 서구인들은 신이 모든 면에서 우리 위에 있으며 무한하다고 생각한다. 그는 절대 타자다. 신 안에는 연속체가 없다. 한 예로, 연속체를 제공할 수 있는 어떤 신들도 없다. 오직 한 분 하느님만 있으며 그분은 우리 생각을, 상대적으로 더 나은 정도가 아니라 무한히 넘어선다. 어떤 사람이 다른 사람보다 더 "신과 닮은" 것은 사실이며, 일부 전통에서는 (로마 가톨릭 교회의 성인들처럼) 신성과 인성이 교차되는 모습을 보이기도 한다. 그러나 그런 곳에서조차 마지막 날의 하느님은, 모든 이와 모든 것과 비교해볼 때, 완전한 타자이며 당신 스스로 완전히 다른 차원에 계신 분이다.

그러나 대다수 고대인은 그렇게 여기지 않았다. 고대에는 유대인을 제외한 모두가 다신교도였다. 수많은 신들이 있었고 그 신들은 신성의 차원에 따라 등급이 매겨졌다. 이것은 신성한 존재들에 대하여 고대인들이 이야기한 방식에서 볼 수 있다. 황제에게 신의 영예를 부여하려 했음을 보여주는 미틸레네Mytilene에서 나온 비문을 생각해보라. 이 법령은 "하늘의 영광을 얻고 신들의 고귀함과 능력을 소유한" 인간들에 대해서 말하고 있다.[17] 그리고 신성한 상태는 신성한 황제를 위해서 항상 고조

될 수 있다고 말한다. "이후에 만일 이 규정들보다 더 영광스러운 것이 세워진다면, 이 도시의 열망과 신심은 그분을 더욱 신성하게 할 수 있는 모든 일에서 모자람이 없을 것이다." 가장 중요한 말은 마지막 어구 "그분을 더욱 신성하게 할 수 있는"이다. 그들은 이미 신이었던 누군가를 어떻게 더 신성하게 할 수 있을까? 만일 신으로 존재한다는 것이 고정되고 특정한 신성의 차원에서 존재함을 의미한다면, 그들은 그렇게 할 수 없을 것이다. 그러나 신으로 존재한다는 것이 신성의 연속체, 말하자면 신성의 낮은 차원에 한 사람을 위치시키는 것을 의미한다면, 더욱 신성하게 하는 것이 가능하다. 그렇다면 그 사람은 위로 움직일 수 있다. 그 사람은 어떻게 위로 움직이는가? 법령은 명확하다. 황제를 처음에 신으로 본 이유는 미틸레네 주민을 위해서 그가 행한 일, 그가 그들을 위해 만든 규정들 때문이다. 만일 그가 더 많은 선행을 베풀었다면 그는 더 신성해질 것이다.

고대인들이 황제나 어떤 개인을 신으로 상상한 경우, 그것은 그 사람이 제우스나 올림포스의 다른 신들 중 하나임을 뜻하지 않는다. 그는 훨씬 낮은 차원에 있는 신성한 존재다.

신성한 피라미드

고대의 신성한 영역 개념을 이해할 때, 연속성을 지닌 어떤 실체 대신에 능력과 장엄함과 신성에 대한 피라미드로 이해하는 것이 유익할 수 있다.[18] 철학적으로 경도된 일부 고대인은 신성한 영역의 정점에 궁극적 신이 있다고 여겼고, 그 신이 모든 것 위에 있고 무한한 능력을 지니며 때로는 모든 사물의 원천이라고 생각했다. 이 신은 제우스든 유피테르이든 아니면 알려지지 않은 신이든 간에, 우리가 상상하는 신성한 피라미드의 정점에 있다.

이 신 아래 단계에는 고대 이야기와 전승이 알려주는 위대한 신들, 예를 들면 고대 신화들과 호메로스의 『일리아스』와 『오디세이아』가 묘사하는 제우스, 헤라, 아폴론, 아테나 등을 포함하는 올림포스 산의 열두 신이 있다. 이 신들은 우리의 상상을 훨씬 뛰어넘는 환상적 능력을 보여준다. 그 신화는 흥미를 자아내는 이야기들이며 실제 발생한 역사적 이야기가 아니지만, 많은 사람은 이 신화들을 사실 그대로 받아들였다. 철학자들은 이 신화들을 '탈신화화' 하려고 했다. 문학적 독해와는 별개로, 신화들이 세상과 실재에 대한 더 깊은 진리를 어떻게 이야기하는지 이해하려고 그 문학적 특징을 분석했다. 어떻든지 간에 이 신들은 우주에서 가장 강력한 존재로 숭배 받았다. 이 신들 중 일부는 도시와 마을의 수호신으로 채택되었고, 또 일부는 국가 전체가 인정하고 숭배했다. 국가에는 전쟁과 평화 시기에 위대한 신들이 호의적으로 배려해주기를 바랄 만한 명백한 이유가 있었다.

그러나 이 신들만이 신성한 존재는 아니었다. 피라미드의 낮은 단계에는 여러 신이 아주 많이 있다. 모든 도시와 마을에는 그곳을 보호하고 지켜주고 도와주는 지방 신들이 있었다. 전쟁의 신, 사랑의 신, 부의 신, 건강의 신, 탄생의 신 등을 비롯해 기능에 따라 이름이 붙여진 갖가지 신들이 있었다. 숲의 신, 목초지의 신, 산의 신, 강의 신 등 모든 장소에 신들이 있었다. 세상에는 신들이 함께 살고 있었다. 유대인을 제외한 고대인들에게 유일신 숭배가 별 의미를 가질 수 없었던 이유가 여기 있다. 만일 새로운 신을 숭배하기로 결정했다고 해도, 예를 들어 새로운 마을로 이사해서 그 지역 신을 숭배하려 할 때도 다른 신에 대한 숭배를 그만둘 필요가 없었다. 아폴론에게 제물을 바치기로 결정했다고 제우스나 헤라나 아테나에게 제물을 봉헌하지 말아야 하는 것은 아니었다. 이 세계에는 많은 신들이 있었고 우리가 종교적 관용이라고 부를 수 있는 것들도 많았다.

이 신들 아래에도 다른 계급이 있다. 다이몬daimones이라고 알려진 신성한 존재가 있었다. 때로 다이몬이라는 단어는 '악마'로 번역되지만, 오늘날 악마가 함축하는 의미와는 다르다. 일부 다이몬은 악의적일 수 있지만 모든 다이몬이 그런 것은 아니다. 다이몬은 타락한 천사가 아니며, 사람에게 들려서 (영화 〈엑소시스트〉에서처럼) 스스로 내동댕이치게 하거나 머리를 360도 회전하거나 토사물을 내뱉는 사악한 영도 아니다. 다이몬은 그저 낮은 차원에 있는 신적 존재로, 중요한 신들은 말할 것도 없고 지방 신들보다 힘이 훨씬 약한 존재였다. 다이몬들은 인간보다는 훨씬 강한 영적 존재들이지만, 인간 가까이 머물기에 멀리 떨어진 중요한 신들보다 인간과 더 깊은 관계를 가지며, 다이몬의 인도를 받았다고 주장한 그리스 철학자 소크라테스의 경우처럼 종종 인간 삶에 개입하고 인간을 도와줄 수도 있었다. 기분이 상할 경우 다이몬은 해로운 일을 할 수도 있었다. 그래서 다이몬들에게 걸맞은 경배를 드리면서 그들을 기쁘게 하는 일이 중요했다.

신성한 피라미드의 바닥이나 바닥 근처에는 신성한 인간들이 있다. 신성한 인간들은 그 위 계층의 신들보다 숫자가 적어서, '피라미드' 비유가 무너지는 곳이다. 사실 무척 용감하거나 현명하거나 훌륭해서 신성한 경지로 올라선 사람들은 상대적으로 드물다. 그러나 때로는 실제로 그런 일이 일어났다. 위대한 장군, 황제, 위대한 철학자, 엄청난 미인 등은 인간보다 더 위대한 존재가 될 수도 있었다. 이 사람들은 초인이 될 수 있고, 신성해질 수도 있었다. 어쩌면 그들의 아버지가 신이었을 수 있다. 그들은 일시적으로 인간 몸을 취한 신이었을 수 있다. 사람들은 그들이 갖춘 덕성이나 능력, 육체적 특성 때문에 신성한 영역으로 받아들여졌다고 생각할 수 있었다. 그들은 나머지 비천한 인간과는 같지 않았다.

앞에서 지적했듯이 우리도 어떤 연속성을 지닌 존재다. 인간들 중 일부는 아주 비천해서, 사모사타의 루키아누스 같은 사람은 이들을 지상의 인간쓰레기로 여겼다. 또 다른 인간들은 모든 면에서 중간 정도다. 자신과 자기 가족 전체를 중간 이상이라고 여기는 이들도 있다. 일부 사람들은 놀랄 정도로 뛰어난 사람들이 있다고 인식했다. 고대인들은 일부 인간이 너무 뛰어나 신의 영역으로 들어갔다고 보았다.

예수와 신의 영역

신성한 영역에 대한 관점은 후대에 그리스도교가 변화시키기 전까지는 크게 변하지 않았다. 그리스도교가 이 관점을 정확히 언제 변화시켰는지는 지적하기 어렵지만 변화를 일으킨 것은 사실이다. 예수 사후 300여 년이 지나 제국이 이교에서 그리스도교로 개종하던 4세기에 로마 세계의 위대한 사상가들은 신의 영역과 인간 영역 사이에는 거대한 간격이 있다고 믿게 되었다. 하느님은 '저 위에' 계신 전능하신 분이었다. 그분 홀로 하느님이다. 다른 신들은 없으며 신의 연속체도 없다. 여기 아래에는 비천한 죄인인 인간이 있고 저 위에는 하느님, 존재하는 모든 것 위에 군림하는 최고 주권자가 있다.

예수는 결국 인간과 함께 여기 아래에 속하지 않고, 하느님과 함께 저 위에 속한 존재라 여겨지게 되었다. 예수 자신이 하느님이었다. 그러나 만일 하느님이 하느님이라면, 다른 신들은 없고 심지어 신이 둘도 아닌 유일신이라면, 그는 어떻게 하느님이 될 수 있었는가? 신이 유일하다면 예수는 어떻게 신이 될 수 있으며, 신은 어떻게 신이 될 수 있는가? 부분적으로는 바로 이 질문이 이 책을 쓰도록 했다. 그러나 더욱 긴급하고 직접적인 물음은 '이 인식이 처음에 어떻게 자리를 잡았는가?'와 관련이 있다. '예수는 어떻게 인간에서 신으로 옮겨가게 되었는가? 어떤 의미에서?

나는 마지막 구절 "어떤 의미에서?"를 강조하고 싶다. 하느님으로서의 예수에 대한 물음에 대하여 생각할 때 사람들이 실수하는 것 중 하나는, 인간 영역과 신의 영역 사이에 깊은 간격이 존재하는 4세기의 관점을 끌어들이고, 이 관점이 그리스도교 운동 초창기에 해당한다고 상정하는 것이다. 평범한 사람들만이 아니라 여러 전문 신학자들도 이러한 실수를 저지른다. 신학자들뿐 아니라, 성서학자와 초기 그리스도교 역사가 등을 포함해 모든 분야의 학자들이 똑같은 실수를 하고 있다. 이들의 "예수는 어떻게 하느님이 되었나?"라는 질문의 의미는, "예수가 어떻게 순전히 인간 영역에서 하느님 영역으로 옮겨 갔는가?"다. 곧 "사람마다 재능과 장점과 아름다움과 덕성이 제각각인 인간 영역에서 하느님 영역으로, 유일하고 전능한 창조주이자 존재하는 모든 것의 주님이신 하느님 영역으로 예수는 어떻게 이동했는가?"를 묻는 것이다. 예수는 어떻게 하느님이 되었나?[19]

이것은 흥미로운 질문인데, 왜냐하면 실제로 그런 일이 일어났기 때문이다. 예수는 주로 4세기의 의미에서 하느님이 되었다. 그러나 이전 시기에 인간 영역과 신의 영역의 관계에 대해서 4세기적으로 이해하지 않던 사람들도 예수를 하느님으로 이해했다. 가장 초기 그리스도교에 대해서 말할 때 우리는 "그리스도인은 정말로 예수를 하느님이라고 생각했나?"라는 물음을 던지는데, 이 질문을 "어떤 의미에서 그리스도인들은 예수를 하느님으로 생각했는가?"로 교체할 필요가 있다. 만일 신성한 영역이 절대성이 아니라 연속성을 띤다면, 그리고 단일한 지점이 아니라 등급이 있는 피라미드라면, 예수는 바로 그런 의미에서 하느님이고, 그것은 처음부터 주요 쟁점이 된다.

예수는 어떤 의미에서도 본디 신으로 여겨지지 않았으며, 어떤 점에서는 예수를 절대적인 의미의 전능한 하느님과 동등하게 여기기 전에, 그의 추종자들 때문에 결국 신성하게 되었다. 이에 대해서는 다음 장들에서 명확히 밝힐 것이다. 그러나 내가 강조하는 것은 예수의 신화神化가 사실상 하나의 발전이었다는 점이다.

신약성서와 초기 그리스도교에 대해 지난 200년간 현대 학문이 중요하게 발견한 것 중 하나는 예수 생전에는 추종자들이 그를 하느님이 아니라 철저하게 인간으로 이해했다는 것이다. 사람들은 예수를 교사나 랍비, 심지어 예언자로 보았다. 몇몇은 예수를 (아주 인간적인) 메시아로 생각했다. 그는 모든 사람과 똑같이 태어났으며 모든 사람 '처럼' 지냈다. 그는 나자렛에서 자랐으며 특별히 주목할 만한 젊은이도 아니었다. 성인으로서 (어쩌면 어렸을 때부터) 그는 당시 여러 유대인들처럼 세상 종말이 가까이 왔다고 확신했으며, 악의 세력을 전복시키고 지상에 선한 나라를 실현하기 위해 하느님이 곧 개입할 것이라고 믿었다. 예수는 도래하는 종말 메시지를 선포해야 한다는 부름을 느꼈고 그 일을 하면서 공생활을 했다.

결국 예수는 예루살렘으로 향하던 여행 중에 지배 당국을 화나게 했다. 그들은 예수를 체포하고 심문했다. 그는 유다 총독 빌라도 앞에 불려가 짧은 재판 후에 정치범으로 유죄선고를 받았다. 팔레스티나와 지중해 지역을 담당하는 로마의 권력자들만 왕을 임명할 수 있건만, 예수가 유대인의 왕이라고 자처했다는 것이다. 정치적 말썽꾼이었던 그는 특별히 수치스러운 죽음인 십자가형 선고를 받았다. 로마인과 관계된 예수 이야기는 여기서 끝난다.

그러나 실제 예수 이야기는 여기서 끝나지 않는다. 그래서 우리는 우리 연구를 추동하는 물음으로 돌아온다. 반국가 범죄로 십자가에 처형된 갈릴래아 벽촌 출신의 종말 예언자를, 어떻게 모든 것을 창조한 전능한 하느님과 동등하게 여기게 되었는가? 예수는 후대 추종자들의 마음과 가슴 속에서 어떻게 하느님이 되었는가?

하나의 해답을 찾는 명확한 자리는 예수의 삶과 가르침이 될 것이다. 그러나 우리는 먼저 예수가 살면서 자신의 메시지를 선포했던 1세기 유대교의 종교문화적 기반을 살펴볼 필요가 있다. 이제 보겠지만, 오직 한 분 하느님에게만 예배드려야 한다는 유대인의 생각은 주변 세계의 이교인들과 구별되지만, 인간 세계와 신성한 영역의 관계에 대한 개념은 별로 다르지 않았다. 유대인 역시 신은 인간이 될 수 있고 인간도 신성해질 수 있다고 믿었다.

2장

고대 유대교의 신성한 인간들

.

나는 1980년대 중반 러트거스대학교에서 시간강사직을 제안 받으면서 가르치는 일을 처음 시작했다. 비상근 교수들은 충분한 돈을 벌 수 없기에, 프린스턴 고등연구소에서도 일했다. 그곳에서는 프린스턴 금석학 프로젝트라는 장기 프로젝트를 진행하고 있었다. 이 프로젝트에는 고대 지중해 전체 주요 도시들에 있는 모든 그리스어 비문의 내용을 수집하고 분류한 뒤 컴퓨터 자료로 입력하는 일이 포함되어 있었다. 이 작업의 최종 목표는 각 지역별 책을 여러 권 출판하는 것이었다. 이 프로젝트 책임자는 비문을 신문 읽듯이 읽을 수 있는 고도로 숙련된 고전 전문가였고, 나는 그를 지원하는 신참연구자였다. 내가 맡은 일은 비문을 입력하고 편집하는 일이었고, 내가 맡은 지역 중 하나는 터키 서부 해안에 있는 프리에네Priene라는 고대 도시였다. 나는 프리에네를 한 번도 들어본 적이 없지만 그곳에서 발견되고 출판된 모든 비문을 수집하고 분류했다.

2009년이 되었을 때 내 삶은 아주 많이 바뀌어 있었다. 노스캐롤라이나대학교 종신교수로서 먼 지역까지 여행할 수 있었다. 그해 여름 나는 친한 친구인 예일대학교의 신약학 교수 데일 마틴과 함께 터키 주변을 여행하면서 여러 고고학적 현장을 조사하기로 했다. 우리는 계획을 짜지 않고 어디든 원하는 곳에 가기로 하고 2주를 그곳에서 보냈다. 정말 멋진 여행이었다.

가장 인상적인 곳 중 하나가 바로 고대 프리에네 유적지였다. 그곳은 멋진 산을 배경으로 한 놀라운 장소였다. 지난 수 년 동안 독일의 고고학자들이 그곳에서 중요한 발굴을 했지만 여전히 대부분 지역은 황량했다. 폐허가 된 신전들과 가옥들이며 가게들, 거리들이 있었으며, 5,000명을 수용할 수 있는 극장도 있었다. 지역의회 의원들이 회의를 하던 의회 건물인 불레우테리온bouleuterion이 삼면에 좌석을 갖춘 정방형태 그대로 남아 있었다. 주요 건축물인 아테나 신전의 기둥들은 무너져 있었고, 기둥을 이루었던 몸통들이 바닥에 흩어져 있었다. 그리고 수많은 그리스어 비문들이 누군가 읽어주기를 기다리는 듯 여기저기 자리 잡고 있었다.

그날 오후 한 비문을 보면서 나는 눈부신 깨달음을 얻었다. 그것은 아주 분명한 견해들 중 하나로, 학자들이 여러 해 동안 논의했지만 개인적으로 나에게는 큰 인상을 주지 않았던 개념이었다. 어떻게 그럴 수 있었던가? 왜 그것이 전에는 결코 나에게 깊은 인상을 주지 못했던가? 나는 다시 이동하기 전에 15분 정도 앉아서 생각해야만 했다.

당시 나는 이 책의 초기 구상을 하는 중이었고, 예수가 어떻게 하느님이 되었는지를 순전히 그리스도교 내부의 전개로만 바라본 채 저술 계획을 짜고 있었다. 예수의 가르침들은 그의 제자 몇몇이 예수가 죽음에서 일으켜졌다고 믿은 후에 발전되었기에(이에 대해서는 나중에 설명할 것이다), 예수가 하느님이 된 것은 예수 가르침의 논리적 결과로 볼 수 있다. 그러나 나는 이러한 발전과 관련해 그리스도교 전승 범위 너머에서 이루어졌던 관계에 대해서는 전혀 생각하지 못했다. 그 상태에서 나는 프리에네 신전 밖에 엎드려서 한 비문을 읽었다. 그 비문은 신神 카이사르 아우구스투스를 언급하고 있었다.

그 비문은 나에게 충격을 주었다. 예수를 드높이는 주장을 하면서 그리스도교가 발흥한 시기는, 황제를 드높이면서 황제숭배가 최고로 고조되기 시작하던 시기와 같다. 그리스도인은 로마인이 황제를 하느님으로 부른 뒤 바로 예수를 하느님으로 부르고 있었다. 이것은 역사적 우연일까? 어떻게 그것이 우연일 수 있을까? 황제숭배와 그리스도교는 단순히 병행적으로 이루어진 발전이 아니었다. 이것은 하나의 경쟁이었다. 진짜 신인神人은 누구인가? 황제인가, 예수인가? 나는 그 순간에 그리스도인들이 예수를 진공상태에서 하느님 차원으로 올린 것이 아님을 깨달았다. 그들은 자신이 살던 환경과 대화하면서 그 영향 아래서 예수를 신으로 받들었던 것이다. 앞에서 언급했듯이, 나는 다른 이들이 이미 그렇게 생각했음을 알고 있었다. 그러나 그 순간 그것이 번개처럼 나를 내리쳤다.

나는 그곳에서 내 책을 다시 구상하기로 결정했다. 그러나 명확한 문제에 부딪히기도 했다. 예수를 신성하다고 말하기 시작한 첫 그리스도인들은 프리에네 출신의 이방인들이 아니었다. 그들은 팔레스티나 출신의 유대인들이었다. 물론 이들은 황제숭배에 대해 알고 있었다. 사실 1세기 팔레스티나의 더 그리스화한 도시들에서는 황제를 숭배했다. 그러나 예수의 첫 제자들은 그리스 문화에 특별히 고취되지 않았다. 그들은 갈릴래아 시골 출신이었다. 황제를 신으로 인식하기보다는 예수를 하느님으로 강조하는 것이 의미를 갖게 된 것은 조금 더 후대이며, 그리스도 교회가 더 많은 이방계 신자들을 받아들이고 개종한 이방인들이 교회의 대다수 구성원이 되면서 나타난 듯하다. 처음에는 어떠했던가?

그래서 나는 유대교 내부의 신성한 인간에 대해 생각하기 시작했다. 여기에 바로 마주치게 되는 수수께끼가 있었다. 유대인들은 이웃 이방인들과 달리 일신론자였다. 그들은 유일한 한 분 하느님을 믿었다. 그들은 여전히 신은 한 분뿐이라고 주장했는데, 어떻게 예수가 하느님이었다고 말할 수 있었나? 만일 하느님이 하느님이고 예수도 하느님이라면 두 하느님이 되지 않는가? 나는 이 문제를 더 깊이 연구할 필요가 있다고 느꼈다.

고대 세계의 유대교

첫 단계는 예수 활동 시기에 고대 세계에서 유대교가 어떠했는지 밝혀야 할 것이다. 나의 관심은 예수가 하느님이라는 믿음이 유대인의 사고와 어떻게 어울렸는지에 대한 문제이기에, 당시 유대인들이 더 넓은 맥락에서 무엇을 '믿었는가'에 초점을 둘 것이다. 대다수 유대인에게 유대교는 일련의 믿음 체계라기보다는 상세한 실천 체계였기에, 유대교는 원칙상 믿음 자체가 아니다. 유대인으로 존재한다는 것은 특정한 방식으로 살아간다는 뜻이다. 그것은 희생 제사를 드리고 기도하고 성서 낭

송을 듣는 것과 같은 '종교적' 활동에 참여함을 의미했다. 그것은 음식 규정과 안식일 지키기 같은 특정 생활방식을 의미했다. 그것은 할례와 유대교 축제에 참여하는 것과 같은 특정한 의례 활동을 의미했고, 십계 명에 나오듯이 특정한 윤리 법규를 따른다는 의미다. 고대에 유대인이 된다는 것은 이 모든 것과 그 이상을 수행한다는 의미였다. 그러나 우리는 이 장의 목적을 위해서 당시 유대인들이 하느님과 신성한 영역에 대해서 어떻게 생각했는지 들여다볼 것이다. 바로 이 생각들이 예수와 같은 인간이 어떻게 신성하게 여겨질 수 있었는지 알려줄 것이기 때문이다.

유대인들이 무슨 생각을 했는지 말하는 것은 다양한 유대인들이 이에 대해 다양하게 말했기 때문에 그 자체로 문제가 담겨 있는 물음이다. 이는 오늘날 그리스도인이 무슨 생각을 하는지 묻는 것과 같다. 어떤 이는 그리스도인이 "그리스도가 온전히 하느님이면서 온전히 인간임을 믿는다"고 말할 것이다. 이 말은 예수가 실제로 하느님이고 겉모습만 인간이라고 생각하는 그리스도인과, 예수는 지극히 종교적이지만 하느님은 아니라고 생각하는 그리스도인을 제외한 그리스도인에게 진실일 것이다. 그리스도 교회의 교리 중 무엇을 선택해도 수많은 그리스도인은 그 교리에 대하여 서로 다르게 생각하는 경우가 많다. 그것은 마치 일부 성공회 교인들이 오늘날 자신에 대해 말하는 것과 비슷한데, 한 방에 네 사람이 있을 때 의견은 다섯 가지가 나올 것이다. 고대 유대인에 대해서도 같은 말을 할 수 있다.

널리 퍼져 있던 유대교 신앙

　나는 이 모든 단서를 염두에 두고 예수 시대 대다수 유대인의 신앙을 간략히 설명하겠다.(물론 이를 온전히 다루기 위해서는 아주 많은 분량의 책이 필요할 것이다.)[1] 유대인들은 전반적으로 유일신론자다. 이교인들에게는 여러 신이 있었지만 유대인에게는 하느님 한 분뿐이다. 이 하느님은 그들의 하느님, 이스라엘의 하느님이다. 이 하느님은 세상을 창조했고 세상 만물을 창조하였다. 더욱이 이분은 이스라엘의 선조들에게 이스라엘을 구성할 엄청나게 많은 자손을 약속하였다. 이분은 이스라엘을 당신 백성이 되게 하였고 그들과 (일종의 협정이나 평화조약이라 할 수 있는) 계약을 맺었다. 이스라엘이 하느님의 백성이 되면 하느님은 그들의 하느님이 될 것이다. 하느님의 백성이 된다는 것은 하느님이 부여한 율법을 따른다는 의미였다. 이 율법, 곧 모세의 율법은 때로 토라Torah라고도 하는 히브리성서 첫 다섯 권인 창세기, 출애굽기, 레위기, 민수기, 신명기에 나온다.

　출애굽기에 나오듯이, 하느님이 이집트의 속박에서 이스라엘 백성을 구한 뒤 자신의 예언자 모세에게 계시한 것이 바로 율법이다. 율법에는, 예를 들어 희생 제사를 통해 하느님에게 예배드리는 방법이라든가, 정결한 음식 규정을 통해 다른 사람들과 구별되는 사회 집단으로 존재하는 방법, 십계명과 같은 윤리적 명령을 통해 공동체 안에서 함께 살아가는 방법 등이 포함되어 있다. 유대교 율법의 중심에 있는 것은 오직 이스라엘의 하느님에게만 예배를 드리라는 명령이다. "너희 하느님은 나 야훼다. 바로 내가 너희를 이집트 땅 종살이하던 집에서 이끌어낸 하느님이다. 너희는 내 앞에서 다른 신을 모시지 못한다."(출애 20,2-3.)

예수 당시에 전부는 아니지만 대다수 유대인은 토라와 더불어 다른 고대의 책들도 거룩하게 여겼다. 고대 이스라엘 역사를 묘사하고 어려운 시기에 비참한 상황에 있던 사람들에게는 하느님 말씀을 선포한 아모스서, 이사야서, 예레미야서 같은 예언서들이 있었다. 특히 신성한 권위가 부여된 시편이나 잠언 같은 책들도 있었다. 이 책들 중 일부는 새로운 상황에서 율법을 말하면서 토라의 가르침을 새롭게 진술했다. 예를 들어 이사야서는 유일신론적 주장을 강조한다. "내가 야훼다. 누가 또 있느냐? 나밖에 다른 신은 없다."(이사 45,5.) 후반부는 다음과 같다. "나만이 하느님, 다른 신은 없다. 내가 나의 이름을 걸어 맹세한다. 내 입에서 나가는 말은 틀림이 없다. 내 말은 반드시 그대로 이루어지고야 만다. 그리하여 사람마다 나에게 무릎을 꿇고 모든 민족들이 제 나라 말로 나에게 신앙을 고백하리라."(이사 45,22-23.)

이사야는 여기서 후대 유대교 역사에서 중시한 관점을 표현한다. 하느님은 존재하는 유일한 하느님일뿐더러 결국 모든 사람이 이를 깨달을 것이다. 미래에는 지상의 모든 민족들이 오직 그분 앞에 예배드리면서 무릎을 꿇고 그분 이름을 고백할 것이다.

유대교 안에도 신성의 스펙트럼이 존재할 수 있을까?

이렇듯 성서 전체를 통해 하느님의 유일성을 강조하는데, 유대인들은 어떻게 신성한 피라미드 같은 것을 상상할 수 있었는가? 이교 체계 안에서는 신성한 존재들이 일시적으로 인간이 되는 것뿐만 아니라, 인간들이 신성해지는 것도 상상할 수 있었다. 그러나 하느님이 오직 한 분만 있다면, 그런 일은 어떻게 가능한가?

이 장에서는 그런 일이 실제로 가능하며 유대인들도 신성한 인간들의 존재를 생각했다는 것을 주장할 것이다. 그러나 이런 일이 어떻게 가능한지 상세하게 논하기 전에, 유대교적 일신론에 대한 일반적 관점 두 가지를 설명할 것이다. 첫째, 고대 이스라엘 사람 모두가 하느님은 오직 한 분뿐이라는 유일신론적 관점을 지녔던 것은 아니다. 이에 대한 증거는 이미 앞에서 인용한 출애굽기의 십계명 첫 부분에서 확인할 수 있다. 이 계명이 어떻게 발설되는지 주의해서 보라. "오직 한 분 하느님이 있다는 것을 믿어야 한다"가 아니라, "너희는 내 앞에서 다른 신을 모시지 못한다"고 나온다. 이 계명은 다른 신들이 있음을 전제한다. 그러나 어떤 신도 이스라엘의 하느님 앞에서, 또는 이스라엘의 하느님 대신 예배를 받아서는 안 된다는 것이다. 이 계명은 또한 이스라엘의 하느님과 나란히, 심지어는 이스라엘의 하느님 다음에라도 어떤 신이든 섬기면 안 된다는 의미로 해석되었다. 그러나 이 말이 다른 신들은 존재하지 않는다는 것을 의미하지는 않는다. 단지 다른 신들에게는 예배를 드리지 말아야 한다는 뜻이다.

이것은 학자들이 단일신론henotheism이라고 부른 관점으로, 내가 유일신론monotheism이라고 부른 관점과는 구별된다. 유일신론은 실제로 하느님이 한 분뿐이라는 관점이다. 단일신론은 여러 다른 신들이 있지만 오직 한 신만 예배를 받아야 한다는 관점이다. 대부분 히브리성서가 그렇듯이 십계명도 단일신론적 관점을 표현한다. "나밖에 다른 신은 없다"는 것을 강조하는 이사야서는 유일신론적이다. 이는 히브리성서에서 소수 파의 관점을 대변한다.

예수 시대의 많은 (어쩌면 대다수) 유대인은 유일신론 진영으로 이동했다. 그러나 이 관점은 신성한 영역 안에 다른 신성한 존재들이 있을 가능성을 배제하는 것은 아닌가? 앞으로 밝히겠지만 반드시 그렇다고 할 수 없다. 유대인들은 일반적으로 다른 초인적이고 신성한 존재들을 '하느님'이나 '신들'이라고 부르지 않았을 것이다. 그러나 초인적이고 신성한 존재들은 분명 있었다. 다시 말해 궁극적 하느님과 동등하지는 않더라도, 지상이 아닌 천상 영역에 살았던 신처럼 초인적 능력을 지닌 존재들이 있었다. 예를 들면 히브리성서에 나오는 여러 천사들과 케루빔 cherubim, 智品天使과 세라핌seraphim, 熾品天使은 하느님의 시중을 들며 하느님에게 경배하고 하느님의 뜻을 집행한다.(예컨대 이사야 6,1-6을 보라.) 이들은 존재의 등급에서 인간보다 훨씬 강력하며, 낮은 차원에 있는 신성한 존재들이다. 신약성서 시대에 이르러 유대계 저자들은 이 존재들을 권세, 권력, 지배자 등으로 언급했는데, 이름이 붙여지지 않은 이 존재들은 천상 영역에 있으나 지상에서도 활약한다.(예를 들어 에페 6,12; 골로 1,16.) 이 신성한 존재들은 위계의 등급에서 권력에 속하는 연속체 역할을 한다. 유대계 문헌은 미카엘과 가브리엘과 라파엘 같은 대천사들에 대해서도 말하고 있다. 대천사들은 하느님보다 훨씬 아래에 있지만 인간보다는 훨씬 위에 있는 신성한 권력들이다.

요점은 이렇다. 유대교 안에도 신성한 존재와 신성한 권력에 속하는 연속체가 존재한다고 이해했으며, 이들은 여러 면에서 이교의 신성한 존재들과 비슷하다. 이것은 엄격한 유일신론적 저자들에게도 진실이었다. 일부 이교 철학자들이 '피라미드' 꼭대기에 있는 궁극적인 참된 신은 오직 하나라고 생각한 것처럼, 유일신론자들도 전능한 하느님이라 부를 수 있는 최고 존재는 오직 한 분뿐이라고 믿었을 수 있다. 그래서 일부 (아마도 대다수) 유대인은 오직 한 분 하느님만 예배받아야 한다고 강조했다. 그러나 대천사 같은 신성한 존재들을 수용할 수 있고, 그들도 예배를 받을 수 있다고 여겼던 다른 유대인들이 있었다. 그들은 위대한 왕 앞에서도 존경의 표시로 무릎을 꿇는 게 옳듯이, 더 위대한 존재인 천사에게 경의를 표하려 무릎을 꿇는 것은 당연하다고 믿었다.

우리는 일부 유대인들이 천사들에게 깊은 경의를 표했다는 것을 알고 있는데, 왜냐하면 현존하는 다수 문헌들이 천사 공경을 하지 말라고 강조하기 때문이다.[2] 결코 실행된 적이 없는 활동을 금지하는 법은 없다. 만일 무단횡단이나 속도위반을 했던 사람이 아무도 없다면 지구상 어떤 도시도 무단횡단이나 속도위반을 금지하는 법을 말하지는 않을 것이다. 고대의 저자들이 천사숭배 반대를 강조한 이유는 천사들이 숭배를 받았기 때문이다. 하느님은 신성한 모든 존재의 궁극적 근원이었기 때문에, 천사들을 숭배하던 사람들조차 그 일이 십계명을 어기는 것이라고 생각하지 않았을 것이다. 이렇듯 유일신론적 유대교 내부에도 더 낮은 차원의 신성한 존재들이 있었다.

나는 이러한 맥락에서 핵심 사안, 곧 유대교 안에서 인간이 된 신성한 존재들과 신성하게 된 인간들을 다룰 것이다. 여기에서는 이교 세계에서 인간이 신성해질 수 있는 세 가지 방식과 대응하는 세 가지 범주를 개략적으로 검토한다. 우리는 유대교 안에서 일시적으로 인간이 된 신성한 존재, 신성한 존재와 사멸할 존재의 결합으로 태어난 반신半神적 존재들, 그리고 신성하거나 신성하게 된 인간들을 볼 수 있다.

일시적으로 인간이 된 신성한 존재들

고대 유대교의 천사들은 지상에서 하느님의 뜻을 중재하는 하느님의 사자使者로 널리 인식되었다. 때로 다양한 천사들이 인간 모습으로 지상에 인상적으로 나타났다. 고대 유대교의 어떤 문헌에는 '주님의 천사'로 알려진 이가 나오는데 그는 '우두머리' 천사로 여겨진다. 이 천사는 얼마나 높은가? 일부 구절에서는 하느님 자신과 동일시되기도 한다. 그러나 때로는 인간으로 나타나기도 한다. 인간으로 나타나는 천사는 신들이 지상을 방문하기 위해 인간 형상을 취할 수 있다는 이교적 관점과도 부합한다.

신이면서 인간인 주님의 천사

한 예가 창세기 16장에 나온다. 상황은 이렇다. 하느님은 아브람에게 많은 자손을 얻을 것이고 실제로 그가 이스라엘 민족의 아버지가 될 것이라고 약속한다. 그러나 그에게는 자식이 없다. 아브람의 아내 사래는 아브람이 아이를 가질 수 있도록 자기 몸종 하갈을 그에게 넘긴다. 아브람은 기꺼이 승낙하지만 사래가 하갈을 질투하여 그녀를 학대하자 하갈은 도망친다.

"주님의 천사"는 광야에서 하갈을 만나서 이야기한다.(창세 16,7.) 천사는 하갈에게 여주인에게 돌아가서 자기가 낳을 아들이 다른 백성의 조상이 될 것임을 알려주라고 한다. 그러나 주님의 천사인 천상의 방문객이 이를 언급한 다음 본문은 실제로 그녀에게 말한 이는 '주님'이었다고 말한다.(16,13.) 게다가 하갈은 하느님과 이야기했음을 깨닫고 놀라움을 표한다. "이런 데서 나를 돌보시는 하느님을 뵙다니!"(16,13.) 여기에 모호함과 혼란스러움이 있다. 주님이 인간 형상을 한 천사로 나타난 것이거나, 주님의 천사가 인간 모습을 한 하느님, 곧 주님 자신이거나 둘 중 하나다.

비슷한 모호함이 두 장 뒤에도 나오고, 아브라함과 관련된다. 창세기 18장 1절은 "야훼께서는 마므레의 상수리나무 곁에서 아브라함에게 나타나셨다"고 전한다. 그러나 이 이야기를 서술하면서 "사람 셋"이 그에게 왔다고 한다.(18,2.) 아브라함은 주인 노릇을 훌륭히 하면서 그들을 환대하고, 그들은 모두 아브라함이 대접한 근사한 요리를 먹는다. 나중에 그들이 그에게 말할 때, 이 세 '사람' 중 하나는 명백하게 '주님'과 동일시된다.(18,13.) 이야기 끝에 가면 다른 둘은 '천사들'이었다.(19,1.) 여기서 우리는 두 천사와 하느님이 인간 형상을 취한 예를 접하는데, 그들은 무척 인간적이어서 세 사람으로 나타나고 모두 아브라함이 준비한 음식을 먹는다.('아브람'과 '아브라함'의 혼용에 대해서는 창세기 17,5 참조, "네 이름은 이제 아브람이 아니라 아브라함이라 불리리라."—옮긴이.)

이러한 모호함이 나타나는 가장 유명한 예는 모세와 불타는 떨기나무 이야기다.(출애 3,1-22.) 히브리 사람의 아들 모세는 이집트에서 파라오의 딸에게서 자랐으나 이집트인을 살해했기 때문에 도망쳐야 했고 파라오에게 쫓기는 신세가 되었다. 그는 미디안으로 가서 결혼하고 장인의 양 떼를 치는 목자가 된다. 어느 날 모세는 양 떼를 몰고 가던 중 놀라운 광경을 보게 된다. 성서는 그가 호렙 산에 도착했으며, (호렙 산은 시나이 산으로, 이집트 탈출 뒤에 모세가 율법을 받은 장소다) 그곳에서 "야훼의 천사가 떨기 가운데서 이는 불꽃으로 그에게 나타났다"고 전한다.(출애 3,2.) 모세는 떨기가 불에 타는데도 불에 타서 없어지지 않아서 놀랐다. 그에게 나타난 것은 주님의 천사이지만, 모세가 떨기로 오는 것을 본 이는 "주님"이며 모세를 불러 떨기 가까이 오지 말라고 한 분은 바로 "하느님"이다. 사실은 주님의 천사가 모세에게 "나는 네 선조들의 하느님이다. 아브라함의 하느님, 이사악의 하느님, 야곱의 하느님이다"라고 말한다.(출애 3,6.) 이야기가 진행되면서 주님인 하느님은 계속 모세에게 말하고 모세도 하느님에게 말한다. 그러나 주님의 천사가 모세에게 나타난 것은 어떤 의미인가? 『하퍼콜린스 연구용 성서HarperCollins Study Bible』의 주석이 도움이 된다. "2절에서 나타난 이는 천사였지만, 신과 그 대리인 사이에는 본질적 차이가 없다."[3] 이에 대하여 신약성서 학자 찰스 기센Charles Gieschen은 이렇게 표현하였다. "주님의 천사는 하느님의 가시적인 현현이기에 하느님과 구분할 수 없거나" 하느님의 권위를 부여받아서 하느님과 분리되기에 별개의 존재다.[4]

신이면서 인간인 다른 천사들

성서와 다른 유대교 문헌들이 천사들을 하느님으로 묘사하고, 그와 똑같은 중요성을 갖고 인간으로 묘사하는 경우는 무척 다양하고 많다. 가장 흥미로운 것은 시편 82편에 나온다. 약하고 궁핍한 사람들에게 정의가 이루어지기를 바라는 이 아름다운 탄원시편 1절에서 우리는 "하느님께서 신들을 모으시고 그 가운데 서시어 재판하신다"는 말씀을 듣는다. 여기에서 전능한 하느님은 신들의 모임을 갖는다. 성서 다른 곳에도 나오듯이,(신적 존재들 가운데서도 사탄이 눈에 띠는 욥기 1장이 가장 잘 알려졌다.)[5] 이 신들은 하느님이 의견을 참조하는 천사적 존재들이다. 욥기에서 하느님의 모임을 구성하는 신적 존재들은 "하느님의 아들들"이다. 시편 82편에서 이들은 "지극히 높으신 이의 아들들"이다. 그러나 이들은 아들 이상의 "엘로힘"(82,6)이다. 엘로힘은 '신'을 의미하는 히브리어다.(엘로힘은 복수형으로, 하느님을 가리키지 않을 때에는 보통 '신들'로 번역된다.) 이 천사적 존재들이 '신들'이다. 이 시편에서 그들은 비천하고 불쌍하고 가련한 사람들을 배려하지 않아서 하느님의 비난을 듣는다. 하느님은 이 '신들'의 잘못을 꾸짖으며 그들에게 최후의 형벌을 내린다. 하느님은 그들이 죽고 넘어지도록 함으로써 인간들처럼 만든다.(82,7.)

이처럼 천사적 존재들, 하느님의 자녀들은 신들로 불릴 수 있다. 그리고 다양한 문헌들은 이 존재들이 인간이 되었다고 이야기한다. 여기에 성서 밖에 나오는 몇몇 예를 들 수 있다. 서기 1세기경 유대계 문헌 『요셉의 기도Prayer of Joseph』에서 유대인의 조상 야곱은 1인칭으로 말하면서 자신이 사실은 하느님의 천사임을 가리킨다. "너에게 말하는 나 야곱은 또한 하느님의 천사 이스라엘이기도 하다. …… 나는 하느님께서 생명을 주신 살아 있는 모든 것의 맏이이다."[6] "하느님의 천사 우리엘이 나타나서 말하기를, 나 야곱은 땅으로 내려와서 사람들 가운데 있는 장막에 거주하였고, 이스라엘이라는 이름으로 불려왔다고 했다." 더욱이 야곱은 "주님의 능력을 지닌 대천사"라 불리며 하느님의 아들 중에서 최고 지도자라고 한다. 여기에서도 대천사가 지상에 인간으로 나타난다. 이 경우에는 창세기에서 더 잘 알려진 족장으로 나타난다.

두 번째 예는 같은 시기에 쓰인 『아브라함의 묵시Apocalypse of Abraham』라는 책에 나온다. 이 책은 유대인들의 아버지인 족장 아브라함이 체험했다는 환시를 묘사한다. 아브라함은 어떤 목소리를 듣지만 말하는 이를 보지 못한다. 그는 너무 놀라서 마치 기절하듯이 땅에 넘어진다.(10,1-2.) 땅에 엎어진 아브라함은 하느님이 야오엘이라는 천사에게, 가서 아브라함을 굳세게 하라는 말을 듣는다. 야오엘은 "인간 모습으로" 아브라함에게 나타나서 그를 일으키고 그에게 힘을 준다.(10,4.) 야오엘은 자기가 하늘에서 서로 싸우는 파벌에게 평화를 가져오는 천사이며, 지상에서만이 아니라 사자死者들의 영역인 하데스에서도 기적을 일으킨다고 아브라함에게 말한다. 아브라함이 천사를 보았을 때, 그는 사파이어와 같은 몸에 감람석과 같은 얼굴을 가졌고, 눈처럼 흰 머리카락에 머리 위에는 무지개가 있었으며, 고귀한 자줏빛 옷을 입고 손에는 황금 지팡이를 들고 있었다.(11,2-3.) 이 대단한 천사는 지상에서 하느님의 뜻을 이루기 위해, 여기서는 다양한 활동 중에 아브라함과 함께하기 위해 일시적으로 육화한다.

천사가 된 인간들

다른 유대교 문헌들은 인간이 된 천사들(또는 심지어 하느님)뿐만 아니라 천사가 된 인간에 대해서도 말한다. 오늘날 많은 사람들은 사람이 죽으면 (적어도 선하게 살았다면) 천사가 된다는 관점을 갖고 있다. 사실 이것은 아주 오래된 믿음이다. 초기 유대교에서 내려온 위대한 묵시문학 중 하나인 『바룩 2서』는 이렇게 전한다. "의로운 신앙인들은 그런 세상의 전성기에 살고 천사들처럼 되어 별들과 같아질 것이기 때문에 …… 그들은 천사들의 광채로 변모될 것이고 천사들보다 더욱 뛰어나게 될 것이다."(2바룩 51.3-10.)[7] 여기서 의인들은 다른 천사들보다 더 위대한 천사가 된다. 많은 고대인은 별들을 위대한 천사라고 생각했기에, 그들은 심지어 별보다 더 위대해질 것이다.

일부 고대 유대교 문헌은 죽을 때 천사로 변모한 특별한 개인들을 묘사하고 있다. 히브리성서에서 가장 신비로운 인물 중 하나는 에녹이라는 고대 인물이다. 에녹을 언급하는 중요한 구절인 창세기 5장의 간략한 설명은 그에 대해 많은 정보를 제공해주지 않는다. 에녹은 성서에 나오는 가장 오래 살았던 사람인 므두셀라의 아버지였고 (창세기 5장 27절에 따르면 므두셀라는 969살까지 살았다) 노아의 증조부였다. 그러나 가장 놀라운 내용은 에녹이 365살이 되었을 때 이 땅에서 떠나게 되는데, 그것은 죽음 때문이 아니었다. "에녹은 하느님과 함께 살다가 사라졌다. 하느님께서 데려가신 것이다."(창세 5,24.) 이 간결한 진술은 고대 유대교에 엄청난 억측과 사색적 문학을 낳았다. 고대의 몇몇 묵시문학 작품은 에녹에게 저자의 이름을 부여한다. 죽지 않고 처음으로 하늘로 간 사람 말고 어떤 인물이 역사의 미래와 천상적 영역에 대해 더 잘 알겠는가?

예수 시대에 씌었을 가능성이 있는 『에녹 2서』라는 책에는 에녹이 신적 영역으로 간 뒤에 무슨 일이 벌어지는지 묘사한다. (2에녹 22,1-10.) 그는 하느님이 현존하는 곳으로 갔고 하느님에게 경배드렸다. 하느님은 그에게 일어서라고 하며 천사들에게 말한다. "에녹도 함께 내가 있는 곳에서 영원히 지낼 수 있도록 하라."[8] 그다음 하느님은 미카엘 천사에게 지시한다. "가서 지상의 옷으로부터 에녹을 빼내라. 그리고 나의 기뻠의 기름을 그에게 붓고 나의 영광의 옷을 입혀라." 미카엘은 그렇게 한다. 에녹은 자신의 변모를 이렇게 회고한다. "나는 나 자신을 보았다. 나는 그분의 영광스러운 존재들처럼 되어 있었고 그들과 나 사이에 눈에 띄는 차이점은 없었다." 이렇게 천사처럼 된 결과, 에녹의 얼굴은 너무도 밝아져 누구도 그를 볼 수 없었으며(37,2) 더 이상 음식을 먹거나 잠자는 일이 필요없었다.(23,3; 56,2.) 달리 말하자면, 그는 천사와 똑같이 되었다.

모세에게도 비슷한 일이 일어났다고 한다. 성서는 모세의 죽음을 은밀한 방식으로 묘사한다. 그는 홀로 죽었고 그의 무덤을 아는 이는 아무도 없다.(신명 34,5-6.) 후대의 유대교 저자들은 모세가 하늘에서 살도록 그를 데려갔다는 관점을 유지했다. 예컨대 집회서는 하느님이 "그에게 성인의 반열에 끼이는 영광을 주셨고 원수들을 무찌르는 힘을 주셔서 영웅으로 만드셨다"고 전한다.(집회 45,2.) 모세는 이렇게 천사들과 동등하다. 비극작가 에제키엘이라는 인물이 썼다는 한 책에서처럼, 주권을 부여받은 모세는 머리에 왕관을 쓰고 권좌에 앉아 "별들"의 절을 받을 만큼 위대한 인물이었기에, 몇몇 저자는 모세를 천사들보다 더 위대하다고 여긴다. 앞에서도 말했지만, 고대인은 별들을 고위급 천사로 생각했다. 여기서 별들은 자기네보다 더 위대한 존재로 변모한 모세에게 경배하며 머리를 조아린다.

요약하면, 성서에서 주님의 천사는 때로는 하느님으로 그려지고, 때로는 인간 모습으로 지상에 나타난다. 신성한 모임을 구성하는 천사들은 신들이라 불리지만 필멸하는 존재다. 그럼에도 다른 천사들은 지상에서 인간 형상으로 자신을 드러낸다. 더 중요하게도 일부 유대교 문헌은 죽어서 천사가 된 인간이나 천사들보다도 더 뛰어난 인간에 대해 말한다. 예수가 어떻게 신성시되었는지에 대한 우리의 물음과 관련해 이 자료들은 분명 도움을 준다. 신약학자 래리 허타도Larry Hurtodo는 초기 그리스도교의 그리스도론에 대한 중요 연구에서 핵심 명제를 진술한다. "나는 천사에 대한 사색과 다른 형태의 신성한 대리자에 관한 생각이 …… 유일신론적 전통과 결별하지 않으면서도, 하느님과 나란히 부활한 그리스도를 수용하는 기본적인 구도를 가장 초기 그리스도인에게 제공했다고 본다."9 달리 말해서, 만일 인간이 천사가 될 수 있다면(또 천사가 인간이 될 수 있다면), 천사들이 신들이 될 수 있다면, 그리고 실제로 최고위 천사가 주님이 될 수 있다면, 예수를 신으로 삼으려면 그를 인간 형상을 한 천사로 생각하기만 하면 된다.

반신적 존재를 낳은 신성한 존재들

1장에서 우리는 이교 신화에 나오는 공통 주제, 곧 인간과 신의 결합으로 태어난 신성한 인간들을 살펴보았다. 고대 유대교 문헌에는 정확히 이와 같은 것은 없는데, 아마도 성적 욕망이나 정욕과 같은 격정이 이스라엘의 하느님에게는 전혀 적합하지 않다고 간주했기 때문일 것이다. 분노와 저주는 있으나 성적 사랑은 없다. 특히 강간과 같은 수치스러운 행위에 연루되었다면 더욱 그렇다.

그러나 유대교에도 대략 비슷한 이야기는 있다. 하느님이 아니라 몇몇 하느님의 신하들, 하느님의 아들들, 천사들이 때로 인간과 성관계를 가졌고 초인적 후손을 낳았다고 전한다. 이에 대한 첫 암시는 창세기 초반부에 나타난다.

　창세기 6장의 감칠나게 간결한 구절은 "하느님의 아들들"이 땅 위에 있는 아름다운 여인들을 보고 그들을 욕망했다고 전한다. "하느님의 아들들이 그 사람의 딸들을 보고 마음에 드는 대로 아리따운 여자를 골라 아내로 삼았다"(창세 6,2.) 더 구체적으로, "하느님의 아들들이 사람의 딸들과 한자리에 들어 그들에게서 자식이 태어났다."(6,4.) 이 일을 좋아하지 않으신 하느님은 인간이 120년밖에 살지 못하게 했고, 그 뒤 바로 홍수를 일으켜 노아와 그 가족만 빼고 모두 땅 위에서 쓸어버리고자 결정했다. 그러면 하느님의 아들들과 사람의 딸들이 결합하여 낳은 후손들은 누구인가? 당시 세상에서 살던 그들은 느빌림Nephilim이었다. "그들은 하느님의 아들들과 사람의 딸들 사이에서 태어난 자들로서 옛날부터 이름난 장사들이었다."(6,4.) 느빌림은 '추락한 이들'이라는 뜻이다. 민수기에는 느빌림이 원래 가나안 땅에 거주하던 거인들이라고 나온다.(13,33.) 종합해보면, 신성한 존재들(하느님의 아들들)은 지상의 여인들과 성관계를 맺었고 그 반신적半神的 자손들은 거인이었다. '반신적'이라고 표현하는 이유는 그들이 신성한 존재와 인간의 결합으로 태어났고, 다른 신성한 존재들처럼 천상적 영역에 거주하지 않기 때문이다. 그러나 뛰어난 전사들로 만들어진 그들이 다른 인간보다 우월했던 데에는 명확한 이유가 있었다. 우리는 하느님의 아들들이 여인들을 자기 아내로 삼으려 인간 형상을 취해야 했음을 상정할 수 있다. 여기서 인간으로 나타나는 신성한 존재들을 다시 접하게 되며, 더 중요한 것은 그들이 다른 초인적 존재들을 낳는다는 것이다.

이 창세기 이야기를 온전히 보여주는 것은 성서의 에녹을 저자라고 주장하는 또 다른 유대교 묵시문학이다. 경전이 아닌 『에녹 1서』는 후대 편집자들이 다양한 본문을 합쳐 놓은 복잡한 모음집이다. 『에녹 1서』 1-36장은 '감시자의 책'이라 한다. 이 부분은 원래 『에녹 1서』와 관계없이 존재했던 것으로 보이며, 학자들은 저술 연대를 서기전 3세기경으로 보고 있다. '감시자의 책'은 많은 부분을 창세기 6장에 나오는 하느님의 아들들에 대한 이야기로 채우고 있으며, 『에녹 1서』는 이들을 '감시자들'이라고 부른다.(6-16장.) 이들은 창세기 6장과 달리 분명하게 '천사들'로 불린다.

『에녹 1서』는 길을 잘못 든 이백 천사들이 있고, 세미아즈Semyaz, 라멜Ram'el, 타멜Tam'el 등 그들의 지도자 이름도 알려준다. 이 이야기에서 이백 천사들은 헤르몬 산으로 내려오며, 각자 아내를 한 명씩 선택하여 성관계를 갖는다. 이들의 자식은 신장이 450피트(137.16미터)에 이르는 거인들이었다. 엄청난 거인이었기에 식욕도 대단했고, 결국 음식이 바닥나서 인간을 잡아먹기 시작했다. 하느님이 이를 좋아하지 않았던 것은 당연하다.

천사적 존재들, 감시자들은 다른 부정한 일들도 수행한다. 그들은 금지된 기술인 마술과 의술과 점성술을 사람들에게 가르치며, 보석과 무기를 만들 수 있도록 야금술도 가르친다. 하늘에서 미카엘, 수라펠Surafel, 가브리엘 세 천사가 내려다보고 땅에서 벌어지는 일을 하느님에게 일러바친다. 하느님은 거인들과 모든 것을 파괴하려고 홍수를 보낸다. 감시자들은 구속되어 사막 구덩이에 갇히고, 심판의 날 영원한 불 속에 보내질 때까지 70세대 동안 그 어둠 속에서 살아야 한다. 에녹은 그들에게 내린 심판을 선포하라는 지시를 받는다. "너희는 거룩하고 영적이며 살아 있고 영원한 생명을 갖고 있었으나, 지금 너희는 여인들과 자녀들의 육의 피로 자신을 더럽혔고, 사람들의 피를 갈망하고 있다." (5,4.)[10] 여기에서 신성한 존재들은, 이교 이야기 안에서 제우스가 했던 것과 같은 행동을 해서 비난받고 있다.

본문은 계속 이렇게 설명한다. "이제 영과 육의 결합에서 태어난 거인들은 땅에서 악령이라고 불리게 될 것이다 …… 악령들은 그들의 몸에서 나왔다."(15,8-9.) 이것은 후대에 악마들이라 불린 존재들이 어디에서 왔는지 설명해주는 것으로 보인다. 그리고 우리는 신성한 존재와 인간의 결합에서 나온 자식들이 인간보다 더 신성한 존재들이라는 이교 신화의 내용과 더욱 근접한 관점을 보게 된다. 이 경우에 더 신성한 존재들은 세상을 괴롭히는 악마적 세력들이다.

인간이 아닌 다른 신성한 존재들

고대 유대교 자료들에는 하느님 외에도 때로 신성하게 묘사된 다른 존재들이 있다. 이들은 성서에도 나오고 예수와 그 추종자들이 살던 비슷한 시기의 후대 자료들에도 나온다. 처음 나타나는 곳은 다니엘서 7장의 수수께끼 같은 구절의 '사람의 아들'로 알려진 존재다.

사람의 아들
다니엘서는 히브리성서의 묵시록 같은 책이다. 현대의 근본주의자들은 우리 시대까지 이르는 인간 역사의 청사진이 묵시록에서 시작한다고 생각한다. 하지만 책 자체의 시대와 장소를 고려하는 비판적 학자들은 아주 다르게 본다. 다니엘서의 표면적 배경은 서기전 6세기이지만, 학자들은 실제로는 그것이 서기전 2세기에 쓰였다고 본다. 다니엘서에서 다니엘은 서기전 586년 그의 조국을 파괴한 제국 바빌론으로 유배 간 포로다. 7장에서 다니엘은 네 마리 짐승이 바다에서 올라오는 환시를 묘사한다. 각 짐승은 엄청난 놀라움을 일으키고 매우 끔찍하며, 세상을 황폐하게 한다. 다니엘은 "사람의 아들 모습을 한 이가 하늘에서 구름을 타고" 오는 것을 본다.(다니엘 7,13.) 이 존재는 짐승이 아닌 인간 형상을 하고 있으며, 거친 혼돈의 바다에서 오지 않고 하느님의 영역에서 도래한다. 세상을 파괴하는 짐승들은 심판을 받고 권력에서 제거되며 세상의 왕국은 "사람의 아들 모습을 한 이"에게 넘겨진다.

다니엘은 환시를 도무지 이해할 수 없었으나, 다행히 장엄한 천상의 진리가 드러나는 묵시문학의 전형대로 한 천사가 환시를 풀이해준다. 짐승들은 각각 다가올 나라를 나타내며, 그들은 세상을 통치하기 위해 서로 계승한다. 결국 네 번째 짐승 다음에 사람과 같은 이에게 세상 통치권이 부여될 것이다. 환시에 대한 천사의 해석에서 이 통치권은 "지극히 높으신 하느님을 섬기는 거룩한 백성에게"(다니엘 7,27) 주어질 것이다. 이것은 짐승들 각자가 나라를 나타냈던 것과 마찬가지로, "사람의 아들 모습을 한 이"도 마찬가지다. 짐승들은 세상을 지배했던 바빌로니아, 메디아, 페르시아, 그리스 왕국을 나타낸다. 그렇다면 사람의 아들 같은 이는 이스라엘 왕국이 될 것이고 그 왕국은 적절한 장소에서 세상을 다스리는 권위를 갖게 될 것이다. 일부 주석가들은 짐승들이 왕들을 나타낼

수 있기에 천사적 존재인 사람의 아들 모습을 한 이도 이스라엘 민족의 왕일 것이라고 생각했다.[11]

　　그러나 다니엘서를 본래 서기전 2세기 맥락에서 해석할 때 분명한 사실은, 일부 유대교 집단에게 "사람의 아들 모습을 한 이"는, 하느님의 원수들에게는 징벌을 내리고 하느님에게 충실히 머무른 이들에게는 천상의 보상을 줄, 미래의 구원자이자 세상의 우주적 심판관이다. 이 인물은 "사람의 아들"로 알려졌다. "사람의 아들"을 가장 상세히 설명하는 책은, 우리가 앞에서 이미 '감시자의 책'과 연관해서 살펴본 『에녹 1서』다. 다른 한편, 사람의 아들은 『에녹 1서』 최종 편집본 37-71장에서도 중요 인물로 나오며, 이는 보통 '비유의 책'으로 알려졌다.

　　'비유의 책' 저술 시기에 대해서는 논란이 있다. 어떤 학자들은 1세기 말엽으로 보지만, 그보다 더 이른 예수 활동 시대 즈음에 집필되었을 것이다.[12] 우리에게는 정확한 집필 연대가 그리 중요하지 않다. 문제는 사람의 아들이라는 격상된 인물의 특성이다. '비유의 책'은 이 인물에 대해 위대하고 영광스러운 여러 가지 것들을 말한다. 여기서 사람의 아들은 이스라엘 민족이기보다는 신성한 존재로 여겨진다. "해와 달이 창조되기도 전에, 별들이 창조되기 전에" 그분에게 이름이 붙여진다.(1에녹 48,2-3.) 세상은 모두 무너질 것이고 그분을 경배할 것이라고 한다. 그분은 창조 이전에 하느님 현존 안에 숨겨져 있었다. 그러나 그분은 항상 하느님이 선택한 이였고, "그분의 이름으로 구원받을" 의인들과 거룩한 사람들에게 하느님의 지혜를 계시한다. "그들이 생명을 얻는 것은 그분의 기쁨이기 때문이다."(48,2-7.)

　　모든 죽은 사람이 부활하는 시간의 종말 때 "선택받은 자"인 그분은 하느님의 권좌에 앉을 것이다.(51,3.) 그분은 이 "영광의 권좌"에서 "천상에서 거룩한 사람들의 행적을 평가하면서 그들의 모든 일을 심판"하실 것이다.(61,8.) 그분은 영원하시다. "그분은 결코 세상 앞에서 죽거나 멸망하지 않을 것이다." 그리고 "모든 악은 그분 앞에서 사라질 것이다."(69,79.) 그분은 "왕들과 힘 있는 자들을 그들의 권좌에서 내칠 것이다. 그분은 강한 자들의 지배권을 해체하고 죄인들의 이빨을 으스러뜨릴 것이다. 그분은 왕들을 그들의 권좌와 왕국에서 물러나게 하실 것이다. 왜냐하면 그들은 그분을 격찬하거나 찬양하지 않았으며 그들 왕 직분의 원천인 그분께 순종하지도 않았기 때문이다."(46,2-6.)

어떤 시점에서 이 우주적 심판관은 메시아라고 불린다. 메시아라는 용어는 다음 장에서 상세히 다룰 것이다. 지금은 이 용어가 '기름부음을 받은 이'를 의미하는 히브리어에서 유래하며, 원래 하느님의 선택과 총애를 받고 하느님에게 기름부음을 받은 이스라엘 왕에게 적용되었다는 것만 알고 넘어가자. 하느님이 기름을 부어준 이는 피조물에 불과한 존재가 아니다. 그는 항상 존재했고 하느님 옆 권좌에 앉으며 시간의 종말 때 악한 이들과 의로운 이들을 심판할 신적 존재다. 다른 말로, 그는 하느님의 지위로 격상되며 세상에 하느님의 심판을 내리는 신적 존재로 일한다. 사실상 전능한 하느님 이외에 가장 높은 자리로 격상된 인물이다. 후대에 '비유의 책'에 첨가된 70-71장은, 인상적이게도 사람의 아들을 에녹과 동일시한다. 다소 후대에 기술된 이 관점에서 하느님 옆 최고 지위로 격상된 이는 피조물에 불과한 한 인간이다.[13] 사람의 아들은 이렇게 격상된 존재로 의인들의 경배와 찬양을 받는다.

천상의 두 권력자

앞서 지적했듯이, 초기 유대교 문헌에서 천사경배를 금지하는 대목은 실제로 천사들이 경배 받았음을 암시한다. 그렇지 않다면 그 관습을 금지할 이유가 없었을 것이다. 우리는 사람의 아들도 경배 받았음을 보았다. 어떤 사람이든 또는 무슨 일을 한 사람이든 천상적 영역의 권좌에, 하느님 옆에 앉는다면 당연히 경배 받을 만하다고 주장할 수 있다. 만일 세상의 왕에게 기꺼이 절하며 엎드린다면, 우주적 심판관 앞에서는 더욱 그러할 것이다.

고대 유대교 연구학자인 앨런 시걸Alan Segal은 한 흥미로운 연구에서, 초기 랍비들이 유대교에 분명하게 널리 퍼져 있던 관념에 특히 관심을 기울였다고 주장한다. 그것은 천국의 신성한 권좌에는 하느님과 함께 둘째 권력자가 있다는 관념이다. 시걸은 유대교 자료들을 따라서 이 둘을 "천상의 두 권력자"라고 표현하였다.[14] 사람의 아들은 하느님의 지위와 권력을 공유하기에 신성한 인물이 될 수 있다. 그러나 이 천상적 영광의 후보자들 중에는 확실히 다른 이들도 있었고, 유대인들의 생각과 믿음을 단속하려 한 랍비들은 이런 관점에 기겁했기 때문에 이를 반대하여 계속 공격했다. 랍비들의 공격은 효과적이어서 이러한 관점을 지닌 이들을 어느 정도는 침묵하게 만들었다.

시걸의 세심한 분석은 천상의 두 권력자라는 '이단적' 개념을 지녔던 사람들의 생각을 보여준다. 그들은 둘째 권력자를 어떤 천사, 또는 하느님과 동등하다고 여겨지는 신성성의 신비적 현현으로 생각했다. 그들이 이 개념을 인정한 것은 성서의 특정 구절에 대한 해석 때문이다. 예컨대 신성한 이름을 지닌 주님의 천사를 묘사한 구절이나, 영원한 권력과 통치권을 부여받았지만 하느님과 구별되는 "사람의 아들 같은 이"를 언급한 다니엘서 7장 등이다. 창세기 1장 26절 같은 구절도 "두 권력자" 교리로 인도할 수 있는데, 이 구절에서 하느님은 인간을 창조하면서 "우리 모습을 닮은 사람을 만들자"고 한다. 하느님은 왜 "우리"라는 복수형으로 말씀하시는가? 두 권력자 이단설에 따르면, 하느님과 함께 다른 신성한 존재가 있었기 때문이다. 이 존재는 출애굽기 24장 9-10절에서 "이스라엘 원로"들이 본, 권좌에 앉은 인물일 수 있다. 이 존재는 이스라엘의 하느님이라고 나오지만 사람들은 실제로 그분을 보았다. 출애굽기의 다른 곳에서는 하느님을 볼 수 없고 본 사람은 아무도 살 수 없다고 명백하게 진술하고 있다.(출애 33,20.) 그럼에도 이스라엘 원로들은 하느님을 보았고 그들은 살았다. 그렇다면 그들이 본 것은 하느님이 아니라 둘째 권력자일 것이다.

신성한 위격(히포스타시스)

학자들이 때로 전문용어를 사용하는 것은 특별한 이유가 있어서가 아니다. 단지 학자들이 그런 용어들을 사용한다는 사실 말고는 별 이유가 없을 때가 많다. 대학원에서 공부하던 시절, 우리는 모호한 라틴어나 독일어 용어를 만날 때 왜 그와 똑같은 것을 의미하는 고급 모국어 용어를 완벽하게 사용해야 하는지 빈정거리며 묻곤 했다. 그러나 드물기는 하지만, 똑같은 것을 만족스럽고 적절하게 표현하는 단순한 단어들을 찾기 어려운 경우도 있는데, 히포스타시스hypostasis라는 단어도 그들 중 하나다. 이 말을 거칠게 옮기면 위격位格이라 할 수 있지만 그 의미가 똑같지는 않으며 일상용어도 아니다.

히포스타시스라는 용어는 그리스어이며 어떤 것의 본질이나 실체를 가리킨다. 이 책의 맥락에서 이 용어는, 하느님과 별개로 자신의 독특한 존재를 취하는 하느님의 특성이나 속성을 가리킨다. 예를 들어, 하느님은 지혜로운 분이라고 상상해보라. 이 말은 하느님이 지혜를 갖고 있다는 뜻이고 지혜는 하느님이 '가진' 어떤 것, 곧 하느님이 자신에게 속하게 한, 자신과는 별개인 어떤 것이다. 이 경우에 우리는 '지혜'를 하느님 이외의 존재로 상상할 수 있다. 그리고 그것은 하느님의 지혜이기에 하느님과 나란히 있는 신성한 존재이며, 하느님의 본질적인 부분이자 존재하는 분의 일부로, 하느님 안에 있는 것이기도 하다.

어떤 유대교 사상가들은 지혜를 하느님의 히포스타시스라고 상상했다. 어떤 의미에서는 하느님과 구분되지만 다른 의미에서는 완벽하게 하느님에게 속하는 하느님의 존재 요소로 이해했던 것이다. 지혜는 신성한 존재로서 하느님과 함께 있고 정확히 하느님의 지혜였기에, 하느님으로 여겨질 수 있었다. 고대 유대교 저작들은 다른 히포스타시스들도 논의하지만, 나는 이 책에서 두 가지로 제한한다. 지혜와, 때로 지혜의 외적 현현으로 여겨진 하느님의 말씀(로고스)이다.

지혜

지혜가 신성한 히포스타시스가 될 수 있다는 사상, 하느님과 구별되는 하느님이지만 자체로 하느님이라는 견해는 히브리성서 잠언 8장의 매혹적인 구절에 뿌리를 두고 있다. 여기서 지혜는 말하는 존재로, 하느님이 처음 창조한 것이 바로 지혜다.

야훼께서 만물을 지으시려던 한처음에

모든 것에 앞서 나를 지으셨다.

땅이 생기기 전,

그 옛날에 나는 이미 모습을 갖추었다.

멧부리가 아직 박히지 않고 언덕이 생겨나기 전에

나는 이미 태어났다. (잠언 8,22-23.25.)

그리고 지혜가 태어나자 하느님은 하늘과 땅을 창조하였다. 사실 하느님은 자신과 나란히 일하는 지혜와 함께 모든 것을 창조하였다.

그가 하늘을 펼치시고

깊은 바다 둘레에 테를 두르실 때에

내가 거기 있었다.

구름을 높이 달아 매시고

땅 속에서 샘을 세차게 솟구치시며

물이 바닷가를 넘지 못하게 경계를 그으시고

땅의 터전을 잡으실 때,

나는 붙어 다니며 조수 노릇을 했다.

언제나 그의 앞에서 뛰놀며

날마다 그를 기쁘게 해드렸다.

나는 사람들과 같이 있는 것이 즐거워

그가 만드신 땅 위에서 뛰놀았다. (8,27-31.)

하느님은 자신의 지혜로 모든 것을 만들었고 그러기에 지혜는 공동 창조자로 나타난다. 더욱이 하느님이 모든 것을 살아 있게 만든 것처럼, 생명은 지혜를 통해서 온다.

> 나를 얻으면 생명을 얻고
> 야훼의 은총을 받는다.
> 나를 붙잡지 않는 자는
> 제 목숨을 해치게 되고
> 나를 싫어하는 자는
> 죽음을 택하는 자들이다. (8,35-36.)

물론 하느님과 별개로 존재하며 하느님과 나란히 있는 하느님의 의인화로서 지혜를 생각하지 않고도 이 구절을 읽을 수 있다. 이 구절은 단지 세상이 믿기 어려운 장소이며, 세상 창조가 모든 것을 당신 뜻대로 만드신 하느님의 현명한 예지에 기반했음을 은유적 방식으로 말한 것일 수 있다. 만일 사람들이 사물의 창조방식에 관한 지혜를 이해하고 이 지식에 따라서 살아간다면, 그들은 행복하게 살며 충만한 삶을 누릴 것이다. 그러나 몇몇 유대교 독자들은 이 구절을 더 문자 그대로 읽고, 말하는 실제 존재이자 하느님과 나란히 있는 존재인 하느님의 표현으로 지혜를 이해했다.

이 관점은 일부 유대교 사상가들이 신성한 히포스타시스로서의 지혜를 극대화하게 했다. 이를 가장 선명하게 보여주는 책은 지혜서다. 성서에서 가장 현명했던 사람이라고 인정받는 솔로몬이 이 책을 지었다고 하나, 사실은 그가 죽은 후 몇백 년 지나서 집필됐다. 특히 7-9장에 나오는 지혜 찬가는 인상적이다. "전능하신 분께로부터 나오는 영광의 티없는 빛인 지혜 …… 지혜는 영원한 빛의 찬란한 광채이며 하느님의 활동력을 비쳐주는 티없는 거울이며 하느님의 선하심을 보여주는 형상이기에"(지혜 7,25-26) 지혜를 의미하는 그리스어가 여성형이어서 지혜는 여성형으로 표현되며, 더 나아가 "지혜 숙녀"라고도 한다. "그녀는 하느님의 지식을 배워서 하느님께서 하실 일을 함께 결정한다."(8,4.)

여기서도 지혜는 "하느님께서 세상을 만드셨을 때부터 있었다." (9,9.) 그러나 이 이상으로 지혜는 실제로 하느님 권좌에 하느님과 나란히 있다.(9,10.) 이스라엘이 이집트를 탈출하고 그 후 역사에서 이스라엘에게 구원을 가져다준 이가 바로 지혜다.(10-11장.) 흥미롭게도 지혜가 한 일에는, 히브리성서가 하느님이 한 일이라고 주장한 일(창조와 이집트 탈출)뿐 아니라, 하느님의 "천사"가 한 일(예컨대 창세기 19장에서 아브라함의 조카 롯을 소돔과 고모라를 파괴한 불에서 구한 일)도 포함되어 있다.(10,6.)

어떤 면에서 지혜는 천사로, 심지어 매우 격상된 천사로 보일 수 있고 주님의 천사일 수도 있다. 그러나 히포스타시스로서의 지혜는 다소 다르다. 이 지혜는 하느님과 나란히 존재하며, 하느님의 존재로서 하느님 자신과 맞먹는 명예와 존중을 받을 만하다고 여겨지는, 하느님의 모습을 하고 있다.

말씀

몇 가지 점에서, 논의하기 가장 어려운 신성한 히포스타시스는 말씀, 곧 로고스다. 왜냐하면 이 용어는 유대교 영역 밖에 있는 그리스 철학자들 사이에서도 오랫동안 유명하고 복잡한 역사를 갖고 있기 때문이다. 로고스에 대한 온전한 철학적 성찰은 전체적 연구[15]가 필요하나, 여기서는 특히 고대의 가장 유명한 유대교 철학자인 알렉산드리아의 필론 (서기전 20~서기 50)을 중심으로 유대교 철학 안에서 로고스의 사용 배경을 설명하는 것으로 충분할 것이다.

스토아학파로 알려진 고대 그리스 철학자들은 신성한 로고스에 대해서 광범위한 논의를 전개했다. 로고스는 '말'을 뜻하지만 이보다 훨씬 깊고 풍부한 의미와 뉘앙스를 전달할 수 있었다. 논리logic라는 용어도 로고스에서 나왔다. 로고스는 이유나 이성을 의미할 수도 있다. 스토아학파는 로고스를 모든 존재에 주입된 신성한 요소라고 믿었다. 실제로 사물의 존재방식에는 어떤 논리가 있다. 이 세상을 이해하려면, 더 나아가 이 세상에서 최선의 생활방식을 이해하려 한다면, 우리는 세상의 기저에 있는 논리를 이해하려고 할 것이다. 이러한 일은 가능하다. 로고스는 자연에 내재되어 있을 뿐 아니라, 인간 안에도 거주하기 때문이다. 우리는 우리에게 주어진 로고스의 일부를 갖고 있으며, 세상에 마음을 쓸 때 그 로고스 일부를 이해할 수 있다. 세상을 이해하면 그 안에서 어떻게 살아야 하는지 알 수 있다. 이러한 이해를 실천에 옮긴다면 조화롭고 평화로우며 풍요로운 삶을 이어갈 수 있다. 그러나 세상의 작용방식과 존재방식을 이해하지 못하고 세상과 조화롭게 살지 못한다면, 우리는 비참해질 것이고 말 못하는 동물보다 하등 나을 게 없다.

서기전 5세기의 위대한 철학자 플라톤의 노선을 따른다고 자처했던 사상가들은 다른 관점에서 로고스 사상을 취했다. 플라톤적 사고에서는 영적 실재와 물질적 세계가 확실하게 구분된다. 이 사상에서 신은 순수한 영이다. 그러나 순수한 영이 어떻게 순수한 물질과 교류할 수 있겠는가? 이러한 일이 일어나기 위해서는 영과 물질을 연결해주는 어떤 연결고리가 필요하다. 신성한 로고스는 신성한 존재가 신성하지 않은 존재와 소통하도록, 영과 물질이 교류하도록 해준다.

우리는 물질적인 몸 안에 로고스를 갖고 있기에, 비록 우리가 물질세계에 확고히 자리 잡고 있더라도 신성한 존재와 연결될 수 있다. 어떤의미에서 행복과 충만으로 가는 길은 물질적 집착에서 탈출하여 영적탁월함을 얻는 것이다. 특히 이것은 우리가 깃들어 있는 몸에 너무 집착하지 말아야 함을 의미한다. 우리는 육체적 쾌락을 향유하면서 집착하게 되고 쾌락을 궁극적 선으로 생각한다. 그러나 그렇지 않다. 쾌락은 우리를 더욱 갈망하게 하고 물질에 더욱 집착하게 한다. 참된 의미와 충만을 찾으려면 물질을 초월할 필요가 있으며, 이 말은 우주의 로고스를 우리 안에 있는 로고스 일부와 만나게 해야 함을 의미한다.

한편 이 일은, 자기네 성서를 스토아학파나 플라톤적 사상과 매우친숙하게 연결시켰던 유대교 사상가들에게 무척 단순한 것이었다. 히브리성서에서 하느님은 "말씀"으로 모든 것을 창조하신다. "하느님께서 말씀하시기를 '빛이 생겨라' 하시자 빛이 생겼다." 하느님이 자신의 로고스를 발설함으로써 창조가 일어났다. 로고스는 하느님으로부터 오며, 그것은 하느님의 로고스이기에, 어떤 의미에서 로고스는 하느님이다. 그러나 일단 하느님이 로고스를 발산하면 로고스는 다른 존재가 되어하느님과 따로 있게 된다. 이 존재는 때로 하느님과 다른 위격으로 여겨졌다. 그리하여 일부 유대교 집단이 로고스를 히포스타시스로 이해하게 된 것이다.

이미 히브리성서에서 "주님의 말씀"은 때로 주님 자신과 동일시되었다.(예를 들어 1사무 3,1,6을 보라.) 플라톤 전통에 깊이 영향 받은 알렉산드리아의 필론에게서 로고스는 하느님과 세계를 이해하는 주요 요인이 되었다.

필론은 로고스가 모든 존재들 중 가장 높으며, 하느님의 모상에 따라서 그리고 그것에 의해서 우주가 질서 지워졌다는 관점을 유지했다. 특히 하느님의 로고스는 인간 창조의 패러다임이었다. 여기서 로고스가 지혜에 배정된 기능을 수행했다는 것을 이해하기 쉽다. 지혜는 창조자로 여겨졌고 모든 것을 질서 지우는 요인이었다. 어떤 의미에서 로고스는 지혜에서 '태어난다.' 만일 지혜가 사람들 안에 있는 어떤 것이라면, 로고스는 사람이 말할 때 나타나는 지혜의 외적 현현이다. 이 견지에서 볼 때 지혜는 로고스를 낳으며, 실제로 필론도 이것을 믿었다. 게다가 마음이 몸과 관계하듯이 로고스는 세상과 관계한다.

로고스는 하느님의 로고스이기에 그 자체로 신성하며 신성한 이름들로 불릴 수 있다. 그래서 필론은 로고스를 "하느님의 모상", "하느님의 이름", "맏아들"이라고 부른다.(예컨대 『농사Agriculture』 51.)[16] 다른 곳에서 하느님은 "당신의 최고 로고스에게 '하느님'이라는 명칭을 부여한다." (『꿈Dreams』 1,230.) 왜냐하면 로고스는 하느님이고 하느님은 하느님이기 때문에, 필론은 때로 "두 신들"에 대해 말하며 로고스를 "둘째 하느님"이라고 한다.(『창세기에 관한 질문과 해결Questions on Genesis』 2,62.) 그러나 필론에게 정관사가 있는 하느님the God과 없는 하느님god은 다르며, 로고스는 후자다.

하느님과 별개 존재로서의 로고스는 2장 처음에서 다룬 주님의 천사와 확실히 많이 닮았다. 그리고 실제로 필론은 이따금 로고스가 주님의 천사였다고 주장했다.(예를 들면 『이름의 변경Changing of Names』 87; 『꿈Dreams』 239.) 하느님이 인간에게 현시되었을 때 그 모습을 보인 것은 바로 하느님의 로고스였다. 여기서 필론은 플라톤적 사상을 자신의 성서 지식과 결합했다. 하느님은 물질세계와 직접 접촉하지 않는다. 세상과의 접촉은 하느님의 로고스를 통해서 이루어진다. 하느님은 우리에게 직접 말씀하시지 않는다. 하느님은 자신의 로고스를 통해 우리에게 말한다.

요약하면, 필론에게 로고스는 하느님 밖에 존재하는 무형의 존재이지만 하느님의 사유 능력이다. 때로 로고스는, 사람들이 하느님의 현존을 알 수 있고 하느님과 소통할 수 있도록 하기 위해, "사람처럼" 나타나는 하느님의 실제적 모습이다. 어떤 의미에서 로고스는 하느님과 다른 신성한 존재이지만, 또 다른 하느님이기도 하다.

신성하게 된 인간들

유일신론을 강조하는 유대교 안에서 예수가 어떻게 하느님이 되었는지 알고자 하는 사람들에게 더욱 중요한 것은, 천사들과 위격들이나 다른 신성한 존재들만 신이라 불릴 수 있는 게 아니라, 인간들도 그럴 수 있음을 가리키는 유대교 문헌들이다. 밝혀진 바와 같이 이 구절들은 성서에도 있다. 이교 집단이 황제를 신의 아들로 여기거나 신으로 여겼던 것처럼, 고대 유대교에서는 이스라엘 왕을 하느님 아들로, 놀랍지만 하느님으로도 여겼다.

이스라엘 왕

이스라엘 왕을 하느님과 특별히 가까운 관계에 있다고 여겼고 이 의미에서 하느님의 아들로 간주했다는 주장에는 아무 논쟁거리도 없다. 이 관점은 히브리성서 여러 곳에 나온다. 핵심 구절은 사무엘기 하권 7장이다. 관련 이야기가 나오는 시점에 이스라엘에는 이미 두 왕이 있었다. 아주 모호하게 묘사되는 사울과 이스라엘 황금기의 위대한 왕 다윗이다. 다윗은 여러 덕목을 갖추었지만 결함도 많았다. 이 이유로, 그가 하느님의 성전을 짓기 원했을 때 하느님이 허락하지 않았다. 그 배경은 이러하다. 이집트를 탈출한 뒤 200년 이상 이스라엘은 큰 천막 같은 이동식 성전인 성막에서 하느님에게 예배드렸다. 이제 이스라엘은 땅에 확고히 안착했고, 다윗은 하느님을 위해 항상 하느님이 머무는 집을 건축하고자 한다.

그러나 하느님은 그에게 안 된다고 말한다. 대신에 하느님은 다윗을 위해 (은유적 의미로) '집'을 지어줄 것이다. 다윗은 하느님의 성전을 지을 아들을 갖게 될 것이고 하느님은 이 아들로부터 한 집안(왕조)을 일으킬 것이다. 더욱이 하느님이 이 다윗의 아들을 선택하여서, 말하자면 양자로 삼아서 자신의 아들로 삼을 것이다. "네가 살 만큼 다 살고 조상들 옆에 누워 잠든 다음, 네 몸에서 난 자식 하나를 후계자로 삼을 터이니 그가 국권을 튼튼히 하고 나에게 집을 지어 바쳐 나의 이름을 빛낼 것이며, 나는 그의 나라를 영원히 든든하게 다지리라. 내가 친히 그의 아비가 되고 그는 내 아들이 되리라. 만일 그가 죄를 지으면 나는 사람이 제 자식을 매와 채찍으로 징계하듯 치리라."(2사무 7,12-14.)

하느님이 왕을 입양해 자기 아들이 되게 했다는 사상은 히브리성서에서 '하느님의 아들'이라는 용어에 대한 다른 어법들과 공명을 일으킨다. 우리는 하느님의 신성한 모임의 구성원들인 천사적 존재들이 하느님의 아들들이라 불린다는 것을 이미 보았다. 이들은 하느님의 조력자, 종, 대행자들로서, 일부는 창세기 6장에서처럼 은총의 상태에서 추락하기는 했지만, 하느님과 특별히 가까운 관계를 유지했던 신성한 존재들이었다. 더욱이 이스라엘 민족은 호세아서 11장 1절에 "내 아들 이스라엘이 어렸을 때, 너무 사랑스러워, 나는 이집트에서 불러내었다"고 나오듯이, 때로 '하느님의 아들'이라 불린다. 여기서도 이스라엘은 하느님과 특별히 가까운 관계에 있기에 하느님의 아들이며 하느님의 사랑과 특별한 총애의 대상이 된다. 게다가 하느님이 바로 이스라엘을 통해 자신의 뜻을 세상에 전달한다.

이스라엘 맨 윗자리에 있는 왕과의 관계도 마찬가지다. 심지어 왕은 더욱 특별한 의미에서 진정한 하느님의 아들이다. 하느님이 특별한 총애의 상징인 기름을 다윗에게 부어주었다고 한 시편 89편에서 다윗은 하느님의 "맏아들로, 세상 임금들 가운데 가장 높은 임금"이 된다.(27절.) 더 놀라운 것은 아마도 대관식에서 기름부음을 받을 때 하느님이 왕에게 말하는 내용을 표현한 시편 2편 7절이다. "너는 내 아들. 나 오늘 너를 낳았노라." 이 경우에 왕은 단지 하느님에게 입양된 것이 아니라 실제로 하느님에게서 태어났다. 하느님이 그를 낳은 것이다.

개 새끼가 개이고 고양이 새끼가 고양이인 것처럼, 인간의 아들은 인간이다. 그런데 하느님의 아들은 도대체 무엇인가? 성서를 가끔 읽는 독자는 이스라엘 왕을 신으로 언급하는 구절들이 있음에 놀란다.

히브리성서학자 존 콜린스는 이것이 파라오를 신성한 존재로 생각한 이집트인의 사고방식에서 유래한 듯하다고 지적한다.[17] 로마 황제가 유피테르나 마르스와 동등하지 않았던 것처럼, 왕이 신이었던 이집트에서조차도 왕이 위대한 신들과 동등함을 의미하지는 않았다. 그래도 왕은 신이었다. 이집트와 로마에는 신성의 차원들이 있었고 유대교도 마찬가지였다. 이 이유로 우리는 이스라엘 왕을 매우 격상시키는 용어들을 볼 수 있다. (4세기 그리스도교가 발전시킨) 하느님과 인간 사이에 연결될 수 없는 간격이 있다는 사상에 기초해서 이 용어들을 접한 독자는 아마도 놀랄 것이다. 그럼에도 성서 안에서 왕은 주님이요 신으로 불린다.

예를 들어 시편 110편 1절은 "주님(야훼)께서 내 주께 선언하셨다. 내 오른편에 앉아 있어라. 내가 네 원수들을 네 발판으로 삼을 때"라고 전한다. 여기 나오는 "주님"은 하느님의 이름을 히브리어로 표현한 야훼 YHWH다. 전통적 유대교는 이 히브리어 네 문자를 너무 특별히 여겨서 감히 발설하지 않았다. 이는 때로 '네 글자'를 의미하는 그리스어 테트라그람마톤Tetragrammaton이라 부르기도 한다. 또 '주'로 번역한 아도나이 (adn, adonai, adoni)는 보통 주 하느님을 칭하는 용어지만, 하인이 주인을 부를 때 사용하기도 했다. 위 구절에서 인상적인 것은 야훼가 "내 주"에게 "내 오른쪽에 앉아라"라고 말한다는 점이다. 하느님과 함께 권좌에 앉는 모든 존재는 하느님 덕분에 하느님의 영광과 지위와 명예를 공유한다. 여기에 정체성이나 절대적 동등함에 대한 의문의 여지는 없다. 하느님 오른편에 앉은 왕은 전능한 하느님이 아니다. 이것은 그다음 구절로 명확히 확인된다. 하느님이 왕을 위해 그의 원수들을 정복하고 그의 발판이 되게 할 것이다. 그러나 하느님은 자신 권좌의 차원으로 격상시키는 이를 위해 그렇게 한다. 왕은 모든 다른 피조물 위에서 하느님의 현존 안에 살아가는 신성한 존재로 묘사된다.

매우 격상된 용어를 사용하여 왕을 하느님처럼 표현하는 시편 45편 7-8절은 더 분명하다.

> 오, 하느님 같으신 분!
> 당신은 정의를 사랑하고, 악을 미워하시기에
> 하느님, 당신의 하느님께서 즐거움의 기름을
> 다른 사람 제쳐놓고 당신에게 부으셨습니다.

여기에서 "하느님 같으신 분"은 당연히 전능한 하느님이 아니라 왕이다. 전능한 하느님은 왕의 하느님이며 그에게 기름을 부어준 분이다. 하느님은 왕에게 기름을 부어주고 그를 다른 모든 이들 위에, 신의 차원으로까지 격상시킨다. 어떤 의미에서 왕은 신이다. 전능한 하느님과 동격은 아니지만, 그럼에도 신이다.

더욱 놀라운 예는 백성에게 주어진 새로운 왕을 경축하는 이사야서 9장에 나온다. 헨델의 메시아를 아는 사람이라면 이 구절을 인지할 것이다. 그러나 헨델과 달리, 이사야서 원래 맥락의 구절은 왕의 탄생만 언급하는 게 아니라, 하느님의 아들인 왕의 탄생을 언급한다. 달리 말하면 이 부분은 왕의 대관식에 관한 구절이다. 이 대관식에서 한 '아이'가 백성에게 주어진다. 이 왕은 '하느님의 아들'이 된다. 그러나 왕에 대한 구절은 주목할 만하다.

우리를 위하여 태어날 한 아기, 우리에게 주시는 아드님, 그 어깨에는 주권이 메어지겠고 그 이름은 탁월한 경륜가, 용사이신 하느님, 영원한 아버지, 평화의 왕이라 불릴 것입니다. 다윗의 왕좌에 앉아 주권을 행사하여 그 국권을 강대하게 하고 끝없는 평화를 이루며 그 나라를 법과 정의 위에 굳게 세우실 것입니다.(이사 9,5-6.)

이 구절은 마지막 줄에 이르러 이스라엘 왕을 명시한다. 이 왕은 다윗 가문 출신이다. 대다수 학자들은 이것이 이사야가 활동할 당시의 왕 히즈키야를 언급한 것이라고 생각한다. 그는 위대한 권위를 지니고 영원한 평화를 가져올 하느님의 '아들'로 환대받는다. 이 인물은 확실히 전능한 하느님이 아니다. 하느님이라면 처음부터 최종적이고 궁극적이며 완벽한 권위를 지녀야 하기 때문이다. 그럼에도 왕을 묘사하는 어휘들은 놀라운 표현들이다. 그는 "용맹한 하느님"이요 "영원한 아버지"이다. 하느님의 아들로서 그는 하느님이라고 불릴 정도로, 하느님 차원으로 격상되었고 그의 지위와 권위와 능력도 마찬가지다.

신神 모세

신성한 지위와 '신'이라는 용어로 찬양받은 인간 중에는 이스라엘 왕뿐 아니라 고대 유대교 문헌에서 백성의 위대한 구원자이자 율법 제정자로 나오는 모세도 있었다. 이 전승의 뿌리는 출애굽기 4장에 있는 무척 흥미로운 구절이다. 하느님은 이집트의 파라오에게 가서 노예 상태에 있는 이스라엘 백성을 해방시켜주라고 모세에게 요구한다. 모세는 하느님의 명령에 저항하면서 자기는 말솜씨가 없으며, "입이 둔하고 혀가 굳은 사람입니다"라고 말한다.(출애 4,10.) 하느님은 이 핑계를 받아들이지 않고 사람에게 입을 준 것이 바로 자신이라고 말한다. 모세가 계속 저항하자 하느님은 결국 타협안을 내놓는다. 모세의 형 아론이 함께 갈 것이고 모세의 지시를 아론이 말할 것이라고 한다. 그다음 하느님은 놀라운 진술을 한다. "그가 너를 대신하여 백성에게 말해 줄 것이다. 그는 너의 입이 되고, 너는 그에게 하느님처럼 되리라."(출애 4,16.) 여기서 모세가 실제로 하느님이 되는 것은 아니지만, 그는 하느님 역할을 수행할 것이다. 모세는 파라오에게 전달할 하느님의 메시지를 아론에게 말하는 이가 되고, 이 의미에서 그는 "하느님처럼 될 것이다."

후대의 일부 유대인들은 이 메시지를 더 적극적으로 받아들여 모세가 실제로 신이라고 주장했다. 이 관점을 가장 분명하게 표현한 이가 알렉산드리아의 필론이다. 이미 살펴보았듯이 필론은 그리스 철학 사상에 깊이 물들어 있었고, 특히 우의적 성서 해석이 어떻게 위대한 그리스 철학자들의 가르침을 제시하고 보완해주는지, 그리스 철학자들의 가르침이 어떻게 히브리성서에서 발견되는지 보여주려 했다. 필론은 세상의 가장 위대한 철학자들의 가르침 중 가장 좋은 것을 유대교가 제시했다고 보았다.

필론은 매우 많은 작품을 저술했고 그 가운데 다수 작품이 현존하는데, 무척 박학하고 통찰력 있는 위대한 율법 제정자로 모세를 칭송한 모세 전기도 있다. 필론은 여러 저작에서 모세와 그가 선포한 철학적 율법에 찬사를 보낸다. 필론에게 모세는 "세상에서 가장 위대하고 가장 완벽한 인간"이었다.(『모세의 생애Life of Moses』 1,1.) 앞에서 언급한 출애굽기 4장 16절을 해석하면서 필론은, 모세가 다른 사람들에게 신으로 나타났지만 본질상 하느님은 아니었다고 진술한다.(『악인이 선인을 공격하다 The Worse Attacks the Better』 161-162.) 여기서 필론은 신성에는 여러 차원이 있다는 사상을 다루고 있다. 사실 필론은 평생 모세가 "점차 신이 되어가고 있었다"고 생각했다.(『아벨과 카인의 제사Sacrifices of Abel and Cain』 9-10.) 모세는 예언자이자 하느님의 친구였기에, "자기에게 필요한 만큼 자연스레 하느님께 참여하고 그분의 모든 소유물을 공유했다."(『모세의 생애』 1,156.) 그래서 어떤 사람들은 모세가 그저 인간의 마음만이 아니라 "신성한 지성"을 지녔다고 보아 놀라워했다.(『모세의 생애』 1,27.)

히브리성서에서 모세는 하느님과 이야기하려고 시나이 산에 혼자 오를 때 하느님 손에서 직접 율법을 받는다.(출애 19-20.) 필론은 모세가 하느님을 관상하기 때문에 "아버지이자 우주 창조주이신 분과 더 깊은 친교를 누렸다"고 보았다.(『모세의 생애』 1,158.) 그 결과 모세는 하느님의 상속자가 될 것이고, 유산으로 "온 세상"을 받을 것이다.(『모세의 생애』 1,157.) 더욱이 모세는 전능한 하느님은 아니었지만, 필론에 따르면 "신이자 온 백성의 왕으로 불렸다."(『모세의 생애』 1,158.) 여기서 우리는 모세가 이스라엘 왕과 같았고, 다른 맥락에서는 로마 황제처럼 신으로 불렸음을 본다.

하느님과 특별히 가까운 관계를 유지해서 각별한 총애를 받은 다른 인간들처럼, 모세는 하느님과 무척 가까워 어떤 의미에서 신성하다고 간주될 수 있었으며, 하느님은 모세의 생애 끝에 그를 높이 격상시켰고 불사의 존재로 만들어주었다. "그가 자신의 거주지를 하늘에 두기 위하여 그곳을 향해 여기에서 떠나려 했을 때, 그리고 불멸의 존재가 되고자 필멸의 생명을 떠나려 했을 때, 영혼과 육체로 되어 있었던 이전의 이중적 존재를 단일한 몸의 본성으로 이제 막 변화시키시고, 그를 완전하게 태양과 가까운 마음으로 변모시키신 아버지께서 그를 소환하셨다."(『모세의 생애』 2,228.)

필론은 다른 곳에서 더욱 강하게 진술한다. "그는 모든 종류의 필멸성을 포기하고 떠났기 때문에, 그러한 사람들이 하느님의 친족이 되고 참으로 신성해질 수 있도록, 신성하게 변화되었다."(『출애굽기에 관한 질문과 해결Questions on Exodus』 3,29.) 여기에는 이교 자료에서 발견되는 것과 유사한 유대교적 유비가 있다. 강력하고 현명하고 위대한 인간은 죽은 다음에 신성하게 됨으로써 보상을 받는다는 것이다. 때로 필론은 모세를 잠시 지상에 파견된 선재하는 신성한 존재로까지 상상한다. "(하느님께서) 그를 어떤 담보물처럼 세상에 파견하시고 그곳에 거주하게 하셨을 때조차도, 그분은 왕이나 통치자들이 갖는 일반적 탁월함을 그에게 준 것이 아니라 …… 모든 육체적인 부분과 그에게 종속하고 예속되어 육체적 부분을 다스리는 마음을 주심으로써, 그를 신으로 임명하셨다." (『아벨과 카인의 제사』 8-10.)

유대교의 신성한 인간들

다신론적 종교관을 지녔던 이교인들이 때로 어떤 의미에서 인간은 신성해질 수 있다는 관점을 지녔던 것은 그리 놀라운 일이 아닐지 모른다. 대다수 사람들에게 더욱 놀라운 것은, 똑같은 관점이 유대교 내부에도 있다는 사실이다. 예수와 그의 추종자들이 살던 시대에 대다수 유대인들은 거의 유일신론자였다. 그러나 그들이 오직 전능한 하느님 한 분만 믿었을 때조차도 많은 사람은 천사, 케루빔, 세라핌, 권세, 위격 등 다른 신성한 존재들이 있다고 여겼다. 더욱이 신성한 영역과 인간 영역 사이에는 단절감뿐 아니라 어떤 연속성이 있다는 감각이 있었다. 그리고 신성의 스펙트럼 같은 것도 있었다. 예컨대 성서에 나오는 주님의 천사는 천사도 되고 하느님도 될 수 있었다. 천사들은 신적 존재였고 예배를 받을 수 있었으나 인간 모습으로 올 수도 있었다. 인간 또한 천사가 될 수 있었다. 인간은 하느님의 아들이나 심지어 하느님이라고도 불릴 수 있었다. 그러나 이 말은 신들이 하늘과 땅을 창조한 한 분 하느님과 같다는 뜻이 아니었다. 이 신들은 한 분 하느님의 권위와 지위와 능력 일부를 공유할 수 있었을 뿐이다.

이처럼 엄격한 유일신론 안에도 다른 신성한 존재들이나 신성의 등급이 있을 수 있다. 그리고 예수 시대의 유대인에게도 하느님과 인간 사이에 어떤 절대적 구분이나 완벽한 분리, 연결될 수 없는 심연과 같은 감각은 없었다. 그래서 천사를 신으로 여길 수 있었는지 알려면, '어떤 의미에서' 그런지 물어야 한다. 인간도 마찬가지였다. 만일 왕이나 모세 또는 사람의 아들 에녹이나 다른 누군가를 신이라고 말하거나 생각한다면, 어떤 의미에서 그런지 설명해야 한다. 그 인물은 하느님의 아들로 입양된 것인가? 하느님의 중재를 통해 누가 인간으로 태어났는가? 천사가 된 이는 누구였나? 하느님의 공동 통치자가 되기 위하여 하느님의 권좌로 격상된 이는 누구였나? 아니면, 다른 무엇이었나?

초기 그리스도인들의 예수관을 탐사할 때 우리는 이 질문들을 던져야 할 것이다. 내 주장은, 예수의 죽음 이후 부활에 대한 믿음으로 일부 추종자들이 그를 하느님이었다고 말하게 되었다는 것이다. 그러나 예수는 어떤 의미에서, 아니 어떤 의미들에서 하느님이었나? 앞으로 보겠지만, 다양한 그리스도인들은 예수가 하느님이었다는 말을 서로 다른 뜻으로 받아들였다.

그러나 우선 우리는 인간 예수, 역사상 예수를 먼저 탐색할 필요가 있다. 예수의 추종자들은 예수가 갈릴래아의 먼지 나는 길을 걸어 다니는 동안에도 정말 그를 하느님으로 생각했을까? 예수는 정말로 자신이 하느님이었다고 생각했을까?

3장

예수는 정말로 자신을 하느님이라고 생각했나?

1970년대 중반 내가 무디성서학교Moody Bible Institute에 다녔을 때, 모든 학생은 매 학기마다 어떤 그리스도교적 활동을 하도록 요청받았다. 대다수 동료 학생들처럼 나도 일을 하기 위해서 전혀 훈련을 받지 않았고 자격도 갖추지 않았지만, 무디성서학교의 실습을 통한 훈련을 신뢰했다. 그래서 우리는 한 학기 동안 일주일에 두세 시간 정도를 즉석에서 사람들을 개종시키려고 시도하면서 '가정방문 복음전도'에 바쳐야 했다. 이것은 모르몬교 선교 방식을 근본주의적으로 변형시킨 것으로 두 사람씩 짝을 지어 수행했다. 다른 학기에는 무디 크리스천 라디오에서 심야 상담가로 일했다. 사람들은 성서에 대한 질문이나 삶의 문제로 전화를 걸었으며, 나는 모든 해답을 주곤 했다. 당시 나는 열여덟 살이었다. 어느 학기에는 쿡 카운티 병원에서 일주일에 하루 오후 시간에 교목校牧 일을 하기도 했다. 나는 내 능력을 넘어서는 일을 하였다.

그리고 고학년이 되었을 때 룸메이트인 빌과 한 교회에서 청소년 목회를 하고자 했다. 우리는 시카고 남부 교외 오크 론Oak Lawn에 있는 멋진 교회와 연결되었다. 그곳은 삼위일체 복음주의 언약교회Trinity Evangelical Covenant Church로, 루터교회에서 갈라진 스웨덴의 한 경건운동에 기원을 둔 작은 교단 소속이었다.

빌과 나는 매주 수요일, 토요일 저녁과 주일에 기도 모임이나 성경공부, 교제 모임 등을 인도하기 위해 교회에 나갔다. 나는 대학의 마지막 2년을 그곳에서 일했고 총 3년을 그곳에서 보냈다. 고등학생과 대학생으로 이루어진 멋진 모둠이었고, 지금도 그 시기를 무척 좋게 기억한다.

교회의 목회자는 신심이 깊고 현명하며 열정적이고 정력적인 설교자이자 진심으로 모든 영혼을 배려하였다. 그의 이름은 에반 고란손Evan Goranson이었고 나에게 교회일을 가르치면서 3년 동안 멘토 역할을 하였다. 나는 그가 지나치게 자유주의적으로 경도되어 있다고 여겼는데 나에게는 이것이 고란손 목사와 관련된 유일한 문제였다. 당시 나는 빌리 그레이엄Billy Graham조차도 지나치게 자유주의적이라고 여겼다. 그러나 교회 직무자로서 고란손 목사는 세상에서 가장 충실한 사람 중 하나였고, 종교에 대해 안달하거나 논쟁하는 일보다는 궁핍한 사람들에게 도움을 주는 데 깊은 관심을 기울였다.(도움이 필요한 사람들은 교회 크기를 막론하고 어디에나 있다.) 나는 그의 신학이 아주 전통적이며 보수적이었음을 지금은 잘 알고 있다.

몇 년이 지나 프린스턴신학교에서 상급 학위과정을 밟을 때는, 예수의 신성 문제를 포함해 가장 근본적인 신앙에 대해 의심하기 시작했기 때문에 이런 전통신학에 만족하지 못했다. 이 기간에 나는 신약성서가 예수를 명시적으로 하느님이라고 부른 경우가 거의 없음을 알게 되었다.

그리고 신약성서의 일부 저자들이 예수와 하느님을 동등하게 보지 않는다는 것도 알게 되었다. 예수가 하느님이라고 주장한 말씀이 네 복음서 중 가장 마지막에 쓰이고 신학적으로 많이 첨가된 요한복음에만 나온다는 사실에 깊은 인상을 받았다. 만일 예수가 정말로 자신을 하느님이라고 부르면서 다녔다면 다른 복음서들이 그 사실을 최소한 언급은 하지 않았을까? 다른 복음서들은 그 부분을 그냥 건너뛰기로 작정한 것인가?

신학적 의심으로 고민하면서 나는 삼위일체 교회와 고란손 목사를 방문하러 시카고로 돌아왔다. 나는 그 순간을 생생하게 기억한다. 우리는 그의 차를 탔는데 나는 성서에 대한 의심과 전에 신성불가침의 영역이라 생각했던 것에 대해 지니게 된 의심을 말하기 시작했다. 그는 다소 자유주의적이고 전체적으로 덜 교리적이었기 때문에 공감을 표현했다. 그의 관점은 우리가 기본에 머물러야 한다는 것이었다. 그는 "나는 길이요 진리요 생명입니다. 나를 통하지 않고서는 아무도 아버지께로 갈 수 없습니다(요한 14,6)"라는 예수 말씀을 기억하라고 말했다. 중요한 것은 그것뿐이었다.

나는 그에게 물었다. "그렇지만 예수께서 그 말을 결코 하지 않았다면 어찌되는 것인가요?" 훌륭한 목회자였던 그는 깜짝 놀라 망연자실해졌고, 눈물을 쏟아내기 시작했다. 그런 그의 모습을 보고 마음 아팠지만 내가 달리 무엇을 할 수 있겠는가? 누군가 나에게 단지 무엇인가를 열렬히 믿기 원한다고 해서 그것을 믿을 수는 없는 일이다.

이 장의 질문은 '예수는 정말로 그 말을 했는가?' 다. 다른 말로, '예수에게서 온 것은 무엇인가?' 다. 예수는 정말 사람들을 아버지에게 인도하고자 하늘에서 내려왔다고 주장했는가? 예수는 정말로 자신이 선재했다고 주장했는가? 예수는 정말로 자신이 하느님과 동등하다고 주장했는가? 만일 예수가 그랬다면 이는 그의 제자들이 그를 하느님으로 보았던 훌륭한 이유가 된다. 그의 직접 가르침이기 때문이다. 그러나 만일 예수가 자신을 하느님이라고 주장하지 않았다면 우리는 그가 죽은 후에 제자들이 왜 그렇게 했는지 다른 이유들을 살펴볼 필요가 있다.

역사상 예수: 문제와 방법론

역사상 예수에 대해 철저히 연구하려면 책 한 권 정도가 아니라, 노틀담의 신약학자 존 마이어John Meier 신부가 두터운 책 4권으로 펴냈고 현재도 계속 집필 중인 『주변부 유대인A Marginal Jew』처럼, 총서 분량이 필요할 것이다. 분량이 적은 책을 빨리 보려는 독자들은 내가 쓴 책 『예수: 새천년기의 묵시 예언자Jesus: Apocalyptic Prophet of the New Millennium』나 샌더스 E. P. Sanders, 게자 버메스Geza Vermes, 데일 앨리슨Dale Allison, 폴라 프리드릭슨Paula Fredriksen을 비롯한 저자들의 책을 권한다.[1] 이 저자들은 종교적 확신이나 개성, 배경 및 교육이 서로 다르기에 이 책들은 방법과 내용상 아주 다양하다. 그러나 이 책들은 모두 한 가지 점에서 일치한다. 예수는 자신을 하느님이라고 선포하면서 직무를 수행하지 않았다는 것이다.

이 책들이 필요한 이유는, 복음서들에 나오는 예수의 말씀과 행적을 그대로 역사적 사실로 받아들일 수 없기 때문이다. 만일 복음서들이 예수의 생애를 '있던 사실 그대로' 기록한 신뢰할 수 있는 전기와 같은 책이라면, 히브리어와 그리스어 같은 성서의 고대 언어에 대한 지식을 강조하고, 1세기 팔레스티나 세계 안에서 예수의 역사적 맥락의 중요성을 강조하며, 역사적 자료로 취한 복음서들의 진정한 특징을 온전히 이해하는 것이 예수의 실제 말씀과 행적을 밝히는 데 필수적임을 옹호하는 역사학적 연구는 크게 필요치 않았을 것이다. 그렇다면 우리에게 필요한 일은 성서를 읽고 거기에 쓰여 있는 것을 사실 그대로 수용하는 일이다. 물론 근본주의자들은 이러한 방식으로 성서에 접근한다. 이것은 비판적 학문 영역에 근본주의자들이 참여하지 않는 이유 중 하나다.

나는 다음 몇 단락에서 신약성서가 예수 말씀의 속기록이나 예수 생애에 대한 완벽한 설명을 제공해주지 않는다는 관점에서, 비판적 학자들이 왜 다르게 생각하고 복음서에 어떻게 접근하는지 설명하고자 한다.

복음서의 문제들

첫 번째로 강조해야 할 점은, 과거의 어떤 인물을 알고자 한다면 그에 대한 자료가 있어야 한다는 것이다. 이 점은 명확해 보이지만, 그 인물이 예수일 경우에 사람들은 그가 누구였고 무엇을 말하고 행했는지 그냥 안다고 여기는 경향이 있다. 그들은 이러한 지식을 거의 주변 환경에서 흡수하여 얻은 것처럼 보인다. 그러나 실제로 예수에 대하여 잘 알거나 안다고 생각하는 모든 것은, 누군가에게 듣거나 책이나 자료들에서 나온 것이다. 사람들은 어디서 정보를 얻으며, 무엇이 그것을 권위 있게 만드는가? 왜 그 자료들이 옳다고 생각하는가? 예수나 다른 역사적 인물에 대한 모든 이야기는 역사적으로 정확한 것이거나, 꾸며낸 것이거나, 이 둘을 혼합한 것이다. 그리고 예수 생애의 어떤 세부사항이 역사적으로 정확한지 알 수 있는 유일한 방법은 자료를 연구하는 것이다. 이 자료는 누구에게나 동일한 것이다. 예수 이야기들은 그가 활약하고 죽은 다음 입에서 입으로 전해졌고 문서로도 기록되었다. 예수에 관해 작년에 처음 듣기 시작한 이야기라면 만들어진 것이 확실하다. 100년 전 처음으로 유통되기 시작한 이야기들도 마찬가지다. 역사적으로 신뢰할 만한 설명을 원한다면 예수 시대의 자료가 필요하다. 우리에게 필요한 것은 고대 자료들이다.

물론 우리는 고대 자료들을 갖고 있지만 그것들은 우리가 바라는 만큼 고대의 것은 아니다. 맨 처음 그리스도교 저자는 예수 사후 20~30년 사이에 편지를 쓰던 사도 바울로다. 바울로의 여러 서한들은 신약성서에 포함되어 있다. 바울로 이전에도 다른 그리스도교 저자들이 글을 썼을 수 있지만 현존하지 않는다. 바울로의 문제점은 그가 개인적으로 예수를 몰랐으며, 예수의 가르침이나 활동이나 경험에 대해 많은 이야기를 하지 않는다는 점이다. 나는 바울로의 저작 전부를 읽고 바울로가 예수의 말씀과 행적을 가리킨 부분을 전부 목록화하라는 숙제를 가끔 학생들에게 내준다. 그러면 학생들은 그 목록을 작성하는 데 작은 카드 한 장도 필요하지 않다는 사실을 알고 놀란다.(어떻든 바울로는 예수가 자신을 하느님이라고 선언했다는 말을 결코 하지 않는다.)

역사상 예수에 대해 그다음 오래된 자료는 신약성서의 복음서들이며, 밝혀졌다시피 가장 훌륭한 자료들이다. 복음서들은 신약성서에 포함되었기 때문만이 아니라, 예수 삶에 대해 남아 있는 가장 오래된 자료들이기 때문에 가장 나은 자료다. 비록 복음서들이 우리가 활용할 수 있는 최고의 자료들이긴 하나 실제로는 우리가 원하는 만큼은 아니다. 여기에는 몇 가지 이유가 있다.

우선 복음서들은 목격 증인들이 쓴 것이 아니다. 이 책들은 예수의 두 제자인 세리 마태오와 애제자 요한, 베드로의 비서 마르코와 바울로의 여행 동료 루가의 이름을 따라서 마태오, 마르코, 루가, 요한복음서라고 부른다. 그러나 이 책들은 사실 익명으로 쓰였다. 저자들은 결코 자신의 정체를 밝히지 않았다. 누군가 이 네 사람이 저술했다고 주장하기 전에 복음서들은 이미 수십 년 동안 유통되었다. 이 저자들이 복음서들을 썼다는 첫 주장은 복음서들이 나온 지 100년이 지난 뒤에 나왔다.

위의 네 인물 중 누구도 복음서를 쓰지 않았다고 생각하는 데에는 그만한 이유가 있다. 우리가 신약성서에서 보듯이 예수 추종자들은 팔레스티나에서 아람어를 말하는 교육받지 못한 하층민 출신들이었다. 신약성서는 그 사람들이 쓴 책이 아니다. 신약성서 저자들은 고등교육을 받고 그리스어를 말하는 후대 그리스도인이었다. 그들은 아마도 예수 제자들이 전부 또는 거의 죽은 이후에 저술했을 것이다. 그들은 세계의 여러 다른 지역에서 다른 언어로 후대에 저술했다. 복음서 저자들이 예수 동료들이거나 적어도 사도들과 연결되었다고 후대 그리스도인들이 주장한 이유는 비교적 명확하다. 이 주장은 예수가 실제로 어떠했는지 알고자 하는 사람들을 위해서, 복음서의 설명에 권위를 부여해주었다.

학자들은 신약성서 복음서들의 집필 시기를 대략 1세기 후반으로 잡는다. 대부분은 예수가 서기 30년경 죽었다는 것에 동의할 것이다. 마르코복음은 서기 65~70년경 집필된 첫 복음서였고, 마태오와 루가복음서는 그로부터 15년에서 20년 후인 서기 80~85년경 집필되었고 요한복음은 서기 90~95년경 집필됐다. 복음서들이 집필된 간격은 중요한 의미가 있다. 예수의 삶을 다루는 현존하는 가장 오래된 자료는 예수가 죽은 다음 35~40년 뒤에 집필됐다. 마지막 복음서인 요한복음은 예수 사후 60~65년 뒤에 집필됐다. 이는 확실히 긴 시간이다.

만일 저자들이 목격 증인도 아니고 팔레스티나 출신도 아니며 예수와 같은 언어를 사용하지도 않았다면, 그들은 어디서 정보를 얻었을까? 이와 관련해서도 비판적 학자들의 견해는 큰 차이를 보이지 않는다. 예수 사후 제자들은 예수가 죽음에서 일으켜졌다는 것을 믿게 되었다. 제자들은, 예수의 죽음과 부활이 하느님이 보낸 메시아의 죽음과 부활이었고, 예수의 죽음과 부활을 믿음으로써 영원한 생명을 얻을 수 있도록 사람들을 회심시키는 것을 자신의 사명으로 여겼다. 초기에 예수를 '목격한 증인들'은 예수가 실제로 하느님이 보낸 메시아라고 설득해야 했으며 이를 위해 예수 이야기들을 전해야 했다. 그들은 정말 그렇게 했다. 그들은 예수의 십자가 처형, 빈 무덤, 죽은 후 제자들에게 나타난 일처럼 예수 생애 말년에 벌어졌던 일을 이야기했다. 그들은 또한 예수의 가르침, 행적, 유대교 지도자들과의 논쟁, 체포와 심판 같이 마지막 사건 전의 예수 삶도 이야기했다.

이 이야기들은 유통되었다. 예수의 추종자가 되고자 회심한 사람은 누구든 이 이야기를 할 수 있었고 그에 대해 말했다. 회심자는 자기 아내에게 말했을 것이고, 아내가 회심했다면 이웃에게 말했을 것이다. 만일 여자가 회심했다면 남편에게 말했을 것이고, 남편이 회심했다면 사업 동료에게 말했을 것이다. 사업 동료가 회심했다면 다른 도시로 사업차 여행 가서 그곳 사업 동료에게 말했을 것이다. 만일 그 사업 동료가 회심했다면 아내에게 말했을 것이고, 아내가 회심했다면 이웃에게 말했을 것이다. 이 상황이 계속 이어졌을 것이다. 대중 매체와 국가 보도 매체가 생기기 전 문맹률이 높던 당시에 의사소통할 수 있는 유일한 방법은 이야기를 전하는 것이었다.(당시는 인구의 10퍼센트 정도만 읽고 쓸 수 있었고 대다수 의사소통은 구전되었다.)

그러나 도대체 누가 예수에 대한 이야기를 하였는가? 사도들이? 사도들만 했다고는 할 수 없다. 사도들이 인정한 사람들만? 그렇지도 않다. 아무것도 변경하지 않고 실제 있던 사건을 있는 그대로 이야기한 사람들만? 그들은 어떻게 그런 일을 할 수 있었나? 이야기들은 해를 거듭하며 수십 년에 걸쳐 입에서 입으로 세계의 다양한 지역에 다른 언어로 전달됐으며, 예수의 말씀과 행적에 대하여 한 사람이 다음 사람에게 말하는 것을 통제할 길은 없었다. 이러한 방식으로 유통되는 이야기들에 어떤 일이 일어나는지는 모두가 알고 있다. 세부사항들이 변경되고 에피소드들이 첨가되며 사건들이 과장되고, 인상적인 부분은 더욱 인상적으로 만들어진다.

마지막으로, 한 저자가 자기 교회에서 그 이야기들을 들었다. 가령 그를 로마에 있는 "마르코"라고 하자. 그는 자기가 중요하게 여기는 것을 썼다. 그리고 10년이나 15년이 흘러 다른 저자가 다른 도시에서 마르코가 쓴 것을 읽고 부분적으로 마르코에 기초를 두지만 다른 부분은 자기 공동체에서 들은 이야기들을 토대로 나름의 내용을 쓰기로 결정했다. 그래서 복음서들이 나타나기 시작했다.

현재 복음서들은 이러한 과정을 거친 것이다. 학자들은 복음서들을 300년이 넘는 기간 동안 아주 상세하게 연구했는데, 이 집중 연구의 확실한 결과 중 하나는 복음서들이 여러 곳에서 불일치하며 모순적이고 역사적 문제를 갖고 집필되었다는 것이다.[2] 왜 그런가? 묻는 것보다는

"어떻게 그렇게 되지 않을 수 있겠는가?"를 묻는 게 더 나을 것이다. 물론 복음서들은 비역사적 정보와 변경되고 과장되고 윤색된 이야기들을 담고 있다. 이 책들은 예수의 발치에 앉아서 공책에 기록한 것이 아니다. 이와는 전혀 다르다. 복음서들은 예수의 '기쁜 소식'을 말하려는 지향을 담고 있다. 말하자면, 복음서 저자들은 자기들이 말하는 내용이나 방식과 관련해서 이미 확보된 관점을 갖고 있었다. 그들은 예수를 설교하기 원했다. 올바른 전기적 정보라면 역사서술이나 역사학의 기준을 크게 발전시킨 2,000년 뒤 비판적 학자들의 검열도 통과할 수 있다. 그러나 복음서 저자들은 전기적 정보를 주려고 하지 않았다. 그들은 자신이 살던 시대를 위해 글을 썼고, 예수에 대한 진리를 자신이 이해한 것처럼 사람들에게 확신시키려 했다. 그들은 자신이 듣고 읽은 것에 따라 이야기들을 서술했다. 그들이 읽은 것은 다른 저자들이 들었던 것에 기초를 두고 있다. 결국 모든 것은 구전 전승으로 거슬러 올라간다.

오늘날 어떤 사람은 구전 전승에 뿌리박은 문화는 전통이 크게 변하지 않게 하려고 훨씬 주의를 기울였다고 주장한다. 그러나 이것은 현대의 신화다. 구전 문화를 연구한 인류학자들은 정확히 그 반대가 옳다고 알려준다. 오직 문자 문화만이 사실을 "있는 그대로" 정확히 모사하는 데 관심을 기울인다. 이러한 이유로 문자 문화에서는 누군가 이야기를 고쳤는지 아닌지 조사할 수 있다. 구전 문화에서는 이야기들이 변경될 것이라는 예상이 널리 퍼져 있다. 이야기꾼은 새로운 맥락에서 언제든지 이야기를 바꿀 수 있다. 새로운 맥락은 새로운 방식으로 이야기하길 요구한다. 이처럼 구전 문화는 자기들이 듣고 전하는 것을 변경해도 역사적으로 아무 문제가 없는 것으로 나타난다.[3]

복음서들에도 당연히 불일치와 윤색과 꾸밈과 역사적 문제들이 있다. 이 말은 실제 일어난 일을 역사적으로 정확히 설명하기 위한 자료로 복음서를 그대로 취할 수 없다는 뜻이다. 그렇다면 복음서들은 역사적 자료로 쓸모없다는 뜻인가? 그렇지 않다. 예수의 '기쁜 소식' 선포라는 한 가지 목적을 위해 쓰인 책들을 조사하고 또 다른 목적을 성취하기 위해, 곧 예수가 실제 말하고 행한 것을 알기 위해 엄밀한 역사적 방법이 필요하다.

방법들

여기에서 나는 신약성서 학자들이 자료들을 취급하기 위해 고안한 방법들을 간략히 요약할 수밖에 없다. 복음서들은 우리가 이용할 수 있는 유일한 자료다.[4] 그리스 사람이나 로마 사람이 1세기에 예수에 대해 설명한 자료들은 없으며, 죽은 지 80년이 지나서도 예수의 이름은 언급되지 않는다. 비그리스도교 유대인 자료 중에는 역사가 요세푸스가 두 차례 간략하게 언급했을 뿐이다. 신약성서 외에도 복음서들이 있으나 이것들은 신약성서의 복음서들 이후에 쓰였고 대체로 매우 전설적이라는 특징을 지닌다. 『토마복음서』와 『베드로복음서』처럼 부차적 정보를 줄 수 있는 복음서들도 있지만, 결국 실제로 많은 정보를 제공해주지는 않는다. 그래서 우리가 갖고 있는 자료는 네 복음서 정도다.

정경 복음서들이 역사적 자료로서는 문제가 있지만, 윤색과 변경을 했어도 예수의 말씀과 행적과 체험을 역사적으로 정확히 회상하여 담고 있는 부분이 있다. 문제는 후대에 고치고 덧붙인 부분에서 역사적으로 정확한 정보를 어떻게 찾아낼 것인가다.

학자들은 일부 문서자료들이 서로 독자성을 띤다고 판별했다. 그 자료들은 이야기 전부 또는 일부를 독립된 구전 전승에서 물려받았다는 뜻이다. 예를 들어, 요한복음은 정보를 얻기 위해 다른 세 복음서에 의존하지 않았다. 다른 세 복음서인 마태오, 마르코, 루가복음서는 서로 많이 닮아 있기 때문에 공관복음이라고 한다. 공관이란 '같이 본다'는 뜻이다. 이 세 복음서는 같은 이야기를 같은 순서로 종종 같은 단어를 사용해서 말하기 때문에, 한쪽에 모아서 병행해서 볼 수 있다. 이것은 저자들이 서로 베꼈거나 아니면 대다수 학자들이 동의하듯이, 마태오와 루가가 먼저 나온 마르코를 베꼈기 때문이다. 마태오와 루가는 많은 이야기를 마르코에서 취했다. 그러나 마태오와 루가복음서는 마르코복음서에 없는 부분도 함께 공유하는데, 그 대부분이 예수 어록이다. 마태오와 루가에는 마르코와 관련이 없는 다른 자료가 있기 때문에, 19세기 이후 학자들은 엄청난 논쟁을 벌여왔다. 이 다른 자료는 주로 예수의 말씀으로만 이루어져 있어서 학자들은 이를 어록집이라 부른다. 원천이나 출처를 의미하는 독일어는 '크벨레Quelle'인데, 학자들이 Q자료에 대하여 말할 때 그것은 마태오와 루가에 말씀 자료를 제공했지만 분실된 자료를 가리킨다.

마태오복음에는 다른 복음서들에 없는 이야기들이 있고, 어디선가 그것들을 확실히 갖고 왔다. 학자들은 마태오복음서에만 있는 이 자료를 M이라고 한다. 루가복음서도 다른 곳에 없는 이야기들을 갖고 있으며 이를 L이라고 한다. M과 L은 각각 따로 집필된 단일한 문서일 수도 있고 다양한 문서일 수도 있으며 문서와 구전 자료가 합쳐진 것일 수도 있다. 그러나 편의상 그냥 M과 L이라고 한다.

따라서 우리에게는 마태오, 마르코, 루가, 요한복음서들만 있는 게 아니다.(그리고 『토마복음서』와 『베드로복음서』도 있다.) 우리는 Q와 M과 L 을 분리할 수 있다. 이 셋은 각각 독자적이고 마르코와 무관하며, 요한복 음은 이 모두와 무관하다.

다른 말로, 우리에게는 다양한 전승이 있으며 이들은 모두 독립적으 로 예수의 삶을 설명한다. 비판적 학자들을 통해 알려진 이 사실로, 복음 서 이야기들 중 어떤 것이 다른 것보다 더 진짜인지 평가할 수 있다. 만 일 어떤 이야기가 각기 독립된 여러 전승들 안에 나온다면 그것은 궁극 적 원천 자료인 예수의 삶 자체로 돌아갈 가능성이 매우 높다. 이를 '독 립적 출처의 기준criterion of independent attestation'이라 부른다. 한편, 만일 어 떤 이야기(예수의 말씀이나 행적)가 한 자료에만 나온다면 그것은 독립적 으로 확인할 수 없고 따라서 진정성이 희박하다고 볼 수 있다.

몇 가지 예를 들어보자. 마르코와 요한과 Q가 각각 독립적으로 언 급하는 열렬한 종말 설교가 세례자 요한은 예수와 가까운 관계다. 결론 은? 예수는 세례자 요한과 관계를 가졌을 가능성이 크다. 또 확실한 것 이 있는데, 마르코와 요한은 예수가 본티오 빌라도 아래에서 십자가형 에 처해졌다고 전한다. 그리고 M과 L도 이를 독립적으로 전해준다. 그 렇다면 예수의 처형은 실제로 일어났다고 볼 수 있다. 그는 로마 총독 본 티오 빌라도의 명령에 따라 십자가에서 처형되었다. 반대 예를 들어 보 자. 마태오(M)는 예수가 태어났을 때 현자들이 아기 예수에게 경배하기 위하여 별을 따라왔다고 전한다. 아쉽게도 마르코나 Q나 L이나 요한이 나 다른 문헌들에는 이 이야기가 없다. 현자들의 경배가 실제 있었던 일 인지는 모르지만, 독립적 출처 기준을 따른다면 확증할 수 없다.

두 번째 기준은, 독립적 자료들에 나타나는 이야기들이 구전전승을 통해 저자들한테까지 내려왔다는 사실에 바탕을 둔다. 구전전승 안에서는 이야기꾼들이 다른 사람을 개종시키려 하거나, '참된' 견해로 돌아선 이들을 교육시키려 하기 때문에, 이야기꾼의 관심에 따라 이야기들이 변경되었다. 그렇다면 우리가 아는 초기 그리스도인들(의 의견)과 부합하지 않는 복음서의 이야기들은 예수에 대한 말이거나, 실제로 그리스도인들의 자기 이익에 직접 반하는 것으로 보이는 모든 이야기는 역사적으로 정확할 가능성이 무척 높다. 그리스도인들은 자기네 관점이나 이익에 반하는 이야기들을 지어내지는 않았을 것이다. 만일 그러한 이야기를 했다면, 그런 일이 실제 일어났기 때문이다. 이러한 방법론적 원칙은 때로 '비유사성의 기준criterion of dissimilarity'이라고 한다. 만일 예수에 대한 어떤 전승이 초기 그리스도인들이 그에 대하여 말하려던 것과 다르다면, 그 전승은 역사적으로 더욱 정확한 기준이다.

예를 들어보자. 마르코, M, L, 요한은 예수가 나자렛에서 성장했다고 전한다. 다양한 자료들이 이 이야기를 증언한다. 그러나 이 이야기는 후대 그리스도인들이 창피하게 여길 수 있기 때문에, 어떤 그리스도인이 만들어냈을 이야기가 아니다. 나자렛은 누구도 들어본 적이 없는 작은 마을이었다. 하느님의 아들이 거기 출신이라는 견해를 누가 만들어냈겠는가? 그런 이야기를 만들어낼 어떤 이유도 찾기 어렵기에 예수는 실제로 나자렛 출신일 가능성이 무척 큰 것이다. 또 다른 예를 들어보자. 예수가 세례자 요한에게 세례를 받았다는 견해는 그리스도인들을 불편하게 만들었다. 세례자 요한은 사람들이 죄를 용서받도록 (신약성서의 표현대로 "죄의 용서를 위해") 세례를 주었기 때문이다. 더욱이 초기 교회의 모든 사람은 세례 주는 사람이 세례 받는 사람보다 영적으로 우월하다고 알고 있었다. 하느님의 아들이 자기 죄 때문에 세례를 받는 이야기나, 하느님의 아들보다 더 높은 사람이 있음을 보여주는 이야기를 누가 꾸미겠는가? 만일 아무도 그 이야기를 만들어내지 않았다면, 왜 우리 손에 그 이야기가 있겠는가? 예수가 정말로 요한에게 세례를 받았기 때문이다. 반대 사례도 들어보자. 마르코복음에서 예수는 자신이 예루살렘으로 가서 거절당하고 십자가형에 처해진 뒤 죽음에서 일으켜질 것을 세 차례 예고한다. 그리스도교의 한 이야기꾼이 예수가 자신의 수난을 미리 말했다고 주장하는 이유를 상상할 수 있지 않겠는가? 당연히 그렇다. 후대 그리스도인들은, 결국 예수가 체포되고 십자가로 보내졌을 때 허를 찔렸다고 생각하는 사람이 아무도 없길 바랐을 것이다. 그들은 자신에게 무슨 일이 닥칠 것인지 예고하는 예수를 더 원했을 것이다. 이 예고들은 그리스도인들이 믿었듯이 예수가 다시 살아났다는 것과, 그리스도인들이 믿었듯이 예수 자신이 다시 살아날 것임을 알았음을 보여준다. 그리스도인들이 만들어내길 원하는 이야기는 바로 이런 이야기이기에, 우리는 예수가 실제로 이런 예고를 했는지 단정할 수 없다. 예수는 그랬을 수 있다. 그러나 '비유사성의 기준'이라는 방법론적 원칙을 따를 때 그 예고들이 실제 있었던 일로 보이지는 않는다.

마지막으로, 학자들은 예수에 대한 전승이 1세기 팔레스티나 유대교 맥락과 실제로 들어맞는지 고찰하는 데 흥미를 느낀다. 신약성서 밖의 일부 후대 복음서들이 묘사하는 예수의 가르침은 우리가 가능성 높게 생각하는 예수 자신의 역사적·문화적 영역과는 완전히 동떨어져 있다. 1세기 팔레스티나 유대인이 이러한 가르침을 펼쳤다고 받아들일 수는 없다. 이 방법을 '맥락 신뢰의 기준criterion of contextual credibility' 이라 한다.

이 마지막 기준은 예수 생전의 말씀과 행적을 이해하려면 예수의 역사적 맥락을 이해해야 한다고 강조한다. 어느 때건 맥락을 벗어나서 무엇을 취한다면 그것을 오해하게 된다. 어떤 역사적 인물을 자리매김할 때 가장 중요한 것은 맥락이다. 그러므로 예수가 자신을 하느님이라고 말했는지 알아보려면, 논의를 더 진척시키기 전에 예수의 맥락에 대해 이해한 다음, 그 맥락을 통해 그의 메시지와 선포에 대해 알 수 있는 것을 논의할 필요가 있다.

예수의 역사적 · 문화적 맥락

개략적으로 우리는 예수를 1세기 유대인으로 이해해야 한다. 2장에서 나는 당시 유대교의 기본적 종교관을 다루었다. 대다수 유대인들처럼 예수도 유일하고 참된 하느님, 이스라엘을 선택하여 당신 백성으로 삼으시고 그들에게 율법을 주신 하늘과 땅의 창조주를 믿었을 것이다. 모세의 율법을 지키는 것은 당시 모든 경건한 유대인이 그랬듯이, 예수에게도 무척 중요한 일이었을 것이다. 복음서들 안에는 예수가, 예컨대 안식일 규정과 같은 율법을 위반했다는 후대 논쟁이 들어 있지만, 율법이 금지하는 일을 예수가 실제로 행한 예는 무척 찾아내기 어렵다. 예수가 범했던 것은 당시 다른 유대교 지도자들, 특히 율법을 잘 지키도록 복잡한 규칙들을 발전시킨 바리사이파의 율법 이해와 해석이었다. 대다수 유대인은 덧붙여진 이 규칙들을 따르지 않았고 예수도 마찬가지였다.

예수도 이 정도까지는 대다수 유대인과 비슷했을 것이다.(바리사이들이 이 규칙을 발전시키는 데 위선적이지는 않았다. 그들은 단지 하느님이 요구하면 가능한 한 모든 것을 실천해야 한다고 믿었고, 이를 돕기 위해 정책들을 만들었을 뿐이다.5)

역사상 예수를 이해하기 위해 가장 중요한 유대교의 국면들 중 하나는 당시 많은 유대인이 공유한 세계관, 곧 학자들이 '묵시론apocalypticism'이라고 부르는 것이다. 이 용어는 드러내거나 벗겨낸다는 뜻의 '묵시apocalypse'에서 유래한다. 유대교 묵시론자들은 지상적 실재들의 의미를 이해하도록 하느님이 천상의 비밀을 자신에게 계시했다고 믿었다. 특히 그들은 이 시대를 지배하는 악의 세력을 물리치고 불행과 불의가 없는 선한 나라의 도래를 위해 하느님이 이 고통의 세계에 곧 개입하리라 믿었다. 예수 시대 어간의 유대교 자료들은 이러한 묵시론적 세계관을 충분히 입증한다. 이 세계관은 예수 시대에 예수가 살던 곳과 그리 멀지 않은 곳에서 1947년 발견된 사해문서死海文書와 성서 이외의 유대교 문헌들에 현저히 나타난다. 묵시론적 세계관은 세례자 요한과 바리사이의 관점이었고, 예수가 살던 세계에 널리 퍼져 있었다. 예수도 이 관점을 가졌던 것이 거의 확실함을 보여주기 전에, 이 세계관이 지닌 네 가지 주요 견해를 요약한다.

이원론

유대교 묵시론자들은 이원론자였다. 그들은 선의 세력과 악의 세력이라는 두 근본 요소가 실재를 구성한다고 믿었다. 하느님은 물론 선한 모든 것을 담당하며, 그분의 적수인 악마는 사악한 모든 것을 담당한다.

하느님 편에는 천사들이 있고, 악마 편에는 악령들이 있다. 하느님에게는 생명을 주고 의로움을 부여할 수 있는 힘이 있으며, 악마에게는 죽음을 퍼뜨리고 죄를 조장하는 힘이 있다. 유대교 묵시론자들은 선과 악의 힘이 우주적 전쟁에 참여하고 있으며 모든 것과 모든 사람이 한쪽을 택해야 한다고 여겼다. 중립지대는 없었다. 모든 사람은 선한 하느님 편에 있든가 악한 악마 편에 있었다.

이러한 우주적 이원론 자체가 역사의 대본으로 작용했다. 이 세상 역사는 두 단계로 나뉜다. 악의 세력이 지배하는 현시대와 하느님이 다스릴 다가올 시대다. 현재가 악의 시대라는 것은 이해하기 어렵지 않다. 전쟁, 기근, 가뭄, 허리케인, 지진, 선천적 장애, 증오, 억압, 불의 등을 보라. 악의 힘이 지배하고서 세를 불리고 있다. 그러나 하느님은 무서운 심판으로 악의 세력을 물리치고 하느님의 선한 나라가 도래하도록 개입할 것이다.

비관론

유대교 묵시론자들은 현재 같은 악의 시대에서 상황이 개선될 가능성을 비관적으로 보았다. 악의 힘은 죽을 운명의 인간들보다 훨씬 강하다. 사람들은 악의 힘에 저항할 수 있지만 그것을 극복할 수는 없었다. 아무리 많은 선행을 하고 훌륭한 정치적 결정을 내려도, 유용한 기술들을 제아무리 많이 개발해도 궁극적으로는 누구도 이 세계를 더 나은 곳으로 만들 수 없었다. 현 시대 상황은 나쁘고 문자 그대로 모든 지옥이 종말이 올 때까지 더 나빠질 것이다.

심판

그러나 묵시론자들은 상황이 가장 안 좋아졌을 때 하느님이 위대한 심판으로 개입할 것이라고 믿었다. 지난 장에서 『에녹 1서』에 미래에 지상에서 우주적 심판관이 될 강력한 사람의 아들이 나옴을 보았다. 『에녹 1서』는 묵시론적 세계관을 수용하며, 하느님이 자신의 대리자인 사람의 아들을 통해 지상과 하늘에서 모든 악의 힘을 심판하는 때가 오리라는 관점을 유지한다. 다른 묵시론자들도 심판이 다가온다고 생각했다. 하느님이 자신과 자신의 백성에게 반대하는 모든 악의 세력을 물리칠 것이며, 자신의 편을 선택하고 그 때문에 고통을 당한 사람들을 옹호해주리라 여겼다. 하느님은 하늘에서 구원자를 보낼 것이고, 이 시대 악한 나라들을 대체할 새 나라가 도래할 것이다. 이 하느님 나라에는 아픔도 불행도 고통도 없을 것이며 이 나라 주민은 영원한 복락의 삶을 누릴 것이다.

도래할 심판은 그때 살아가는 사람들에게만 영향을 끼치는 게 아니다. 심판은 산 자와 죽은 자 모두에게 영향을 끼칠 것이다. 묵시론자들은 이 역사의 정점에 시대의 종말이 도래하고 죽은 자들이 부활할 것이라는 사상을 갖게 되었다. 모든 사람은 벌이든 보상이든 심판을 받기 위해 육체를 돌려받을 것이다. 이 사상은 하느님 편에 선 사람들과 악의 세력 및 그 지상 대변자들 때문에 억압받는 이에게 위로를 주었다. 보상의 때가 오고 있었다. 이 시대를 다스리는 악의 세력과 결탁한 결과가 풍성하다고 해서 다른 이들을 억압하거나, 힘이 세지고 강해진다든지 죽어서 벌을 받지 않을 것이라는 생각은 하지 말아야 한다. 아무도 심판을 피할 수 없다. 하느님은 심판을 하기 위해, 모든 사람을 원하든 원치 않든 죽음에서 일으킬 것이다.

그러나 약속된 이 시대의 종말은 언제 오는가? 사실은 이제 곧 올 것이다.

임박

유대교 묵시론자들은 세상이 나빠질 대로 나빠졌다고 믿었다. 악의 세력들은 하느님 편에 선 의인들을 고통의 구렁텅이에 빠져 들게 하면서 굳건하게 있었다. 그러나 악의 세력은 종말 가까이 와 있었다. 사람들은 조금만 더 기다리며 신앙을 지킬 필요가 있었다. 하느님이 곧 개입해서 하느님의 선한 나라를 세울 것이다. 그러나 그때는 언제인가? 그들은 언제까지 기다려야 하는가? 마르코복음 9장 1절 말씀이다. "진실히 여러분에게 이르거니와, 여기 서 있는 사람들 가운데에는 하느님의 나라가 권능을 떨치며 오는 것을 볼 때까지 죽음을 겪지 않을 사람들이 더러 있습니다."

공관복음은 임박한 종말과 하느님 나라의 도래를 예고하는 묵시론적 예언자의 모습으로 예수를 묘사한다. 그러나 이 묘사가 옳은지 어떻게 아는가? 만일 구전전승 과정에서 꾸며졌거나 변경된 예수 전승이 복음서들 안에 포함되어 있다면, 후대의 예수 추종자들이 묵시론적 전승을 슬그머니 삽입한 것일 수도 있지 않을까?

사실 이 묘사를 한 이들은 단순한 예수 추종자들이 아니다. 예수 자신이 철저히 묵시론적 전망을 지녔다고 생각하게 만드는 근거들이 있다. 상기하면, 복음서들 안에서 무엇이 역사적으로 정확한지 확인하려면 우리의 방법론적 원칙들을 적용할 필요가 있다. 그럴 때 예수가 묵시론적 관점을 강하게 갖고 있었음이 선명하게 드러난다. 사실 예수가 선포했던 메시지의 핵심은 묵시론적이었다. 이것은 예수가 하느님이든 아니든 간에, 예수의 자기이해를 보는 데 핵심적인 요인이 될 것이다. 몇 가지 증거를 설명해본다.[6]

묵시론자 예수

복음서에서 역사적으로 참된 전승을 가려내려면, 독립적 출처를 지닌 말씀과 행적을 찾아보게 된다. 아울러, 특히 가장 이른 시기의 자료에서 독립적으로 입증된 전승을 구해야 할 것이다. 이야기들은 시간이 지나면서 바뀌기에, 예수의 삶과 그의 삶을 서술한 자료 사이의 시간이 길면 길수록 전승이 바뀌고 심지어 창작될 가능성이 더 많다. 그러므로 가장 초기 자료가 필요하다. 복음서들 중 마지막에 집필된 요한복음은 예수 사후 60~65년경 저술됐다. 공관복음서들은 이보다 이른 시기에 저술됐다. 공관복음서의 원천 자료들은 공관복음서들보다 더 오래되었다. 만일 우리가 가장 초기 복음서인 마르코, 마태오와 루가에서 공통으로 발견되는 말씀자료 Q, 마태오의 고유자료 M, 루가의 고유자료 L 그리고 독립되어 있다고 입증된 전승을 찾는다면 우리는 초기의 독립 전승을 얻을 수 있다.

예수의 묵시론적 메시지의 독립적 출처

이 부분은 정확히 예수의 종말론적 선포와 관계 있다. 예수의 종말론적 선포들은 초기의 모든 자료에서 독립적으로 입증된다.

마르코에서

그 무렵, 그 환난에 뒤이어 해는 어두워지고 달은 제 빛을 내지 않으며 별들이 하늘에서 떨어지고 하늘에 있는 권세들이 흔들릴 것입니다. 그때에 사람들은 인자가 구름에 싸여 큰 권능과 영광을 갖추고 오는 것을 보게 될 것입니다. 그때에 인자는 천사들을 파견하여, 땅 끝에서 하늘 끝까지 사방에서 [자기] 선민들을 모을 것입니다. ……… 진실히 여러분에게 이르거니와, 이 모든 일이 일어나기까지 이 세대는 결코 사라지지 않을 것입니다.(마르 13,24-27.30.)

Q에서

사실 번개가 하늘 이 끝에서 번쩍하면 하늘 저 끝까지 비치는 것처럼 인자도 [그의 날에] 그렇게 나타날 것입니다. ……… 노아가 방주에 들어가던 날까지 사람들은 먹고 마시며 장가들고 시집가곤 했는데 홍수가 닥쳐 모두 멸망시켰습니다. ……… 인자가 나타나는 날에도 그렇게 될 것입니다.(루가 17,24.26-27.30; 마태 24,27.37-39을 보라.)

M에서

그러므로 가라지를 그러모아 불에 태우듯이 세상의 종말에도 그렇게 될 것입니다. 인자가 자기 천사들을 파견할 것이고 그들은 걸려 넘어지게 하는 온갖 못된 일들과 범법을 일삼는 자들을 그의 나라에서 그러모아 그들을 불가마에 던질 것입니다. 거기서는 울고 이를 갈게 될 것입니다. 그때에 의인들은 그들 아버지의 나라에서 해와 같이 빛날 것입니다. 귀가 있는 사람은 새겨들으시오.(마태 13,40-43.)

L에서

여러분은 스스로 경계하여 여러분의 마음이 취기와 폭음과 일상사의 걱정으로 짓눌리지 않게 하며 또한 그날이 여러분에게 갑자기 닥쳐오지 않게 하시오. 그날은 온 땅 위에 사는 모든 사람에게 마치 덫처럼 덮칠 것이기 때문입니다. 그러므로 여러분은 장차 이루어질 이 모든 일을 피하여 인자 앞에 설 수 있도록 늘 간구하면서 깨어 지키시오.(루가 21,34-36.)

위 구절들은 표본일 뿐이다. 나의 관점을 보여주기 위해 고른 구절들이지만, 단순히 내 마음에 드는 것을 무작위로 뽑아 선택하지 않았다는 점을 짚고 간다. 나는 독립적이라고 입증된 초기의 모든 자료에 나오는 메시지를 찾고 있으며, 그것은 바로 예수의 묵시론적 선포에 나온다.

인상적이면서도 언급할 가치가 있는 것은, 후대 자료들에서는 이 묵시론적 메시지가 약화되고 실제로는 제거되어, 마지막에는 (예수가!) 묵시론적 메시지를 반대하는 내용의 설교를 했다는 것이다. 그 이유를 해명하는 것은 어렵지 않다. 만일 예수가 제자들이 모두 죽기 전에 자기 세대에 종말이 온다고 예고했다면, 한 세대 후에 종말이 오지 않은 상태에서 사람들은 어떻게 생각했을 것인가? 예수가 틀렸다고 생각했을지 모른다. 따라서 예수에게 충실히 머무르고자 했다면, 그가 도래할 종말에 대해 더 이상 말하지 않았음을 밝히려고 예수가 선포한 메시지를 고쳤을 수도 있다. 그러므로 첫 세대 이후에 집필된 요한복음서에 예수가 묵시론적 메시지를 선포하는 내용이 없다는 것은 우연한 일이 아니다. 그는 완전히 다른 것을 선교한다. 심지어 후대의 『토마복음서』 같은 곳에 나오는 예수는 묵시론적 관점을 대놓고 반대한다.(2,113.) 시간이 지나면서 사람들은 묵시론적 메시지가 잘못된 안내였고 위험하기까지 하다고 인식하였다. 그래서 예수 설교의 전승도 바뀌게 된 것이다. 그러나 다양하게 입증된 가장 초기 자료들을 보면 누가 봐도 알 수 있다. 예수가 종말 메시지를 선포했음은 거의 확실하다. 앞으로 보겠지만, 이것은 예수가 자신을 누구로 생각했는지 이해하는 데 핵심적인 사항이다. 그는 자신을 하느님이 아닌 다른 누군가로 생각했다.

예수에 대한 모든 전승을 1세기 팔레스티나 유대교 맥락에서 이해하는 것은 무척 중요하다. 예수의 묵시론적 말씀도 당연히 그래야 한다. 사해문서를 비롯해 『에녹 1서』나 다른 묵시문학을 통해서 알 수 있듯이, 당시 묵시론은 대중화되어 있었다. 당시 예수의 메시지는 별난 것이 전혀 아니었다. 다른 유대교 설교가들도 비슷한 메시지를 선포하고 있었다.

그러나 이 묵시론적 메시지는 '비유사성의 기준'을 통과할 수 있을까? 어떤 학자들은, 세상 역사가 곧 끝날 것이라고 본 후대의 예수 추종자들이 그것을 예수가 말한 것처럼 만들었기 때문에, '비유사성의 기준'을 통과할 수 없다고 주장했다. 나는 이 견해가 두 가지 이유에서 완전히 잘못되었다고 생각한다. 첫째, 어떤 묵시론적 말씀은 비유사성의 기준을 완벽하게 통과한다. 둘째, 예수 선포의 묵시론적 특성은 예수가 어떻게 공생활을 시작했고 그 과정에서 어떤 일이 벌어졌는지를 동시에 성찰함으로써 드러날 수 있기 때문이다.

가장 초기의 공관복음 자료에 있는 여러 묵시론적 말씀들은 초기 그리스도인들이 예수의 입에 올리기 원했던 것들과 다르다. 여기서는 세 가지 예를 제시한다.

첫째, 위에서 인용한 '사람의 아들'에 대한 말씀 안에는 많은 사람이 깊이 생각하지 않고 둘러댔다는 특성이 있다. 다소 복잡하지만 문제점은 이렇다. 복음서 저자들을 포함한 초기 그리스도인들은 하늘에서 곧 귀환할 우주적 심판관인 사람의 아들을 예수라고 생각했다. 복음서들은 실제로 여러 곳에서 예수를 사람의 아들과 동일시한다. 이 동일화는 비유사성의 기준을 통과하는가? 확실히 아니다. 만일 당신이 예수를 우주적 심판관이라고 생각한다면, 예수를 사람의 아들과 동일시하는 구절을 접해도 별로 거리끼지 않을 것이다. 그러나 예수를 사람의 아들과 동일시하지 않는 구절들을 접한다면 어떨 것인가? 더 나아가, 사람의 아들이라는 말이 예수 스스로 한 것이라기보다 다른 누군가에 대한 말로 보인다면 어떻겠는가? 그리스도인들은 예수를 사람의 아들로 생각했기에 이 이야기들을 만들어내지는 않았을 것이다.

위 말씀들을 다시 살펴보라. 예수가 세상 심판 때 오실 사람의 아들을 언급할 때, 그것이 자신에 대한 이야기라는 암시는 어디에도 없다. 독자들은 예수를 사람의 아들이라고 믿거나, 복음서들이 다른 곳에서 예수를 사람의 아들과 동일시하기 때문에 예수가 자신에 대해 말한다고 자연스럽게 볼 것이다. 그러나 이 말씀들 안에는 누군가를 동일시하도록 이끄는 구절이 전혀 없다. 이 말씀들은 초기 그리스도인들이 만들어냈음직한 방식으로 표현되지 않았다.

마르코복음 8장 38절의 말씀도 주의 깊게 살펴보자. "절개 없고 죄 많은 이 세대에서 누구든지 나와 내 말을 부끄럽게 여기면, 사람의 아들도 아버지의 영광에 싸여 거룩한 천사들과 함께 올 때에 그를 부끄럽게 여길 것이다." 예수가 사람의 아들이라고 생각하는 사람이라면 누구든 여기서 예수가 자신에 대해 말한다고 볼 것이다. 누구든 예수를 부끄러워하면, 예수도 하늘에서 올 때 그를 부끄럽게 여길 것이라고(곧 심판하실 것이라고) 말이다. 그러나 이 구절이 의미하는 바는 그렇지 않다. 이 구절은 만일 누군가 예수를 부끄럽게 여기면 사람의 아들도 하늘에서 올 때 그 사람을 부끄럽게 여길 것이라는 말이다. 여기서 예수가 자신에 대하여 말했다고 생각해야 할 근거는 없다. 예수가 자신을 사람의 아들로 말했다고 생각한 독자가 본문을 그렇게 이해한 것이지, 그 이해가 본문에 들어 있는 것은 아니다.

이것은 초기 그리스도인들이 사람의 아들에 대한 말을 만든 방식이 아닐 것이다. 우리는 예수가 자신에 대해 말하고 있음을 아주 분명한 방식으로 만들어내는 누군가를 상상할 수 있다. "당신이 이것을 나에게 해준다면, 사람의 아들인 나는 당신에게 그것을 해주겠다." 그러나 예수와 사람의 아들을 구분하는 듯한 말을 그리스도인이 만들어냈을 가능성은 크지 않다. 이 말의 뜻은, 그러한 표현이 더욱 진실에 가깝다는 의미다.

두 번째 예는 성서 전체에서 내가 선호하는 단락 중 하나로, 마지막 심판 때 양과 염소를 갈라놓는다는 이야기다.(마태 25,31-46. 이 부분은 M이다.) 여기서 사람의 아들은 심판 때 천사들과 함께 오며 자기 권좌에 앉을 것이다. 그는 모든 민족을 자기 앞에 모으고 "목자가 양들과 염소들을 갈라 놓는 것처럼 그들을 서로 갈라 놓을 것이다."(25,32.) 그래서

"양들"은 오른편에, "염소들"은 왼편에 세울 것이다. 그는 먼저 양들에게 말하며 특별히 그들을 위해 준비된 하느님 나라로 받아들인다. 그들은 어떻게 해서 이 영광의 나라에 들어가도록 허락받았는가? "너희는 내가 굶주렸을 때에 내게 먹을 것을 주었고, 내가 목말랐을 때에 내게 마시게 해주었다. 나그네 되었을 때에 나를 맞아들였고 헐벗었을 때에는 내게 입혀주었다. 병들었을 때에 나를 찾아왔고, 감옥에 갇혔을 때에도 내게로 와주었다."(25,35-36.) 의인들은 당황하며 이해하지 못한다. 그들은 이런 일을 결코 그에게 해준 적이 없기 때문이다. 실제로 그들은 전에 그를 만난 적도 없다. 심판관은 그들에게 말한다. "진실히 너희에게 이르거니와, 너희가 이 지극히 작은 내 형제들 가운데 하나에게 해주었을 때마다 나에게 해준 것이다."(25,40.) 그리고 그는 "염소들"에게 "악마와 그 심부름꾼들을 위하여 마련된 영원한 불 속으로 들어가라"고 한 다음 이유를 설명한다.(25,41.) 그들은 그가 굶주렸을 때 먹을 것을 주지 않았고, 목말랐을 때 마실 것을 주지 않았으며, 나그네였을 때 환영하지 않았고, 헐벗었을 때 입을 것을 주지 않았고, 아프고 감옥에 있었을 때 찾아주지 않았다. 그들도 그 말을 이해하지 못한다. 전에 만난 적도 없는 사람인데 어떻게 그의 도움을 거절할 수 있겠는가? 그러자 그는 말한다. "진실히 너희에게 이르거니와, 너희가 이 지극히 작은 이들 가운데 하나에게 해주지 않았을 때마다 나에게 해주지 않은 것이다."(25,45.) 이렇게 해서 죄인들은 영원한 벌을 받는 곳으로 가고 의인들은 영원한 생명의 장소로 간다.

이것은 장엄한 광경을 그려낸 구절이다. 그리고 거의 확실히 예수가 실제로 말한 것과 아주 가깝다. 왜 그러한가? 이 부분은 초기 그리스도인들이 영원한 생명을 얻는 방법이라 여겼던 것과 전혀 다르기 때문이다. 초기 그리스도교 교회는 예수의 죽음과 부활을 믿음으로써 구원을 얻는다고 가르쳤다. 예를 들어 사도 바울로는 율법을 준수하고 어떤 일을 한다고 해서 사람이 구원 받을 수 있는 것은 아님을 굳게 믿고 있었다. 만일 그런 일이 가능하다면, 그리스도가 죽어야만 할 이유가 없었을 것이다.(예컨대 갈라 2,15-16.21.) 심지어 마태오복음서조차도 예수의 죽음과 부활을 통한 구원에 초점을 맞추고 있다. 그러나 위의 예수 말씀 안에서 사람들은 그리스도를 믿어서가 아니라(그들은 사람의 아들을 본 적도 그에 대해 들은 적도 없다), 궁핍한 사람들에게 선행을 베풀었기 때문에 영원한 생명을 얻는다. 이것은 초기 그리스도인들이 만들어낸 말씀이 아니다. 이 이야기는 예수의 관점을 구체화하고 있다. 사람의 아들은 세상을 심판할 것이고 궁핍한 사람들을 도와준 이들은 영원한 생명이라는 보상을 받을 것이다.

비유사성의 기준을 거의 확실하게 통과하는 세 번째 예는 3장 후반부 논의에서 중요하게 다룰 묵시론적 말씀이다. Q자료에 속하는 이 부분에서 예수는 열두 제자에게 말한다. "진실히 여러분에게 이르거니와, 인자가 자기의 영광스러운 옥좌에 앉게 되는 재생 때에, 나를 따른 여러분도 열두 옥좌에 앉아 이스라엘의 열두 지파를 심판할 것입니다."(마태 19,28; 루가 22,30.) 이것이 예수가 했음직한 말씀, 곧 후대 추종자들이 예수 죽음 이후 예수의 입에 올린 말씀이 아니라는 근거를 대는 것은 어렵지 않다. 예수가 자기 제자 중 유다 이스가리옷에게 배반당했다는 것은 모든 사람이 알고 있다. 이것은 실제 일어난 사건이다. 이는 다양한 상황에서 독립적으로 입증되며, 비유사성의 기준도 통과한다. 예수가 자기 제자들에게 거의 아무 영향도 끼치지 않았다는 이야기를 누가 만들어냈을 것인가? 그러나 위 말씀에서 예수는 누구에게 말하고 있는가? 유다 이스가리옷을 포함한 열두 제자다. 그는 유다 이스가리옷이 포함된 열두 제자에게 그들 모두가 미래 하느님 나라의 통치자가 될 것이라 말한다. 예수의 배신자 유다 이스가리옷까지 미래의 나라에서 통치자로 옥좌에 앉을 거라는 이야기를 지어낼 그리스도인은 없을 것이다. 그리스도인이 지어내지 않았을 것이기에, 이 말씀은 거의 확실히 역사상 예수에게까지 소급된다.

중간을 찾는 열쇠인 시작과 끝

앞에서 열거한 모든 주장이 결합되면서 비판적 신약학자 대다수를 100년 넘게 설득한 내용은, 묵시론적 메시지를 예수가 선포했다는 것에서 그를 가장 잘 이해할 수 있다는 점이다. 이 주장은 앞선 주장들을 포함해도 가장 설득력이 크다고 생각한다. 너무도 훌륭한 제안이어서, 내가 그 주장을 했다면 얼마나 좋았을까 생각하기까지 했다.[7] 이 주장은 예수가 어떻게 자신의 직무를 시작했는지 비교적 정확히 알고, 그 이후 여파로 어떤 일이 일어났는지도 정확히 알고 있다. 처음과 끝을 이어주는 유일한 것은 중간, 곧 예수의 직무와 선포다.

앞에서 나는 예수가 세례자 요한에게 세례 받고 자신의 공생활을 시작한 것에 대한 타당한 증거가(독립적 출처와 비유사성의 기준) 있다고 지적했다. 그렇다면 세례자 요한은 누구였나? 가까운 미래에 종말이 도래할 것이므로, 사람들은 그에 대비해 회개해야 한다고 선포한 열정적인 묵시론적 설교자였다. 요한의 말이 가장 잘 기록된 곳은 요한이 군중에게 한 발언을 담고 있는 Q자료의 진술이다. "닥쳐올 진노를 피하라고 누가 너희에게 일러주더냐? 회개에 합당한 열매들을 맺어라. …… 도끼가 이미 나무 뿌리에 닿았으니, 좋은 열매를 맺지 않는 나무는 다 찍혀 불 속에 던져진다."(루가 3,7-9.) 이 구절은 완전히 묵시론적 메시지다. 진노가 다가오고 있다. 사람들은 "합당한 열매"를 맺음으로써 준비해야 한다. 만일 그렇게 하지 않는다면? 그들은 나무처럼 찍혀서 불 속에 던져질 것이다. 언제 이 일이 일어나는가? 그 일은 이제 막 일어나려 한다. 도끼는 이미 나무뿌리에 닿아 있고 막 자르기 시작하려고 한다.

예수는 직무를 시작할 때부터 세례자 요한과 관계를 맺었다. 대다수 학자들은 예수가 자신의 독자적인 길을 가기 전에 요한의 제자나 추종자로 시작했을 것이라 생각한다. 종교적으로 다양하던 1세기 유대교 세계에는 예수에게 여러 종교적 선택지가 있었다. 예를 들어 바리사이에 가담할 수 있었고, 성전 예배에 초점을 두고 예루살렘으로 이동할 수 있었으며, 다른 종교 지도자에게 합류할 수도 있었다. 그러나 그는 다가올 파국을 말하는 묵시론적 설교자와 결합하는 길을 선택했다. 예수의 선택은 묵시론적 설교자의 메시지에 동의한 결과로 봐야 한다. 예수는 묵시론자로서 자신의 공생활을 시작했다.

이 독특한 주장의 핵심은 예수 직무의 여파 또한 그 방향에서 묵시론적이었다는 것이다. 예수 사후 바로 무슨 일이 벌어졌나? 그리스도교 회가 시작됐다. 그의 제자들은 그를 믿는 사람을 모으기 시작했다. 우리가 가진 모든 증거는 그들 역시 묵시론자였음을 시사한다. 그들은 예수가 세상을 심판하러 하늘에서 땅으로 곧 돌아올 것이라 생각했다. 가장 초기 그리스도인 작가는 바울로였고, 묵시론적 사고에 철저히 물들어 있었다. 그는 종말이 곧 다가온다고 너무도 확신해서 심판 날 자기 자신은 살아 있을 거라 생각했다.(1데살 4,17; 1고린 15,51-53.)

예수는 열렬한 묵시론적 설교자와 어울리면서 공생활을 시작했고, 그가 죽자 추종자들로 구성된 열광적인 묵시론적 공동체들이 출현했다. 시작도 끝도 묵시론적이었다. 중간이 어떻게 없을 수 있겠는가? 만일 시작만 묵시론적이었다면, 사람들은 예수가 세례자 요한의 묵시론적 메시지에서 이탈했다고 주장할 수 있을 것이고, 이는 예수 추종자들이 묵시론적 관점을 찬성하지 않은 이유가 되었을 것이다. 그러나 그들은 그 관점을 받아들였고, 종말은 오지 않았다. 또 마지막만 묵시론적이었다면, 사람들은 예수가 그 관점을 지니지 않았지만 추종자들이 후에 그것을 받아들여 그 관점으로 예수의 삶을 읽었다고 주장할 수 있다. 그러나 예수 공생활의 시작은 무척 묵시론적이었고 어떻든 종말은 오지 않았다. 예수는 직무를 시작할 때부터 세례자 요한과 결합했고, 예수의 영향으로 묵시론적 공동체들이 갑자기 나타났다. 그러므로 예수의 직무 자체는 세상을 심판하고 하느님 나라를 가져다줄, 사람의 아들이 곧 도래한다는 묵시론적 선포로 특징지어졌음이 분명하다.

예수는 정말 자신을 누구라고 생각했던가?

이 논의 내내 나는 예수 메시지의 특성에 초점을 맞추고 있다. 나는 예수의 메시지가 역사상 본인에게 문제가 되었다든가, 학자들이 그의 삶을 이해하는 중요 사안이라는 것을 상상의 나래를 펼쳐서 제시하고 싶지는 않다. 그러나 충실한 연구들이 보여주듯이, 예수의 다양한 행적과 그가 연루된 여러 논쟁 및 그를 죽음으로 이끈 다양한 사건 모두는, 특히 묵시론적 틀 안에서 이해할 수 있다.[8] 하지만 이 책에서 관심을 기울이는 것은, 예수가 어떻게 그리고 언제 하느님으로 여겨지게 되었는지에 대한 신학적·종교적 물음이다. 나는 예수가 공생활을 하는 동안에 가르치고 설교한 내용은 이 사안이 아니라고 생각한다. 이와 반대로, 그의 메시지가 안고 있는 부담은 도래하는 파국과 구원에 대한 묵시론적 선포였다. 그는 사람의 아들이 세상을 심판하러 하늘에서 구름을 타고 곧 올 것이며, 사람들은 이 가공할 역사의 파국을 준비해야 하고, 하느님에게 충실히 머문 의인들은 고통 중에도 하느님이 원하는 일을 했기에 변호를 받고 보상받을 것이라고 선언했다.

그러나 메시지 전달자인 예수 본인은 어떻게 되는가? 도래하는 왕국에서 그의 역할은 무엇이었나? 나는 예수의 가장 초기 제자들이 예수에 대하여 했던 말을 성찰함으로써 이 질문에 대한 의견을 개진하고자 한다.

그리스도교 운동 초창기에 예수에게 적용된 가장 흔한 칭호는 그리스도다. 때로 나는 강의를 듣는 학생들에게 그리스도는 예수의 성이 아니었다고 말해야 한다. 로마의 엘리트 계급과 달리 예수 시대에 살았던 대다수 사람들은 성이 없었으며, 예수 또한 마리아와 요셉 그리스도에게서 태어난 예수 그리스도가 아니었다. 그리스도는 하나의 칭호이고, 히브리어 '메시아'의 그리스어 번역이다.

예수의 일부 제자들이 그의 사후가 아니라 생전에 그를 메시아라고 생각했던 데에는 몇 가지 이유가 있다. 그리고 예수가 스스로를 메시아라고 말했다고 생각하게 하는 다른 이유도 있다. 그러나 이 이유들을 캐기 위해서는 먼저 메시아라는 용어가 1세기 팔레스티나 유대인들에게 무엇을 의미했는지 간략하게나마 조사할 필요가 있을 것이다.

유대인 메시아

다양한 유대교 저작들은 메시아라는 용어를 다양한 방식으로 이해한다.[9] 우선 메시아라는 용어가 앞서 언급했듯이, '기름부음을 받은 사람'이라는 뜻의 히브리어임을 강조하고 싶다. 이 맥락에서 기름부음을 받는다는 것은 항상 "하느님께서 선택하시고 명예를 주셨다"는 것과 같은 의미를 지닌다. 기름부음은 통상 "하느님의 목적을 채우고 그분 뜻을 세상에 중재하기 위해서"라는 함축적 의미도 동반한다. 앞에서 보았듯이, 『에녹 1서』는 기름부음을 받은 사람의 아들에 대해 말한다. 여기서는 메시아라는 용어를 다소 예외적인 방식으로 해석해서, 세상에 대한 미래의 우주적 심판관으로 적용한다. 그러나 일부 유대인은 이런 방식으로 해석했을 것이다. 하느님의 특별한 선택을 받은 이를 신성한 존재로, 악의 세력을 파괴하고 하느님 나라를 세우러 올 천사적 존재로 묘사하는 것보다 더 나은 것이 있겠는가? 우리는 『에녹 1서』를 통해서, 일부 유대인들이 이러한 미래 심판관을 분명 하느님의 메시아로 생각했음을 알고 있다. 그가 사람의 아들로 불렸든 다른 무엇으로 불렸든지 관계없이 말이다.

메시아를 신성한 천사적 존재가 아니라 인간을 지칭하는 용어로 사용했던 것이 더 일반적이긴 하다. 우리는 사해문서를 통해, 예컨대 일부 유대인, 특히 토라의 제사 율법에 깊이 관계했던 사람들이 이스라엘의 미래 통치자가 위대하고 강력한 사제일 것이라고 생각했음을 알 수 있다. 사해문서에서는 이 사제 통치자를 메시아로 이해한다. 하느님이 그에게 기름을 부어줄 것이고, 그는 하느님의 법을 백성에게 설명하고 필요한 만큼 집행함으로써 백성을 다스릴 권위 있는 성서 해석자가 될 것이다. 메시아라는 용어에 대한 사제적 해석도, 히브리성서에서 사제들이 때로 하느님에게 기름부음을 받았다고 전하기 때문에 타당성이 있다.

그러나 메시아라는 용어에 대한 더욱 일반적인 이해는 세상에 대한 천사적 심판관이나 권위 있는 사제가 아니라 다른 종류의 통치자다. 앞에서 살펴보았듯이, 그것은 하느님의 기름부음을 받은 탁월한 이스라엘의 왕이다. 기름부음을 받는 의례를 통해서 이스라엘 왕이 된 첫 인물은 사울이었다.(1사무 10,1.) 둘째 왕 다윗도 그러했다.(1사무 16,13.) 다윗 가문의 계승자들도 마찬가지였다.

가장 널리 퍼진 '메시아' 이해에 핵심적인 것은 사무엘기 하권 7장에 하느님이 다윗에게 했다는 약속이다. 하느님은 다윗의 아들 솔로몬의 '아버지'가 될 것이라 약속하였다. 이 의미에서 왕은 '하느님의 아들'이었다. 그러나 하느님이 다윗에게 말한 둘째 약속은 의미심장하다. "네 왕조, 네 나라는 내 앞에서 길이 뻗어나갈 것이며 네 왕위는 영원히 흔들리지 아니하리라."(2사무 7,16.) 이것은 하느님이 해줄 명백한 일과 관련된다. 다윗은 항상 왕좌에 앉는 후손을 가지게 될 것이다. 하느님이 약속하였다.

알려진 바와 같이 다윗의 후손들은 오랫동안, 약 4세기에 걸쳐 왕좌에 앉았다. 그러나 역사는 때로 기대에 반하며, 서기전 586년 실제로 사건이 일어났다. 바빌론의 떠오르는 정치 세력이 유다를 멸망시켰고, 수도 예루살렘과 더불어 원래 솔로몬이 세웠던 하느님의 성전도 파괴했으며, 다윗 가문의 왕은 왕좌에서 제거되었다.

후대 유대인들은 이 재앙을 돌이켜보면서 어떻게 그런 일이 발생할 수 있었는지 의아해했다. 비록 다윗의 '아들'은 순종하지 않았지만, 그럼에도 하느님은 그에게 명예를 주고 항상 다윗 가문 출신의 왕이 이스라엘을 통치하게 되리라 약속하였다. 그러나 이제 더 이상 그런 일은 가능하지 않게 되었다. 하느님이 약속을 지키지 않은 것인가? 일부 유대교 사상가들은 하느님의 약속이 무효하거나 공허한 것이 아니라 미래에 채워질 것이라 믿게 되었다. 다윗 가문의 왕은 일시적으로 왕좌에서 쫓겨났지만 하느님은 자신의 약속을 기억할 것이다. 그리고 다윗의 후손 중 한 사람, 다윗처럼 미래의 왕인 기름부음을 받은 이가 다윗의 계보를 잇는 왕국을 다시 세우고, 이스라엘을 모든 민족이 부러워하는 위대하고 영광스런 독립국가로 다시 만들 것이다. 그는 약속의 땅을 장악한 억압자들을 무너뜨리고 왕국과 민족을 다시 세울 것이다. 영광의 시간이 될 것이다.

미래의 메시아에 대해 이러한 기대를 품었던 일부 유대인들은 정치적 견지에서 메시아를 이해했던 듯하다. 그들이 이해한 메시아는 원수들을 없애기 위해 무기를 들고 군대의 힘으로 왕국을 회복시킬 위대하고 강력한 왕이었다. 한편 다른 유대인들, 특히 묵시론에 경도된 유대인들은 이 미래 사건이 더욱 기적적인 일이 되리라고 기대했다. 그들은 하느님이 다시 한 번 이스라엘을 자신의 메시아가 통치하는 왕국으로 만들기 위해, 역사 과정에 하느님이 몸소 개입하는 활동으로 미래 사건을 이해했다. 가장 열렬한 묵시론자들은 이 미래왕국이 관료들을 보유하고 부패한 정치 체계가 아니라, 어떤 종류의 악과 고통도 없는 유토피아 국가, 사실상의 하느님 나라가 될 거라 믿었다.

메시아 예수

예수가 활약하던 기간에 추종자들이 예수를 기름부음 받은 이로 믿었다고 생각하게 하는 훌륭한 이유가 있다. 그것을 온전히 인식하려면 두 가지 정보를 동시에 살펴봐야 한다. 첫 번째 정보는 앞에서 이미 언급했던 것이다. '그리스도'(예컨대 기름부음을 받은 이나 메시아)는 초기 그리스도인들이 예수를 설명하기 위해 사용한 가장 흔한 호칭이었다. 예수보다 그리스도라는 호칭을 더 많이 사용해서 실제로 그리스도가 예수의 이름으로 기능하기 시작했을 정도였다. 우리가 아는 한, 예수는 생전에 본인을 기름부음 받은 이로 보게 하는 행동을 전혀 하지 않았기 때문에 이는 아주 놀라운 일이다. 말하자면 그는 산 이와 죽은 이를 심판하기 위해 하늘에서 구름을 타고 오지 않았으며, 사제도 아니었고, 이스라엘을 주권 국가로 만들기 위해 군사를 일으키지도 않았고, 로마인을 약속의 땅에서 몰아내지도 않았다. 그런데 왜 예수 추종자들은 예수가 이런 일을 했다고 암시하는 호칭을 그토록 널리 사용했을까?

이 질문은 두 번째 정보와 관련된다. 오늘날 많은 그리스도인은, 예수의 가장 초기 추종자들이 예수의 죽음과 부활 때문에 메시아였다고 결론 내렸다고 상정한다. 만일 예수가 죄 때문에 죽었고 죽음에서 부활했다면 그는 메시아여야만 했던 것이다. 그러나 이 생각은 매우 잘못됐다. 지금까지 읽은 독자들은 그 이유를 추정할 수 있을 것이다. 고대 유대인들은 미래의 메시아가 죽고 부활할 것이라고는 전혀 기대하지 않았다. 이것은 메시아가 해야 하는 일이 아니었다. 어떤 유대인이 메시아에 대하여 아무리 독특한 생각을 가졌다고 해도, 그가 우주적 심판관이든, 위대한 사제이든, 강력한 전사이든 간에, 모든 유대인은 메시아가 이스라엘의 위대한 통치자가 될 위엄과 능력을 갖췄다고 생각했다. 그런데 예수는 분명 그런 인물이 아니었다. 예수는 원수를 파괴하기보다는 원수에게 파괴당했다. 체포되어 고문당했으며, 로마인들이 가장 고통스럽고 비참한 죽음의 형태로 생각한 십자가형에 처해졌다. 간단히 말하면, 예수는 오히려 유대인들이 기대한 메시아와 정반대의 인물이었다.

후대 그리스도인들은 이 문제를 놓고 유대인들과 길고도 치열한 논쟁을 벌였다. 그리스도인들은 히브리성서가 미래 메시아의 죽음과 부활을 예고했다고 주장했다. 그들은 고통당한 후에야 정당성이 입증된 인물을 이야기하는 이사야서 53장과 시편 22편 같은 구절들을 지적했다. 유대인에게는 이미 준비된 답변이 있었다. 이 구절들은 메시아에 대해 말하는 구절이 아니다. 그리고 그 부분을 읽어보면 메시아라는 단어는 아예 없다.

비록 이 구절들이 메시아에 대해 명시적으로 언급하지는 않지만 그것이 메시아를 가리킨다고 이해하든 아니든, 지금 단계에서는 나의 관점 밖의 일이다. 그리스도교 이전에 유대인들은 이 성서 구절들이 메시아를 언급한다고 해석하지 않았다는 게 내 관점이다. 메시아는 원수를 압도하고 하느님 나라를 세우는 강력한 인물이어야 했다. 그러나 예수는 원수들에게 짓밟혔다. 대다수 유대인에게는 이것 자체가 충분히 결정적 증거였다. 예수는 당연히 메시아가 아니었다.

그러나 이것은 이제 문제를 야기한다. 만일 예수가 죄 때문에 죽고 부활했다는 믿음이 유대인에게 예수가 메시아라는 생각을 불러일으키지 못했다면, 그리스도인들이 '예수의 죽음에도 불구하고'가 아니라 '예수의 죽음 때문에' 메시아라고 선포하기 시작했다는 사실은 어떻게 설명할 것인가? 그럴듯한 유일한 설명은 예수가 죽기 전에 그리스도인들이 그를 메시아라고 불렀기 때문에 죽은 후에도 그렇게 불렀다는 것이다.

많은 학자들이 취하는 가장 합리적인 시나리오는 이러하다. 예수는 활동기에 메시아라는 희망과 기대를 일으켰다. 그의 제자들은 그에게서 위대한 일들을 기대했다. 어쩌면 군사를 일으킬 수도 있다. 어쩌면 하느님의 진노가 원수에게 내리기를 빌 수도 있다. 그는 어떤 일을 할 것이고 이스라엘의 미래 통치자가 될 것이다. 예수의 십자가 처형은 이 생각이 완전 빗나갔음을 증명했고 제자들이 얼마나 오해했는지 보여주었다. 예수는 원수들에게 죽임을 당했고 결국 메시아가 아니었다. 그러나 그들은 예수가 죽음에서 일으켜졌다는 것을 믿게 되었고, 이것은 앞서 부당했다고 증명된 것을 재확인해주었다. 그는 정말로 메시아다. 그러나 그들이 생각했던 방식의 메시아는 아니다!

나는 다음 두 장에서 예수 부활에 대한 믿음을 탐색하면서 이러한 의식구조를 추적할 것이다. 지금은 가장 기본적인 관점만을 밝힌다. 예수 제자들은 어떤 의미에서 예수가 죽기 전에 분명 그를 메시아라고 여겼다. 왜냐하면 그의 죽음이나 부활에 관한 어떤 것도 그 뒤에 제자들이 예수가 메시아라는 생각을 제시하도록 만들지 못했기 때문이다. 죽거나 다시 살아나면 메시아가 아니었다.

예수의 메시아적 자기이해

이러한 논의를 고려할 때 우리가 예수의 자기이해에 대해서 말할 수 있는 것은 무엇인가? 그는 자신을 메시아라 불렀던가? 만일 그렇다면 어떤 의미로 그렇게 했는가? 예수는 자신을 하느님이라 불렀는가? 여기에서 나는 분명한 입장을 밝히고자 한다. 예수는 자신을 메시아라 불렀지만, 하느님이라고 부르지는 않았다.

예수가 아주 독특하고 특별한 의미에서 자신을 메시아로 보았다고 생각할 수 있는 훌륭한 이유들이 있다. 메시아는 이스라엘 백성의 미래 통치자로 여겨졌다. 그러나 묵시론자로서 예수는 미래 왕국이 정치적 투쟁이나 군대 개입 자체로 이루어지리라 생각하지 않았다. 미래의 왕국은 하느님에게 반대하는 모든 사람과 모든 것을 심판하러 온 사람의 아들이 실현할 것이었다. 그러면 그 나라가 도래할 것이다. 나는 예수가 그 나라에서 자신이 왕이 될 것이라 믿었다고 생각한다.

내가 이렇게 생각하는 데에는 몇 가지 이유가 있다. 제자들에 대한 나의 초기 관점으로 돌아가보자. 제자들은 예수의 생애 동안 분명하게 그를 메시아로 생각했고 그것에 대해 말했다. 그러나 실제로 예수는 자신을 메시아로 볼 만한 어떤 일도 하지 않았다. "원수를 사랑하라", "다른 뺨마저 돌려 대어라", "행복하여라. 평화를 이루는 사람들" 같은 말은 그를 평화주의자로 보게 하지만, 이는 그가 유대교 무장 세력의 장군이 될 만한 주요 후보군에 들지 않음을 의미한다. 그는 로마군을 폭력으로 전복하자고 설교하지 않았다. 또한 그는 도래할 사람의 아들이 본인이 아닌 다른 누군가인 것처럼 말했다. 만일 예수가 적극적으로 행하던 것

안에 메시아적 주장이라고 할 만한 게 없다면, 왜 그의 추종자들은 예수의 공생활 동안 그를 거의 확실히 메시아로 생각하고 메시아라 불렀는가? 가장 쉬운 설명은 예수가 그들에게 자신이 메시아라고 말했다는 것이다.

그러나 예수가 의미한 '메시아'라는 말은 그의 묵시론적 선포라는 더 넓은 맥락에서 이해해야 한다. 이 맥락은, 내가 앞에서 거의 진짜 예수의 말씀일 것이라고 본 것 중 하나가 들어서기 시작하는 장소다. 예수는 유다 이스가리옷을 포함한 제자들에게 열두 옥좌에 앉아 미래 왕국에서 이스라엘 열두 지파를 심판하게 될 것이라고 말했다. 제법 괜찮은 말씀이다. 누가 결국 왕이 될 것인가? 예수는 그들의 주인(주님)이었다. 그렇다면 그가 그들의 주인(주님)이 되지 않을까? 그들을 부르고, 그들을 가르치고, 그들을 파견하고, 그들에게 옥좌를 약속했던 이가 바로 예수였다. 그가 미래 왕국에서 어떤 역할을 떠맡으리라고 여기지 않았다는 것은 거의 상상할 수 없는 일이다. 당시에 그가 제자들의 지도자였다면, 미래 왕국에서도 그는 확실히 제자들의 지도자가 될 것이다. 사람의 아들이 곧 실현할 하느님 나라에서, 예수는 분명 바로 자신이 왕이 될 것이라고 생각했으리라. 이스라엘의 미래 왕에게 붙여질 전형적인 호칭은 무엇인가? 바로 메시아다. 예수는 바로 이 의미에서 제자들에게 자기가 메시아라고 가르쳤음이 틀림없다.

다른 두 가지 고찰도 이러한 판단을 더욱 확실하게 해준다. 첫 번째 고찰은 복음서에서 악한 유대인으로 나오는 유다 이스가리옷과 관련된다. 두 번째 고찰은 악한 로마인인 본티오 빌라도와 관련된다. 유다 이스가리옷이 누구이고, 왜 예수를 배신했는지에 대해 끝없는 논의가 있었다.[10] 유다가 예수를 배반한 것은 의심의 여지가 없다. 유다의 배신은 우리의 모든 기준을 통과한다. 그러나 유다는 왜 배신했는가? 여기에는 여러 이론이 있지만 내가 여기서 제시하려는 관점과는 밀접한 관계가 없다. 나는 유다가 실제로 배신한 것이 무엇인지 성찰하고자 한다.

복음서들에 따르면 그것은 아주 단순하다. 예수는 생애 마지막 주간에 과월절을 지내러 예루살렘으로 갔다. 그는 도래할 심판 때에 성전이 파괴될 것임을 상당히 묵시론적 방식으로 예고하면서 성전에서 소란을 일으켰다. 이것은 현지 권력자들을 놀라게 했고 그를 주목하게 만들었다. 예루살렘에서 성전과 일반인의 생활을 담당하던 유대교 지도자들은 사두가이파로 알려진 이들이었다. 이들은 귀족적 유대인이었고 다수는 성전과 성전 제물을 관리하는 사제들이었으며, 최고 관리인 대사제도 여기 속했다. 사제들은 사람들 사이에서 질서를 유지하도록 적잖이 투입되었다. 왜냐하면 로마인들은 지역에 분란이 없는 한, 지역 귀족들에게 자기 업무를 관리하도록 허락했고 그들이 원하는 것을 들어주었기 때문이다. 그러나 과월절은 선동적인 기간이었다. 축제 자체가 민족감정과 반란의식을 일으킨다고 알려져 있었다.

왜냐하면 과월절은 하느님이 모세를 통해 이집트에서 노예생활을 하던 이스라엘 백성을 구원했다는 히브리성서의 사건을 기념하기 때문이다. 전 세계 유대인은 외국의 지배에서 그들을 구해내기 위해 하느님이 중재했다는 것을 기억하기 때문에 해마다 출애굽 사건을 경축하였다. 특별한 음식과 함께 절정에 이르는 과월절 밤 축제는 단순히 고대적 관심에서만 기념되는 것이 아니었다. 많은 유대인들은 하느님이 오래전 모세의 지도 아래 행한 일을 자기 시대에도 지도자를 뽑아 다시 행할 것이라 희망했고 심지어 예고하기까지 했다. 민족적 열정이 최고도에 달하면 반란이 일어날 수 있다는 것을 모두가 알고 있었다. 그래서 평상시이 시기에는 해변 도시 카이사리아에 거주했던 유다의 로마 총독이 혹시나 발생할지 모르는 모든 폭동을 진압하기 위해 1년에 한 차례 군대를 이끌고 예루살렘에 오는 시기였다. 사두가이파도 로마인과 똑같이 평화가 유지되기를 원했다. 하느님이 토라에서 지시한 대로 성전 예배를 할 수 있도록 허락받는 조건으로, 사두가이파는 로마인에게 기꺼이 협력했다.

이 상황에서 갈릴래아 출신 나자렛 예수라는 외지인이 나타나 군대의 파멸에 대해 열렬히 묵시론적 메시지를 설교하고, 하느님에게 반대하던 모든 것이 폭력적으로 타도되는 가운데 사랑하는 그들의 성전도 파괴될 것이라고 예고했을 때, 과연 그들은 무엇을 생각했겠는가? 그들은 확실히 그 메시지나 메시지 전달자를 곱지 않은 시선으로 주시했다.

우리의 모든 자료에 따르면, 예수는 도래하는 파국에 대한 자신의 묵시론적 메시지를 설교하면서 예루살렘에서 과월절 축제 주간을 보냈다.(마르 13; 마태 24-25를 보라.) 그는 점점 더 많은 군중을 모았던 것으로 보인다. 사람들은 그의 말을 경청하였다. 어떤 사람들은 그의 메시지를 받아들였다. 이 운동은 성장하고 있었다. 그래서 지도자들은 행동하기로 결정했다.

이곳이 유다 이스가리옷이 들어오는 장소다. 복음서들에서 유다는 권력자들을 예수에게 안내하도록 고용된 인물로 나타나며, 그들은 주변에 군중이 없을 때 예수를 체포할 수 있었다. 나는 이 설명에 항상 의심을 품어왔다. 만일 권력자들이 예수를 조용히 체포하길 원했다면, 왜 그냥 그를 따라가지 않았는가? 그들에게 내부 사람이 왜 필요했나?

실제로 유다가 어떤 것을 배반했다고 생각하게 하는 이유들이 있다. 두 가지 사실을 염두에 두자. 첫째, 우리에게는 예수가 유대인들의 미래 왕이 자신이라고 공적 맥락에서 선포한 기록이 없다. 이것은 결코 그의 메시지가 아니다. 그의 메시지는 사람의 아들이 실현시킬 다가올 왕국에 대한 것이다. 둘째 사실은, 권력자들이 예수를 체포하고 본티오 빌라도에게 넘겨주었을 때의 일관된 보고는, 재판에서 예수가 받은 혐의가 유대인의 왕이라고 자처했다는 것이었다. 만일 예수가 공적인 자리에서 자신을 미래의 왕이라고 설교한 적이 없다면, 그러나 재판에서는 그런 혐의를 받았다면, 외부인들은 어떻게 그것을 알았을까?[11] 가장 간단한 해답은 유다의 배반 때문이라는 것이다.

유다는 예수가 자신의 미래 전망을 보여준 내부자 중 하나였다. 유다와 다른 열한 사람은 모두 미래 왕국의 통치자들이 될 것이다. 그리고 예수는 왕이 될 것이다. 우리는 그 이유를 결코 모르겠지만, 유다는 몇 가지 이유로 변절자가 되었고 그 운동과 자기 주인을 배신했다.[12] 그는 유대인 권력자들에게 예수가 비공식적으로 가르치던 것을 말했고, 그것이야말로 그들에게 필요한 전부였다. 그들은 예수를 체포했고 총독에게 넘겨주었다. 여기에 자신이 왕이 될 것이라 선언하는 누군가가 있다는 것이다.

본티오 빌라도는 어떤 인물이었나? 유다 총독으로서 그는 생사여탈권을 갖고 있었다. 로마제국에는 오늘날 여러 나라에 있는 연방 형법 같은 것이 없었다. 총독들을 임명해 각 지역을 통치하게 했는데, 그들에게는 두 가지 주요 임무가 있었다. 로마를 위한 세금 징수와 평화 유지였다. 총독들은 이 두 가지 목표를 이루기 위해 필요하다면 어떤 수단도 사용할 수 있었다. 예를 들면, 문제를 일으키는 사람은 누구든 무자비하고 신속하게 다루었다. 총독은 그에게 사형을 선고할 수 있었고, 선고는 즉시 집행되었다. 정당한 법 절차나 배심 재판이나 항소 따위는 없었다. 문제시되는 시간에 문제 있는 사람들은 신속하고 단호한 '정의', 흔히 폭력적 정의로 처리됐다.

자료에 따르면, 빌라도 앞에서 예수 재판은 간결하고 짧았다. 빌라도는 그가 유대인의 왕이라는 것이 사실이냐고 물었다. 이것은 실제 예수의 죄목일 가능성이 거의 확실하다. 여러 독립적인 증거들 안에서 다양하게 입증되는 죄목이다. 재판 자체와 십자가 위 팻말에 적힌 혐의로도 입증된다.(예컨대 마르 15,2,26.) 더욱이 이것은 그리스도인들이 예상 밖의 이유로, 예수를 위해 만들어낸 죄목이 아니다. 비록 그리스도인들은 예수를 메시아로 이해하게 되지만, 우리가 아는 한 그들은 결코 '유대인의 왕'이라는 호칭을 예수에게 적용한 적이 없었다. 만일 그리스도인들이 예수의 혐의를 빌라도 입에 올려 만들어냈다면, 그것은 "너는 메시아냐?"가 되었을 것이다. 그러나 복음서들에는 그렇게 나오지 않는다. 예수의 혐의는 분명히 자신을 '유대인의 왕'이라고 불렀다는 것이다.

예수가 진짜로 자신을 유대인의 왕이라고 생각했다는 증거는 바로 그것 때문에 그가 죽었다는 사실에 있다. 만일 빌라도가 예수에게 실제로 그렇게 불렀는지 물었다면, 예수는 명확하게 부정했어야 했고 문제를 일으킬 의도가 없었으며 왕이 되고자 하는 기대나 희망, 의지가 없음을 알려주었어야 했다. 그러면 일이 그렇게 진행되었을 것이다. 혐의는 예수가 유대인의 왕이라 자처했다는 것이고, 예수는 그 혐의를 솔직하게 받아들였거나, 혐의를 부인하지 않았다. 빌라도는 그 상황에서 총독들이 전형적으로 하는 일을 했다. 그는 문제를 일으키고 정치적 왕위를 요구한 예수에게 사형을 집행하라고 명령했다. 예수는 모반죄로 기소되었고, 반란을 일으킨 사람들은 십자가형에 처해졌다.

예수가 유대인의 왕이라 자처했음을 부인하지 못한 이유는 실제로 자신을 유대인의 왕이라 불렀기 때문이다. 물론 그는 순전히 묵시론적 의미에서 그렇게 부른 것이었다. 왕국이 도래할 때 왕이 될 것이다. 그러나 빌라도는 신학적 세부사항에 관심이 없었다. 오직 로마인만 왕을 임명할 수 있었고, 누구든 왕이 되려는 자는 국가에 반란을 일으켜야 했다.

그래서 빌라도는 즉시 예수를 십자가형에 처하라고 명령했다. 이 시점에서 온전히 믿을 수 있는 기록에 따르면, 군인들은 그를 거칠게 다루었고 조롱하였으며 채찍질한 다음 십자가형에 처하도록 끌고 갔다. 그날 아침 비슷한 두 사건이 결정된 것도 명백하다. 어쩌면 이틀이나 하루 뒤일 수도 있다. 이 사건에서 그들은 예수와 다른 두 사람을 공적인 처형지로 끌고 가서 모두 십자가에 못 박았다. 가장 초기 기록에 따르면, 예수는 6시간 만에 죽었다.

예수는 정말 하느님이라고 주장했는가?

한마디로 이것은 역사상 예수와 그의 자기이해에 대하여 우리가 말할 수 있는 것이라고 생각한다. 예수는 자신이 사악한 시대의 종말을 예고한 예언자이자 다가올 미래의 이스라엘 왕이라고 여겼다. 그러나 그는 자신을 하느님이라고 불렀던가?

예수가 마지막 경전 복음서인 요한복음에서 자신을 신성하다고 주장한 것은 사실이다. 우리는 7장에서 관련 구절을 자세히 살펴볼 것이다. 그러나 지금은 요한복음에서 예수가 자신에 대해서 정말로 놀라운 주장을 했다는 사실에 주목하는 것만으로 충분하다. 예수는 자기보다 1,800년 이전에 살았던 유대인들의 조상 아브라함에 대해 언급하면서 반대자들에게 이렇게 말한다. "진실히 진실히 당신들에게 이릅니다. 아브라함이 나기 전부터 나는 있습니다."(요한 8,58.) 이 특별한 구절 '전부터 있는 나는'은 히브리성서를 잘 아는 사람이라면 누구에게나 친숙하게 들린다. 2장에서 고찰한 출애굽기의 불타는 떨기 이야기에서 모세가 하느님에게 이름을 묻자 하느님은 자신의 이름을 "나는 있는 나"라고 하였다. 예수는 아브라함 이전에 존재했다는 것만이 아니라, 하느님의 이름을 받았다고 주장하는 것으로 나타난다. 유대교 적대자들은 그가 하는 말의 의미를 정확히 알고 있다. 그들은 즉시 돌을 들어 예수에게 던지려 하였다.

요한복음 후반으로 가면서 예수의 진술은 더욱 분명해진다. "아버지와 나는 하나다."(요한 10,30.) 여기서도 유대인들은 돌을 집어 예수에게 던지려고 하였다. 그리고 최후 만찬에서 제자들에게 말할 때, 필립보가 아버지를 뵙게 해달라고 청하자 예수는 "나를 본 사람은 이미 아버지를 보았습니다"(14,9)라고 말한다. 그다음 똑같은 만찬에서도 예수는 하느님에게 기도하고 하느님이 어떻게 세상에 자신을 보냈는지 말하며, "아버지께서 세상 창조 이전부터 저를 사랑하셨기에 제게 주신 저의 영광을 그들이 보게 하여 주소서"(17,24)라고 청한다.

여기서 예수는 자기가 하느님 아버지라고 주장하지 않는다. 그가 기도할 때는 자신에게 말하는 것이 아니기 때문이다. 그래서 그는 자신이 하느님과 동일하다고 말하지 않는다. 그러나 자기는 하느님과 동등하며 그러한 방식으로 세상 창조 전부터 존재했다고 말한다. 이는 놀랍도록 격상된 주장이다.

그러나 역사적 전망에서 보자면 이 주장은 결코 역사상 예수에게까지 소급될 수 없다. 우리의 어떤 기준도 통과하지 못하고, 다양한 자료에서도 입증되지 못한다. 이 내용은 가장 후대에 쓰이고 가장 신학적으로 정향된 요한복음서에만 나온다. 요한복음서 저자의 예수관을 표현했기 때문에 비유사성의 기준도 통과하지 못한다. 게다가 맥락상으로도 전혀 신뢰할 수 없다. 우리에게는 어느 팔레스타나 유대인이 자신에 대해 위와 같은 말을 했다는 어떤 기록도 없다. 요한복음 안에 있는 이 신성한 자기주장은 독특한 요한 신학의 일부다. 예수가 실제로 말한 역사적 기록의 일부가 아니다.

다른 견지에서 보자. 앞서 지적했듯이 역사상 예수에 대한 초기 자료들은 다양하다. 바울로 서간의 일부 견해, 마르코복음, Q, M, L과 완결된 마태오복음이나 루가복음 등이다. 이들 중 어떤 것에서도 요한복음에 나오는 격상된 주장을 발견할 수 없다. 만일 예수가 자신이 하느님이 보낸 신성한 존재라고 선포하면서, 곧 세상 창조 이전에 존재했고 하느님과 동등하다고 선포하면서 갈릴래아 주변을 돌아다녔다면, 그가 했음직한 말 중에서 이것처럼 숨 막히도록 놀랍고 중요한 것이 또 뭐가 있겠는가? 그런데 초기 자료들 중 어떤 것도 예수에 대하여 이러한 말을 하지 않는다. 초기 자료들은 예수에 대하여 가장 중요한 것을 언급하지 않기로 모두 함께 결정이라도 했단 말인가?

요한복음에 있는 신성한 자기주장은 거의 확실히 역사적 사실이 아니다. 그러나 예수가 다른 의미에서 자신을 신성시했다는 것은 혹시 가능하지 않을까? 나는 예수가 자신을 사람의 아들로 여기지 않았고, 세상의 심판관이 될 하늘의 천사적 존재로도 여기지 않았음을 이미 주장한 바 있다. 그러나 예수는 자신이 왕국의 미래 왕인 메시아라고 생각했다. 우리는 앞에서 성서의 일부 단락이 왕을 단순히 필멸할 존재가 아니라 신성한 존재로 묘사했음을 보았다. 그렇다면 예수는 이러한 의미에서 자신을 신성하다고 이해했다고 볼 수 있지 않을까?

물론 그럴 수 있다. 그러나 나는 다음 이유로 그럴 가능성이 매우 적다고 생각한다. 우리는 히브리성서와 전체 유대교 전승에서, 왕이나 모세나 에녹 같은 인물을 신성한 존재로 여겼음을 알고 있다. 그러나 이것은 항상 누군가가 그들에 대하여 말한 것이다. 결코 인물 스스로 그렇게 말했다고 기록된 적은 없다. 이는 예컨대 이집트의 상황이나 알렉산더 대왕의 경우나 로마 황제들의 상황과 비교할 때 무척 다르다. 이집트에서 파라오들은 직접적으로 신성한 혈통을 주장했고, 알렉산더 대왕은 종교적 숭배를 받았으며, 일부 로마 황제들은 자신이 신이라고 적극 선전했다. 하지만 유대교 안에서는 이러한 일이 결코 일어나지 않았다. 왕이 신성할 수 있다는 인식은, 후대 추종자들이 그의 고귀함과 탁월함을 생각하기 시작하면서 후대에 생길 수 있다. 그러나 유대인 왕이 살아 있을 때 자신을 신성하다고 선언한 예를 우리는 알지 못한다.

예수는 예외일 수 있을까? 물론 그렇다. 모든 것에는 항상 예외가 있다. 그러나 이 경우에 예수가 예외라는 주장을 펼치려면 많은 증거가 필요하건만, 그런 증거는 없다. 예수가 신성하다는 주장에 대한 증거는 오직 신약성서의 마지막 복음서 말고는 없다.

어떤 사람은 명시적이고 신성한 자기주장을 제외하더라도, 예수가 자신을 신성하게 보았다고 감지되는 다른 이유들이 있다고 주장할 수 있다. 예를 들면, 그는 오직 신적 인물만 할 수 있는 놀라운 기적들을 일으키고, 사람들의 죄를 용서하며(이것은 확실히 하느님의 특권이다), 사람들은 그 앞에 절하며 경배를 드린다.(이것도 확실히 그가 신적 영예를 받았음을 가리킨다.)

이와 관련해서 두 가지 강조할 것이 있다. 첫째, 이 모든 것은 신적 권능만이 아니라 인간적 권위와도 부합한다. 히브리성서에서 예언자 엘리야와 엘리사는 하느님의 능력을 통하여 병자를 치유하고 죽은 이를 살리는 일을 포함해 놀라운 기적을 행한다. 신약성서에서 사도 베드로와 바울로도 같은 일을 한다. 그러나 그 어떤 일도 그들을 신성하게 만들지 않는다. 예수가 죄를 용서할 때, 그는 마치 하느님이 말하듯이 "내가 너를 용서해준다"고 말한 적이 없으며, 하느님이 죄를 용서해주었다는 의미로 "너의 죄는 용서받았다"고 말한다. 죄의 용서를 선포하는 이 특권은, 성전에서 드린 제사에 경의를 표하는 유대교 사제들이 갖고 있었다. 예수가 사제적 특권을 주장했을 수는 있으나, 신적 특권을 주장한 것은 아니다. 그리고 왕들은 마치 하느님이 그랬던 것처럼, 성서에서조차(마태 18,26) 숭상 받고 절을 받으며 경배 받았다. 예수는 미래 왕으로서 경배 받은 것일 수 있다. 이들 중 어떤 것도 자체로 예수가 신성하다고 명확하게 표현하지는 않는다.

그러나 더욱 중요한 사항은, 이 행위들이 역사상 예수에게까지 소급

될 수조차 없을 수 있다는 것이다. 후대 이야기꾼들이 예수의 고귀함과 탁월함을 강조하기 위해 예수에게 부여한 전승일 수 있다. 3장의 주요 논점 중 하나를 상기해보자. 복음서들 안에 있는 여러 전승은 예수의 역사적 삶에서 유래한 것이 아니라, 예수의 탁월성을 사람들에게 확신시킴으로써 그들을 개종시키려고 시도하고, 개종한 사람들을 교육시키려던 이야기꾼들의 윤색을 담고 있다. 예수의 탁월함에 대한 이 전승들은 비유사성의 기준을 통과할 수 없으며, 예수 부활 후 어떤 의미에서건 그를 신으로 이해한 사람들이 전한 예수 이야기들을 후대에 신앙적으로 확장시킨 것일 수 있다.

우리가 예수에 대하여 비교적 확실히 알 수 있는 것은 예수의 공생활과 선포가 그의 신성에 초점을 두지 않았고, 그의 신성에 대한 것이 전혀 아니었다는 점이다. 예수의 직무와 선포는 하느님에 대한 것이었고, 하느님이 실현할 왕국에 대한 것이었다. 그리고 곧 세상을 심판할 사람의 아들에 대한 것이었다. 이러한 일이 일어날 때 악한 이들은 멸망할 것이고 의인들은 고통과 불행이 없는 왕국으로 들어갈 것이다. 예수의 열두 제자는 미래 왕국의 통치자들이 될 것이고 예수는 그들을 다스릴 것이다. 예수는 자신이 하느님이 될 것이라고 선언하지 않았다. 그는 도래할 하느님 나라의 미래 왕, 아직 드러나지 않은 하느님의 메시아가 될 것이라 믿었고 그렇게 가르쳤다. 이것이 그가 제자들에게 전달한 메시지였으며, 결국 이 메시지로 그는 십자가형에 처해졌다. 제자들이 어떤 의미에서 예수가 하느님임에 틀림없다고 생각하기 시작한 것은, 십자가형을 받은 스승이 죽음에서 일으켜졌다고 믿게 된 이후의 일이다.

4장
예수의 부활, 우리가 알 수 없는 것

나는 전국을 다니면서 대학뿐만 아니라 시민사회 단체나 신학교와 교회에서 강의를 많이 한다. 보수적인 복음주의 학교나 교회에 초대받는 경우는 대부분 공개 토론회가 열리는 자리다. 이런 토론회에서는 "역사가들은 예수가 죽음에서 일으켜졌다는 것을 증명할 수 있는가?"라든가 "우리는 신약성서 원문을 갖고 있는가?" 또는 "성서는 고통이 왜 있는지 적절하게 설명하는가?" 같은 서로 관심 있는 주제에 대해 보수적인 복음주의 학자와 토론해달라는 부탁을 받는다. 명확한 이유가 있긴 하지만, 이러한 부류의 청중은 내 말보다는 자기네 신학적 입장을 대변하는 학자가 어떻게 응답하며 어떻게 나의 관점을 논박하는지에 더 관심이 많다. 나는 이 상황을 이해하며, 사실 이러한 현장을 즐긴다. 토론은 활기찬 경향이 있으며, 청중은 비록 나를 부정적인 면을 옹호하는 위험한 대변인으로 여기지만, 대부분 수용적이며 호의적이다.

더 자유주의적인 교회와 세속적 상황에서는 대체로 무척 자유롭다.

청중은 초기 그리스도교 역사나 역사적 관점에서 본 신약성서에 대한 학자들의 강연을 열심히 경청하기에 더욱 잘 받아들인다. 이 상황에서 나는 역사적 예수에 대해 말하면서 종종 앞장들의 내용을 요약해서 설명한다. 곧 하느님이 악의 세력을 물리치고 지상에 선한 나라를 세우기 위해서 인간사에 개입할 것이라고 예고한 묵시론적 예언자로 예수를 볼 때 그를 가장 잘 이해할 수 있다는 내용이다. 앞에서 보았듯이 이 관점은 예수뿐만 아니라 당시 묵시론적 생각을 가졌던 다른 유대인들의 가르침에서도 발견된다.

이와 비슷한 강의를 할 때 청중은 늘 일관적인 두 가지 질문을 한다. 첫 번째 질문은 "만일 이 관점이 학자들 사이에 널리 수용된다면, 왜 나는 한 번도 들어본 적이 없나?"다. 이 질문에 대한 답은 쉽지만 곤란한 문제를 일으킨다. 대개 나의 예수관은 물론 여기저기 약간 변화가 있긴 하지만, 주요 교파(장로교, 루터교, 감리교, 성공회 등) 신학교에서 성직 후보자들에게 가르치는 것과 비슷하다. 그런데 왜 교회에 다니는 일반 신자들은 위의 관점에 대해 전혀 들어본 적이 없을까? 그리고 왜 목회자들은 그것을 신자들에게 말하지 않을까? 확실히는 모르겠지만 과거 신학생들과 대화하면서 느낀 것은, 많은 목회자가 파문을 일으키길 원치 않는다는 것이다. 또는 목회자들은 학자들 입장을 신자들이 들을 "준비"가 되어 있다고 보지 않는다. 이도 아니면, 목회자들은 신자들이 그것을 듣기 원한다고 생각하지 않는다. 그래서 목회자들은 신자들에게 말하지 않는다.

두 번째 질문은 조금 더 지적이며 도전적이다. "만일 예수 시대의 다른 유대인들이 이러한 묵시론적 관점을 가르쳤다면 …… 왜 예수인가?

다른 묵시론 교사들은 역사에서 잊히는 데도 예수가 세계에서 가장 큰 종교인 그리스도교를 시작한 이유는 무엇인가? 왜 다른 사람들은 실패했는데 예수는 성공했나?'

이것은 훌륭한 질문이다. 때로 이 질문을 하는 사람은 분명한 답이 있다고 생각한다. 곧 예수는 유일하며, 이러한 메시지를 선포한 다른 사람들과는 완전히 다르기 때문이라는 것이다. 그는 하느님이었고 다른 이들은 인간이었다. 그래서 예수는 새로운 종교를 창시했고 그들은 그러지 못했다. 이러한 의식구조에서 그리스도교의 엄청난 성공을 설명할 수 있는 유일한 길은, 이 모든 일 배후에 실제로 하느님이 있었다고 믿는 것이다.

이 대답이 지닌 문제는 세계의 다른 모든 대종교들을 모른 체한다는 것이다. 우리는 모든 위대하고 성공적인 종교들이 하느님으로부터 오며, 그 종교들의 창시자들은 '하느님'이었다고 말하고 싶은 것인가? 모세는 하느님이었나? 무함마드는? 부처는? 공자는? 더욱이 고대 로마세계 도처에서 그리스도교가 급속하게 퍼진 것은 반드시 하느님이 그리스도교 편에 있었음을 의미하지는 않는다. 그렇게 말하는 사람들은 세계의 다른 종교들에 대해 다시 생각해봐야 한다. 한 가지 예를 든다면, 사회학자 로드니 스타크Rodney Stark는 그리스도교가 첫 300년 동안 10년마다 40퍼센트 비율로 성장했음을 보여주었다. 그리스도교는 1세기에 비교적 작은 집단으로 출발했지만 10년마다 40퍼센트씩 증가해서 4세기 초에 이르러서 신자가 300만 명 정도가 되었다. 스타크는 그리스도교의 성장비율이 19세기에 시작한 모르몬교의 성장비율과 똑같은 것을 보고 무척 놀랐다. 그래서 그리스도교 배후에 하느님이 있었음에 틀림없고,

그렇지 않았을 경우 그토록 빨리 성장하지 못했을 거라고 여기는 주류 그리스도인들은 과연 (그들이 옹호하지 않는) 모르몬 교회에 대해서도 기꺼이 똑같다고 말하는가?

결국 우리의 질문은 그대로다. 무엇이 예수를 그토록 특별하게 만들었나? 앞으로 보겠지만, 예수를 특별하게 만든 것은 사실 예수의 메시지가 아니었다. 그의 메시지는 그다지 크게 성공하지 못했다. 오히려 그것은 그를 십자가형에 처하게 하는 데 영향을 끼쳤다. 십자가형은 확실히 화려한 성공의 표지가 아니다. 비슷한 메시지를 가르친 다른 모든 이와 달리 예수를 특별하게 만든 것은 그가 죽음에서 일으켜졌다는 주장이다. 예수 부활에 대한 믿음은 모든 것을 분명하게 바꾸어놓았다. 예수 시대의 다른 묵시론적 설교가들 중 어느 누구도 죽음에서 일으켜졌다는 인물은 없다. 오직 예수에게만 붙여진 이 말이 그를 매우 특별하게 만들었다. 부활에 대한 믿음이 없었다면 예수는 유대교 역사 기록의 각주에 불과했을 것이다. 우리는 부활신앙과 더불어 예수를 초인적 수준으로 승격시키는 운동의 출발점에 서게 된다. 예수 추종자들이 예수가 하느님이었다고 주장하도록 이끈 것은 바로 부활신앙이다.

내가 앞의 문장들을 쓰면서 아주 조심스럽게 단어를 사용했음을 알아챌 것이다. 나는 예수를 하느님으로 만든 것이 부활이라고 말하지 않았다. 나는 예수 추종자들이 예수가 하느님이었다고 주장하도록 이끈 것이 부활신앙이었다고 말했다. 왜냐하면 역사가인 나는, 예수가 실제로 죽음에서 일으켜졌음을 역사적으로 보여줄 수 있다고 생각하지 않기 때문이다. 분명히 해두자면, 나는 그 반대를 말하는 것도 아니다. 다시 말해 역사가들은 예수가 죽음에서 일으켜지지 않았음을 증명하기 위해서 역사학을 사용할 수 있다고 말하는 것이 아니다. 나는 부활 같은 기적들을 마주할 때 정확히 무슨 일이 일어났는지 입증하는 데 역사학은 도움이 되지 않는다고 주장하고 있다.

종교적 신앙과 역사적 지식은 '앎'에 대한 두 갈래 다른 길이다. 무디성서학교에 있었을 때 우리는 헨델이 욥기에서 취해 메시아에 사용한 구절을 온 마음으로 긍정했다. "나는 알고 있다네, 나의 구원자께서 살아 계심을." 그러나 우리는 구원자가 살아 있다는 것을 역사적 연구가 아니라 신앙을 통해서 '알고 있었다.' 예수가 부활로 말미암아 오늘날에도 여전히 살아 있든 아니든 간에, 실제로 과거에 일어난 이 모든 위대한 기적들은 역사적 연구를 통해서 알려질 수 없고, 오직 신앙의 기반 위에서만 '알려진다.' 이것은 역사가들이 '회의적 전제들'이나 '종교에 적대적인 세속적 가정들'을 채택하기 때문이 아니다. 앞으로 설명하겠지만, 역사가 자신이 신앙인이든 비신앙인이든 관계없이, 역사적 연구 자체의 특성이 이러한 결과를 낳는다.

이와 동시에 역사가들은 기적적이지 않은 사건들이나 신앙과 무관하게 알 수 있는 사건들에 대해서 말할 수 있으며, 예수의 일부 추종자들(대다수 추종자들? 모든 추종자들?)이 예수가 죽음에서 육체적으로 부활했다고 믿었다는 사실에 대해서도 말할 수 있다. 이러한 믿음은 역사적 사실이다. 그러나 예수의 죽음을 설명하는 다른 양상들은 역사적으로 접근했을 때 문제가 많다. 4장과 5장에서는 역사적으로 우리가 알 수 있는 사실들과 우리가 알 수 없는 주장들에 대해 논의할 것이다. 먼저 초기 그리스도교의 부활신앙과 관련해, 우리가 전혀 말할 수 없는 것이나 비교적 확실히 말할 수 없는 것부터 논의하겠다.

왜 역사가들은 부활에 대한 토론을 어렵게 받아들이는가?

나는 역사가들이 과거를 조사하기 위해서 반드시 현존 자료에 엄격히 의지한다는 점을 강조했다. 예수 부활을 둘러싼 사건들을 묘사한 자료들이 있는데, 그리스도인들의 초기 믿음의 발생을 탐사하기 위해 밟아야 할 첫 단계는 이 자료들을 검토하는 일이다. 신약성서 복음서들에 있는 예수의 빈 무덤 사화와 십자가 처형 후 제자들에게 살아 있는 생명의 주님으로 나타난 예수 발현 사화들이 가장 중요하다. 그리고 예수가 실제로 죽음에서 육체적으로 부활했다고 열렬히 믿은 바울로의 저작들도 무척 중요하다.

복음서의 부활 사화

실제로 무슨 일이 벌어졌는지 알고자 하는 역사가들에게 복음서들이 어떠한 문제점이 있는지에 대해서는 이미 살펴보았다. 특히 예수 부활에 대한 복음서의 설명을 접할 때 더욱 그러하다. 과거 사건을 조사할 때 역사가들은 이러한 종류의 자료들을 기대하는가? 사건이 벌어진 것을 보지 못한 사람들, 세계 여러 지역에서 다른 시기에 다른 언어로 말하는 사람들이 사건이 벌어진 후 40년에서 65년 사이에 썼다는 사실과 별개로, 복음서들은 일치하지 않는 자료들로 채워져 있으며, 이 중 일부는 양립될 수 없다. 사실 복음서들은 부활 사화의 거의 모든 세부항목에서 불일치한다.

부활 사화는 마태오복음서 28장, 마르코복음서 16장, 루가복음서 24장, 요한복음서 20-21장에 나온다. 이 부분을 읽고 기초적인 질문을 던져보라. 무덤에 간 첫 인물은 누구였나? 마리아 막달레나 혼자였나?(요한복음.) 아니면, 마리아와 다른 마리아가 함께 갔었나?(마태오복음.) 마리아가 다른 마리아와 실로메와 갔었나?(마르코복음.) 아니면, 마리아와 마리아를 비롯해 요안나와 다른 여인들이었나?(루가복음.) 그들이 무덤에 도착했을 때 돌이 이미 치워져 있었나?(마르코, 루가, 요한.) 아니면 분명하지 않나?(마태오.) 그들은 그곳에서 누구를 보았나? 천사인가(마태오), 한 남자인가(마르코), 아니면 두 남자인가?(루가.) 그들은 곧바로 제자들에게 가서 자신이 본 것을 말했나?(요한.) 아니면 그러지 않았나?(마태오, 마르코, 루가.) 무덤에 있던 사람(들)은 여인들에게 무엇을 하라고 말했나? 제자들에게 가서 예수가 그들을 갈릴래아에서 만날 것이라고 말하라고 했나?(마태오, 마르코.) 아니면 예수가 갈릴래아에 있었을 때 그들에게 했던 말을 기억하라고 했나?(루가.) 여인들은 제자들에게 말하라고 들은 것을 말하기 위해 제자들에게 갔나?(마태오, 루가.) 아니면 그렇지 않나?(마르코.) 제자들은 예수를 보았나?(마태오, 루가, 요한.) 아니면 보지 못했나?(마르코.)[1] 제자들은 어디에서 예수를 보았나? 갈릴래아에서만 보았나?(마태오.) 예루살렘에서만 보았나?(루가.)

다른 불일치도 있지만 논지를 이해하는 데는 이것으로도 충분하다. 이 차이점들 중 일부는, 본문을 읽을 때 많은 해석적 훈련을 하지 않는 한 양립될 수 없음을 강조해야겠다. 예를 들어, 여인들이 무덤에서 만난 사람들이 다르다는 사실을 어떻게 보는가? 여인들이 마르코에서는 한 남자를 만나고, 루가에서는 두 남자를 만나며, 마태오에서는 한 천사를 만난다. 본문이 진짜로 일치하지 않는다는 것을 받아들이지 못하는 독자들은, 여인들이 실제로는 무덤에서 두 천사들을 만났다고 함으로써 이 불일치를 조정하기도 한다. 마태오는 그중 한 천사만 언급하지만 다른 천사가 있다는 것을 결코 부인하지 않았고, 더욱이 천사들은 인간 모습이었기에 루가는 그들을 두 남자라고 주장하며, 마르코는 천사들을 남자들로 오해하지만 둘이 아니라 하나만 언급하면서도 둘이 있었음을 부인하지 않는다. 이렇게 보면 문제는 쉽게 풀린다! 그러나 이러한 해결 방식은 아주 미심쩍다. 이 해결책은 어느 복음서도 실제 일어난 일을 서술하고 있지 않다고 말하기 때문이다. 두 천사를 언급하는 복음서는 없다! 이러한 본문 해석 방식은 네 복음서의 조화를 위해 이와 다른 새 본문을 상상함으로써 이루어진다. 누구든 원한다면 자신의 복음서를 아주 자유롭게 고안할 수 있지만, 이 방식이 이미 있는 복음서들을 해석하는 최선의 길은 아닐 것이다.

더 눈에 띄는 방식을 살펴보자. 마태오는 제자들이 갈릴래아로 가면 그곳에서 예수를 만나게 될 것이라고 분명히 말한다.(마태 28,7.) 그리고 그들은 그렇게 하며(28,16) 제자들을 만난 예수는 그들에게 마지막 사명을 준다.(28,17-20.) 이것은 아주 명확하며 루가복음에 나온 이야기와 전혀 조화를 이루지 않는다. 루가에서 제자들은 갈릴래아로 가라는 말을 듣지 않는다. 빈 무덤의 여인들은, 예수가 전에 갈릴래아에 있었을 때 다시 살아날 거라고 말했다는 것을 두 남자에게 전해 듣고 기억해낸다. 제자들은 갈릴래아로 가라는 말을 듣지 않았기에 그곳으로 가지 않는다. 제자들은 유다 땅 예루살렘에 머문다. 그리고 예수가 그들을 만난 것은 "바로 그날"이었다.(루가 24,13.) 예수는 제자들과 이야기를 나누며 그들이 성령의 능력을 받을 때까지 예루살렘을 떠나지 말라고 강한 어조로 가르친다. 사도행전 1-2장에 따르면, 제자들이 성령을 받는 것은 이로부터 40일 이상 지나서다. 곧 그들은 갈릴래아로 가지 않았다.(루가 24,49.) 예수는 예루살렘 바로 외곽 베타니아 근처로 그들을 데리고 나가서 강복한 후 그들을 떠났다.(24,50-51.) 제자들은 예수의 명령대로 성전에서 하느님을 찬미하며 예루살렘에 머물렀다.(24,53.) 똑같은 저자가 쓴 사도행전은 그들이 성령강림까지 한 달 이상 예루살렘에 머물렀다고 전한다.(사도 1-2.)

여기에는 확실히 불일치가 있다. 한 복음서에서는 제자들이 즉시 갈릴래아로 갔다고 나오지만, 다른 복음서에서는 가지 않았다고 나온다. 로마가톨릭 사제이면서 신약성서 학자인 레이몬드 브라운Ramond Brown은 이렇게 강조한다. "따라서 우리는 예수가 처음에는 예루살렘에서 그러고는 갈릴래아에서 열두 사도에게 몇 차례 나타난다는 것을 재조정함으로써 복음서들을 일치시킬 수 있다는 명제를 거부해야 한다. …… 복음서들의 상이한 설명은, 예수의 발현 장소가 예루살렘이든 갈릴래아이든 간에, 그 본질에 관한 한 열두 사도에게 나타났다는 똑같은 기본적인 발현을 이야기하는 것이다."[2]

뒤에서 우리는 이 불일치가 사건의 실제 과정을 재구성하는 데 왜 문제가 되는지 더 깊게 다룰 것이다. 지금 당장은 가장 초기 복음서들이 예수가 체포되었을 때 그의 제자들이 도망갔다고 기록했다는 것으로 충분하다.(마르 14; 마태 24,46.) 그리고 가장 초기 설명들은 제자들이 십자가 처형 후 살아 있는 예수의 환시를 본 곳이 갈릴래아임을 암시한다.(마르 14,28; 마태 24.) 가장 설득력 있는 설명은, 제자들이 붙잡힐까봐 두려워 달아났을 때 예루살렘을 떠나 고향 갈릴래아로 갔다는 것이다. 그리고 그들이, 적어도 그들 중 한 사람이나 그 이상이, 살아 있는 예수를 다시 보았다고 주장한 곳은 바로 그곳이었다.

어떤 사람들은 만일 예수가 정말로 죽음에서 일으켜졌다면 그것은 너무도 놀라운 사건이어서, 틀림없이 흥분했을 목격증인들이 꽤 혼란스럽게 묘사했을 것이라고 주장한다. 그러나 지금까지 했던 논의에서 나의 관점은 오히려 단순하다. 첫째, 우리는 목격증인들을 대하고 있지 않다. 우리는 수십 년 후 다른 지역에서 다른 언어로 말한 저자들을 마주하고 있으며, 그들이 만들어낸 이야기들은 그 기간에 구전으로 회람되던 이야기에 기초한 것이다. 둘째, 이 이야기들은 단지 세부항목 몇 개에서만 불일치를 보이는 것이 아니라, 중요한 부분에서도 불일치하는 것을 분명하게 보여준다. 이 이야기들은 역사가들이 과거에 실제로 무슨 일이 벌어졌는지 결정하려 할 때 토대로 삼을 만한 자료들이 아니다. 그렇다면 바울로의 증언은 어떤가?

사도 바울로의 저작들

학자들이 바울로의 친서라고 동의하는 7편의 서한에서 바울로는 끊임없이 예수 부활에 대해 말한다.[3] 부활의 장이라고 부르는 고린토전서 15장보다 더 선명하고 분명하게 바울로의 관점을 보여주는 구절은 없다. 때로 사람들이 오해하는 것처럼 여기에서 바울로는 예수가 죽음에서 일으켜졌다는 것을 '증명'하는 데에는 관심이 없다. 대신 바울로는 그의 독자들과 더불어 예수가 정말로 일으켜졌다는 것을 당연시한다. 그리고 바울로는 자신의 더 중요한 관점을 제시하기 위해 예수 부활을 이용한다. 곧 예수는 죽음에서 육체적으로 부활했으므로, 그의 추종자들은 아직 미래의 부활을 경험하지 않았음이 확실하다는 것이다. 바울로에게 부활은 그에게 반대한 일부 그리스도인들이 생각했듯이 몸과 무관한 영적인 사안이 아니었다. 예수가 하늘로부터 개선하는 마지막 날, 불멸 상태로 일으켜질 것은 바로 몸이기 때문이다. 그래서 고린토의 그리스도인들은 부활한 삶의 영광을 지금 여기서 체험하지 못하고 있다. 그들의 몸이 일으켜질 때는 아직 오지 않았다.

바울로는 예수 부활과 신앙인들의 미래 부활에 대해 말하면서 이미 그의 독자들이 알았던 일반적인 그리스도인들의 고백 또는 신앙 진술을 인용한다.

실상 나도 전해 받았고 또 여러분에게 제일 먼저 전해준 것은 이것입니다. 곧, 그리스도께서는 성경말씀대로 우리 죄를 위해서 죽으시고 묻히셨으며, 또 성경말씀대로 사흘 만에 일으켜지시고, 게파에게, 다음에는 열두 제자에게 나타나셨습니다. 이어서 그분은 한번에 오백 명이 넘는 형제들 앞에 나타나셨습니다. 그중의 대부분은 아직도 살아남아 있지만 몇몇은 잠들었습니다. 이어서 그분은 야고보에게, 그다음에는 사도들에게 나타나셨으며 맨 마지막으로는 배냇병신 같은 나에게도 나타나셨습니다.(1고린 15,3-8.)

바울로의 편지들은 고대부터 우리에게 전해오는 첫 그리스도교 저작이다. 그의 편지들은 대부분 첫 복음서인 마르코보다 10년에서 15년 일찍, 서기 50년대에 쓰였다. 고린토전서가 정확히 언제 쓰였는지는 알기 어렵다. 바울로가 편지를 쓰던 시기 중간쯤으로 본다면, 예수 사후 25년쯤 지난 서기 55년경이 된다.

놀라운 일은, 바울로가 고린토의 그리스도인들에게, 어쩌면 그들을 개종시켰을 때 위의 신앙적 진술과 같은 것을 이미 가르쳤음을 암시한다는 것이다. 그래서 이 신앙적 진술이 나온 시기는 4~5년 더 이른 때인 공동체 설립 당시까지 거슬러 올라가야 할 것이다. 게다가 바울로는 자신이 이 신앙적 진술을 만들지 않고 다른 이들에게 "전해 받았다"고 한다. 바울로는 고린토전서 다른 곳에서도 이러한 방식의 언어를 사용한다.(11,22-25.) 신약성서 전문가들은 그리스도교 교사들이(어쩌면 사도들이) 이미 그리스도교회에 널리 퍼져 있던 전승을 바울로에게 전달해준 것이 이 신앙적 진술임을 폭넓게 인정한다. 달리 말하면, 신약성서 학자들이 "바울로 이전 전승"이라고 표현하는 것이다. 이 전승은 바울로가 쓰기 전, 심지어 그가 고린토 사람들에게 전달해주기 전에 회람되던 전승이다. 그러니까 바울로가 처음 고린토인들을 설득하여 그들이 예수 추종자가 된 시기 이전의 전승이라는 말이다. 그래서 이것은 예수에 관한 아주 오래된 전승이다. 이 전승은 바울로가 예수 운동에 합류한 서기 33년 이전으로 거슬러 올라갈 수 있을까?[4] 만약 그렇다면 정말 아주 오래된 전승일 것이다.

위 구절 자체와 일부분에 바울로 이전 전승임을 알려주는 증거가 있다. 어느 부분이 원래 양식이었는지도 분별할 수 있다. 6장에서 더 자세히 보겠지만, 바울로의 편지들이나 사도행전에는 구전전승의 흔적들이 있다. 그것들은 신앙적 진술이나 시 찬가 등을 인용한 부분으로, 현존하는 본문에 인용되기 전에 회람되던 "문자 이전의" 전승이다. 학자들은 이 문자 이전 전승을 간파하기 위하여 몇 가지 방법을 고안해냈다. 우선 한 가지는, 문자 이전 전승은 구성이 단단한 경향이 있으며, 문제의 저자가(이 경우 바울로가) 별도로 출처를 밝히지 않은 단어들을 담은 간결한 진술과 더불어 저자에게 낯선 문법양식을 사용한다. 우리는 위 구절에서 이것들을 볼 수 있다. 예를 들어, "성경 말씀대로"는 바울로 저작 어디에도 없는 표현이다. "(그리스도께서는) 나타나셨습니다"라는 동사와 "열두 제자"에 대한 언급도 마찬가지다.

이 구절은 바울로 이전의 고백이나 신경을 담고 있음이 거의 확실하다. 그러나 고린토전서 15장 3-8절 전부가 신경의 일부인가? 6절 후반부 "대부분 아직도 살아남아 있습니다"와 8절 "맨 마지막으로는 배냇병신 같은 나에게도 나타나셨습니다"는 전승에 대한 바울로의 견해이기에 신경의 원래 부분이라 볼 수 없다. 실제로 3-5절까지만 원래 신경으로 보게 만드는 이유가 있다. 바울로는 자기가 알고 있던 것을 기초로 3-5절 다음에 자기 견해를 덧붙였다. 이 세 절만 바울로 이전의 원래 신경으로 제한하는 이유 중 하나는, 이 부분이 아주 단단한 형식을 갖추고 훌륭하게 조직된 신경 진술이라는 점 때문이다. 이 구절의 주요 두 부분은 네 진술로 이루어져 있고 각 진술은 서로 병행을 이룬다. 달리 말하면, 첫째 부분의 첫 진술은 둘째 부분의 첫 진술과 대응하며, 나머지 진술들도 그렇게 대응한다. 그렇다면 원래 형태의 신경은 이러했을 것이다.

1a 그리스도께서 돌아가셨습니다.

2a 우리 죄 때문에

3a 성경 말씀대로

4a 그리고 그분은 묻히셨습니다.

1b 그리스도께서 일으켜지셨습니다.

  2b 사흗날에

    3b 성경 말씀대로

      4b 그리고 그분은 게파에게 나타나셨습니다.

첫째 부분은 모두 예수의 죽음에 대한 것이고 둘째 부분은 부활에 관한 것이다. 병행 진술을 분석해보면, 처음에는 '사실'에 대한 진술이다.(1a: 그리스도께서 돌아가셨습니다. 1b: 그리스도께서 되살아나셨습니다.) 그다음에는 사실에 대한 신학적 해석이 온다.(2a: 그분은 우리 죄 때문에 돌아가셨습니다. 2b: 그분은 사흗날에 되살아나셨습니다.) 이어서 각 부분에 "성경 말씀대로"라는 진술이 따라온다.(3a와 3b는 그리스어로도 동일하다.) 마지막으로, 주장을 뒷받침하기 위해 물리적 증거를 가지고 입증한다.(4a: 그리고 그분은 묻히셨습니다.—그분이 실제로 죽었다는 것을 보여준다. 4b: 그리고 그분은 게파에게 나타나셨습니다.—그분이 실제로 부활하셨다는 것을 보여준다.)

그래서 바울로가 고린토전서 15장에서 인용하는 이 부분은 아주 오래된 바울로 이전 전승이다. 바울로는 끝 부분에 예수 사후 2~3년쯤 후 예수가 살아 있음을 목격한 (자기도 포함된) '증인들'을 첨가하여 전승을 확장시키고 있다. 어떤 학자들은 이 간결한 신앙적 진술이 원래 아람어로 된 것이며, 예수 사후 처음 몇 년 동안 아람어를 말하는 팔레스티나에 있던 예수 추종자들에게까지 거슬러 올라갈 수 있다고 여기지만, 이를 확신할 수 없다고 보는 학자들도 있다. 어떤 경우든 이 신앙적 진술은 힘 있고 간결하며, 교리적 진술을 구성하고 있다.

만일 이 진술의 원래 양식을 재구성한 것이 옳다면, 몇 가지 흥미로우면서도 중요한 견해를 도출할 수 있다. 첫째, 만일 각 부분의 두 번째 진술이 그에 선행하는 '사실'에 대한 '신학적 해석'이라면, 예수가 사흘날에 일으켜졌다는 인식은 반드시 부활이 일어났을 때의 역사적 회상이어야만 하는 게 아니라, 부활의 중요성에 대한 신학적 주장이라는 것이다. 복음서들은 예수가 몇째 날에 일으켜졌는지 알려주지 않는다. 여인들은 사흘날에 무덤으로 가며 무덤이 비었음을 알게 된다. 그러나 어떤 복음서도 여인들이 나타나기 전 그날 아침 예수가 부활했다고 진술하지는 않는다. 예수는 그날보다 이전에, 어쩌면 묻히고 나서 한 시간 후에라도 부활했을 수 있다. 복음서들은 이에 대해 전혀 말하지 않는다.

만일 바울로의 진술이 역사적 주장이 아니라 신학적 진술이라면, 우리는 그 의미를 밝혀야 한다. 성서의 증언에 따라 '사흘날'이 들어가 있음을 강조하는 것은 중요하다. 당시는 신약성서 집필 이전이므로, 초기 그리스도교 저자들은 신약성서가 아닌 히브리성서를 갖고 있었을 것이다. 이 진술의 저자가 말하려는 것과 관련해 학자들이 폭넓게 수용하는 견해는, 사흘날에 부활함으로써 히브리 예언자 호세아의 말을 완성한 인물로 예수를 그리고 있다는 것이다. "이틀이 멀다 하고 다시 살려주시며 사흘이 멀다 하고 다시 일으켜주시리니, 우리 다 그분 앞에서 복되게 살리라."(호세 6,2.) 나를 포함해 소수 학자들은, 요나가 거대한 물고기 뱃속에서 풀려나기 전에 사흘 낮과 밤 동안 있었음을 가리킨다고 생각한다. 이는 상징적 의미에서 죽음에서 되돌아온 것을 나타낸다.(요나서 2장을 보라.) 복음서들은 예수의 죽음과 부활을 "요나의 표징"에 견주어 기록하였다.(마태 12,39-41.) 위 진술이 호세아에 대한 언급이든 요나에 대한 언급이든 사흘날에 부활이 일어났다고 말해야 하는 이유가 있었을까? 성서에 그 예고가 있었기 때문이다. 이것은 예수의 죽음과 부활이 계획에 따라 일어났다는 신학적 주장이다. 이는 예수의 가장 초기 제자들이 어떤 근거로 예수 부활을 생각하게 되었는지 고찰할 때 중요한 사항이 될 것이다.

둘째, 신경의 두 부분이 한 가지만 제외하고 모든 면에서 서로 단단한 병행구조를 이루고 있음을 깨닫는 것이 중요하다. 두 번째 부분은 예수가 일으켜졌다는 진술을 명확히 증명하기 위한 부분이다. "그분은 게바에게 나타나셨습니다."(직역하면, 그분은 게바에 의해 보였습니다.) 첫째 부분의 네 번째 진술에는 어떤 권위 있는 사람의 이름이 없다. 그분은 그냥 묻히셨을 뿐, 특정 인물이 그분을 매장했다는 이야기는 없다. 이 신경의 저자가 서로 대응하는 병행적 진술을 구성하려고 노력했음을 고려한다면, 이 부분은 생각할 거리를 준다. 단순하게 "그분은 아리마태아 요셉에 의해 묻히셨다"고만 했다면 아주 쉽고 정확하게 병행구를 만들었을 것이다. 왜 저자는 정확한 병행구를 만들지 않았는가? 나는 저자가 아리마태아 요셉의 예수 매장에 대하여 아는 게 전혀 없었다고 추정한다. 바울로는 아리마태아 요셉이나 예수의 매장 방식에 대해 어디에서도 언급하지 않는다. 예수를 매장한 특정 유명인이 있었다는 전승은 후대 것으로 보인다. 앞으로 이 전승의 역사적 정확성이 미심쩍은 이유들을 다룰 것이다.

이 신경이나 바울로가 확장시킨 5-8절 부분에서 자주 주목하는 또 다른 특징은, 예수가 부활 후 사람들에게 나타났다는 것에 대해 바울로가 철저한 기사를 제공하는 듯하다는 점이다. 그 이유는 바울로가 예수를 본 모든 사람 중 자신이 "맨 마지막"이라고 암시하기 때문이다. 이 부분은 바울로가 줄 수 있는 완전한 명단을 알려준다는 의미로 이해되곤 했다. 만일 그렇다면 명단은 무척 충격적인데, 그 이유는 바울로가 어떤 여인도 언급하지 않았기 때문이다. 복음서들은 빈 무덤을 여인들이 발견했다고 하며, 마태오와 요한은 부활한 예수를 처음 본 사람이 여인들이라고 전한다. 그러나 바울로는 누가 빈 무덤을 발견했는지 아무 말도 없다.

학자들은 부활에 대한 가장 초기 '증인'인 바울로가 빈 무덤 발견에 대하여 아무 말도 하지 않는 것을 여러 해 동안 매우 중요시했다. 가장 초기 복음서인 마르코가 발현에 대한 논의 없이 빈 무덤 발견을 이야기하는 데 반해(마르 16,1-8), 예수 부활에 대한 가장 초기 자료는(1고린 15,3-5) 빈 무덤에 대한 언급 없이 발현을 논의한다. 이 상황에 대해 대니얼 스미스Daniel Smith 같은 학자들은 독립적인 두 전승(빈 무덤 사화와 발현 사화)이 후대에(마태오와 루가에서처럼) 하나로 합쳐졌을 가능성을 제기한다.5 만일 사정이 그러하다면, 예수 부활 이야기들은 확장·윤색·수정되었으며, 해를 거듭하며 전달되는 긴 과정에서 창작되었을 수도 있다.

그러나 이 이야기들의 근저에 무엇이 있는가? 과연 우리는 부활 사건에 대하여 역사적으로 무엇을 말할 수 있는가? 이 시점에서는, 역사가들이 설령 개인적으로 부활을 믿더라도, 예수가 정말 육체적으로 죽음에서 일으켜졌음을 긍정하기 위해 역사학적 훈련을 통해서 익힌 지식을 사용할 수 없는 이유를 설명해야 한다. 나는 역사가든 누구든 부활을 믿는다는 것은 그들의 신앙 때문이지 역사학적 연구 때문이 아님을 명확히 하고 싶다. 그리고 부활을 믿지 않는 이들도 역사학을 토대로 부활이 사실이 아님을 입증할 수 없다는 것도 강조하고 싶다. 예수 부활을 믿거나 믿지 않는 문제는 신앙적 사안이지 역사적 지식과 관련된 문제가 아니기 때문이다.

부활과 역사가

예수를 죽음에서 일으켰다는 것처럼, 하느님이 과거에 기적을 일으켰음을 역사가들이 증명하거나 반증할 수 없는 이유는, 역사가들에게 반초자연적anti-supernaturalist 경향을 지닌 세속 인문학자가 되라고 요구해서가 아니다. 이를 강조하는 것은 보수적인 그리스도교 호교론자들이 논쟁에서 이기려고 자주 이 사례를 들기 때문이다. 그들은 역사가들이 반초자연적 편견이나 가정을 지니지 않았다면 예수가 죽음에서 일으켜졌다는 역사적 '증거'를 긍정했을 것이라고 한다. 이 그리스도교 호교론자들 대다수는 과거의 다른 기적들에 대한 '증거'를 고려하지 않는다. 예를 들면, 수십 명의 로마 원로원 의원들은 로물루스 왕이 그들 가운데서 하늘로 사라졌다고 주장했다. 그리고 수천 명의 로마 가톨릭 신자들은 성모 마리아가 자기들 앞에 살아서 발현했다고 입증할 수 있다. 이 '증거'는 아주 광범위하지만, 이것은 근본주의자와 보수적 복음주의 그리스도인들이 노골적으로 경시하는 주장이다. 누군가 자기가 속한 전통의 기적들이 역사적으로 입증된다고 생각하지 않을 때, '반초자연적 편견'을 외치는 것은 언제나 쉬운 일이다. 다른 전통의 기적들을 입증된 것으로 선뜻 받아들이는 일은 훨씬 어렵다.

그러나 여기서 내 관점은, 이 신성한 기적들이나 다른 것들 중에도 역사적으로 입증할 수 있는 게 아무것도 없다는 것이다. 보수적 복음주의 그리스도교 호교론자들이 이것을 연구자의 전제들 때문이라고 말하는 것은 옳다. 그러나 그들이 생각하거나 말하는 이유 때문은 아니다.

첫 번째로 강조해야 할 것은, 누구나 전제들을 갖고 있으며 그렇지 않으면 누구도 삶을 영위하거나 깊은 생각을 하거나 종교 체험을 할 수 없고 역사학적 연구에도 참여할 수 없다는 것이다. 정신생활은 전제들 없이 계속될 수 없다. 그럼에도 문제는 항상, 가까이 있는 과제를 수행하기 위한 적절한 전제들은 무엇인가다. 로마 가톨릭 신자가 미사에 참여하기 위해서 가지고 오는 전제들은 과학자가 빅뱅이론을 연구할 때 갖고 오는 전제들과 다를 것이고, 역사가들이 자신의 연구로 갖고 오는 전제들과도 다를 것이다. 역사가들은 역사가로 활동하면서 전제들을 갖고 있다. 그러므로 역사가들이 과거사를 재구성할 때 그 전제들의 특성에 대해 무언가 아는 것은 중요하다.

대다수 역사가들은 과거가 실제로 있었다는 전제를 어쩔 수 없이 동의한다. 물론 이것은 과학적 실험의 증명 방식으로 증명할 수는 없다. 우리는 과학적 실험을 반복할 수 있고, 그렇게 함으로써 다음 실험 때 어떤 일이 일어날지 거의 확실히 예측할 수 있다. 역사가들은 과거 사건을 갖고 이렇게 할 수 없다. 왜냐하면 과거를 반복할 수 없기 때문이다. 역사가들의 진행절차는 다르다. 역사가들은 과학적 '증명'이 아니라 지금까지 일어난 일에 대한 증거를 구한다. 기본적으로 작동되는 가정은, 비록 그 자체로는 증명될 수 없지만 지금까지 실제로 어떤 일이 벌어졌다는 것이다.

게다가 역사가들은 과거에 어떤 일이 벌어졌는지 그 가능성 정도를 입증할 수 있다고 전제한다. 우리는 홀로코스트가 실제로 일어난 일인지(실제로 일어났다) 율리우스 카이사르가 루비콘 강을 건넜는지(실제로 건넜다) 나자렛 예수가 실제로 존재했는지(실제로 존재했다) 확인할 수 있다. 역사가들은 과거에 어떤 일이 (거의) 확실히 일어났는지, 일어났을 가능성이 아주 많았는지 혹은 별로 없었는지, 아니면 그 가능성이 거의 없었는지 등에 대해 판별한다. 노스캐롤라이나대학교 농구팀이 2009년 전미 대학 농구 선수권 대회에서 우승한 것은 확실하다. 그들이 2013년 대회에서 캔자스에 참패한 것도 확실하다.(이 일이 엄청난 비극이었다는 것은 확실하지만, 이것은 가치판단이지 역사적 주장은 아니다.)

과거에 일어난 일의 가능성 정도를 증명하는 전제와 관련된 것은, 과거에 다른 일보다 더 가능성이 있는 어떤 사건의 '증거'가 존재한다는 가정이기에, 과거를 재구성하는 일은 단순한 억측과 관련된 사안이 아니다. 그리고 역사가들은 어떤 증거가 다른 증거보다 더 좋다고 전제한다. 목격 증인의 보고들은 몇 년 후나 수십 년 후 아니면 몇 세기 후의 소문보다 더 신빙성이 있다는 것이 하나의 규칙이다. 서로 독립적인 다양한 자료들 가운데서 광범위하게 확증되는 사실이 합작한 자료나 비확증적 사실보다 훨씬 낫다. 어떤 인물이나 사건에 대해 사심 없이 즉흥적인 견해를 제공하는 정보원은, 이념적 관점을 보강하기 위해 인물이나 사건에 대해 편견이 있는 주장을 하는 정보원보다 더 낫다. 간단히 말하면, 역사가들은 사건이 벌어진 시간 가까이 있던 수많은 증인을 원하며, 이 증인들이 자신의 주요 문제 때문에 치우치지 않고 합작하지 않으며 서로의 관점을 확증하는 증인들이길 원한다. 모든 중요한 역사적 사건들에 대해 이러한 자료들이 확보된다면 얼마나 좋을까!

그래서 역사가들은 이 전제들을 공유하려는 경향이 있다. 다른 한편, 과거에 발생한 사건을 입증하길 원하는 역사가들에게 어떤 전제들은 아주 부적절하다. 예컨대, 어떤 역사가가 자신의 결론을 전제하고 오직 전제된 결론을 옹호하는 증거만 찾아내려고 시도하는 것은 적절하지 않다. 실제로 무슨 일이 일어났는지 이해하려면 결론에 대한 선입견 없이 연구를 수행해야 한다. 이와 비슷하게, 역사가가 자신의 관점과 맞지 않는다고 증거를 부당하게 다루는 것도 적절하지 않다.

핵심적 사항은 역사가가 일반적이지 않은 관점이나 세계관을 전제하는 것은 적절하지 않다는 점이다. 미합중국 건국이나 1차 세계대전의 결과를 화성인의 방문을 통해 설명하려는 '역사가들'은 다른 역사가들로부터 폭넓은 의견을 듣지 못할 것이다. 그리고 진지한 역사서로 고려되지도 않을 것이다. 이 관점은 우리의 경험세계 바깥에 고등 생명체가 있다든가, 그중 일부가 태양계의 다른 행성에 산다든가, 이들이 때로 지구를 방문했다든가, 그들의 방문이 중요한 역사적 사건의 결과를 좌우했다든가 등등, 일반적으로 수용되지 않는 인식을 전제하고 있다. 이 모든 전제들은 실제로 진실일 수 있다. 그러나 역사가들이 과거에 일어난 일을 입증하려고 사용하는 역사적 접근을 통해서는 이 전제들을 알 길이 없다. 이 전제들은 대다수가 공유하지 않기에, 이를 기반으로 역사적 재구성을 할 수는 없다. 누구든 이 전제들을 가진 사람이 역사적 연구에 참여하려면, 그에 대해 침묵해야 하고 그것들을 억제하고 진압해야 한다.

위의 사정은 역사가가 가지고 있을 수 있는 모든 종교적 · 신학적 믿음에 대해서도 똑같이 적용된다. 이 믿음들은 일반적으로 공유되지 않기 때문에 역사적 연구의 결과를 판정할 수 없다. 이 말은 천사 모로니Moroni가 조셉 스미스Joseph Smith에게 계시를 알려주었다는 모르몬교 전승을 역사가가 입증할 수 없다는 뜻이다. 이 관점은 천사들이 존재하며, 모로니는 그중 하나이고, 조셉 스미스는 특별히 하늘에서 계시를 받도록 선택받았음을 전제한다. 이것은 신학적 믿음이며, 역사적 증거에 기반을 두고 있지 않다. 천사 모로니는 있을 수 있고, 그가 조셉 스미스에게 비밀을 알려주었을 수도 있지만, 역사가들이 이를 입증할 수 있는 길은 없다. 그러기 위해서는 다른 역사가들(예컨대 로마 가톨릭신자, 개혁 유대인, 불자, 비종교적 강경 무신론자들이면서 역사가들) 대다수가 취하지 않는 특정한 신학적 관점들을 수용해야 할 것이다. 역사적 증거는 종교적 믿음과 상관없이 누구나 연구할 수 있도록 열려 있어야 한다.

과거에 발생한 모든 그리스도교 기적은 신학적 믿음들이 있는 특별한 환경에 뿌리를 두고 있다. 유대교 기적이나 이슬람 기적이나 힌두교 기적에 대해서도 같은 말을 할 수 있다. 이 믿음들 없이는 기적이 일어났음을 입증할 수 없다. 역사가들은 이러한 믿음을 취하지 않기에 기적들이 일어났다는 것을 역사적으로 논증할 수 없다.

이와 동시에 과거의 기억이 서술되는 몇몇 경우에, 비록 하느님이 행한 어떤 기적적인 일을 역사적 증거에 기초해서는 수용할 수 없다는 주장이 지배적이지만, (역사적 증거는 종교적 믿음을 배제하기에) 이야기의 요소들은 역사적 연구에 종속될 수 있다.

이에 대해 설명해보자. 내 할머니는 오순절 복음주의자 오럴 로버츠 Oral Roberts가 병자들과 불구자들을 위해 기도하고 손을 댐으로써 그들을 치유할 수 있다고 굳게 믿었다. 역사가는 오럴 로버츠를 만나기 전에는 질병의 증상들이 있었으나 그를 만난 후 증상이 없어진 사람들의 사례를 이론적으로 조사할 수 있다. 그러나 역사가는 오럴 로버츠가 하느님의 능력을 통해 환자를 치유했다고 보고할 수 없다. 보고할 수 있는 사안들은 '신성한 해결책'이 요구하는 신학적 전제들 없이 학자들의 연구에 개방된 것들이다. 예를 들면, 그것이 심신적 치유의 한 종류였다든가(곧 환자가 치유되리라고 너무 강하게 믿어서 정신이 질병을 치유했다) 환자가 겉으로 보기에만 치유되었다든가(환자는 다음 날 맥이 풀려 다시 아프게 되었다) 처음부터 실제로 아픈 게 아니라 속임수였다든가 다른 여러 설명을 할 수 있다. 이 다른 '설명들'은 똑같은 정보를 설명할 수 있다. 한편 초자연적 설명은 역사학적 답변이 될 수 없다. 왜냐하면 1) 역사가들은 초자연적 영역에 접근할 수 없기 때문이다. 2) 초자연적 설명은 이 연구를 하는 모든 역사가가 일반적으로 지니지 않은 신학적 믿음들을 요구하기 때문이다.

예수 부활에 대해서도 같은 말을 할 수 있다. 역사가들은 전승의 양상들을 이론적으로 조사할 수 있다. 예를 들어 역사가는 예수가 정말로 알려진 무덤에 묻혔는지 조사할 수 있으며, 똑같은 무덤이 사흘 후에 빈 채로 발견되었는지 조사할 수 있다. 그러나 하느님이 몸을 일으켰고 하늘로 데려갔음에 틀림없다는 것은 역사가가 결론짓지 못한다. 역사가는 그러한 정보에 접근할 수 없으며, 그 결론은 모든 역사가가 공유하지 않는 신학적 전제들을 요구한다. 더욱이 사용된 무덤이 왜 비어 있었나에 대해서는 아주 현명한 다른 해결책을 내놓을 수 있다. 예컨대 누군가 시체를 훔쳤다. 누군가 다른 무덤으로 옮기기로 결정했다. 이야기 전체는 사실 하나의 전설이다. 곧 매장과 빈 무덤 발견은 후대 그리스도인들이 부활이 실제로 일어났음을 다른 이들에게 설득시키기 위해 꾸며낸 이야기들이었다.

그래서 역사가들은 예수의 죽음 후에 제자들이 실제로 예수에 대한 환시를 보았는지 조사할 수 있다. 사람들은 항상 환시를 본다. 때로 사람들은 그곳에 있는 것들을 보며, 없는 것들도 본다.(이에 대해서는 다음 장에서 더 자세히 다루겠다.) 그러나 역사가들은 예수가 실제로 죽은 후에 제자들이 예수에 대한 환시를 보았으며, 그것이 하느님이 죽음에서 일으킨 그분이 실제로 살아서 그들에게 나타났기 때문인지에 대해서는 결론지을 수 없다. 이 결론은 모든 역사가들이 일반적으로 공유하지 않는 신학적 전제들에 뿌리를 둔 것이다.

논점을 더 자세히 살펴보면, 예수가 십자가형에 처해졌고 묻혔으며, 그 후 육체적으로 살아서 나타났음을 이론적으로 말하는 게 가능하다. 역사가는 신성한 원인에 호소하지 않고, 즉 하느님이 예수를 죽음에서 일으켰다는 말 없이도, 이 점을 이론적으로 주장할 수 있다. 왜냐하면 우리가 사는 세계에도 누군가 (실제로) 죽은 것으로 보였는데 다시 깨어나 믿을 수 없는 이야기를 하는 경우처럼, 근사체험 예들이 많기 때문이다. 사람들이 이 체험을 한다는 것을 인식하는 데에는 초자연적인 것에 대한 믿음이 필요없다. 만일 어떤 사람이 95년 동안 죽었다가 다시 돌아오는 경우는 다른 사안이다. 그러나 근사체험에서는 이러한 일이 결코 일어나지 않는다. 근사체험은 어떤 사람이 짧은 기간 동안 죽었거나, 죽은 것처럼 보였다가(우리가 '죽음'을 어떻게 정의하든) 웬일인지 다시 살아서 돌아온 경우다. 예수는 이런 체험을 했던가? 나는 그렇게 보지 않지만, 적어도 그럴듯한 역사적 결론이긴 하다. 비현실적인 역사적 결론은, 하느님이 예수를 불멸의 몸으로 일으켰고 하늘로 데려갔으며 그곳에서 예수는 옥좌 오른쪽에 앉아 있다는 것이다. 이 결론은 역사가들이 공유하지 않는 신학적 관점에 뿌리를 두고 있다. 역사적 지식의 문제가 아니라 신앙적 사안이다.

현 단계에서는 기본적 관점을 강조하는 게 중요할 것이다. 역사가들에게 역사는 '과거'와 동일한 것이 아니다. 과거는 전에 일어났던 모든 일이다. 역사란 역사적 증거 양식을 사용해서 전에 일어났던 일로 입증할 수 있는 것이다. 역사적 증거는 일부가 공유하는 종교적·신학적 가정에 기반을 두지 않으며 기반을 둘 수도 없다. 과거에 일어났던 일이라고 입증할 수 없는 것들은 수없이 많다. 때로 그 이유는 자료가 보잘것없기 때문이다.(예컨대 나의 할아버지가 1954년 5월 15일 점심 때 무엇을 드셨는지 입증하기란 불가능하다.) 그리고 때로는 역사가들이 입증한 역사가 오직 공유된 전제들에 기초해 있기 때문이다. 이 가운데 공유된 전제들은, 예수가 죽은 후 하늘로 고양되었고 하느님 오른편에 앉도록 허락받았으며 결코 다시 죽지 않는다는 결론을 가능하게 만드는 종교적·신학적 관점과 같은 부류가 아니다. 이것은 전통적인 그리스도교의 믿음이지만, 사람들은 이를 역사적 증거의 기반으로 삼지 않는다. 왜냐하면 신앙으로 그것을 받아들이기 때문이다. 똑같은 이유로, 역사가들은 예수와 함께 십자가형에 처한 도둑이 고양되었으며, 복음서가 주장하듯 죽어서 천국에 들어간 첫 사람인지 결론지을 수 없다. 그리고 수많은 목격 증인들이 증언하는 것처럼, 성모 마리아가 수천 명의 추종자들에게 나타났다는 것도 결론내릴 수 없으며, 티아나의 아폴로니우스가 후대 목격증인의 보고에 기초해서 알게 된 것처럼, 승천 후에 한 추종자에게 나타났다는 것도 결론지을 수 없다. 이 모든 주장은 역사학적 전제가 될 수 없는 종교적 믿음을 전제로 한다.

이 모든 것을 염두에 두면서 예수 부활 전승에 대하여 역사적으로 말할 수 있는 것은 무엇인가? 하느님이 죽음에서 예수를 실제로 일으켰는지 우리가 알 수 없다면, 무엇을 알 수 있고 무엇을 알 수 없는가? 앞으로 보겠지만 비교적 확실히 알 수 있는 한 가지가 있다. 결국 그리스도인들이 예수를 하느님으로 생각하기 시작한 이유를 이해하는 데 핵심은 예수가 죽음에서 일으켜졌다는 믿음이다. 그러나 우선 우리가 알 수 없는 것부터 이야기해보자.

부활, 우리가 알 수 없는 것

하느님이 예수를 죽음에서 일으켰다는 부활과 더불어, 다수의 다른 전승들도 역사적으로 의심이 간다. 여기서 언급할 두 가지는 많은 독자들을 놀라게 할 것이다. 나는 예수가 품위 있게 묻혔는지, 그의 무덤이 후에 빈 채 발견되었는지 알 수 없다고 판단한다.

이 두 전승은 확실히 잘 어울리는데, 전자가 역사적 사실이 아니면 후자는 아무 의미도 없다. 만일 예수가 처음에 무덤에 묻힌 적이 없다면, 무덤에 예수가 없다는 사실은 아무도 발견할 수 없었으리라. 이론적으로 예수는 품위 있게 묻혔을 수 있고 무덤은 빈 채로 발견되지 않았을 수 있다. 많은 점에서 빈 무덤 이야기는 매장 이야기에 의존한다. 나는 아리마태아 요셉이 예수를 매장했다는 복음서들의 주장과 관련해, 왜 그 역사적 근거를 알 수 없는지 설명하면서 이야기를 시작하겠다.

예수의 매장은 품위 있는 것이었나?

가장 초기 자료인 마르코복음서에 따르면, 전에는 무명이었고 알려지지 않았던 인물 아리마태아 요셉이 예수를 매장했다. 그는 "명망 있는 의회 의원"(마르 15,43), 곧 "대제관들과 원로들과 율사들"(14,53)로 구성된 지배체제인 산헤드린에 속하는 유대교 귀족이다. 마르코복음 15장 43절에 따르면 요셉은 당당하게 빌라도를 찾아가 예수의 시신을 요청했다. 빌라도는 그 청을 들어주었고 그는 십자가에서 예수의 시신을 내려 "그분 시신을 내려다가 삼베로 싼 다음, 바위에 뚫린 무덤에 안장하고 무덤 입구에 돌을 굴려 놓았다."(15,46.) 마리아 막달레나와 다른 마리아는 "그분이 어디에 안장되는지 바라보고 있었다."(15,47.)

나는 이 모든 것이 (또는 이와 매우 비슷한 것이) 다음 일어날 일을 의미 있게 하기 위해 마르코 이야기 안에 들어갈 필요가 있었다는 것을 강조하고 싶다. 곧 안식일 다음날 마리아 막달레나와 다른 두 여인은 무덤으로 가서 그것이 비어 있음을 확인한다. 만일 예수를 위한 무덤이 없었거나 무덤자리를 아무도 몰랐다면, 육체 부활은 선포될 수 없었다.

그러나 무덤은 거기에 있었는가? 아리마태아 요셉은 정말 예수를 매장했는가?

일반적 고찰

요셉의 예수 매장 전승을 의심할 수 있는 다양한 이유들이 있다. 한 가지는 마르코복음 사화의 맥락 안에서 이 전승의 역사적 의미를 만들기가 어렵다는 것이다. 명망 있는 의회 의원이라는 요셉의 정체는 곧바로 문제를 일으킨다. 마르코는 전날 저녁에 있었던 예수의 심문이, 산헤드린 구성원 일부나 대다수가 아닌 "대제관들과 온 의회"가 예수를 사형시키려고 그에 대한 증언을 찾았던 것이라고 말한다.(마르 14,55.) 자기가 하느님의 아들이라는 예수의 진술 때문에(14,62) 심문 끝에 "모두 그분이 죽을 죄를 지었다고 단죄하였다."(14,64.) 달리 말해서 마르코에 따르면, 미지의 인물 요셉은 예수가 십자가형을 받기 전날 밤 예수 사형을 요구한 사람들 중 하나였다. 그런데 예수 사후에 그는 왜 갑자기 위험을 무릅쓰고 예수의 시신을 매장하기 위해 자비롭게 행동하려 했는가? 마르코는 단서를 제공하지 않는다.[6] 나는 심문 이야기와 매장 이야기가 다른 전승에서 유래하였고 마르코가 그것을 물려받았다고 생각한다. 아니면 마르코는 단지 두 전승 중 하나를 지어내고 모순적으로 보이는 것을 간과한 것인가?

어떻든 신약성서의 다른 구절을 참조할 때 요셉의 매장은 분명히 역사학적 문제를 지닌다. 바울로는 아리마태아 요셉이나 "명망 있는 의회 의원"의 예수 매장에 대해 무언가 알았다는 증거를 보여주지 않는다. 바울로가 고린토전서 15장 3-5절에서 인용한 초기 신경에는 이 정보가 없다. 만일 신경의 저자가 이것을 알았다면 확실히 신경에 포함시켰을 것이다. 왜냐하면 그는 예수를 매장한 사람 이름은 거론하지 않았으나 예수의 발현을 본 사람 이름(게파)은 밝힘으로써, 신경을 조화롭지 않게 만들었기 때문이다. 그러므로 이 신경의 저자는 요셉에 대해서 아는 것이 전혀 없다고 보아야 한다.

게다가 예수 매장에 대한 다른 전승은 아리마태아 요셉에 대해 아무것도 말해주지 않는다. 앞서 지적한 대로, 사도행전과 루가복음서의 저자는 같다. (우리가 루가라고 부르지만 사실 누군지 모르는) 이 저자는 그 자신이 암시하는 대로(루가 1,1-4) 루가복음서를 쓸 때 초기의 다양한 문서 자료와 구전 자료를 사용했다. 학자들은 루가가 사용한 자료들 중 하나가 마르코복음서였다고 확신한다. 그래서 그는 예수의 죽음과 부활에 대한 이야기 속에 아리마태아 요셉 이야기를 포함시켰다. 루가가 두 번째 책인 사도행전을 썼을 때는 다른 자료들도 있었다. 사도행전은 예수의 삶과 죽음과 부활에 대한 것이 아니라, 그 이후 로마제국에서 그리스도교 교회가 확산된 것에 대한 이야기다. 사도행전 4분의 1가량은 주요 인물인 베드로와 바울로의 연설들, 예컨대 예수를 믿도록 사람들을 회심시키는 연설이나 이미 믿는 이들을 교육하는 연설들로 구성되어 있다. 학자들은 오래전부터 루가가 이 연설들을 썼다고 인정했다. 이 연설들은 사도들이 시간 날 때마다 했던 것이 아니다. 루가는 자기가 이야기하는 사건들이 발생한 지 수십 년 후에 글을 썼고, 당시에는 그것을 기록한 이가 아무도 없었다. 고대의 역사가들은 전체적으로, 그리스의 용감한 역사가 투키디데스Thucydides가 명료하게 말한 것처럼(『펠레폰네소스 전쟁사Peloponnesian War』 1,22,1-2), 주요 인물들의 연설들을 지어냈다. 그들에게는 별로 선택의 여지가 없었다.

그러나 루가는 부분적으로는 자기가 물려받은 초기 자료들에 기초해서 연설들을 작성했다. 이것은 예수의 가르침에 대한 설명을 마르코 같은 초기 자료에서 가져온 것과 같은 이치다. 하지만 다른 전승들(예컨대 연설들)을 다른 자료들에서 가져왔다면, 서로 완벽한 조화를 이룬다고 보장할 수 없다. 그렇다면 그것은 거의 누군가 이야기들을 개조했거나 무언가 꾸몄기 때문이다.

사도행전 13장에 나오는 바울로의 연설은 아주 흥미롭다. 바울로는 피시디아의 안티오키아에 있는 회당에서, 예루살렘의 유대교 지도자들이 예수를 죽음으로 몰아넣어 하느님에게 심한 죄를 지었다고 말한다. "그들은 죽일 만한 아무런 죄목도 찾지 못했건만 그분을 없애버리라고 빌라도에게 청했습니다. 이리하여 그분에 관해 기록된 모든 일을 마친 다음 시신을 나무에서 내려다가 무덤에 안장했습니다."(사도 13,28-29.)

이 부분은 예수의 죽음과 매장에 대한 복음서들의 이야기와 조화를 이루는 듯하다. 그러나 여기서 예수를 매장하는 이는 산헤드린의 한 구성원이 아니라 전체 의회다. 이것은 다른 전승이다. 여기에는 요셉에 대한 이야기가 없고, 바울로의 편지들 안에 있는 것 이상의 정보가 없다. 이 루가 이전 전승은 마르코의 아리마태아 요셉에 대한 것보다 더 오래되었음을 나타내는가? 가장 오래된 매장 전승은 예수가 유대인 집단에 의해 매장되었음을 말하는가?

사도행전이 더 오랜 전승이라는 것이 이치에 맞다. 어떤 전승이든 빈 무덤을 보여주려면 예수가 무덤에 적절히 매장되었음을 보여주어야 한다. 그러나 누가 예수를 매장할 수 있었는가? 모든 전승에 따르면, 예수는 예루살렘에 가족이 없기에 그를 누일 가족 무덤이 있을 가능성은 없으며, 매장할 가족 구성원이 있을 가능성도 없다. 게다가 기사記事들은 시종일관 예수의 추종자들 모두가 피신했다고 보고하므로 그들이 매장했을 리도 없다. 아래에 밝히겠지만, 로마인들은 그 일을 하지 않을 분명한 이유들이 있다. 그렇다면 선택지는 하나다. 만일 예수 추종자들이 예수가 무덤에 묻혀야만 한다는 것을 알았고(그렇지 않으면 빈 무덤 이야기는 가능하지 않기에) 매장을 묘사한 이야기를 창작했다면, 매장할 수 있는 이들은 유대교 당국자들밖에 없다. 그러므로 사도행전 13장 29절의 전승이 가장 오래된 것이라고 할 수 있다. 이 전승은 고린토전서 15장 4절 "(그리스도께서) 묻히셨으며"보다 더 오래되었을 가능성이 있다.

매장 전승은 계속 전달되었기 때문에 윤색되거나 더 확고해졌을 가능성이 있다. 이야기꾼들은 모호한 이야기에 세부항목을 덧붙이거나, 전승 안에 익명으로 남았을 이들에게 이름을 붙이거나, 이름 없는 개인이나 획일적 집단으로 언급된 원래 이야기에 개인들 이름을 덧붙이곤 했다. 나의 스승 브루스 메츠거Bruce Metzger가 「이름 없는 사람들을 위한 이름들」이라는 논문에서 밝혔듯이, 이러한 경향은 신약성서 기간 이후 오랫동안 지속된 전통이다.7 메츠거는 이 논문에서 신약성서 이야기에 익명이던 사람들이 후대에 이름을 부여받은 모든 전승을 보여주었다. 예를 들면, 현자들은 후대 전승에서 이름을 부여받았고, 예수를 단죄했던 산헤드린의 사제들이나 예수와 함께 십자가형에 처해진 두 강도도 마찬가지다. 아리마태아 요셉 이야기에서 이러한 현상의 초기 과정을 감지할 수 있다. 원래 진술은 이름 없는 유대교 지도자들이 예수를 매장했다는 모호한 진술이었는데, 과정을 거치면서 이름 있는 특정 지도자 이야기로 바뀐 것이다.

이 외에도 복음서 전승들 안에는 시간이 경과하면서 이야기들이 윤색되었고, 이야기들의 '악인들' 가운데 '좋은 사람들'을 찾으려는 경향이 있었다는 확실한 증거들이 있다. 예를 들면, 마르코복음에는 예수와 함께 십자가에 달린 강도 둘이 예수를 헐뜯고 조롱한다. 루가복음서에는 둘 중 한 사람만 그렇게 하며, 다른 한 사람은 예수에 대한 신앙을 고백하면서 "예수님, 당신 나라로 가실 때에 저를 기억하여 주십시오"라고 부탁한다.(루가 23,39-43.) 요한복음서에는, 요셉이 예수 시신을 거둘 때

니코데모가 동반하는 것처럼, 산헤드린 악당들 가운데 예수의 매장을 도와주려는 선인이 등장한다.(요한 19,38-42.) 가장 눈에 띄는 인물은 마르코복음에서 예수의 사형을 언도한 철저한 악당 빌라도다. 그러나 마태오복음에서는 마지못해서 그런 것처럼 묘사되고, 루가와 요한복음서에서는 예수가 무죄라고 세 차례 분명히 발설한 다음에야 예수를 십자가에 못 박으라고 넘겨준다. 후대의 외경外經 복음서들에서 빌라도는 점점 무죄한 선인으로 그려지다가 회개하고 예수를 믿는 데까지 이른다. 부분적으로 빌라도의 혐의를 벗겨주려는 이 지속적이고 꾸준한 시도는, 예수의 부당한 죽음에 대하여 진짜 죄가 어디 있는지 보여주기 위함이다. 실제 사건이 벌어진 후 오랜 시간이 지나서야 복음을 집필한 이 저자들에게는 유대인들이 유죄였다. 그러나 이러한 방식의 묘사는 부패한 예수의 적대자들 무리에서 선한 이를 찾으려는 과정의 일부이기도 하다. 아리마태아 요셉을 은밀한 숭배자나 차별하지 않는 인물, 심지어 예수 제자로까지 칭하는 것은 똑같은 과정의 일부일 수 있다.

아리마태아 요셉이 예수를 매장했다는 견해에 의문을 제기한 일반적인 고찰에 더하여, 예수가 어떤 무덤에 품위 있게 매장되었다는 전승을 의심하게 하는 세 가지 특별한 이유가 있다.

로마의 십자가처형 관례들

때로 그리스도교 호교론자들은 금요일 해지기 전에 예수 시신을 십자가에서 거두어야 했다고 주장한다. 이튿날이 안식일이었기에 안식일 동안 사람을 십자가에 방치하는 것은 율법에 거스르는 일이거나, 적어도 유대인들 감성에 반하는 일이라는 이유 때문이다. 유감스럽게도 역사적 기록은 이와 정반대다. 예수를 죽인 것은 유대인들이 아니었다. 그래서 그들은 예수를 언제 십자가에서 내릴까에 대하여 침묵했다. 더욱이 예수를 십자가형에 처한 로마인들은 유대교 율법에 복종할 필요가 없었고, 유대인들의 감성에도 관심이 없었다. 실은 아주 정반대다. 죄인들을 십자가형에 처하는 때에는(이 경우 그는 국가반역죄라는 혐의를 받는다) 확실히 자비란 없고 누군가의 감성에도 무관심했다. 십자가형의 취지는 가능한 한 충분히 죄인을 고문하고 욕보여서, 로마에 분쟁을 야기한 사람에게 어떤 일이 일어나는지 구경꾼에게 보여주는 것이었다. 굴욕스럽고 불명예스런 부분은, 십자가에 남겨진 시신을 청소하는 동물들의 먹이가 되는 일이었다.

존 도미닉 크로산John Dominic Crossan은 예수 몸은 죽음에서 일으켜진 것이 아니라 개들이 먹어치웠을 것이라는 악명 높은 제안을 했다.[8] 이 말을 처음 들었을 때 나는 더 이상 그리스도인이 아니었기 때문에 종교적으로 격분하지는 않았으나, 지나치게 과도하고 선정적이라고 생각했다. 당시는 내가 이 사안에 대하여 진지하게 연구하기 전이었다. 지금 나의 관점은, 예수 몸에 실제로 무슨 일이 벌어졌는지 우리는 모르며 알 수 없다는 것이다. 그러나 현존하는 모든 증거를 통해 말할 수 있는 것은, 범죄인의 몸을 부패하도록 내버려두고 동물들의 먹이가 되도록 하던 것이 당시에는 일반적이었다는 사실이다. 십자가형에는 정치적 전복 활동에 참여하는 일을 공적으로 방해하고 그런 일을 하려는 의욕을 꺾으려는 의도가 있었다. 고통과 죽음만이 아니라 시신 파괴 행위까지가 그 의욕을 꺾는 과정이었다.

이 증거는 광범위한 자료에 나와 있다. 카리아Caria에서 자기 노예에게 살해된 한 남자의 비문은 "산 채로 매달아서 …… 야생동물과 새들이 먹이로 삼게 했다"고 전한다.[9] 로마의 저술가 호라티우스는 한 편지에서 아무 잘못도 없다고 주장한 노예에게 주인이 어떤 대답을 했는지 전한다. "너는 십자가 위에서 까마귀 먹이가 되지 않을 것이다."(『서간 Epistle』 1,16,46-48.)[10] 로마의 풍자가 유베날리스Jubenalis는 "독수리는 자기 새끼들에게 썩은 고기를 가져다주기 위해서 죽은 소와 개들과 송장들 사이를 급히 움직인다"고 밝힌다.(『풍자집Satires』 14,77-78.)[11] 그리스의 지그문트 프로이트라고 할 수 있는 고대의 가장 유명한 꿈 해석가 아르테미도루스Artemidorus는 가난한 사람이 십자가형을 받는 꿈은 특히 길조라고 한다. 왜냐하면 "십자가형에 처한 사람은 높이 들리고 그의 시체는 많은 새들을 부양하기에 충분하기 때문이다."(『꿈의 책Dream Book』 2,53.)[12] 한때 네로 황제의 조언자였던 페트로니우스는 십자가에 며칠 동안 방치되어 있던 희생자에 대해 다소 섬뜩한 유머를 구사한다.(『풍자집Satyrcon』 11-12장.)

십자가형의 진행 과정에 대해 묘사한 고대 문헌이 없다는 것은 안타까운 일이다. 그래서 십자가형 실행 방식에 대한 상세한 부분들은 상상에 의존해야 한다. 그러나 십자가형을 받은 사람의 운명에 대한 일관된 참조들은, 죽은 후 썩은 고기를 먹는 동물들의 먹이로 남겨지는 혹심한 고초의 일부를 보여준다. 보수적인 그리스도교 주석가 마틴 헹엘Martin Hengel의 논평은 이러하다. "십자가형은 종종 희생자들을 결코 매장하지 않았다는 사실 때문에 더욱 고약했다. 십자가의 희생자들이 야생동물과 새들 먹이가 되었다는 것은 전형적인 묘사였다. 희생자의 굴욕은 이렇게 완결되었다."[13]

다른 보수적인 그리스도교 주석가들은 이 규칙에 예외들이 있었다고 주장한다. 필론도 이를 암시하며, 유대인들은 때로 십자가형을 받은 이들을 매장할 수 있게 허가를 받았다는 것이다. 그러나 이것은 필론의 증거를 오독한 것이다. 필론의 글을 보면 알 수 있다.

　원칙대로 자기 정부를 다스리고, 은인들을 존경하는 흉내만 내지 않고 진정으로 존경하는 통치자들은, 저명한 아우구스투스 가문 사람들 생일을 축하하는 큰 잔치들이 끝나기까지는 어떤 범죄자도 처형하지 않는 관례를 따랐다. …… 나는 이런 축제일을 앞둔 전야에 십자가에 처형된 사람들이 끌어내려지고 그 시신을 가족들에게 넘긴 사례를 알고 있다. 그들을 매장하고 그들을 위해 정상적인 장례식을 치르는 것이 적절하다고 보았기 때문이다. 황제 생일에는 이미 죽은 자라도 친절한 대접을 받아야 하고, 나아가 축제의 존엄함을 지키는 것이 마땅하기 때문이다.[14]

인용문 전체를 읽어보면, 예외는 규칙을 증명하기 위해 있음을 알 수 있다. 필론은 이 예외적인 경우가 기존 관습을 거스르기 때문에 나오는 것이라고 분명하게 언급하였다. 두 가지를 주목해야 한다. 첫째는 덜 중요하지만, 위 사례에서 시신들이 거두어진 것은 그 가족이 적절한 매장을 할 수 있도록 하기 위함이었다. 곧 특정 가족을 위한 호의였다는 말이다. 이들은 고위급과 연결된 엘리트 가정이었을 것이라고 상상할 수 있다. 예수의 가족은 고위급과 연결되지 않았다. 그들은 예루살렘에서 누군가를 매장해줄 수 있는 수단이 없었다. 그들 중 누구도 시신 인도를 요청할 수 있는 지배당국의 인사를 몰랐다. 게다가 우리가 가진 가장 초기 자료에는 그들 중 누구도, 심지어 예수의 어머니조차 사건 현장에 보이지 않는다.

더 중요한 것은, 필론이 언급하는 이 예외들이 생긴 시간 및 이유와 관련이 있다. 로마 총독이 로마 황제의 생일에 경의를 표할 때, 다른 말로 로마 지도자에게 경의를 표하는 경축일에 이런 예외가 있었다. 그러니 이 예외는 황제 생일과 무관한 예수의 십자가형과는 아무 관계가 없다. 예수의 처형은 유대교 과월절 축제 기간, 반로마 감정이 고조되는 시기로 알려진 유대교 축제 기간에 이루어졌다. 이 역시 필론이 언급한 것과 반대 경우다. 그리고 이 상황에서 예외를 만든 총독이 있었다는 기록도 전혀 없다.

요약하면, 일반적인 로마의 관례는 시신들이 십자가에서 부패하도록 놓아두고 범죄 억제의 일환으로 짐승들의 공격을 받게 한 것이었다. 나는 고대의 어떤 자료에서도 이와 상반되는 암시를 접한 적이 없다. 물론 예외는 언제나 가능하다. 그러나 예수가 예외였다고 암시한 그리스도교 이야기꾼들에게는 그럴 만한 지극히 중요한 이유가 있었음을 기억해야 한다.

범죄자들의 공동묘지 이용에 대한 그리스와 로마의 관례

예수의 품위 있는 매장을 의심하는 두 번째 이유는, 당시 모든 범죄자를 공동묘지에 버리는 것이 하나의 규칙이었기 때문이다. 이에 대해서도 다양한 시기와 장소에서 여러 증거를 얻을 수 있다. 서기전 1세기 그리스 역사가 디오도루스 시클루스Diodorus Siculus는 알렉산더 대왕의 아버지인 마케도니아의 필립포스와 로크리아인들 사이에 벌어진 전쟁에 대해 말한다. 이 전쟁에서 필립포스는 적들에게 20명의 사람을 잃었다. 필립포스가 그들을 매장하기 위해 그들의 시신을 요청하자 로크리아인들은 "신전 도둑들은 매장 없이 밖에 버리는 것이 일반 법규"라고 말하며 이를 거절한다.(『역사 도서관Library of History』 16,25,2.)[15] 그리스 저자 디온 크리소스토무스Dio Chrysostom는 서기 100년경부터 아테네에서 "범죄 때문에 국가의 손에" 사형당한 사람은 누구든 "장차 사악한 사람의 흔적이 남지 않도록 매장을 거부당했다"고 지적한다.(『담화Discourses』 31,85.)[16] 로마인들 가운데서 벌어진 비슷한 사례도 있다. 전쟁 후 매장을 청한 한 포로에게 옥타비아누스는 "새들이 그 질문을 해결해줄 것"이라고 대답했다.(수에토니우스, 『아우구스투스Augustus』 13.) 로마의 역사가 타키투스는, 누구든 법적으로 단죄 받고 처형되면 "재산을 몰수당했고 매장을 거부당했기" 때문에 국가의 처형을 피하기 위해 자살한 한 남자 이야기를 들려준다.(『연대기Annals』 6,29.)[17]

예수는 예외적일 수 있다. 그러나 이러한 예외에 대한 증거는 아주 희박하다고 판단해야 한다. 십자가형에 처한 사람들은 보통 방치되어 동물들 먹이가 되었으며, 수치스러운 범죄에 대한 일부 형벌은 시신들이 금방 부패되어 서로 구별할 수 없게 되는 공동묘지에 버려지는 것이었다. 물론 예수 전승 안에서는 그의 몸이 다른 모든 이들과 구별되어야 했다. 그렇지 않으면 죽음에서 육체적으로 일으켜졌음을 증명할 수 없었기 때문이다.

본티오 빌라도의 정책
내가 매장 전승을 의심하는 세 번째 이유는 당시 유다에 대한 로마

법률과 관계있다. 초기 그리스도교 역사가들이 가장 아쉬워한 것 중 하나는, 서기 26년에서 36년까지 유다 총독으로 지내면서 예수에게 십자가형을 선고한 본티오 빌라도에 대한 정보가 너무 미약하다는 것이다. 그에 대하여 아는 것은 모두 일방적인 관점이다. 그는 피지배자들에게 자비와 친절을 보여주는 일에 전혀 관심이 없고 유대인의 감성을 전혀 존중하지 않던 흉포하고 폭력적이며 야비한 통치자였다.

빌라도의 총독직에 대한 현존 기록은 그의 통치기간에 발행된 동전들과 그를 언급하는 카이사리아에서 발견된 비문 정도로, 아주 희박하다. 신약성서 기록은 앞에서 언급한 이유들 때문에 다소 섞여 있다. 시간이 지나면서 복음서 저자들을 포함한 그리스도교 저자들은 빌라도는 예수에게 점점 더 동정적인 반면, 예수의 죽음을 요구한 고집 센 유대인들은 점점 더 적대시하여 묘사한다. 빌라도에 대한 이 점진적인 면책은 반유대교적 목적에 기여했다. 그래서 후대 복음서들(마태오, 루가, 요한)에 있는 예수 심문 이야기는 크게 의심하며 들어야 한다. 루가의 더 이른 초기 전승은 빌라도가 어떠했는지 보여준다. "빌라도가 갈릴래아 사람들을 죽여 그들의 제물을 피로 물들게 했던 것이다."(루가 13,1.) 이 문장은 유대인들이 종교적 임무를 수행하던 중에 빌라도가 그들을 죽인 것처럼 들린다. 마음을 심란하게 만드는 그림이다.

그러나 이것은 1세기 유대인 역사가 요세푸스가 그리는 빌라도의 모습과 일치한다. 요세푸스는 빌라도가 유다 총독으로 지내는 동안 있었던 두 사건을 전해준다. 첫 번째는 그가 취임했을 때의 일이다. 밤의 장막 아래서 빌라도가 처음 예루살렘에 왔을 때 그는 시내 주변에 황제의 형상으로 꾸며진 로마 깃발들을 배치했다. 아침에 그 깃발들을 본 예루살렘 유대인들은 격노했다. 모세의 율법이 시사하는 것처럼, 거룩한 도시에서는 다른 곳에서 신으로 숭배 받는 외국 통치자의 형상은 물론, 어떤 형상도 허용되지 않았기 때문이다. 유대교 군중은 카이사리아에 있는 그의 궁전에 나타나서 깃발을 제거하라고 요구하면서 닷새 동안 대치했다. 빌라도는 유대인들의 요구를 들어주는 데 전혀 관심이 없었다.(복음서들의 예수 심문 이야기와 대조된다!) 오히려 그는 닷샛날 끝에 군대를 지휘하여 항의하는 유대인들을 세 겹으로 포위하고 그들을 공격했다. 유대인들은 퇴각하기보다 자기들 목을 내놓았고, 군인들에게 전력을 다하라고 말했다. 그들은 항복하기보다 차라리 죽기를 원했다. 빌라도는 이러한 대중을 냉혹하게 살해할 수 없다는 걸 깨닫고 "유대인들의 이상한 미신에 놀라서" 깃발을 제거하라고 명령했다.(『유대고대사 Antiquities of the Jews』 18,3,1.)[18]

두 번째 사건은 실제 폭력을 유발했다. 빌라도는 예루살렘에 신선한 물을 제공하기 위해 수로를 건설하고자 했다. 그것은 좋은 일이었으나, 그는 성전의 거룩한 귀중품을 약탈해서 자금을 조달했다. 당국자들과 백성은 격노했고 크게 저항했다. 빌라도는 군인들을 변장시켜 군중 속으로 들여보냈고 그의 명령에 따라 칼이 아닌 곤봉으로 그들을 공격했다. 군인들의 습격으로 많은 유대인이 살해되었으며, 다른 많은 사람도 이어진 폭동으로 죽도록 짓밟혔다.(『유대고대사』 18,3,2.)

빌라도는 자기가 통치하는 백성의 저항을 친절하게 받아준 자비로운 총독이 아니었다. 과연 빌라도는 유대교 의회 구성원이 십자가형을 당한 희생자를 품위 있게 매장하겠다고 정중히 요청했을 때, 전통과 정책을 깰 만한 통치자였을까? 그렇다고 말하기 어렵다. 크로산이 경멸적으로 진술하듯이 "(빌라도는) 유대인들의 종교적 감성을 존중하지 않았고, 무장하지 않고 저항하는 군중을 평정하기 위해 잔인한 힘을 일상적 해결책으로 삼았던 평범한 2류 로마 총독이었다."[19] 빌라도 시대에 살았던 필론의 불평은 더욱 생생하며, 빌라도의 통치가 "타락, 절도, 폭력, 습격, 부패, 공판에 회부되지 않은 죄수들의 잦은 처형, 야만적 만행"을 특징으로 한다고 알려준다.(『가이우스 알현 사절단Embassy to Gaius』 302.)[20]

앞서 말했듯이 예수 부활 전승과 관련해서 우리가 전혀 알 수 없는 것들이 있다. 부활사화 자체가 전제하는 전승 중 하나는, 산헤드린 구성원이나 그들의 탁월한 동료 중 하나인 아리마태아 요셉이 예수를 품위 있게 매장했다는 것이다. 역사가로서 나는 이 전승이 분명한 거짓이라고 확신 있게 말할 수 있다고 생각하지는 않는다. 또 개들이 예수 시신을 먹어치운 것이 분명하다는 말도 지나치다고 생각한다. 다른 한편, 이 전승이 진실인지 확실하게 알 수 없고, 실제로 이를 의심하게 하는 아주 강력한 이유들이 있다. 나는 이 전승을 의심한다. 만일 로마인들이 평소의 일반적 정책과 관습을 따랐다면, 그리고 빌라도가 모든 자료에 나오는 바로 그런 인물이었다면, 처형된 날 누구든 확인할 수 있는 무덤에 예수가 품위 있게 매장되었을 가능성은 매우 낮다.

과연 빈 무덤이 있었나?

빈 무덤의 발견은 우선 무덤이 있었음을 전제한다. 그 무덤은 알려져 있었고, 물론 그 무덤이 발견된 것이다. 그러나 무덤이 있었는지 진지하게 의심하게 되면 빈 무덤 발견에 대한 설명도 의심받게 된다. 그리스도교 호교론자들은 초기 그리스도교 운동의 역사에서 빈 무덤 발견이 가장 튼튼한 역사적 자료 중 하나라고 종종 주장한다. 나도 그렇게 생각하곤 했다. 그러나 이것은 전혀 진실이 아니다. 매장 전승에 대한 의심을 고려한다면, 빈 무덤 발견을 의심할 수 있는 이유는 너무 많다.

특히 이것은 예수가 죽음에서 일으켜졌다는 것을 믿지 않는 역사가들이, 무덤이 비어 있는 이유를 굳이 설명할 필요가 없음을 의미한다. 호교론자들은 보통 이 설명을 신나게 즐긴다. 제자들이 시신을 훔쳤다고 말하는 이는, 자신이 했던 일을 확고히 믿는 도덕적 인간이라면 그런 짓을 결코 할 수 없었을 것이라는 이유로 공격받는다. 로마인들이 시신을 옮겼다고 말하는 이는, 그들이 그 일을 했어야 할 이유가 없고, 만일 그들이 시신을 옮겼다면 시신을 보여주었어야 했을 것이라는 주장들로 공격받는다. 여인들이 다른 무덤에 갔기 때문에 무덤이 비어 있었다고 말하는 이는, 다른 누군가가(예컨대 비신앙인이) 예수 무덤에 가서 시신을 드러내는 일이 있을 수 있다는 사실을 깨닫지 못하기 때문에 비난받는다. 예수는 사실 결코 죽지 않았고 단지 혼수상태에 빠졌다가 무덤에서 나왔다고 주장하는 이는, 거의 죽을 정도로 고문당한 사람이 곧 죽을 것처럼 보였어야 할 때 바위를 굴리고 생명의 주님으로 제자들에게 나타났다고 생각하기 때문에 조롱당한다.

나는 이 대안들 중 어떤 것에도 동의하지 않는다. 예수 시신에 어떤 일이 일어났는지 알 수 없다고 생각하기 때문이다. 그러나 이 문제를 역사학적 관점에서 본다면, 이 모든 견해는 하느님이 예수를 죽음에서 육체적으로 일으켰다는 주장보다 더 그럴듯하다. 부활은 모든 '가능성'을 무시하는 그런 기적일 것이다. 그렇지 않다면 기적이 되지 않았을 것이다. 가능성을 무시하는 사건이 단지 있을 법하지 않은 것보다 더 개연성이 있다고 말하는 것은 가능성과 관계된 모든 것에 위배되는 행위다. 물론 누군가 아무 생각 없이 시신을 옮겼을 것 같지는 않지만, 그런 일이 원천적으로 불가능한 것은 아니다. 예수 추종자들 중 한 사람이 시신을 훔치고 그에 대해 거짓말을 했을 것 같지도 않지만, 사람들은 항상 실수를 저지르고 그에 대해 거짓말을 한다. 종교적인 사람들도 그렇고, 심지어 종교적 지도자가 된 사람들도 그렇다. "자기가 알았던 것이 거짓임을 알았기 때문에 기꺼이 죽을 사람은 없다"는 주장으로 따돌림 당하는 사람은 없어야 한다. 대다수 제자들에게 결국 어떤 일이 벌어졌는지 우리는 알지 못한다. 그들이 신앙 때문에 모두 순교했다는 분명한 증거는 없다. 오히려 제자들 대다수가 그렇지 않았다는 것이 거의 확실하다. 그러므로 거짓말 때문에 죽는 누군가에 대해서 말할 필요는 없다.(게다가 역사 안에는, 거짓말이 더욱 위대한 선善에 기여할 것이라는 생각 때문에 죽어간 사람들의 사례가 무척 많다. 그러나 이것은 중요하지 않다. 우리는 대다수 제자들이 어떻게 죽었는지 알지 못한다.) 나는 무덤이 빈 이유에 대해 그럴듯하게 설명할 방식을 수십 가지는 댈 수 있다고 본다. 그리고 엄밀히 말해서, 이 수십 가지 방식이 모두 하느님의 행위라고 하는 것보다 더욱 설득력이 있다.

그러나 이 모든 것은 논점을 비켜나 있다. 우리는 무덤이 있었는지조차 알 수 없기 때문에, 무덤이 빈 채로 발견되었는지 어떤지도 알 수 없다.

이와 관련해 빈 무덤 발견 사화는 후대 전승으로 보인다는 것을 강조할 필요가 있다. 빈 무덤 사화는 예수 사후 35~40년 뒤에 쓰인 마르코복음서에 처음 나타난다. 가장 초기 증인인 바울로는 이에 대해 어떤 말도 남기지 않았다.

누군가 '무덤가 여인들'을 창작한 것일까?

그리스도교 호교론자들은 종종 빈 무덤 발견 사화를 아무도 만들어 내지 못했을 것이라고 주장한다. 무덤을 발견한 이들이 여성들이었기 때문이다. 이 추론의 배경에는 여성들이 널리 신뢰받을 수 없다는 믿음이 깔려 있다. 실제로 여성들의 증언은 법정에서 용인되지 않았다. 이 관점에 따라 만일 누군가 무덤을 발견했다는 의견을 창작하려 했다면, 분명 믿을 만한 증인인 남성 제자들이 발견했다고 했을 것이다.[21]

나 역시 이 관점을 유지하곤 했으며 그 위력을 이해한다. 그러나 지금은 이 사안을 더 깊게 바라보며 이 관점이 지닌 결점도 이해한다. 간단히 말하면, 이 관점은 상상력의 빈곤을 드러낸다. 남성이 아닌 여성 제자들이 무덤을 발견했다고 말한 사람들이 누군지 상상하는 데는 정신적 노력이 많이 필요치 않다.

우선 지적해야 할 것은, 우리가 말하는 것이 증인들이 증언하기 위해 소환된 유대교 법정에 대해서가 아니라는 점이다. 우리는 예수라는 남자와 관련된 구전전승에 대하여 말하고 있다. 그렇다면 빈 무덤의 증인들을 여성으로 만든 사람은 누구였을까? 아마 여성들이었으리라. 여성들이 초기 그리스도교 공동체들을 대표했다고 생각할 수 있는 여러 이유가 있다. 바울로 서간은 (예컨대 로마서 16장) 여성들이 교회에서 부제副祭, Deacon로서 직무를 수행하고, 가정에서 예배를 인도했으며, 선교 활동에 참여하는 등 중요한 지도자 역할을 했음을 전한다. 바울로는 로마교회의 여성 유니아를 '뛰어난 사도'라고 말한다.(로마 16,7.) 복음서들은 또한 예수의 직무 안에 있는 여성들을 시종일관 탁월하게 묘사한다. 이는 역사적 개연성이 무척 높다. 그러나 어떤 사건에서도, 새로운 그리스도교 공동체들이 주는 해방을 알게 된 여성들이, 예수의 삶과 죽음에 관련해서 자기들이 실제로 했던 것보다 더 중요한 역할을 수행한 것으로 묘사될 수 있도록 하기 위해서, 자기들의 견지에서 예수에 대한 이야기를 했다는 것을 받아들이기는 어렵지 않다. 여인들이 예수의 빈 무덤을 발견한 후 부활을 처음으로 믿게 되었다는 발상을 여성 이야기꾼들이 했다고 생각하는 데에는 엄청난 상상력이 필요하지 않다.

게다가 여인들이 빈 무덤을 발견했다는 주장은 역사의 실재성을 최선의 의미로 만든다. 매장을 위해 시신을 처리하는 일은 보통 남성이 아니라 여성 몫이었다. 그렇다면 시신을 처리하러 간 여인들 이야기가 왜 없겠는가? 더욱이 만일 그들이 시신에 기름을 바르기 위해서 무덤으로 갔다면, 빈 무덤을 발견한 사람들은 바로 그들이라는 것이 자연스러울 것이다.

여기에 더하여 가장 초기 자료들은 남성 제자들이 현장에서 달아났고 예수의 십자가처형 때 없었음을 아주 명확히 보여준다. 이것은 역사적 사실일 가능성이 높다. 제자들은 생명의 위협을 받았고 체포되지 않기 위해서 숨거나 도망쳤다. 그들은 어디로 갔을까? 갈릴래아로 갔을 것이다. 갈릴래아는 100마일 이상 떨어져 있어 걸어서 도착하려면 적어도 1주일은 걸렸을 것이다. 만일 남자들이 흩어졌거나 고향으로 돌아갔다면, 전승에서 무덤으로 가려고 남은 사람들은 누구겠는가? 사도들과 함께 예루살렘으로 왔던 여인들이었을 것이고, 그들은 체포될까 두려워할 필요가 없었을 것이다.

그리고 우리는 빈 무덤의 여인들을 '창작' 할 만한 순전히 문학적 이유들을 상상할 수 있다. 마르코가 이 이야기를 창작했다고 가정해보자. 나는 마르코가 그렇게 했다고 생각하지 않지만, 그가 전승에서 물려받았다고는 생각한다. 물론 이것을 확인할 길은 없다. 어떻든 마르코가 창작했다고 가정해보자. 문학적 관점에서만 보아도 마르코가 창작했을 수많은 이유가 있을 수 있다. 마르코복음서에 대해 알면 알수록 그 이유들을 생각하기가 더 쉽게 느껴진다. 여기서는 한 가지만 들겠다. 마르코는 자기 이야기 전체를 통해 남성 제자들이 예수를 이해하지 못했다는 특별한 관점을 유지한다. 예수의 모든 기적에도, 그의 모든 가르침에도, 그가 행하고 말하는 모든 것을 보았음에도, 그들은 결코 "이해하지 못한다." 그래서 복음서 끝에 이르러 예수가 죽은 상태로 있지 않고 일으켜졌음을 누가 알게 되는가? 여인들이다. 남성 제자들이 아니다. 여인들은 말하지 않으며 그래서 남성 제자들은 결코 예수를 이해하지 못했다. 이것이 마르코의 일관된 관점이며, 그가 문학적으로 일관되게 시도하는 것이다.

마르코가 이 이야기를 창작했다는 생각을 말하려는 게 아니다. 그러나 만일 우리가, 마르코가 이야기를 창작한 이유를 아주 쉽게 상상할 수 있다면, 그의 선배들에게도 그런 이유가 있을 수 있었음을 쉽게 생각할 수 있을 것이다. 결국 우리는 여인들의 빈 무덤 발견 이야기를 누군가 창작했을 "이유가 없다"고 단정 지어 말할 수 없다.

빈 무덤의 필요성
간단히 말하면, 예수가 알려진 무덤에 매장되었고 (누가 발견했든 간에) 그것이 빈 채 발견되었다는 이야기를 누군가 창작하고자 했던 이유들은 아주 많다. 가장 중요한 것은 빈 무덤 발견이 예수가 되살아났다는 주장의 중심이라는 점이다. 만일 빈 무덤이 없었다면 예수는 육체적으로 되살아나지 못했을 것이다.

나는 육체적이라는 형용사를 강조하고 싶다. 빈 무덤이 없다면, 예수가 육체적으로 되살아났다고 말할 근거가 없다. 다음 장에서 자세히 보겠지만, 초기의 일부 그리스도인은 예수의 영은 부활했지만 육체는 부패했다고 믿었다. 결국 이 관점은 그리스도교 영지주의자들 가운데에서 두드러지게 되었다. 정경 복음서들을 배출한 저자들의 공동체들 안에서도 이에 대한 증거를 볼 수 있다. 후대 복음서들일수록 예수가 단지 영적으로만이 아니라 육체적으로 일으켜졌음을 '증명'하려고 애쓴다. 가장 초기 복음서인 마르코에서 예수는 확실히 육체적으로 일으켜졌다. 무덤이 비어 있기 때문이다. 시신은 사라졌다. 조금 후대에 쓰인 마태오에서는 예수가 영으로만이 아니라 육체적으로 일으켜진 것이 더 분명하게 기술된다. 예수는 제자들에게 나타나고 일부는 그를 만지기도 한다.(마태 28,9.) 루가에서는 심지어 예수가 제자들에게 나타나 '유령'과 달리 살과 뼈를 갖고 있다고 하면서 만져보라고 권한다.(루가 24,39-40.) 그리고 제자들을 확신시키기 위해 그들 앞에서 음식을 먹는다.(24,41-43.) 더 후대에 쓰인 요한복음서에서 예수는 제자들을 위해 요리를 할 뿐만 아니라(요한 21,9-14) 의심하는 토마에게 상처에 손을 넣어 보라고 하며 죽음에서 육체적으로 일으켜졌다고 밝힌다.(20,24-29.)

일부 그리스도인들은 부활이 육체적 사건이 아니라고 의심했다. 신약성서 복음서들은 외경 복음서들과 대조적으로 부활이 실제로 예수의 육체적 부활이라고 강조한다. 이 논쟁들은 초기 그리스도교 공동체들 안에서 처음부터 발생했던 것으로 보인다. 그러므로 빈 무덤 전승은 비신앙인에게 예수의 부활을 보여주기 위해서만 작용한 것이 아니라, 신앙인에게 부활이 단지 영의 문제가 아니라 육체와 관련된 사안임을 보여주기 위한 작업이기도 했다.

5장

예수의 부활, 우리가 알 수 있는 것

나는 내가 신앙을 잃어버린 것을 염려하는 사람들로부터 이메일을 많이 받는다. 그들 중 많은 사람은 내가 결코 예수와 인격적 관계를 맺은 적이 없었을 것이라고 말한다. 나의 신앙은 분명 지적인 것이었고, 나는 신앙에서 빠져나오는 나의 방식을 '추론하였다.' 그들의 관점에서 볼 때, 만일 내가 학자나 지식인이 아니고 예수에 대한 신앙이 주님이자 구원자로서의 한 인격과 관계된 사안임을 깨달았다면, 나는 여전히 신앙 공동체에 있었을 것이다. 나는 낯선 사람들이 왜 그토록 나에게 관심을 기울이는지 정확하게 그 이유를 알지 못한다. 그리고 나는 내가 신앙을 떠났다는 사실이 적어도, 자신이 의심하고 있음을 명료하게 인정해본 적이 없고 그래서 자기 신앙을 되돌아볼 필요가 있는 사람들에게는 혹시 위협이 되지 않았나 생각한다. 이것이 맞든 틀리든, 내가 예수와 인격적 관계를 결코 가진 적이 없다는 것은 절대 진실이 아니다. 사실 이와 정반대다. 여러 해 동안 예수와 나는 아주 가까웠다. 예수는 나의 일상적 동료였고 위로자였고 안내자였고 교사였으며 나의 주님이자 구원자였다.

이와 동시에 (내가 귀의했던) 보수적 복음주의 그리스도교가 온전히 하느님과의 인격적 관계만 추구한 것은 아니었다. 이 그리스도교는 강한 지성적 요소도 갖추고 있었다. 현대 종교의 커다란 역설 중 하나는, 보수적 복음주의자들과 특히 근본주의적 그리스도인들이 지구상의 다른 어떤 종교 집단보다 계몽주의의 영향을 크게 받고 탄생한 자녀들이라는 점이다.

17세기와 18세기 지성적 운동은 계몽주의로 알려졌다. 계몽주의는 계시가 아닌 지성이 참된 지식의 궁극적 원천이라는 가치를 중시한 시대에 나타났다. 자연과학이 발흥하고 기술이 개발되었으며 정신에 관한 철학이 유행하던 시대였다. 계몽주의는 많은 교양인과 그들의 영향을 받은 다른 많은 이들에게 전통 종교의 사망을 유발했다. 기적과 초자연과 계시에 기반을 둔 모든 전통 종교에 대해서 이성적 회의주의를 들이댄 것은 무엇보다 계몽주의였다. 계몽주의는 인간 사상의 힘을 강조함으로써 지배적인 종교 전통들의 신화를 쫓아냈다. 계몽주의는 생각하고 믿는 것에 대해 객관적 확인을 추구하는 개인의 중요성을 강조했다.

보수적 복음주의 그리스도인과 근본주의자를 계몽주의의 자녀라고 말하는 이유는, 누구보다 이 집단에 속한 사상가들이 '객관적 진리'에 투신하기 때문이다. 현대 세계, 특히 유럽에서 그리스도교를 사망으로 이끈 것이 바로 객관적 진리에 대한 투신이다. 그렇기에 복음주의적 투신은 역설적이다. 어쩌면 이것은 불을 갖고 불과 싸우는 격이다. 그러나 현대의 그리스도교 호교론자들은 다른 누구보다, 우리 세계의 대다수 다른 교양인들보다 더 객관성의 중요성을 강조하고 옹호한다. 대학의 지식인들은 주변부 지식인이 아닌 한, '객관성'에 대해 말하는 경우가 거의 없다.

그러나 그리스도교 호교론자들은 그렇게 한다. 나도 호교론자였을 때에는 그랬다. 그리스도교 호교론자들이 부활을 '증명'하는 데 그토록 열심인 이유가 여기 있다. 표준적인 호교론적 무기는 이것이다. 당신은 부활에 대한 모든 증거를 객관적으로 볼 수 있으며, 압도적 증거에 기초하여 하느님이 실제로 예수를 죽음에서 일으켰다고 결론내릴 수 있다. 그러나 객관적으로 입증되었다는 역사적 자료를 설명할 수 있는 다른 해석은 없다. 예를 들면, 예수의 무덤이 비었다든가 제자들이 나중에 그를 보았다든가 하는 것이 전부다. 그래서 호교론자들은 이 두 자료를 '사실'로 취하며, 제자들이 시신을 훔쳤다거나 환각을 느꼈다든가 하는 다른 해석의 개연성을 부정한다.

만약 누군가 객관성 게임을 하고 싶다면(이것은 하나의 게임이다. 객관성을 객관적 진실로 만드는 것은 객관적으로 전무하다), 호교론적 책략에 구멍을 내기는 상대적으로 쉽다. 나 자신이 그리스도인이었을 때 부활을 믿게 하여 사람들을 개종시키려고 여러 해 동안 이 책략을 사용했다. 한편 이미 주장했지만, 예수가 품위 있게 묻혔으며 그의 무덤이 빈 채 발견되었다는 것을 의심할 만한 중대한 이유들이 있다. 게다가 다른 모든 시나리오가 가능성이 아무리 적어도, 엄청난 기적이 일어났다는 것보다 더 그럴듯하다고 주장했다. 기적은 모든 가능성을 무시하기 때문이다. 그렇지 않다면 그것을 기적이라고 부르지 않았을 것이다.

자료를 '객관적으로' 가장 잘 설명하는 논쟁의 의미와는 별개로, 더 큰 문제는 기적에 대한 신앙은 신앙의 문제지 객관적으로 입증된 지식의 문제가 아니라는 점이다. 이러한 이유로 어떤 역사가들은 예수가 일으켜졌다고 믿고, 똑같이 훌륭한 다른 역사가들은 그것을 믿지 않는다. 이 두 부류의 역사가들은 동일한 역사 자료를 갖고 있지만, 개인을 신앙인으로 만드는 것은 역사적 자료가 아니다. 신앙은 역사적 자료가 아니며, 역사적 지식은 신앙이 아니다.

이와 동시에 역사가는 신앙이나 불신앙에 대한 전제 없이 부활 전승의 특정한 양상에 대하여 이야기할 수 있다. 이것은 역사가들에게 반초자연적 경향을 가지라는 요구에 대한 문제가 아니다. 그들이 초자연적이건 반초자연적이건 역사가의 일을 할 수 있도록 편견을 멈추는 것과 관련된 사안이다. 이는 현존하는 증거를 기반으로 과거의 일을 최선으로 재구성하는 일이며, 역사적으로 모르거나 알 수 없는 많은 것이 있음을 수용하는 문제다.

앞 장에서 나는 우리에게 있는 증거를 기초로 추론할 때 부활 전승에 대하여 알 수 없는 것들이 있음을 주장했다. 우리는 하느님이 예수를 죽음에서 일으켰는지 예수가 품위 있게 묻혔는지 알 수 없으며, 따라서 그의 무덤이 빈 채로 발견되었는지도 알 수 없다. 그렇다면 우리가 알 수 있는 것은 무엇인가? 우리는 세 가지 아주 중요한 것을 알 수 있다. 1) 일부 유대인 제자들은 예수가 죽음에서 일으켜졌음을 믿었다. 2) 그들이 이것을 믿은 이유는 그들 중 몇 사람이 십자가 처형 후 그에 대한 환시를 보았기 때문이다. 3) 이 믿음으로 말미암아 그들은 예수가 누구였는지 재평가하게 되었고, 갈릴래아 출신 종말 설교가는 어떤 의미에서 하느님으로 인식되기에 이르렀다.

제자들의 믿음

예수의 일부 추종자들이 예수가 죽음에서 일으켜졌음을 믿었다는 것은 역사적으로 의심의 여지가 없다. 이것이 그리스도교가 시작된 방식이다. 만약 예수가 일으켜졌다고 생각한 사람이 아무도 없었다면, 그는 고대 유대교의 안개 속으로 사라졌을 것이고 오늘날 실패한 유대교 예언자로만 알려졌을 것이다. 그러나 예수 추종자들, 또는 적어도 그 일부는 하느님이 위대한 기적을 행해서 예수를 되살려 놓았다고 믿었다. 이것은 근사체험과 같은 단순한 소생이 아니었다. 예수의 제자들에게 예수는 불멸의 몸으로 일으켜졌고 하늘로 고양되어 그곳에서 전능한 하느님과 함께 살면서 다스리는 분이다.

내가 그의 추종자들 중 '일부'라고 말한 이유는 모든 제자들이 그 믿음을 전부 확신했던 것은 아니기 때문이다. 현존 자료로는 예수의 가장 가까운 제자들 중 누가 이 위대한 기적을 믿었는지 정확히 알기 어렵다. 몇몇은 확실히 믿었다. 그러나 그 자료들은 여러 해가 지난 다음에 쓰였고, '열두 제자'에 대해서는 거의 아무것도 없다.

불확실성에 대한 또 다른 문제는 예수의 부활과 고양에 대한 믿음이 언제 시작되었는가에 있다. 물론 전승은 죽은 후 사흘째 시작되었다고 진술한다. 그러나 내가 고린토전서 15장 3-5절을 분석하면서 주장했듯이, 예수가 사흘날에 부활했다는 인식은 원래 신학적 구성이지 역사적 정보가 아니다. 게다가 만일 예수가 체포되었을 때 제자들이 예루살렘에서 갈릴래아로 피신한 것이 진실이라면, 그리고 그곳에서 일부가 그를 '보았다면' 그들은 예수가 죽은 후 첫 일요일 아침에는 그를 볼 수 없어야 한다. 만일 그들이 금요일에 피신했다면 안식일인 토요일에는 여행할 수 없었을 것이다. 그리고 예루살렘에서 그들의 고향인 가파르나움까지 거리가 대략 120마일 정도이므로, 걸어서 가려면 적어도 일주일은 걸렸을 것이다.[1] 그들 중 일부 또는 한 사람은 예수가 십자가형에 처해지고 얼마 지나지 않은 시기에, (어쩌면 이어지는 주간이나 그다음 주간 또는 다음 달에?) 예수의 환시를 보았을 것이다. 우리에게는 이러한 판단을 내릴 수 있는 정보가 없다.[2]

예수가 죽음에서 일으켜졌다는 것은 첫 그리스도인들의 보편적 믿음이었지만, "죽음에서 일으켜졌다"는 정확한 의미와 관련해 믿음이 일관적이지 않았다는 것은 놀라운 일이며, 초기 그리스도교 전승을 깊이 들여다보지 않는 관찰자들은 이를 종종 간과한다. 특별히 초기 그리스도인들은 부활의 본성에 대하여, 구체적으로 부활한 몸의 본성에 대하여 오랫동안 열띤 논쟁을 벌였다. 여기서 나는 예수의 부활한 몸이 실제로 무엇이었는지에 대해 초기 교회의 저작들이 밝힌 세 가지 증언을 조사할 것이다.

영적인 몸의 고양

가장 초기 자료인 바울로의 저작과 함께 시작하여, '부활의 장'(1고린 15)을 다시 다루겠다. 고린토전서 15장은 예수 부활과 신앙인들의 미래 부활을 다루고 있기에 부활의 장이라는 이름이 붙여졌다. 여기서 바울로는 예수가 영적인 몸으로 죽음에서 되살아났음을 강조한다. 이 두 용어는 예수 부활에 대한 바울로의 관점을 이해하는 데 중요하다. 예수는 몸으로 일으켜졌지만, 그것은 영적인 몸이었다.

고린토전서의 많은 독자들이 첫 번째 요지를 경시하며 잘못 해석한다. 그러나 바울로는 단호하다. 예수는 죽음에서 육체적으로 일으켜졌다. 바울로는 고린토전서 15장에서 이 관점을 강조한다. 어떤 의미에서는 15장 전체가 이를 표현한다고 할 수 있다. 왜냐하면 고린토에 있던 바울로의 반대자들은 다른 입장이었기 때문이다. 그들의 관점에서 예수는 몸이 아니라 영으로 일으켜졌다. 예수와 함께 부활을 향유할 그리스도인들도 영적으로 일으켜진다. 그들의 몸이 아닌 내적 존재가 일으켜진다는 것이다. 이 반대자들은 현재 이미 자기들이 구원의 온전한 은혜를 경험했다고 믿었다. 바울로는 그의 편지에서 그들의 관점을 조롱하듯이 회고하면서 답장을 보낸다. "여러분은 벌써 배가 불렀습니다. 벌써 부자가 되었습니다. 우리가 없어도 여러분은 군림하게 되었습니다. 여러분이 참으로 군림하게 되어 우리 또한 여러분과 함께 군림할 수 있다면 좋겠습니다."(1고린 4,8.) 바울로가 이 말을 사실로 받아들이지 않고 비꼬듯 진술했다는 것은 맥락상 분명하다. 이어지는 문장에서 바울로는 그들이 정말로 임금이 되었으면 좋겠다고 말한다. 그러나 그렇지 않다. 사악한 현 시대는 약하고 무력하다. 예수의 추종자들이 온전한 구원의 은혜를 향유할 수 있는 시대는 그리스도가 하늘에서 귀환하는 다가올 시대이며, 예수 추종자들이 가난하고 비천하고 약하고 열등하고 사멸할 몸에서부터, 예수 자신이 부활 때 얻은 것 같은 놀랍고 영적이며 불멸하는 몸으로 일으켜질 때다.

이것이 고린토전서 15장의 요점이다. 신앙인의 부활한 몸이 예수의 부활한 몸처럼 될 것이라는 사실은(바울로는 이를 하나의 사실로 취했다) 부활이 아직 일어나지 않았음을 밝혀준다. 부활은 (순수하게 영적인 사건이 아니라) 육체적 사건이며, 육체적 사건이기에 아직 일어나지 않았다는 것이 분명하다. 우리는 여전히 불쌍하고 필멸하는 몸으로 살고 있기 때문이다.

그러나 예수가 일으켜졌을 때 그 몸은 단지 소생한 그의 시신에 생명이 돌아왔음을 의미하지 않는다. 그것은 놀랍게도 불멸의 몸, '영적인' 몸이었다. 그렇다, 몸이다. 물질적인 몸이다. 이 몸은 죽고 묻힌 그 몸과 긴밀히 연결되어 있다. 그러나 고통이나 불행이나 죽음을 겪을 수 없는 변모된 몸이다.

바울로는 미래에 몸이 부활할 것이라는 자신의 견해를 조롱하는 일부 반대자들에 대해 보고한다. "그러나 누군가 '죽은 자들이 어떻게 일으켜질 수 있는가? 어떤 몸으로 올 것인가?' 하고 물을 수도 있을 것입니다. 어리석은 사람! 그대가 씨 뿌리는 것도 죽지 않으면 살아나지 않습니다."(1고린 15,35-36.) 바울로는 계속해서 몸을 씨앗과 같은 것이라고 말한다. 씨앗은 땅에 헐벗은 채 뿌려지지만 살아 있는 식물로 자라난다. 몸도 이와 같다. 그것은 하찮고 헐벗고 생명 없이 죽지만 영광스럽게 일으켜진다. "하늘에 속한 몸들이 있는가 하면 땅에 속한 몸들도 있습니다. 그러나 하늘에 속한 것들의 광채가 다르고 땅에 속한 것들의 광채가 다(르기)" 때문이다.(15,40.) 그리고 이렇게 설명한다. "죽은 이들의 부활도 이와 같습니다. 썩을 것으로 씨 뿌려지지만 썩지 않는 것으로 일으켜집니다. 천한 것으로 씨 뿌려지지만 영광스러운 것으로 일으켜집니다. 약한 것으로 씨 뿌려지지만 강한 것으로 일으켜집니다. 자연적인 몸으로 씨 뿌려지지만 영적인 몸으로 일으켜집니다. 자연적인 몸이 있는가 하면 영적인 몸도 있습니다."(15,42-44.)

일으켜질 신앙인의 몸도 여전히 몸이다. 그것은 현재의 몸과 밀접하게 연결되어 있으나, 현재의 몸이 변모된 영광스럽고 불멸하며 영적인 몸이다. 바울로가 이것을 아는 이유는 예수가 일으켜졌을 때 가졌던 몸이 바로 이 몸이었기 때문이다.

현대의 일부 독자들은 여전히 현실의 몸이면서 어떻게 '영적인 몸'이 있을 수 있는지 이해하기 어려워한다. 문제는 오늘날 우리가 '영'과 '육'을 대립적인 둘로 생각하는 경향이 있다는 것이다. 영적 존재는 비가시적이며 비물질적이고, 육적 존재는 가시적이며 물질적이라고 생각한다. 우리에게 영은 실체가 없는 것이고 육은 '물질'로 구성된 것이다. 그러나 대다수 고대인은 영과 육을 이런 방식으로 이해하지 않았다. 바울로가 영적인 몸에 대해 말할 수 있었던 이유가 여기 있다. 우리 안에 우리가 가진 영 또한 '물질'로 구성되어 있다는 믿음은 고대에 널리 퍼졌던 견해다. 영은 물질적인 것이었다. 그러나 눈으로 볼 수 없는 매우 고도로 정제된 물질이다.(사람들이 '유령'을 보았다고 상상할 때 생각하는 것과 비슷하다. 무엇인가가 거기 있다. 비록 그것은 순수한 영일지라도 볼 수 있기 때문에 물질로 된 것이다.)[3] 바울로가 영적인 몸에 대해 말할 때 의미하는 것은 우리 몸을 구성하는 무겁고 거북한 물질로 된 몸이 아니라, 모든 면에서 뛰어나고 죽음에 종속되지 않고 고도로 정제된 영적 물질로 구성된 몸이다. 예수의 부활한 몸이 이와 같기에 이것이 미래 몸의 모습이다. 예수의 몸은 실제로 무덤에서 나왔다. 그러나 그때 그 몸은 영으로 구성되고 불멸의 몸으로 일으켜진 변모된 몸이었다.

현대의 독자들만 바울로의 관점을 혼란스럽게 느끼거나 바울로를 오해하며 읽은 게 아니었다. 우리는 바울로의 영적인 몸에 대한 일부 양상을 극단까지 강조한 다른 그리스도인들을 알고 있다. 어떤 사람들은 예수가 몸이 아니라 영으로만 일으켜졌다는 견해를 유지했고, 또 다른 사람들은 예수의 부활한 몸이 그의 시신과 아주 밀접하게 연결되어 있어서 필멸의 흔적을 그대로 담고 있다고 강조했다.

영의 고양

고대의 일부 그리스도인은, 고린토의 바울로 반대자들 가운데서 발견되는 입장과 비슷한 태도를 취하면서, 예수가 몸이 아니라 영으로 일으켜졌다는 견해를 유지했다. 그의 몸은 다른 몸들과 마찬가지로 무덤에서 죽고 썩었지만, 그의 영은 계속 살아서 하늘로 상승했다는 것이다. 이 관점은 다양한 그리스도교 영지주의자 집단들 가운데서 성행하게 되었다.

이 책의 맥락상 지금 그리스도교 영지주의에 대해 긴 토론을 할 필요는 없을 것이다. 영지주의에 대한 훌륭한 연구서들은 많다.[4] 여기서는 간단한 설명으로 충분할 것이다. 신약성서 시대 이후 다양한 집단은(이 집단들은 모두 예수와 제자들의 '원래' 관점을 자기들이 대표한다고 주장했다) 우리가 거주하는 물질적 세계는 악하고 타락한 장소이며, 궁극적으로 우리가 속하게 될 더 위대하고 영적인 영역과 조화를 이루지 못한다고 주장했다. 이 물질세계의 함정에서 탈출하는 길은, 우리가 정말 누구인지, 우리가 어떻게 해서 이곳에 있는지, 어떻게 하면 천상의 영적 본향으로 귀환할 수 있는지에 대한 비밀 지식, 곧 영지를 위로부터 얻는 데 있다. 이 관점에서 볼 때 예수는 우리에게 영지를 주기 위해서 천상 영역으로부터 내려온 인물이다. 이 집단들은 영지를 강조하기 때문에 영지주의자라고 불린다.

이 그리스도관에 대해서는 7장에서 더 상세히 논의할 것이다. 많은 영지주의자들은 예수 그리스도라는 인물을 한 사람이 아니라 사실상 두 사람으로 생각했다. 그는 인간 예수의 물질적인 몸에 깃들기 위해 일시적으로 위에서 내려온 신성한 존재였다. 이 관점에서 물질적 세계에 속하는 물질적인 몸은 그것을 창조한 하느님보다 열등하며, 예수의 죽음과 부활 때 초월적이 되었고, 그 몸은 살해되었으나 그와 구별되는 신성한 영은 다치지 않았다. 몸이 지상에서 썩도록 남겨질 동안 신성한 영은 자신의 천상 본향으로 귀환했다. 이 관점에서 육체적인 몸은 바울로에서처럼 영적인 몸으로 변모되지 않았으며 무덤에 버려졌다. 영은 실제로 '일으켜질' 필요가 없을 정도로, 과거 십자가 처형 때에도 계속 살아 있었다. 영은 십자가처형 때 육에서 탈출했다.

이 관점은 1945년 이집트 나그함마디Nag Hammadi에서 다른 영지주의 저작들과 함께 발견된 『콥트어 베드로 묵시록Coptic Apocalypse of Peter』에서 볼 수 있다. 본문은 예수의 십자가 처형을 본 베드로의 직접적인 설명을 제공하고 있다. 놀라우면서도 기이한 것은, 베드로가 예수에게 말하는 동안 다른 예수가 십자가에 처형되는 것을 본다. 여기에는 명백히 예수가 동시에 둘이다. 이보다 더한 묘사는 베드로가 십자가 위쪽에서 맴돌면서 웃는 세 번째 인물을 본다는 것이다. 이 인물 역시 예수다. 완전히 혼란에 빠진 베드로는 자기와 대화하는 예수에게 자기가 무엇을 본 것인지 묻는다. 구원자는 베드로에게, 그가 십자가에 못 박힌 것이 아니라 단지 '그의 육체적 부분'만 못 박혔다고 말한다. '살아 있는 예수'인 십자가 위에서 웃는 예수는 베드로에게 이렇게 말한다.

그들이 못 박은 이는 만배, 다이몬들의 집, 그들이 살고 있는 단단한 그릇, 엘로힘의(사람), 율법 아래 놓인 십자가의 (사람)이다. 그러나 그자 곁에 가까이 서 계신 분은 살아 계신 구원자, 그들이 붙잡은 자의 으뜸(을 차지하신 분)이시다. 그분께서는 풀려나셔서 기뻐하며 서 계신다. 그분께 폭력을 행사한 자들이 서로서로 분열된 것을 보셨기 때문이다. 그분께서는 그들이 눈멀었음을 비웃고 계신다. 그들이 타고난 소경임을 아시기 때문이다. 진실로, 고통을 겪는 자는 계속 그러할 것이다. 몸은 (그분의) 대체물이기 때문이다. 그러나 풀려난 그것은 몸이 없는 내 몸이다.(『콥트어 베드로 묵시록』 82.)[5]

죽은 것은 참된 하느님이 아닌 이 세상의 하느님(엘로힘: 히브리성서에서 하느님을 칭하는 용어)에게 속한 예수의 육체적 껍데기일 뿐이다. 진짜 예수는 잠시 동안 육체에 깃들어 있다가 해방된 비육체적 영이다. 이 '살아 있는 예수'는 웃고 있다. 왜냐하면 그의 원수들은 사실상 그를 건드릴 수 없는데도 죽일 수 있다고 생각하기 때문이다. 이 관점에 따르면, 일으켜진 것은 예수의 신성한 영이지 그의 몸이 아니다.[6]

필멸할 몸의 고양

이렇게 본격적인 영지주의적 관점이 얼마나 일찍 그리스도교 운동에 들어왔는지는 모른다. 적어도 2세기 중반에는 확실히 있었고 더 이른 시기일 수도 있다. 그러나 이미 신약성서 시기에도 이러한 관점을 향한 경향들이 있었다. 내가 앞에서 고린토의 사건들을 재구성한 것이 만약에 옳다면, 일부 신앙인은 이미 50년대에 예수의 육체가 아니라 영이 일으켜졌다는 관점을 가지고 있어야만 한다. 몇몇 그리스도인이 이러한 관점을 유지했다는 다른 증거는 후대의 복음서 전승 일부가 반박문을 꽤 자세히 서술한다는 것에서 찾을 수 있다.

예를 들어 80~85년경 쓰인 루가복음서에서, 제자들은 예수가 부활했을 때 그가 육체적으로 정말 예수였는지 확신할 수 없어서 어려움을 겪었다. 심지어 그들이 그를 보았을 때조차 그랬다. 루가복음 24장 36-37절은 이를 명백하게 진술하고 있다. "그들이 그런 말을 하고 있는데 예수께서 그들 가운데에 서시어 그들에게 "여러분에게 평화" 하고 말씀하셨다. 그들은 질겁하여 겁먹은 나머지 유령을 보는 줄로 생각했다." 예수는 그들을 꾸짖으며 그의 몸이 진짜임을 알 수 있도록 만져보게 한다. "내 손과 내 발을 보시오. 바로 나입니다. 나를 만지고 살펴보시오. 유령은 살과 뼈가 없지만 보다시피 나에게는 있습니다."(24,39.) 그들이 여전히 믿기 어려워하자 예수는 먹을 것을 요청한다. 제자들은 그에게 구운 생선을 주었고 그는 그들이 보는 앞에서 그것을 먹는다.

이 이야기의 요점은 그가 정말로 죽었던 예수이며, 그가 여전히 살과 뼈와 아마도 소화기관까지 갖춘 완전한 몸이라는 것이다. 부활한 예수의 육체적 본성에 대해 왜 이렇게 강조하는 것일까? 다른 그리스도인들이 몸의 부활을 부정했기 때문이라는 것이 거의 확실한 이유다. 만일 (고린토전서의) 바울로와 (『콥트어 베드로 묵시록』의) 영지주의자들이 예수가 몸으로 부활했다는 것을 두고 논쟁을 벌였다면, 루가는 확실히 바울로 편에 섰을 것이다.

그러나 차이점도 있다. 바울로가 고린토전서에서 예수의 영적인 몸에 대해 말할 때는 몸이 불멸의 존재로 변모된다고 강조한다. 바울로에게는 이것이 꼭 필요한 일이다. 살과 피로 된 몸은 하느님 나라에 들어가기에 적당한 '요소'가 아니기 때문이다. 그가 솔직하게 진술하듯이 "살과 피는 하느님의 나라를 상속받을 수 없으니, 썩는 것이 썩지 않는 것을 상속받지 못하는 것입니다."(1고린 15,50.) 필멸하고 썩어 없어질 몸은 불멸하고 썩지 않는 영적인 몸으로 변모될 것이다. 오직 그때에만 영원한 생명을 물려받을 것이다. 바울로에게 이 몸은 예수가 부활 때 가졌던 몸이다.

그러나 루가복음에서 예수의 부활한 몸은 단지 그의 시신이 소생한 것처럼 나타난다. 루가는 부활한 몸을 (하느님 나라에 들어갈 수 없다고 한 바울로의 용어인) '살과 피'라고 말하지 않고, '살과 뼈'라고 분명히 말한다.(루가 24,39.) 그리고 이 몸은 영과 달리 구운 생선을 먹는다. 루가는 마치 영으로 부활했다고 주장하길 원하는 이들에 맞서기 위해 몸으로 부활했다고 강조하는 듯하다. 그렇게 하면서 루가는 예수 몸의 아주 실제적인 육체적 특성을 더욱 강조함으로써, 변모된 몸이 아니라 죽은 몸과의 순수한 연속성 안에 있는 몸으로 묘사하면서 바울로의 관점을 변경했을 수 있다.

요한복음서의 '의심하는 토마' 장면도 비슷한 점을 강조한다. 요한복음 20장 24-28절에 따르면, 예수가 처음 제자들에게 나타났을 때 토마는 그곳에 없었다. 그는 그들이 부활한 주님을 만났다는 것을 믿지 않았고, 예수 상처에 손을 넣어보기 전에는 결코 믿지 않을 것이라고 조금 지나치게 강조한다. 물론 예수는 토마에게 나타나서 그렇게 해보라고 한다. 토마는 즉시 믿는다.

여기서도 예수는 십자가에 못 박히고 상처 입은 바로 그 몸 안에 있다. 이렇게 루가와 요한은 예수의 부활한 몸의 실재와 십자가에 못 박힌 몸의 절대적 연속성을 강조한다. 그렇기에 이 몸은 확실히 바울로가 전하는 것 같은 '변모된' 어떤 것은 아니다. 이 복음서들에서조차 예수는 잠긴 문을 통과해서 나타나고 일종의 변모된 모습처럼 보이기에 더 이상 평범한 몸은 아니라고 주장할 수 있을지 모르겠다. 그러나 전하는 바에 따르면 예수 몸은 이미 초인적 능력을 갖고 있었음을 기억할 필요가 있다. 예를 들어, 그는 물 위를 걸을 수 있었고 제자들이 있는 데서 '변모되었다.' 그래서 루가와 요한에서는 부활 이전과 이후의 몸이 실제로 동일한 몸임을 강조하는 것처럼 보인다.

이 관점은 결국 후대 그리스도교 전체에 적잖은 영향을 끼치게 되었다. 왜냐하면 8장에서도 보겠지만, 예수가 몸을 가진 적이 있음을 부인한 일부 그리스도인들이 있었기 때문이다. 예수의 육체성에 대한 강조는 육체를 부인하는 모든 관점을 잠재우기 위한 것이었다. 예수는 생전에도 부활 후에도 실제 몸을 가졌다. 살과 피로 이루어진 것이 아닌, 영적인 몸을 강조했던 바울로의 관점은 시간이 지나면서 중요시하지 않게 되었다.

바울로 이전 가장 초기 그리스도인들이 부활 이후 예수 몸에 대해서 바울로와 비슷한 관점을 지녔는지, 아니면 루가와 요한에게 더 가까웠는지, 실제로 어떻게 생각했는지 알기는 무척 어렵다. 확실한 것은 예수가 다시 몸으로 생명을 얻었고, 이 몸은 실제로 육체적 특성을 지닌다고 가장 초기 예수 추종자들은 믿었다는 것이다. 이 몸은 볼 수 있고 만질 수 있으며 다른 이들이 들을 수 있는 목소리를 갖고 있었다. 그리스도교 전통 맨 처음에 왜 그들은 이렇게 생각하게 되었는가? 예수가 죽음에서 일으켜졌다고 믿게 만든 것은 무엇이었나? 무엇인가가 그렇게 했다. 그것이 무엇이었는지 우리는 안다. 예수의 일부 추종자들이 예수의 십자가 처형 후 그에 대한 환시를 보았던 것이다.

예수에 대한 환시

예수의 일부 제자들이 예수가 죽음에서 일으켜졌다고 생각했다는 것은 논쟁의 여지가 없다. 그들이 그렇게 생각하려면 어떤 일이 발생했어야만 한다. 가장 초기 기록들은 이 점에 대해서 일관성을 보이며, 한 가지 중요한 점, 곧 부활에 대한 제자들의 믿음이 환시 체험에 기초를 두었다는 점에서 역사적으로 의존할 수 있는 정보를 제공하고 있다.

부활신앙에서 환시의 중요성

첫 제자들을 부활신앙으로 이끈 것은 다름 아닌 바로 환시였음을 강조하고 싶다. 종종 빈 무덤 발견과 예수의 발현 등의 사건들이 결합되어 부활신앙으로 이끌었다고 진술된다. 그러나 나의 관점에서 빈 무덤은 부활신앙과 아무 관계 없다. 그 이유는 단지 빈 무덤 보고가 매우 의심스럽다는 데에만 있지 않다. 앞으로 설명하겠지만 더 중요한 이유는, 빈 무덤이 신앙을 만들어내지는 못한다는 데 있다. 그리고 이보다 더 중요한 이유는, 가장 초기 기록들을 통해 빈 무덤이 신앙을 만들지 않았음을 알 수 있기 때문이다.

초기 기록들부터 살펴보자. 부활신앙에 대해 우리가 가진 가장 오래된 전승은 고린토전서 15장 3-5절에 나오는 바울로 이전 신경으로, 이에 대해서는 이 책 4장에서 조사했다. 이 신경은 빈 무덤에 대해 전혀 말하지 않으며, 제자들이 부활을 믿게 된 이유가 예수의 발현 때문이었음을 암시한다. 바울로도 마찬가지다. 그는 빈 무덤을 보았기 때문이 아니라 환시 때문에 믿었다.(갈라 1,15-16; 1고린 15,8.)

후대에 쓰인 복음서의 설명도 같은 관점을 제공한다. 마르코복음서는 무덤이 비었다는 '사실'을 기록하지만, 놀랍게도 빈 무덤 때문에 예수가 일으켜졌다는 것을 믿게 된 사람에 대한 기록은 없다. 루가의 설명은 더욱 놀라운데, 무덤이 빈 채 발견되었다는 보고는 '헛소리'로 여겨졌으며 어느 누구도 그 때문에 신앙을 갖지는 않았다고 명백하게 말한다.(루가 24,11.) 오직 예수가 제자들에게 나타났을 때에만 신앙을 가질 수 있었다.(24,13-53.) 똑같은 관점이 요한복음에서도 제기된다. 마리아 막달레나는 빈 무덤을 발견하고 혼란스러웠지만 아직 부활을 믿지는 않는다. 대신에 그녀는 누군가 예수의 시신을 다른 장소로 옮겼다고 생각한다.(요한 20,1-13.) 예수가 나타날 때까지 그녀는 믿지 않는다.(20,14-18.)

이 이야기들은 논리적으로 추리할 때 다음에 따라와야 할 사항이 무엇인지 보여준다. 만일 누군가 무덤에 묻히고 그 후 시신이 거기에 없을 때, 이 사실 하나만으로 하느님이 그를 죽음에서 일으켰다고 생각하도록 만들지는 못할 것이다. 바위로 만든 무덤에 시신을 두었다고 가정해 보라. 뒤에 시신이 없어진다. 가장 먼저 떠오르는 생각은 무엇인가? 분명 '부활'은 아닐 것이다. '도굴범들'을 떠올리거나 "누군가 시신을 옮겼다"고 생각할 것이다. 아니면 "내가 다른 무덤에 온 게 분명해"라고 여기든지 다른 이유를 떠올릴 것이다. "와우, 이 사람이 하느님 오른편으로 올라갔네!"라고 생각하지는 않을 것이다.

　이 논점은 데일 앨리슨Dale Allison이 예수 부활에 대해 훌륭하게 논의한 책에서 설명한 관점과 상반된다.[7] 나는 몇 가지 점에서 그에게 동의하지 않는다. 앨리슨은 만일 예수의 제자들이 그의 죽음 이후에 환시를 보았다고 해도(이 점은 앨리슨과 내가 모두 동의한다) 무덤이 비었음을 그들이 확인하지 않는 한, 이 환시가 제자들로 하여금 예수가 육체적으로 일으켜졌다고 생각하게 하지 못했을 것이라고 주장한다. 표면적으로 이 관점은 매우 이치에 맞는 것처럼 보인다. 그러나 이 관점이 지닌 문제는 예수 제자들이 누구였는지, 그리고 예수를 죽음으로 이끈 사건들 이전과 이후에 그들이 무엇을 믿었는지 간과한다는 점이다.

　예수는 무엇보다, 사악한 현 시대의 종말에 죽은 자들이 심판받고 부활할 것이라고 여겼던 유대교의 다른 묵시론자들에 동의한 유대교 묵시론자였다. 예수의 관점에서 죽은 자들은 심판 때 육체적으로 일으켜질 것이며, 하느님 편에 섰다면 보상을 받고 악의 세력과 제휴했다면 벌을 받게 될 것이다. 하느님 나라에서의 사후 생에는 몸의 부활이 수반될 것이다.

　그러면 제자들은 누구였는가? 당연히 그들은 예수의 묵시론적 메시지를 수용하고 묵시론적 관점을 채택한 예수의 추종자들이었다.[8] 만일 이 묵시론적 유대인이, 예컨대 하느님이 특별히 총애했던 메시아의 부활과 더불어 죽은 자들의 부활이 시작되었다고 믿었다면, 부활에는 무엇이 수반될 것인가? 몸의 부활이 수반된다는 것은 자연스럽고 당연하다. 이것이 바로 이 사람들이 생각한 '부활'이었다. 부활은 몸 없는 영의 지속적인 삶을 의미하지 않았다. 부활이란 몸이 소생하고 영광스럽게 되는 것을 의미했다. 만일 제자들이 예수가 죽음에서 일으켜졌다고 믿게 되었다면, 그들은 그의 몸이 더 이상 죽은 것이 아니라 생명을 얻었다고 즉시 이해했을 것이다. 그들에게는 이를 증명하기 위한 빈 무덤이 필요 없었을 것이다. 물론 무덤은 비어 있었다. 그것은 너무나 분명하다. 예수는 다시 살아났고, 그것은 그의 몸이 일으켜졌다는 뜻이었다.

빈 무덤 사화는 후대에, 고린토전서 15장 3-5절에 있는 신경 이후에, 바울로의 저작들 이후에 생긴 것이다. 초기 전승이 아니라는 말이다. 빈 무덤 이야기들이 퍼지고 논의되던 때조차도 마르코와 루가와 요한이 전하듯이, 그리스도인들은 빈 무덤 자체가 신앙을 불러일으키지 않았음을 알고 있었다. 무엇인가가 그렇게 했다. 예수의 일부 제자들이 십자가 처형 이후 살아 있는 예수의 환시를 보았던 것이다.

용어: 환시란 무엇인가?

더 진행하기 전에 내가 사용하는 용어에 대해 확실히 해두겠다. 예수의 죽음 후 일부 제자들이 거의 확실히 '환시'를 보았다고 말할 때 그 의미는 무엇인가?

나는 환시라는 용어를 어떤 특정한 전문적 의미로 사용하지 않는다. 단순히 '보인' 어떤 것을 의미하며, 그 어떤 것이 실제로 있었는지 없었는지는 상관없다. 달리 말하면 제자들이 보았던 것 이면에 어떤 외부적 실재가 있었는지 질문하지 않는다는 뜻이다. 환시를 연구하는 학자들은 진짜 환시와 몽상적 환시에 대해 말한다. 전자는 어떤 사람이 실제로 있는 것을 본 것이고, 후자는 실제로 없는 것을 본 것이다. 때로 우리는 침실에 누군가 있을 때 희미한 모습을 본다. 다른 때에는 '그냥 사

물만 본다.'

예수의 제자들이 체험한 환시를 보면, 그리스도 신앙인들은 일반적으로 외부적 실재가 있었다고 말할 것이다. 곧 예수가 실제로 사람들에게 나타났다는 것이다. 이 관점을 가진 사람이라면 누구든 그 진짜 환시를 예수의 '발현'이라고 부를 것이다. 비그리스도인들은 이 환시가 몽상적이라고 말할 것이고, 아마도 심리학적 또는 신경생리학적으로 유발된 현상이라고 할 것이다. 그들은 이러한 환시를 '환각'이라 부를 것이다. 미국 정신의학회의 『정신질환의 진단 및 통계학적 설명서』는 '환각'을 "진짜 지각처럼 강력한 실재 감각을 지니지만, 관련 감각기관의 외부적 자극 없이 발생하는 감각적 지각"으로 정의한다.[9] 여기서 '감각적 지각'은 단지 '시각'만이 아니라, 청각·촉각·후각·미각 등 다른 감각도 지칭한다.

나의 입장은 환시가 진짜인지 아닌지에 따라 좌우되는 것이 아니기 때문에, 예수가 실제로 사람들에게 나타났다거나 그들의 환시가 환각이었다든가 하는 문제에 초점을 두지 않는다. 나는 불가지론자로서 개인적으로 예수가 죽음에서 일으켜졌다는 것을 믿지 않으며, 그가 누군가에게 '나타났다'는 것도 믿지 않는다. 그러나 제자들의 환시에 대해서 내가 말하는 것들은 내가 확고한 신앙인이던 시절에도 쉽게 말할 수 있었을 것이다.

부활에 대한 많은 논의는 '환시가 진짜냐? 아니냐?'는 문제에 초점이 맞추어져 있다. 대다수 신약성서 학자들은 그리스도인인 까닭에 그리스도교적 관점을 자연스럽게 취하는 경향이 있다. 제자들이 체험한 예수 발현이 진짜였다는 것이다. 이 관점은 최근에 발간된 다수의 출판물에도 강조되어 있으며, 그리스도교 호교론자 마이클 리코나Michael Licona와 유명한 신약성서 학자 니컬러스 토머스 라이트N. T. Wright의 방대한 저서들에도 그러하다.[10]

그러나 일부 걸출한 신약성서 학자들은 문제의 이면도 강하게 주장한다. 예컨대 독일의 회의주의적 학자 게르트 뤼데만Gerd Lüdemann은 베드로와 바울로가 체험한 예수의 환시는 심리학적으로 유발된 것이라고 주장한다. 그의 관점에서는, 예수도 죽었을 때 다른 모든 이들처럼 몸이 부패되었다. 그래서 뤼데만은 이렇게 말한다. 그리스도교는 육체적 부활에 뿌리를 두지만 예수는 사실 육체적으로 부활하지 않았기 때문에, "그리스도교 신앙은 예수가 죽은 것과 마찬가지로 죽었다."[11]

영국의 신약성서 학자이자 지성적 잔소리꾼 마이클 굴더Michael Goulder는, 사람들이 전에는 초자연적 방식으로 설명했지만 지금은 완전히 과학적으로 해명할 수 있는 것들이 많다고 주장한다. 그러나 어떤 현상에 대하여 자연적 설명이 존재할 때 우리는 더 이상 초자연적 설명을 필요로 하지 않는다. 예를 들어, 굴더는 현재 우리가 히스테리, 마비, 떨림증, 무감각증 같은 증세로 부를 수 있는 것들을 중세에는 악령에 들린 것으로 보았다고 지적한다. 오늘날 히스테리를 치료하면서 악령을 붙잡는다고 생각하는 의사는 없을 것이다. 과거에 초자연적 설명을 요구받던 것에 대해 이제 우리는 자연적 설명을 할 수 있다. 굴더의 또 다른 예는 1588년에 벌어진 일이다. 영국군이 스페인 함대를 향해 발포했을 때 처음에 대포알은 멀리 있는 배들을 맞힐 수 없었다. 영국군 선장은 이것이 '우리 죄' 때문이라고 단언했다. 그러나 스페인 배들이 더 가까운 범위에 왔을 때 대포알은 그 배들을 명중시키기 시작했다. 이렇게 자연적 설명(상대적 근접성)은 더 이상 종교적 설명(우리 죄 때문에)을 요구하지 않게 만들면서 종교적 설명을 대신했다. 굴더의 관점에서는 제자들의 환시에 대해서도 똑같은 말을 할 수 있다. 만일 우리가 자연적 설명을 제시할 수 있다면, 예컨대 심리학적으로 유발된 환시처럼 초자연적 해설을 할 필요가 없다.[12]

나는 신앙인과 비신앙인 사이에 벌어지는 이러한 논쟁에 흥미를 느끼지만, 그것을 다루는 것은 나의 목적이 아니다. 예수 제자들의 환시가 진짜든 환각이든, 내 생각에는 결과가 동일하다. 예수가 죽음에서 일으켜졌다고 제자들이 믿게 된 이유는 바로 환시 때문이다. 그리고 나는 데일 앨리슨의 아래 주장에 동의한다.

나는 양심적인 역사가가 신학적이거나 반신학적인 가설 또는 초자연적 가설이나 반초자연적 가설에서 비켜가는 것을 막을 수 있는 것은 없다고 믿는다. 그리고 역사가들로부터 어떤 특별한 해석을 요구하지 않는 현상학적 접근을 채택하는 것도 막을 수 없다고 본다. (역사가가) 제자들의 체험이 환각적이든 아니든 간에, 그들이 적어도 자신들의 주관성 밖에서 기원을 취한 참된 체험이었다고 관측하는 것으로 만족한다고 해서 역사적 죄가 될 것인가?[13]

나는 신앙인들이나 비신앙인들이 이러한 체험의 취지에 대해 공동의 토대에 도달할 수 있으려면, 환시가 진짜든 아니든 간에 외부 자극의 문제를 결정하지 않은 채 남겨두어도 전혀 역사적 죄가 되지 않는다고 생각한다. 이것이 나의 궁극적 관심사다.

내 판단에는, 예수의 환시를 연구하는 대다수 학자들이 환시의 취지를 고찰하면서 즉시 드러나는 문제를 충분히 다루지 않았다고 생각한다. 예수가 제자들에게 나타났음에도 일부 제자들이 부활을 의심했다는, 완강하면서도 널리 퍼진 전승은 왜 우리 손에 있는 것일까? 만일 예수가 죽은 다음에 살아서 그들에게 왔고 그들과 이야기했다면 의심할 일이 무엇이겠는가?

이 질문이 절박한 이유는, 환시 체험자는 거의 언제나 그것을 믿었다는 것을 현대의 환시 연구가 밝혀주기 때문이다. 예를 들어 사랑하는 사람을 잃어버린 사람이 환시를 체험할 때, 그들은 정말 그 사람이 환시 체험 장소에 있었다고 깊이 믿는다. 그렇다면 왜 예수의 환시는 줄곧 믿지 않았던 것일까? 왜 그들은 집요하게 그것을 의심했나?

마르코복음에서는 예수가 누구에게도 나타나지 않았으나, 마태오, 루가, 요한복음과 사도행전에서는 나타났다. 대다수 독자들은 이것을 결코 알아채지 못하지만, 이 모든 이야기들 안에서 우리는 오히려 제자들이 예수가 일으켜졌음을 의심했다는 직접적인 진술을 만난다.

마태오복음 28장 17절에서 예수는 열한 제자에게 나타나지만 '일부는 의심했다.' 만일 예수가 바로 거기 그들 앞에 있었다면 그들은 왜 의심했을까? 우리는 루가복음 24장의 여인들이 예수가 일으켜졌다고 보고할 때 제자들이 그것을 '헛소리'로 여기고 믿지 않았다는 것을 이미 살펴보았다.(루가 24,10-11.) 그리고 예수가 제자들에게 나타났을 때 자기가 영이 아님을 '증명'하기 위해 자신을 만져보게 했다. 그것으로도 부족해서 제자들을 확신시키기 위해 구운 생선을 먹어야 했다.(24,37-

43.) 요한복음에서도 처음에는 베드로와 애제자가 무덤이 비어 있다는 마리아 막달레나를 믿지 않았고, 직접 확인했다.(요한 20,1-10.) 그러나 그보다 더 큰 의심을 보여주는 것은, 제자들이 예수를 보았을 때조차 그가 예수임을 믿지 않는다는 것을 본문이 명확히 암시한다는 것이다. 예수가 제자들을 확신시키기 위해 자기 손과 상처를 보여주어야 했던 이유가 여기 있다.(20,20.) 의심하는 토마도 마찬가지다. 그는 예수를 보지만, 상처를 확인해보라는 말을 들었을 때에야 의심을 풀었다.(20,24-28.)

신약성서 전체에서 가장 당혹스런 구절이 하나 있다. 사도행전 1장 3절은 예수가 부활 후 제자들에게 자신이 살아 있음을 '여러 가지 증거'로 보여주면서 40일을 그들과 함께 보냈다고 전한다. 40일이다! 여러 가지 증거? 정확히 얼마나 많은 증거가 필요했겠는가? 그래서 그들을 확신시키는 데 40일이 소요됐던 것일까?

이 의심 전승과 밀접히 관련된 것들은 부활 후 제자들에게 나타난 예수를 알아보지 못했다는 복음서의 장면들이다. 이것은 루가복음 24장 13-31절에 나오는, 엠마오로 가는 도상에 있던 유명한 두 제자 이야기의 중심 사상이다. 이 두 사람은 예수에 대해 이야기하면서도 예수와 이야기했음을 알아채지 못했고, 예수가 그들과 함께 빵을 떼어 나누어주기 전까지 알지 못했다. 이와 비슷하게 요한복음 20장 14-16절에서 마리아 막달레나는 예수가 일으켜진 것을 처음 보았으나, 곧바로 예수를 알아채지 못했다. 그녀는 자기가 정원지기와 이야기한다고 생각했다. 요한복음 21장 4-8절도 마찬가지다. 부활 후에 제자들은 고기를 잡고 있었고 예수가 물가에 나타나서 그들과 대화했다. 그러나 그들은 애제자가 알아채기 전까지 예수를 알아보지 못했다.

이 이야기들을 어떻게 생각해야 할까? 일부 독자들은 만일 제자들이 단지 '환시'만 보았다면 그들이 본 것에 대해 상당히 의심했을 것이라는 게 타당하다고 제안한다. 이것은 흥미로운 관점이다. 그러나 이미 말했고 앞으로 자세히 보겠지만, 환시체험자들은 자신이 본 것을 의심하지 않는 경향이 있다. 다양한 맥락의 환시체험 보고자들과 관련해 가장 인상적인 것은, 그들이 자기 머리로 환시를 만들어낸 것이 아니라 환시가 진짜라는 것을 집요하고 때로는 맹렬하게 주장한다는 점이다. 이 주장은 사랑하는 사람들이 죽은 후 그들을 본 사람들(때로 사랑했던 죽은 사람들과 이야기하고 껴안기도 한다), 성모 마리아처럼 위대한 종교적 인물을 본 사람들(성모 마리아를 본 사람들에 대한 보고와 문서작업은 엄청난 범위에 이른다), 미확인비행물체에 납치되었다고 주장한 사람들에 이르기까지 전반적으로 나타나는 현상이다.[14] 환시체험자들은 정말 그것을 믿는다. 그러나 여러 제자들은 '증거'를 보기 전까지 믿지 않았다고 보고한다.

내가 임시로 제안하는 것은, 예수 사후에 더 많은 사람이 볼 수도 있었겠지만 그중 세 사람이나 네 사람 정도만 예수환시를 체험했다는 것이다. 이 중 베드로는 거의 확실하다. 왜냐하면 베드로의 예수 환시에 대한 보고들은 가장 초기 기록인 고린토전서 15장 5절을 포함해, 우리가 가진 자료 모든 곳에 나오기 때문이다. 그리고 바울로가 실제로 베드로를 알고 있었다는 것을 기억할 필요가 있다. 바울로도 스스로 예수 환시를 체험했다고 분명하게 진술하고 있으며, 예수가 자기에게 나타났다는 그의 말을 그대로 믿을 수 있다고 생각한다. 비록 복음서들 다른 곳에는 나오지 않지만, 각 복음서들의 부활 사화에는 마리아 막달레나가 출현한다. 그녀는 신약성서 전체에서 예수의 공생활 동안 딱 한 구절에만 나오지만(루가 8,1-3), 예수가 일으켜졌다고 선포하는 첫 인물은 항상 그녀다. 왜 이러한가? 한 가지 가능한 설명은, 마리아 막달레나 역시 예수가 죽은 후 환시를 체험했다는 것이다.

베드로, 바울로, 마리아 막달레나 이 세 사람은 자기들이 본 환시에 대하여 다른 사람들에게 말했음이 틀림없다. 다른 사람들도(예를 들면 예수의 형제 야고보) 그랬을 가능성이 있으나 분명히 말하기는 쉽지 않다. 그들과 가까운 관계를 맺었던 대다수는 그들을 믿었고 예수가 죽음에서 일으켜졌다고 생각하게 되었다. 그러나 원래 제자들 중 일부는 아마도 부활을 믿지 않았던 것 같다. 이 부정은 복음서들 안에 완강한 의심 전승이 들어간 이유를 설명해줄 것이고, 심지어 예수가 제자들 앞에 있었다고 전하는 경우에도 그가 죽음에서 일으켜졌음을 '증명'해야 했다(루가, 요한, 특히 사도행전이)고 그토록 강조한 이유를 설명해줄 것이다. 만일 역사적으로 오직 소수 사람들만 환시를 보았고 모두가 그 환시를 믿은 것이 아니라면, 이것은 여러 가지를 설명해준다. 마리아는 자신의 환시를 의심하지 않았고, 베드로와 바울로도 마찬가지였다. 그러나 다른 사람들은 의심했다. 그럼에도 예수의 '발현' 이야기들은 입에서 입으로 전해졌기 때문에, 당연히 윤색되고 과장되고 꾸며지기까지 했다. 그래서 불과 몇 년 사이에 제자 모두가 다른 사람들과 함께 예수를 보았다고 전하는 것이다.

넓은 관점에서 본 환시

나의 주장을 펴는 데 예수의 환시가 진짜이든 환각이든 중요하지 않다는 것은 앞에서 말했다. 그러나 이 환시를 더 깊이 이해하려면 환시 연구 학자들이 환시 체험에 대해 무엇이라 말했는지 볼 필요가 있다. 환시에 대한 가장 진지한 연구가 환각적 환시들에 대한 연구라는 것에는 분명한 이유가 있다. 자기 눈앞에서 무언가를 보는 사람들은 그냥 거기에 있는 것을 본다. 그러나 왜, 그리고 어떻게 사람들은 자기 눈앞에 없는 것들을 보는가? 예수 제자들이 보고한 초기의 환시를 더 자세히 평가하기 위해, 다른 사람들은 자기가 본 환시에 대해서 어떻게 말했는지 살펴볼 필요가 있다.

심리학자 리처드 벤탈Richard Bentall은 「환각 체험」이라는 글에서 신뢰할 만한 설명을 하고 있다.[15] 벤탈은 육체적이거나 정신적 질환이 없는 사람들이 환각적 환시를 가질 수 있는지 이해하려는 첫 시도가 19세기 말에 있었다고 한다. 시지위크H. A. Sidgewick라는 사람은 7,717명의 남자와 7,599명의 여자를 인터뷰했고 남자들 중 7.8퍼센트와 여자들 중 12퍼센트가 적어도 한 번은 생생한 환각 체험을 했다고 보고했다. 가장 흔한 환시는, 당시 그 자리에 없었던 살아 있는 사람에 대한 환시였다. 많은 환시들은 종교적이거나 초자연적 내용과 관계 있었다. 가장 흔한 환시를 본 사람들 연령대는 스무 살에서 스물아홉 살 사이였다.

(오늘날 사회과학이 받아들인 분석 방법을 사용한) 최초의 진정한 현대적 조사는 1968년 맥켈러P. McKellar의 연구였다. '보통' 사람 넷 중에서 한 사람이 적어도 환각 체험을 한다고 보고했다. 15년 후 포시T. B. Posey와 로쉬M. E. Losch는 청각적 환각(환청)을 고찰했다. 환청을 듣는 사람은 아무도 보이지 않는데 어떤 목소리를 듣는다. 375명의 대학생 중에서 39퍼센트가 환청 체험을 했던 것으로 보고했다.

1991년 티엔A. Y. Tien은 일반인에 대한 가장 종합적인 연구를 실시했다. 이 연구에는 18,572명이 포함되었다. 놀랍게도 이들 중 13퍼센트가 적어도 한 차례는 환각을 체험했다고 주장한다. 이 통계는 거의 한 세기 전에 덜 과학적인 연구를 시행한 시지위크의 결과와 아주 비슷했다. 일반인들 가운데 정신분열증의 위험이 보통 1퍼센트 정도로 예측된다는 것은 주목할 만하다. 이 말은 환각체험자가 정신분열증으로 고통 받는 사람보다 10배 많다는 뜻이다.

이 많은 수의 사람들을 어떻게 설명할까? 벤탈은 자기가 일으킨 사건들(곧 마음에서 기원하는 상상적 감각들)과 외부가 일으킨 사건들(곧 마음 밖 원인으로 유발된 것들)을 구별하는 능력이 인간이 획득하는 진짜 기술이라고 주장하며, 모든 기술처럼 이 기술은 "어떤 특정 상황에서는 실패할 가능성이 있다."[16] 이 기술을 '출처 관찰source monitoring'이라고 하는데, 감각의 출처가 어디에서 오는 것인지, 마음속인지 밖인지 관찰하는 기술이기 때문이다. 벤탈은 개인이 자라난 문화가 출처 관찰을 판단하는 데 영향을 끼친다고 주장한다. 만일 어떤 사람의 문화가 귀신의 존재나 죽은 사람이 나타나는 현실을 용인하는 분위기라면, 귀신이나 죽은 사람을 '보는' 기회는 훨씬 많아진다. 더한 핵심은, 스트레스와 정서적 흥분은 출처 관찰 기술에 심각한 영향을 끼칠 수 있다는 점이다. 상당한 스트레스를 받거나 깊은 슬픔이나 트라우마와 개인적 번민을 체험하는 사람은 출처 관찰 기술의 실패를 경험하기 쉽다.

이러한 사정은 아마도, 사랑했던 사람이 죽은 후 위로하는 모습과 존경받는 종교적 인물의 현존이라는 두 형태의 환시가 가장 빈번하게 보고되는 환시 유형인 이유를 설명해줄 수 있다. 물론 사람들은 온갖 형태의 다른 환시를 경험한다. 어떤 이는 정신적 불균형 때문에 환시를 볼 수 있고, 올리버 색스Oliver Sacks가 『환각Hallucinations』에서 훌륭하게 보도한, 환각제 같은 심리적 흥분제로도 환시가 유발된다. 그러나 정신질환으로 고통 받지 않으며 환각제를 먹지 않는 사람들의 경우에는, 사별을 경험하거나 종교적 경이감 및 기대감을 경험하는 사람들 가운데서 특별히 자주 환시 체험이 일어난다.

사별 후 환시

사별이 일으킨 환시에 대해 많은 연구들이 진행되었다. 이 연구의 가장 놀라운 특징 중 하나는 대다수 환시체험자가 환시를 진짜로 생각하며 진심으로 믿는다는 것이다. 이들에게는 죽었던 사람이 정말로 방문하러 온 것이다. 외부인들은 이 환시를 환각으로 보려는 경향이 있다. 역사상 예수에 대한 환시와 마찬가지로, 죽은 사람이 정말로 뒤에 남겨진 이들을 방문했는지에 대해서는 논의할 필요가 없을 것이다.

이 환시들의 어떤 전형적 양상들은 예수 제자들의 환시를 이해하는 데에도 적합하다. 결국 예수는 갑작스레 비극적으로 죽었고 깊은 애통과 애도를 받은 사랑하는 사람이었기 때문이다. 데일 앨리슨이 사별 후 환시 연구를 요약한 것처럼, 보통 이러한 환시에는 사랑했던 사람이 계속 함께 있다는 감정, 심지어 같은 방에서 슬퍼하는 사람과 함께 있다는 감정도 수반한다.[17] 사별한 사람과의 관계에서 죄책감을 느낄 때 이러한 환시는 더 일반적으로 체험된다.(예수 제자들도 정말 필요했던 때에 모두 배신했고 부정했으며 도피했음을 기억하자.) 그리고 사랑하는 사람을 죽게 한 상황이나 사람들에 대한 분노도 자주 동반된다.(예수와 제자들의 경우도 이러한 감정이 분명히 병행되는 것을 보여준다.) 놀랍게도 사랑하던 사람이 죽은 후 생존자들은 곤란했던 망자의 성격 등을 덮어주거나 좋은 면만 기억하면서 망자를 이상화한다. 그리고 사별로 고통을 받는 사람들이 사랑했던 사람을 기억하는 다른 이들과 함께 공동체를 형성하고자 하며, 사랑했던 사람에 대해 이야기할 수 있는 길을 찾는 것도 드물지 않다. 이 모든 특징은 불시에 죽은 사랑하는 교사이자 스승인 예수의 사례에서 우리가 접하는 것들과 밀접한 관련이 있다.

특별히 흥미를 자아내는 현대의 발견은 빌 구겐하임Bill Guggenheim과 주디 구겐하임Judy Guggenheim이 '사후 의사소통After-Death Communications' 이라고 부른 것과 관계있다.[18] 우선 이들은 심리학이나 다른 영역에서 과학적 환시 연구에 적합한 수업을 받지 않았음을 밝혀야겠다. 따라서 이들의 자료 분석은 학문적 목적에 유용하지 않다. 그러나 자료들 자체는 중요하며 그것을 수집함으로써 이들은 참으로 가치 있는 일을 했다. 이들은 죽은 사람이 연락했다고 주장하는 3,300명 이상의 사람들과 인터뷰했고, 이에 대한 다양한 자료를 출판물에 제시했다. 이것들은 일화와 같은 증거물이다. 그러나 정말 흥미로운 일화들이며, 사람들이 사랑했던 망자에 대한 환시를 볼 때 경험하는 것에 대해 가치 있는 통찰을 준다.

이 인터뷰들은 환시가 잠들거나 깨어 있는 사람들 모두에게 나타남을 보여준다. 게다가 사람들이 꿈속에서 환시를 보았을 때에도 거의 항상 '단지 꿈에 불과한' 것이 아니라, 그들이 실제로 본 사람은 죽음에서 살아남았고 여전히 살아 있으며 그들과 소통하고 있다. 이 경험들은 종종 사별 직후에 일어나지만, 때로는 1년이나 3년이나 10년이나 그 후에도 일어난다. 그리고 거의 항상 평화적 확약이 따르는데, 죽은 사람은 모든 것이 다 괜찮다는 메시지를 준다. 애도를 받는 사람이 언제나 가족의 일원은 아니며, 친구나 사랑했던 다른 사람일 수 있다.

육체적이나 정서적으로 고갈된 사람들이 사후 의사소통을 더 하는 것으로 나타난다. 구겐하임의 광범위한 경험 안에서는, 누군가 갑자기 또는 비극적으로 죽었을 때 의사소통이 더 자주 일어난다. 핵심 요소는 깊이 그리워하는 대상이 있다는 것이다. 특히 놀라운 점은, 구겐하임이 인터뷰한 많은 사람이 사후 의사소통을 체험하기 전에는 그런 것이 존재하는지 또는 일어났던 일인지 몰랐다는 것이다. 사후 의사소통을 체험했던 사람들이 그토록 확신하게 된 데는 이러한 사실도 일부 작용한다. 그 체험들은 급작스럽고 예기치 않던 것이고 생생한 것이었다.

이 현대적 체험과 예수 제자들의 체험을 비교하는 것은 구겐하임의 임무가 아니다. 그러나 그리스도교의 태동에 관심이 있는 사람이라면 그 유사성을 간과할 수 없을 것이다. 많은 사랑을 받았던 제자들의 선생은 (제자들은 그를 위해 모든 것을 포기했고 그에게 자기 삶을 바쳤다) 갑자기 난폭하게 제거 당했고, 공적으로 비참해졌으며, 고문당했고, 십자가에 처형되었다. 초기 기록에 따르면, 제자들은 예수와 생활한 기간과 가장 필요했던 시기에 그를 실망시킨 것 때문에 죄의식을 느끼고 부끄러워해야 할 숱한 이유가 있었다. 그 후 곧 (그리고 한동안?) 일부 제자들이 예수 사후 그를 만났다고 믿게 되었다. 그들은 예수의 현존에 깊은 위로를 받았고 그의 용서를 느꼈다. 그들은 이러한 경험을 하리라 기대하지 않았다. 이 경험은 그들에게 갑자기 닥쳐왔고, 그 경험의 생생함은 사랑하는 선생이 여전히 살아 있다고 믿게 만들었다.

그러나 구겐하임이 인터뷰한 현대인들과 달리 예수 제자들은 고대 유대교의 묵시론자들이었다. 사랑하는 사람이 계속 살아간다고 믿는 많은 현대인은 사랑하는 사람의 영혼이 천국으로 갔다고 생각할 수 있다. 왜냐하면 이것이 죽음 후 삶에 대한 일반적인 현대적 인식이기 때문이다. 묵시론적 유대인이었던 제자들은 내세에 죽은 자들이 부활할 것이라고 믿었다. 예수가 죽은 후 그들이 예수를 체험했을 때, 그들은 자신이 지녔던 깊은 확신의 견지에서 그의 새 생명을 자연스럽게 이해했다.

존경받는 종교적 인물들에 대한 환시

우리의 성찰에 적합한 다른 사례들은 과거부터 존경받는 종교적 인물들에 대한 환시로, 환시 체험들 중에서 가장 잘 문서화된 것들이다. 여기서는 성모 마리아의 '발현'과 현대의 예수 환시들을 간략히 다루어볼 것이다.

동정성모 마리아

르네 로렝탕René Laurentin은 현대의 가톨릭 신학자이자 현대의 발현 전문가로 발현에 대해 많은 책을 썼다.[19] 그는 소르본에서 철학학위를 받았고 신학과 문학 두 분야에서 박사학위를 취득했다. 그리고 2,000년 전 죽은 예수의 어머니 마리아가 현대인들에게도 나타났으며 계속 나타나고 있음을 철저히 진심으로 믿는다. 그의 저작에서 두 가지 사례만 취해 소개하겠다.

베네수엘라 베타니아에 마리아 에스페란사 메드라노 데 비안치니라는 여성은 독특한 영적 능력을 받았다. 그녀는 미래를 말할 수 있고 공중부양을 하며 병자들을 치유한다. 1976년 3월부터 성모 마리아가 그녀에게 몇 차례 나타났다. 가장 인상적인 사건은 1984년 3월 25일에 있었고,

다른 사람들도 많이 관련되었다. 이날 아침 가톨릭교회 미사 후에 몇 사람들이 지역에 있는 폭포 근처로 놀러 갔는데 성모 마리아가 폭포 위에 나타났다. 이것은 연속적인 환시의 시작이었다. 5분 정도 여러 차례 마리아를 눈으로 볼 수 있었고, 나타났다가 사라졌으며, 마지막에는 30분 정도 볼 수 있었다. 마리아를 본 사람 중에는 의사들과 심리학자들, 정신과 의사들이며 엔지니어들과 변호사들도 있었다. 사람들은 몇 주 동안 그곳에 소풍오기 시작했다. 때로 1,000명에 이르는 사람들이 그곳에서 장미 향과 함께 빛에 둘러싸인 마리아를 보았다. 이 일이 1988년까지 지속됐다. 훗날 카라카스 센트럴 대학교의 심리학 교수였던 예수회 사제 비오 벨로 리카르도 몬시뇰은 그곳에서 마리아를 보았다고 주장한 사람들 490명과 인터뷰했다. 그들은 마리아가 정말로 폭포에 있었다고 그에게 말했다.

두 번째 사례는 1986년 이집트 카이로의 한 콥트 교회에서 일어난 일이다. 마리아는 1983년과 1986년 사이에 여러 차례 나타났다. 한번은 지붕 위에 나타났고 4명의 콥트 주교들은 이 환시를 공인해주었다. 그들이 실제로 마리아를 보았던 것이다. 다른 때에는 무슬림들이 마리아를 보기도 했다. 몇몇 경우 사진으로 찍히기도 했다. 로렝탕은 근처의 다른 콥트 교회에서 1986년 발현한 사진을 갖고 있다고 말한다.

나의 논점은 마리아가 이들 시간과 장소에 실제로 나타났는지에 대한 것이 아니라, 사람들이 마리아의 발현을 깊이 믿는다는 것이다. 특히 잘 속아 넘어가서 우리가 '가치 없다'고 여길 수 있는 사람들뿐 아니라, 우리가 '더 잘 안다'고 생각할 수 있는 사람들도 그렇다. 마리아 환시에 대한 일화 모음집은 제니스 코넬Janice Connell의 『마리아와의 만남: 복되신 어머니 환시Meetings with Mary: Visions of the Blessed Mother』(1995)를 비롯해 수많은 책에서 볼 수 있다. 프랑스의 루르드, 포르투갈의 파티마, 보스니아-헤르체고비나의 메주고리 등지로부터 마리아 발현이 보고된 것과 같이, 코넬은 신앙인의 관점에서 19세기부터 20세기까지 마리아 환시를 14장에 걸쳐서 상세하게 설명하고 있다. 예를 들어, 1917년 10월 13일 파티마에서는 '장대한 태양의 기적'이 발생했다. 우리는 태양이 넓게 빙빙 돌다가 멈추어서 형언할 수 없이 아름다운 빛을 발산하면서 제자리로 돌아가기 전에, 땅으로 굴러 내리는 것처럼 보였다는 보고를 듣는다. 5만 명이 넘는 사람들이 이 기적을 보았고 증언했다.

과연 이러한 기적들이 발생하는가? 신앙인들은 긍정하고 비신앙인들은 부정한다. 인상적이면서도 주목할 만한 점은, 같은 종교 전통에 있는 신앙인들은 전형적으로 자신의 관점을 옹호하는 기적들에 대한 '증거'를 종종 강조하지만, 다른 종교 전통에서 입증된 기적들에 대한 '증거'는 완전히 무시한다는 점이다. 이 증거가 똑같은 종류의 것이고(예컨대 목격증인의 증언) 심지어 더 풍부한 증거가 될 수 있음에도 그렇게 한다. 개신교 호교론자들은 예수가 죽음에서 일으켜졌다는 것을 '입증'하는 데 관심이 많지만, 자기들이 정교하게 연마한 역사학적 재능을 고양된 성모 마리아에게 적용하는 일에는 거의 무관심하다.

현대 세계에서의 예수 발현

예수도 오늘날 사람들에게 나타난다. 필립 위베Phillip H. Wiebe는『예수 환시: 신약성서에서 현대까지 직접적 만남Visions of Jesus: Direct Encounters from the New Testament to Today』(1997)[20]에서 이 발현들 중 일부를 보고한다. 위베

는 심리학적 · 신경심리학적 · 정신병적 관점 및 다른 관점들을 가지고 조사한 28가지 사례 연구를 제시한다. 그의 사례 중에는, 케임브리지 대학교의 저명한 신약성서 학자로 뒷날 성공회 주교가 된 휴 몬테피오레 Hugh Montefiore가 경험한 예수 환시도 포함되어 있다. 몬테피오레는 예수가 그에게 나타나 "나를 따르라"고 말했기 때문에 열여섯에 유대교에서 그리스도교로 개종했는데, 어렸던 당시에는 이 말이 신약성서의 표현임을 알지 못했다.

특별히 관심을 끄는 사례들은 예수가 단지 한 개인이 아니라 한 집단 전체에 나타났다는 경우다. 가장 호기심을 끄는 것은, 위베가 마지막에 설명하는 1950년대 캘리포니아 오클랜드 오순절 교회의 설교자 케네스 로기Kenneth Logie의 사례다. 첫 번째 발현은 1954년 로기가 저녁 예배에서 설교할 때 발생했다. 밤 9시 15분경 설교 중간에 교회 문이 열렸고 예수가 통로로 걸어 내려와서 양쪽에 있는 사람들에게 미소를 보냈다. 그런 다음 그는 (설교대 주변이 아니라) 설교대를 통과하여 걸어갔고 로기 어깨에 손을 얹었다. 이해할 수 있겠지만, 로기는 실신했다. 예수는 알 수 없는 외국어로 그에게 말했고 로기는 예수가 한 말을 이해하고 영어로 대답할 수 있을 정도로 회복했다. 위베는 50여 명의 사람들이 이 사건을 증언했다고 말한다.

이상한 일은 일어난다. 그러나 5년 후에 일어난 발현은 더 이상했다. 200여 명이 이 발현을 보았다고 확인했다. 놀랍게도 이것은 촬영되었다. 로기가 뒷날 밝힌 촬영의 이유는, 교회에서 아주 이상한 일들이 벌여지기 때문에 그것들을 기록으로 남기고자 했다는 것이다. 위베는 1965년에 이 필름을 보았다. 한 여성이 청중에게 증언하고 있을 때 갑자기 그녀는 사라졌고 어떤 남성으로 대치되었는데, 그는 확실히 예수였다. 그는 샌들을 신고 빛나는 옷을 입고 있었으며, 손에는 못이 박혔던 자국이 있었다. 그의 손에서는 기름이 뚝뚝 떨어지고 있었다. 그동안 그는 아무 말도 하지 않다가 몇 분 후 사라졌고 그 여성이 다시 나타났다.

불행하게도 그 사건을 담은 필름을 처음 보고 26년쯤 지난 후, 위베가 책을 쓰기로 결정한 시기에 그 필름은 사라져버렸다. 로기는 도둑맞았다고 주장했다. 그래도 위베는 당시 그곳에 있었던 다섯 사람을 찾아서 인터뷰할 수 있었고 그들은 그 사건을 본 것에 동의했다. 게다가 1959년 교회에서 일어났던 기묘한 사건들을 담은 사진들이 남아 있었다. 당시에는 손, 심장, 십자가 형상들이 교회 벽에 나타나기 시작했고 거기에서 액체 같은 기름이 흘러나오면서 향기를 내뿜었다고 한다. 이러한 발현을 자연스런 일이 아니라고 여겼던 의심 많은 사람이 교회 벽들을 조사했다. 위베는 그 사진들을 보았다.

회의론자들은 1950년대 이 사건들이 일어난 시기와 위베가 그것에 대해 썼던 시기가 수십 년 차이나기 때문에, 증인들의 기억이 과연 정확한지 의심할 수 있다고 지적할 수 있을 것이다. 그러나 위베는 예수의 삶과 초기 복음서들의 설명 간의 시간 간격도 이와 비슷하다고 지적한다.

제자들의 예수 환시

예수 제자들이 경험했던 환시로 돌아가보자. 그리스도교 호교론자들은 이 환시들에 대한 가장 올바른 역사적 설명이 예수가 제자들에게 정말로 나타났다는 것이라고 때때로 주장한다. 과거에 기적이 일어났다고 역사가가 결론내릴 수 있는가 하는 문제에 대해서는 잠시만 결정을 보류하자.(앞에서 주장했듯이, 역사가는 확실히 그렇게 할 수 없다. 그러나 잠시 동안만 이 문제에 대한 결정을 미루어두겠다.) 호교론자들은 종종 '집단 환각'은 일어날 수 없기 때문에 제자들의 환시는 진짜임에 틀림없다고 한다. 그래서 만일 바울로가 "500명이 넘는 형제들"이 한 번에 예수를 보았다고 말할 때에는, 500명이 동시에 상상했다는 믿음을 허용하지 않는다. 이 주장에는 어떤 설득력이 있다. 그러나 이 사건을 언급하는 사람은 바울로뿐이라는 점을 지적해야 한다. 그리고 이 사건이 실제 일어났다면, 또는 일어났다고 널리 수용되었다면, 복음서들에서 그 내용이 빠진 이유를 설명하기 어렵다. 특히 루가와 요한복음서에 없는 이유를 해명하기란 더욱 어렵다.[21] 이와 별개로 가장 중요한 것은, 집단 환각은 가능할 뿐 아니라 실제로 일어날 수 있다고 대다수 사람들이 믿는다는 것이다. 현대의 검증된 목격 증인들이 마리아를 보았다고 증언함에도, 성모 마리아가 수백 수천 명의 사람들 앞에 나타났다는 것을 부정하는 사람들은 다른 이들이 아니라, 바로 집단 환각이 일어나지 않는다고 주장하는 보수적인 복음주의 학자들이다.

때로 이 호교론자들은 예수 환시가 그저 환각이라면 완벽하게 도덕적이고 인격적인 제자들의 변화를 이끌어내지 못했을 것이라 주장한다. 이 관점 역시 조금 더 생각해보면 정당화될 수 없다. 어떤 환시가 죄의식을 덜어주거나 부끄러움을 없애주거나 위로를 주거나 사람을 다시 살고 싶게 만드는 효과를 내기 위해, 그 환시가 반드시 진짜여야 하는 것은 아니다. 그것이 진짜인지 여부와 관계없이 그것을 믿어야 효과가 발생한다. 일부 제자들은 예수가 죽은 후 자기들이 예수를 보았다고 전심으로 믿었다. 그들은 예수가 죽음에서 일으켜졌다고 결론 내렸다. 이것이 모든 것을 변화시켰다. 예수가 실제로 거기 있었든 없었든, 제자들이 예수가 거기 있었다고 믿은 사실과는 아무 관계가 없다.

마지막으로 좀 더 학문적인 관점에서 몇몇 사람들은, 예수에 대한 환시가 죽음에서 일으켜졌다는 믿음으로 제자들을 이끌지 않았다고 주장했다. 왜냐하면 당시 유대교는 모든 사람이 생명을 다시 얻는 종말 때의 '보편적 부활'에 앞서서 어느 개인이 부활할 것이라는 관념이 없었다는 이유 때문이다. 이것도 흥미로운 주장이지만, 이생과 내세에 관련된 고대의 믿음에 대하여 아는 사람에게는 설득력이 떨어진다. 신약성서 자체가 헤로데 안티파스가 예수를 "죽음에서 일으켜진" 세례자 요한으로 믿었다고 보고한다. 그러므로 앞의 주장은 그럴듯하지 않다. 더욱이 네로 황제가 세상을 더욱 망가뜨리러 죽음에서 돌아올 것이라는 믿음은, 『시빌라의 신탁Sibylline Oracles』[22]으로 알려진 유대교 문헌이 보고하듯이 비그리스도교권 유대교가 증언하던 것이다. 누군가 죽음에서 되살아날 것이라는 믿음은 (예컨대 라자로가 그랬던 것처럼) 생각할 수 없는 일이 아니었다. 그러나 예수의 가장 가까운 제자 베드로나 예수의 형제 야고보, 또는 예수가 되살아났다고 여긴 사도 바울로 같은 묵시론적 유대인이라면, 자신의 특별한 묵시론적 세계관에 따라 자연스럽게 부활을 해석할 것이다. 이 세계관은 하느님과 인간과 세상과 미래와 내세에 대해서 자신이 생각하는 모든 것을 특징지었던 세계관이었다. 이 관점에서는 죽은 후 살아난 사람이 도래할 왕국에 들어갈 수 있도록, 하느님이 그를 죽음에서 육체적으로 일으킨다. 제자들이 예수 부활을 해석한 방식도 이러했다. 게다가 예수를 죽은 이들의 '맏물'로 이해한 까닭도 여기 있다.(1고린 15,20.) 예수는 일으켜질 첫 사람이었고 다른 모든 사람도 곧 일으켜질 것이기 때문이다. 이러한 의미에서 예수 부활은 보편적 부활의 시작이었다.

결국 예수 부활에 대한 믿음은 그 환시들이 진짜든 아니든 '효과가 있다.' 만일 환시들이 진짜였다면, 그것은 예수가 죽음에서 일으켜졌기 때문이다.[23] 만일 환시들이 진짜가 아니었더라도 그것들은 다른 토대 위에서 쉽게 설명된다. 제자들은 가장 사랑했던 사람, 급작스럽고 예기치 못했으며 특별히 폭력적인 죽음을 당한 사람 때문에 희망을 상실했고 그를 깊이 애도했다. 그들은 특히 그의 죽음 직전 긴박했던 시간에 그에게 했던 행동 때문에 죄의식을 가졌을 수 있다. 그들이 그 후 잃어버린 사랑하는 사람과 '조우' 하는 일은 얼토당토않은 이야기가 아니다. 사실 이런 사람들이 더 쉽게 그러한 조우를 하는 경향이 있다. 역사가는 어떤 식으로든 이것을 증명할 수 없다는 것이 나의 관점이다.

신앙의 결과

역사가들이 예수 부활의 역사성을 증명하거나 반박할 수 없지만, 예수의 일부 추종자들이 그의 부활을 '믿었다' 는 것은 확실하다. 이것은 그리스도론에서 전환점이 되었다. 이미 이야기했지만, 그리스도론이란 그리스도 이해를 의미하는 용어다. 이 장(사실은 이 책)에서 나의 논점은 부활에 대한 믿음이 그리스도론적으로 모든 것을 바꾸어놓았다는 것이다. 예수의 추종자들이 부활을 믿기 전에는 예수를 위대한 교사, 묵시론적 설교가, 도래할 하느님 나라에서 왕이 될 선택받은 사람 정도로 생각했다. 그들은 예수를 전심으로 따랐기에 그의 가르침도 전심으로 믿었을 것이다. 예수처럼 그들도 악의 세력이 자신이 사는 시대를 지배한다고 여겼으나, 하느님이 잘못된 모든 것을 바로잡기 위해 곧 중재할 것이라고 믿었다. 아주 가까운 미래에 하느님이 이 세상에서 삶을 그토록 비참하게 만드는 악의 세력을 박살내기 위해서, 그리고 선한 나라, 곧 선이 우세하고 하느님이 자신의 메시아를 통해서 다스릴 유토피아 같은 장소를 세우기 위해서, 우주적 심판관인 사람의 아들을 보낼 것이었다. 제자들은 도래할 왕국의 통치자로 권좌에 앉고 예수는 하느님의 메시아로서 가장 위대한 권좌에 앉을 것이었다.

그러나 예수는 완전히 인간이었다. 확실히 위대한 교사였다. 그는 확실히 하느님의 은총을 입은 설교가였다. 그리고 미래 왕국에서 다스릴 다윗의 자손이기까지 했다. 그러나 그는 한 인간이었다. 다른 인간들처럼 태어났고, 다른 인간들처럼 양육되었으며, 본성상 다른 인간들과 다를 바 없었다. 단지 더 현명하고 더 영적이며 더 통찰력이 있고 더 의롭고 더 경건했다. 그러나 하느님은 아니었다. 확실히 고대의 어떤 의미에서건 하느님은 아니었다.

부활에 대한 믿음과 더불어 모든 것이 바뀌었다. 하느님이 죽음에서 예수를 일으켰다고 제자들이 믿게 되었을 때, 그것은 유대교나 그리스도교 전통에서 볼 수 있는 부활이 아니었다. 히브리 성서는 엘리야가 젊은이를 죽음에서 살려놓았다고 전한다.(1열왕 17,17-24.) 그러나 이 젊은이는 지상의 삶을 이어가다 죽었다. 예수가 야이로의 딸을 일으키는 이야기도 있다.(마르 5,21-43.) 그녀는 하늘로 오르지 않았으며 죽지 않은 것도 아니었다. 그녀는 성장했고 늙었고 죽었다. 예수는 친구 라자로를 죽음에서 일으켰다고 한다.(요한 11,1-44.) 그 역시 결국 죽었다. 이 이야 기들은 모두 소생에 관한 사례다. 몸은 살기 위해 죽음에서 돌아왔다가 다시 죽는다. 고대의 근사체험과 같은 이야기들이다.

그러나 제자들의 예수에 대한 믿음은 이러한 것이 아니었다. 이유는 분명하다. 제자들은 예수가 죽음에서 돌아왔다고 믿었다. 그러나 그가 여전히 그들 가운데서 일원으로 살아가는 것은 아니다. 그는 아무 데서 도 발견되지 않았다. 그는 갈릴래아 언덕에서 다시 가르치는 활동을 시 작하지 않았다. 그는 도래할 사람의 아들에 대한 자신의 선포를 이어가 기 위해 가파르나움으로 돌아가지 않았다. 그는 바리사이들과 더 가열된 논쟁을 하기 위해 돌아오지 않았다. 아주 뚜렷하고 명백한 의미로, 예수 는 더 이상 여기에 없었다. 그러나 죽음에서 돌아왔다. 과연 그는 어디에 있었나?

이것이 핵심이다. 예수가 되살아났지만 더는 자기들 가운데 없다는 것을 안 제자들은 그가 하늘로 올라갔다고 결론 내렸다. 예수가 되살아 났을 때에는 그의 몸만 생명을 얻은 게 아니었다. 하느님이 그를 전대미 문의 권위를 지닌 신분으로 고양시켰다. 예수가 인간적 메시아로 미래 왕국의 왕이 될 것이라는 기대는 그를 위해 준비된 것의 전조에 불과했 다. 하느님은 인간의 생각이나 상상을 훨씬 초월하는 어떤 일을 했다. 하 느님은 예수를 천상 영역으로 데려갔고, 제자들 의견에 따르면, 지금까 지 인간에게는 결코 주신 적이 없는 신성한 총애를 그에게 부여하였다. 그는 이제 하늘에서 하느님과 함께 있다.

제자들이 부활 후 발현 이야기들을 자기들 방식대로 했던 이유가 바 로 이것이다. 예수는 자신의 지상 육체를 되찾지 않았다. 그는 천상적 몸을 가졌다. 그가 제자들에게 나타났을 때, 가장 초기 전승은 그가 하늘에서 나타났다고 전한다. 그리고 그의 천상적 몸은 지상 육체가 할 수 없는 일을 할 수 있었다. 마태오복음에서 여인들이 사흘날에 무덤에 도착했을 때 무덤의 돌은 아직 치워져 있지 않았다. 그들이 도착했을 때에야 돌이 치워졌다. 그러나 무덤은 비어 있었다. 이것은 예수 몸이 견고한 바위를 통과했음을 의미했다. 다음에 제자들에게 나타났을 때에도 그는 잠긴 문을 통과해서 걸어왔다. 예수는 단순한 지상 육체가 아니라 천상적 몸을 갖고 있었다.

내가 앞에서 했던 논평으로 돌아가보자. 복음서들에서 예수는 지상에서 활동하는 동안에도 천상적 몸을 가진 것으로 나타난다. 예를 들면, 물 위를 걷거나 몇몇 제자들이 있는 가운데서 빛을 내면서 변모한다. 그러나 예수가 하늘로 올라갔음을 '알았던' 수십 년 후의 신앙인들이 복음서들을 썼다는 것을 기억하자. 이야기꾼들이 예수의 지상 활동에 대해 수십 년 동안 말하면서, 그들은 하늘로 고양된 죽은 후 예수와 지상에서 활동하던 예수를 분리하지 않았다. 그래서 고양된 예수에 대한 믿음은 그들의 예수 이야기에 영향을 끼쳤다. 그들은 병자 치유, 악령을 내쫓은 일, 물 위를 걸은 일, 빵을 많게 한 일, 죽은 이를 살린 일 등 예수가 신적 인간으로 했던 기적들을 자세히 설명했다. 예수는 왜 이 일들을 했는가? 이 기적들은 하느님이 예수를 하늘에 올렸기 때문에 그가 단지 필멸할 인간이 아니었다는 것을 이미 '알았던' 후대의 예수 추종자들이 예수의 행적으로 만든 것이다. 천상적 존재로서 예수는 어떠한 의미에서 신성했다. 이야기꾼들은 예수가 유일하게 신성했다고 온전히 믿으면서 자신의 이야기를 전했고, 그 믿음은 그들이 이야기하는 방식에 영향을 끼쳤다.

이 이야기꾼들이 이 신성한 남자의 말씀과 행적을 자세히 전하는 일을 하기 전에, 예수 환시를 보자마자 그가 죽음에서 일으켜졌다고 믿었던 가장 초기 신앙인들은 그가 하늘로 고양되었다고 생각했다. 그들이 체험한 예수 발현은 하늘로부터의 발현이었다. 그곳은 그가 살던 곳이고 전능한 하느님과 함께 영원히 살 곳이다.

후대 일부 전승에서 이 믿음은 중요한 방식으로 변경되었다. 오늘날 대다수 그리스도인은 예수가 죽었으며, 사흗날에 죽음에서 부활했고, 여전히 지상에 있는 동안 제자들에게 나타났으며, 그 이후에야 '승천' 해서 하늘로 갔다고 생각한다. 알려진 대로 신약성서에서 오직 사도행전만 승천을 언급한다.[24] 사도행전의 저자는(그를 루가라고 부르자) 그의 예수 이야기에서 혁신적인 것을 제시한다. 상기하면, 루가는 예수의 부활한 몸이 결단코 진짜였음을 보여주는 데 특별히 관심을 기울였다. 부활한 몸은 살과 뼈를 갖고 있었다. 느낄 수 있었다. 구운 생선을 먹을 수 있었다. 루가는 이 점을 강조한다. 왜냐하면 다른 그리스도인들은 예수가, 적어도 부활한 형상의 예수가 몸이 아니라 영이었다고 말하기 때문이다. 루가에게 예수는 몸이었다. 그리고 이 점을 더 강조하기 위해 루가는 승천을 말한다. 어쩌면 루가가 이 이야기를 만들었을 수도 있다. 사도행전에 따르면 예수는 40일을 제자들과 보냈고 자신이 정말로 살아 있음을 '여러 가지 증거로' 보여주었다.(사도 1,3.) 그리고 40일 뒤 그는 육체적으로 하늘로 올라갔다. 제자들은 그가 떠나는 것을 보았다. 이 설명은 부활 후 예수의 육체적 성격을 더욱 강조하기 위한 것으로 보인다.

그러나 루가 이야기는 육체적 승천이나 생선을 먹는 몸에 대해 아무 말도 하지 않는 다른 복음서들의 관점과 긴장을 일으킨다. 가장 초기 전승은 사도행전 내용과 달랐다. 초기 전승에서 예수 부활은 단지 하늘로 올라갈 몸의 소생을 의미하는 게 아니었다. 부활 자체가 천상 영역으로의 고양이었다. "하느님께서 죽음에서 예수를 일으키셨다"는 말은 하느님이 지상적 삶과 죽음의 영역에서 천상 영역으로 예수를 고양시켰다는 뜻으로 받아들여졌다. 더 오래된 이 이해에서 예수는 하늘에서 잠깐 내려옴으로써 제자들에게 나타난다. 가장 초기 증인인 바울로의 이해도 확실히 이러한 것이다. 바울로는 자신의 예수 환시에 대하여 자기보다 2~3년 앞서 환시를 경험한 사람들(게파, 야고보, 열두 제자 등)과 똑같은 용어로 설명한다. 이들이 경험한 발현에는 범주적으로 다를 게 전혀 없었다. 모두 하늘로부터의 발현이다.

만일 예수 부활을 믿은 첫 신앙인들이 하늘로 고양된 것을 부활로 이해했다면 정확히 그것은 그들의 예수관을 얼마나 바꾸어 놓았을까? 그것은 그리스도론의 시작에 어떤 흔적을 남겼나? 그것은 제자들로 하여금 예수를 하느님이라고 믿는 계기를 어떻게 제공했나?

이것은 다음 장의 주제지만 지금 간단히 살펴보자. 예수의 제자들은 그가 활동하던 동안 메시아로서 미래 왕국의 왕이 될 것이라고 믿었다. 이제 그들은 그가 천상 영역으로 고양되었다고 믿으며 자기들이 옳다는 것을 깨달았다. 그는 미래 왕이었다. 그는 다스리기 위해 하늘로부터 오실 것이다. 히브리성서의 유대인 왕에 대한 일부 전승에서, 왕은(다윗의 아들조차도) 어떤 의미에서는 신으로 여겨졌다. 예수는 이제 하늘로 고양되었으며 땅으로 올 천상의 메시아다. 더 실제적인 의미에서, 그는 신이었다. 물론 전능한 하느님은 아니지만 천상적 존재였고, 민족들을 다스릴 초인이자 신성한 왕이었다.

　예수가 죽기 전에 제자들은 예수가 미래 권좌에 앉을 것이라고 믿었다. 만일 하느님이 그를 하늘로 데려갔다면 그는 이미 권좌에 앉아 있다. 사실 그는 하느님 오른편에 있다. 지상의 제자들은 그를 스승이자 '주님'으로 생각했다. 이제 그는 실제로 그들의 주님이다. 제자들은 "주님(야훼)께서 내 주께 선언하셨다. '내 오른편에 앉아 있어라. 내가 네 원수들을 네 발판으로 삼을 때"(시편 110,1)라는 성서 말씀을 회상했다. 하느님은 예수를 데려갔고, 권력과 능력의 자리인 자신 오른편으로 그를 고양시켰으며, 만물을 다스릴 모든 이의 주님으로 만들었다. 하느님의 권좌 옆에서 통치하는 분으로서 예수 또한 하느님이었다.

　이스라엘의 왕은 '하느님의 아들'로도 알려져 있다. 예수는 미래의 왕이라는 이유와 하느님이 그를 천상 영역으로 고양시켰다는 사실 때문에, 확실히 하느님의 아들이었다. 하느님은 예수에게 자신의 특별한 총애를 주었고, 다윗의 자손들이 누렸던 지위를 훨씬 능가하는, 유일한 의미에서 하느님의 아들로 삼았다. 하느님은 예수를 자신의 아들, 유일한 아들로 삼았다. 황제들이 신의 아들들이자 신들인 것처럼 (왕들의 양아버지들이 '신'이었기에 그들도 신이 된다), 예수도 하느님의 아들이라는 의미에서 하느님이었다.

　그래서 예수는 다스리기 위해 하늘로부터 온다. 자신의 가르침 속에서 그는 사람의 아들이 우주적 심판관으로 나타날 것이라고 선포했다. 그러나 이제 하늘에서 통치하기 위해 올 분은 확실히 예수 자신이었다. 제자들은 얼마 지나지 않아서(아마도 당장) 예수가 도래할 사람의 아들이라고 결론 내렸다. 그래서 뒷날 제자들이 예수에 대해 이야기했을 때 그들은 예수의 입을 통해서 스스로 사람의 아들이라고 말하게 했으며, 그래서 사람의 아들은 복음서들에서 예수가 선호하는 호칭 중 하나가 되었다. 앞서 보았듯이 사람의 아들은 때로 신성한 인물로 이해되었다. 이러한 의미에서도 예수는 하느님이었다.

메시아, 주님, 하느님의 아들, 사람의 아들이라는 고양된 네 가지 역할은 예수가 하느님이라는 것을 암시한다. 초기에는 어떤 의미에서도 결코 예수를 하느님 아버지로 이해하지 않았다. 그는 유일하고 전능한 하느님이 아니다. 그는 신성한 지위로 고양되었으며 다양한 의미에서 신이었다. 지금까지 주장해왔고 다음 장에서도 주장하겠지만, 누군가 예수가 하느님이라고 주장할 때에는 언제든지 어떤 의미에서 하느님인가를 묻는 것이 중요하다. 실제로 예수가 완벽하고 충만하며 완전한 의미에서 하느님이 되고, 삼위의 두 번째 위격이며, 영원히 하느님과 동등하며 성부와 '똑같은 본질' 인 하느님이 되기까지는 긴 시간이 걸렸다.

6장

하느님의 아들이 된 예수

고등학교에서 그리스도 신앙을 진지하게 받아들였을 때 나의 사회생활은 더욱 깊은 영향을 받게 되었다. 곧바로 영향을 받았다는 게 아니라 결과적으로 그렇게 되었다. 나의 진지한 첫 관계는 린Lynn이라는 여학생과 함께한 것이었다. 처음으로 그녀와 데이트했던 2학년 때는 내가 거듭나기 한 해 전이었다. 린은 멋진 사람이었다. 지적이고 매력적이었으며 재미있고 사람을 배려할 줄 알았다. 그녀는 또한 유대인이었다. 내가 전에도 다른 유대인을 알고 있었는지는 잘 모르겠다. 그리고 우리 각자의 종교가 우리 관계에 어떤 영향을 끼쳤는지도 생각나지 않는다. 나는 매 주일 성공회 미사 때 복사를 섰고, 린은 토요일마다 회당에 나갔다. 그렇지 않더라도, 나는 그녀가 당연히 그렇게 했을 것이라고 생각한다. 돌이켜보면 나는 그녀의 가족이 전통적 의미에서 종교적이었는지, 곧 예배에 참석하거나 유대교 축일을 지켰는지 기억하지 못한다. 나는 그들이 오히려 세속적 유대인이었다고 생각한다. 솔직히 말해서 당시 여자친구에 관한 한 내 마음은 예배를 보는지

보다는 다른 것들에 더 관심이 있었다.

린은 홀어머니와 함께 사는 세 딸 중 하나였다. 그들은 내 가족과 비슷한 중산층 집안이었고, 삶에 대한 가치와 전망을 여러 면에서 공유했다. 린과 나는 그야말로 멋진 조합이었고, 2학년 내내 더욱 진지해졌기 때문에 많은 시간을 함께 보냈다. 그러나 재앙이 닥쳤다. 나는 당시 재앙의 가능성에 대해 아주 편협하게 이해하고 있었다. 린의 어머니가 캔자스 토피카에 더 나은 일자리를 얻어서 로렌스에서 그곳으로 이사를 가려고 했다. 그녀의 어머니와 나는 언제나 아주 좋은 관계를 유지했으나 그녀는 확고했다. 비록 마을은 서로 25마일 정도밖에 떨어지지 않았으나, 이번 이사로 우리는 "함께 어울리기"를 끝내야 했다. 우리는 다른 사람들을 만나고 평범한 사회생활을 해야 한다고 했다. 그리고 우리는 그렇게 했다. 나의 마음은 찢어졌으나 삶은 계속되어야 하는 것이다.

얼마 후 나는 거듭났다. 린과 나는 여전히 전화로 대화했으며, 때로는 서로 만나기도 했다. 내가 "그리스도를 영접한" 후, 우리가 했던 대화를 나는 생생하게 기억한다. 나는 그녀에게 가슴에 예수가 거할 수 있도록 그녀도 요청해야 한다고 설득하였다. 이해할 수 있는 일이지만, 그녀는 적잖이 혼란스러워했다. 나 자신도 내가 무엇에 대해 말하는지 전혀 알 수 없었기 때문이다. 내가 어설픈 방식으로 모든 것을 설명하려 시도했던 긴 대화 끝에 그녀는 나에게 물었다. "하지만 만일 내 삶 속에 이미 하느님이 있다면, 나에게 예수는 왜 필요한 거지?" 그것은 나를 기절시킬 정도로 놀라운 질문이었다. 나는 무척 당황스러웠다. 나는 신학 분야에서 확실히 성공할 가능성이 없었다.

린의 질문이 초기 그리스도인들을 당황스럽게 하지는 않았을 것이다. 오히려 예수의 첫 제자들은 예수가 누구이며 왜 그가 중요한지 아주 분명한 생각을 갖고 있었다. 역사적 기록을 보면, 그들은 항상 예수에 대하여 이야기했을 뿐 아니라, 그에 대해 더 고상한 일들을 제시했고, 시간이 갈수록 그의 중요성을 더욱 확대시켰다. 결국 그들은 예수가 이 땅에 온 하느님이었다고 주장하기에 이르렀다.

그러나 가장 초기 그리스도인들이 예수가 죽음에서 일으켜졌다고 믿게 된 직후, 그들이 예수에 대하여 말하려 했던 것은 무엇인가? 6장에서 나는 가장 초기 그리스도론들, 곧 가장 초기 그리스도인들의 그리스도 이해에 대하여 탐색할 것이다.

가장 초기 그리스도인들의 믿음

나는 그리스도인이라는 용어를 가장 기본적 의미로 사용한다. 예수의 삶 이후에 그가 하느님의 그리스도였다는 것을 믿고, 그가 가져온 구원을 수용하며, 그를 따르기로 결정한 사람이면 누구든 그리스도인이라는 것이다. 나는 예수가 죽기 전에 그를 따랐던 사람들에게 '그리스도인'이라는 용어를 붙이는 것이 적절하지 않다고 생각한다. 그러나 앞에서 묘사한 방식으로 이 용어를 사용하면, 예수가 죽음에서 일으켜졌다고 믿게 된 사람들과, 하느님이 구원을 실현하기 위하여 특별히 예수를 선택했다고 생각했던 사람들에 대해서도 적용할 수 있을 것이다.

이러한 믿음을 처음 가진 사람들은 예수의 남은 제자들(적어도 그들 중 일부)과 마리아 막달레나를 비롯한 몇몇 여성을 포함해, 갈릴래아 출신의 다른 제자들이었다. 밝혀지겠지만, 예수가 죽음에서 일으켜졌다는 것을 받아들인 직후 이 사람들이 무엇을 믿었는지 안다는 것은 지극히 어려운 일이다. 왜냐면 우리에게는 그들이 남긴 기록이 전혀 없고, 실제로 그리스도교 운동 첫 20년 동안의 어떤 기록도 갖고 있지 않기 때문이다.

그리스도교의 가장 오래된 현존 자료들

우리가 아는 첫 그리스도교 저자는 사도 바울로다. 바울로의 가장 초기 저작은 예수의 십자가 처형 뒤 20년이 지나서 서기 49년이나 50년경 저술된 데살로니카전서일 가능성이 높다. 바울로는 사도들을 몰랐던 유대인으로 출발했으며, 원래는 그들의 운동을 지원하기보다 반대하는 쪽에 있었다. 예수 사후 2년이나 좀 더 지난 32~33년경 바울로는 십자가에서 처형된 예수를 메시아라고 믿는 유대인들에 대해 처음 들었다. 그는 그들의 관점을 철저히 부정했고 그들을 박해하며 공격했다. 그러나 바울로는 종교사에서 가장 위대한 전환(아마도 기록에 남아 있는 가장 의미 있는 회심)을 겪으면서, 그리스도인들을 공격적으로 박해하던 입장에서 가장 강력한 옹호자로 변신했다. 그는 마침내 미숙한 그리스도교 운동을 위해 주도적인 대변인이자 선교사요 신학자가 되었다. 뒷날 그는 죽은 지 한참 뒤에 살아난 예수를 만난 경험 때문에 이렇게 할 수 있었다고 주장했고, 하느님이 예수를 죽음에서 일으켰음이 분명하다고 결론 내렸다.

바울로는 '이교도'들에게 그들의 신들은 죽었고 생명이 없으며 쓸모없지만, 세상을 창조한 예수의 하느님은 세상을 구원하기 위하여 역사에 개입했다고 설득하면서, 이방인 선교활동에 참여하도록 하느님이 자기를 개인적으로 불렀다고 믿었다. 메시아는 다른 사람들의 죄 때문에 죽었고 이 죽음이 실제로 죄를 씻어준다는 것을 보여주기 위해 하느님이 그를 죽음에서 일으켰기 때문에, 오직 메시아에 대한 믿음만이 하느님 앞에 똑바로 설 수 있는 사람이 되게 한다. 당시 바울로의 가장 위대한 신학적 공헌은, 예수의 죽음과 부활에 대한 신앙이라는 토대 위에서 그리스도 안에서의 구원이 유대인과 이방인을 가리지 않고 모든 이에게 적용된다는 치열한 관점에 있다. 유대인들은 '선택받은 민족'이었고 유대교 성서는 하느님의 계시였다. 그러나 이방인은 메시아의 죽음과 부활을 통한 구원을 얻기 위해서 유대인이 되어야만 할 필요가 없었다. 바울로에게 구원은 확실히 "유대인으로부터" 오는 것이었다. 예수도 결국 유대인 메시아였기 때문이다. 그러나 이 구원이 일단 세상에 들어오면 유대인만이 아니라 온 세상에 좋은 것이었다. 이것은 하느님이 모든 백성을 위해 영원으로부터 계획한 구원의 수단이었다.

바울로는 그리스도교 선교사로서 이 메시지를 설교하면서 이 도시에서 저 도시로 여행했고 지중해 여러 곳, 특히 현재 터키 지역인 소아시아와 마케도니아, 현재 그리스 지역인 아카이아 등지에 교회들을 세웠다. 그리스도교 공동체를 시작하고 독립할 수 있도록 한 다음에는 다른 도시로 가서 거기서도 공동체를 시작하곤 했고 또 계속 움직였다. 공동체 문제들에 대해서 소식을 들었을 때에는 그들이 무엇을 믿어야 하고 어떻게 행동해야 하는지 가르치려고 편지들을 썼다. 신약성서에 있는 바울로의 편지들은 이들 몇몇 공동체를 위한 것이었다. 아마도 데살로니카전서가 최초의 편지일 것이다. 다른 편지들은 모두 그 후 10여 년 사이인 50년대에 쓰였다. 비판적 학자들은 신약성서에 바울로 이름으로 쓰여진 편지 13통 중에서, 로마서, 고린토 전·후서, 갈라디아서, 필립비서, 데살로니카전서, 필레몬서 등 7통만 바울로의 친필 편지로 본다. 다른 편지들은 후대의 바울로 추종자들이 다른 맥락에서 썼다. 친필 편지 7통은 바울로가 저자임을 논박하는 사람이 거의 없기 때문에 '명백한 바울로 서간'이다.[1] 이 편지들은 초기 그리스도인이 쓴 가장 오래된 현존 자료다.

바울로의 편지들은 그의 사상을 알고 당시 그리스도교에서 벌어졌던 일을 이해하는 데 지극히 중요한 자료다. 그러나 만일 예수 사후 25년이 지난 55년경 바울로의 교회들에서 벌어진 일들만 알려는 게 아니라, 예수 사후 55년이 지난 85년경 마태오 공동체의 예수에 대한 이해를 알고자 한다면 어떻게 해야 할까? 만일 우리가 예수 사후 1~2년이 지난 31~32년경 가장 초기 그리스도인들이 믿었던 것을 알고자 한다면 어떻게 해야 할까?

이것은 확실히 큰 문제다. 이미 밝혔듯이 우리에게는 당시의 문서 자료가 없기 때문이다. 그리스도교 역사에서 가장 이른 시기에 벌어진 일들을 기록한 사도행전은, 이제 살펴보려는 시기보다 50년이나 55년 뒤인 80~85년경 쓰였다. 더욱이 사도행전 저자인 루가는 그 시대 모든 역사가들이 했던 일을 했다. 그는 자신의 믿음과 이해와 전망 속에서 이야기했고, 이 모든 것은 그가 자료를 해설하는 방식에 영향을 끼쳤다. 그는 자료들 중 많은 부분을, 신앙이 발생하던 즈음의 초기 이야기들을 오랫동안 해석하고 변경하고 윤색해온 그리스도인들 가운데 있던 이야기꾼들로부터 의심 없이 물려받았다.

우리가 가진 자료들의 상황을 인식하면서, 가장 오래된 자료가 저술되기 이전에 있었던 가장 초기의 그리스도교 믿음 형태를 어떻게 이해할 수 있을까? 앞으로 드러나겠지만 방법은 있다. 그리고 이 방법은 앞서 언급했던 구전 전승, 문자 이전의 전승을 필요로 한다.

우리의 자료 '뒤에서' 자료 찾기: 문자 이전 전승

내가 박사과정에서 처음 수강한 세미나 과목은 "신약성서 안에 있는 신경과 찬가"였고, 교수는 폴 마이어Paul Meyer였다. 마이어 교수는 박식하고 매우 학문적인 신약학자로, 뛰어난 주석 작업과 비범한 통찰로 당시 모든 학자들의 존경을 받고 있었다.

이 세미나 과정 이면에 있는 발상은, 신약성서(특히 서간들과 사도행전)의 일부 단락들이 그리스도교 운동 초기부터 유래한 훨씬 오래된 부분이라는 것이다. 이 수업에서 우리는 문자 이전 전승을 찬가와 신경이라 불렀다.(문자 이전 전승이란, 우리 손에 있는 자료들을 쓴 저자들이 저술하기 이전부터 구전으로 형성되고 전달된 전승이라는 뜻이다.) 학자들은 오랫동안, 이들 전승 중 일부가 아주 초기 그리스도교 예배에서 노래로 불리었고(찬가들), 그중 다른 것들은 세례나 예배 같은 전례적 환경에서 신앙적 진술(신경들)로 낭송되었을 것이라고 상정했다.

문자 이전 전승들을 분리시키는 까닭은, 우리가 가진 가장 오래된 저술이 탄생하기 이전에 그리스도인들은 무엇을 믿고 하느님과 그리스도를 어떻게 찬양했는지를 이 전승들이 알려줄 수 있기 때문이다. 이 전승들 중 일부의 출처 시기는, 예수의 추종자들이 예수가 죽음에서 일으켜졌다고 처음 믿은 때에서 10년 전후라고 볼 수 있다.

문자 이전 전승들이 신약성서 어디에 있는지 찾아내는 일은 쉽지 않지만, 하나의 규칙으로 작용하는 몇 가지 지침이 있다. 모든 신경이나 찬가에 이 특징들이 있는 것은 아니지만, 가장 분명한 문자 이전 전승들은 이것들을 갖고 있다. 첫째, 이 전승들은 독립적인 단위로 존재하는 경향이 있다. 이 말은 이 전승이 위치한 문학적 맥락에서 전승을 제거해도 그 자체로 의미를 지닌다는 뜻이다. 이 전승들은 문학적 의미에서 매우 조직화되어 있는 경우가 많다. 예컨대 시와 같은 연들stanzas과 의미상 서로 대응하는 다양한 행들이 있다. 달리 말하면, 이 전승들은 매우 양식화된 형태를 띨 수 있다는 것이다. 게다가 이 전승들을 삽입한 저자는 전승을 구성하는 단어들과 구절들을 선호하지 않거나 사용하지 않는 경우가 종종 있다. 이것은 저자가 그 부분을 짓지 않았을 가능성이 무척 높다는 것을 보여준다. 더욱 두드러진 특징은, 이 문자 이전 전승들이 신학적 관점을 표현하는 방식과, 그것들을 끼워 넣은 저자가 저술의 나머지 부분에서 신학적 관점을 표현하는 방식이 다른 경우가 흔하다는 것이다. 이 특징들은 전승이 저자의 저술에서 기원하지 않았음을 암시한다. 전승의 양식과 어휘와 사상은 전승을 삽입한 저자의 작품 다른 곳에서 발견되는 양식과 어휘와 사상과는 다르다. 더욱이 몇몇 경우에 이러한 방식으로 확인된 전승 단위는 그것이 발견된 문학적 맥락과 잘 들어맞지 않는다. 다른 데서 옮겨와 그곳에 집어넣은 것처럼 보인다. 만일 전승 단위를 맥락에서 제거하고 맥락 없이 읽어도, 그것은 마치 아무것도 제거하지 않은 것처럼 그 자체로 의미를 지니며 흐름이 아주 자연스럽다.

4장에서 문자 이전 전승 가운데 한 단편인 고린토전서 15장 3-5절을 살펴보았다. 이 구절들은 내가 제시한 몇 개 기준을 충족시킨다. 매우 조직화된 신경을 두 부분으로 구성하며, 각 부분은 의미상 서로 대응하는 네 행을 포함하고 있다. 그리고 바울로의 편지들의 다른 곳에는 없는 특정 핵심어들을 사용한다. 바울로가 더 이른 시기의 신경을 인용하는 것이 거의 확실하다.

바울로의 편지들과 사도행전에는 또 다른 문자 이전 전승들도 있다. 주목할 것은 이 전승들이 취한 그리스도론적 관점들이 바울로나 사도행전 저자의 관점이 아니라는 것이다. 수많은 학자들은 이 관점들을 아주 고대의 것이라고 판단한다.[2] 실제로 이 관점들은, 예수 추종자들이 예수가 죽음에서 일으켜졌다고 처음 믿게 된 시기의 관점, 곧 가장 초기 그리스도인들이 지녔던 가장 오래된 관점을 표현한 것일 수 있다. 이 문자 이전 전승들은 그 관점이 일관적이다. 그리스도는 부활 때 하늘로 고양되었고 그 단계에서 하느님의 아들이 되었다고 한다. 이 관점에서 예수는 하늘에서 지상으로 파견된 하느님의 아들이 아니다. 그는 지상 생애 끝에 하느님의 아들이 되도록 고양된 인간이고, 그다음에 그곳에서 신성한 존재가 되었다.

예수의 고양

우리는 바울로의 모든 편지 중에서, 아마도 가장 오래된 신경 단편을 담은 부분과 사도행전의 몇 개 담화 안에서 이러한 그리스도관을 찾아볼 수 있다.

로마서 1장 3-4절

가장 길면서 가장 중요한 바울로의 편지 서두에는 바울로 이전의 신경이 담겨 있는 것으로 보인다. 바울로의 편지들은 하나의 규칙으로서, 바울로가 세운 교회들에 그가 없는 동안 생긴 다양한 문제들을 해결하는 데 도움을 주고자 쓰인 것이다. 그러나 로마서는 예외다. 로마서에서 바울로는 자신이 로마 공동체의 설립자가 아니라는 것만 말하는 게 아니라, 로마를 방문한 적이 없다는 것도 밝힌다. 그는 그곳을 곧 방문하려고 계획했다. 바울로는 당시 지중해 세계에 살던 사람들 대다수가 '세상의 끝'이라고 여긴 스페인까지 선교 활동을 확장시키려 했다. 그는 대망을 품은 인물이었다. 바울로는 하느님이 온 땅에 복음을 전하도록 자신을 불렀다고 믿었기에, 자연스럽게 인간이 갈 수 있는 가장 먼 곳까지 가려했다. 그곳이 바로 더욱 멀리 서쪽에 있는 스페인이었다.

그러나 그는 선교 활동을 위해서 지원이 필요했고, 로마 교회는 지원을 받을 수 있는 확실한 곳이었다. 로마 교회는 제국의 수도에 위치한 큰 교회였고, 서쪽으로 가는 관문이 될 수 있었다. 누가 언제 로마 교회를 시작했는지는 알 수 없다. 후대 전승은 베드로가 세웠다고 말하지만 그런 것 같지는 않다. 바울로의 편지는 로마에 교회가 있었다는 사실을 증거해주는 첫 현존 자료다. 바울로는 이 편지에서 그곳에 있는 다양한 사람들에게 안부를 전하지만, 베드로에 대해서는 결코 언급하지 않는다. 만일 베드로가 로마에 있었다면, 특히 그가 교회 지도자였다면, 그에 대해 전혀 언급하지 않는다는 것은 상상하기 어려운 일이다.

바울로는 자신의 선교를 지원받고자 로마인들에게 편지를 썼다. 이 목적을 이루기 위해 그가 그렇게 긴 편지를 써야만 했던 이유는 나중에 편지 자체가 밝혀준다. 로마의 그리스도인들은 바울로 선교의 본질이 무엇인지 온전하고 정확히 알지 못했다. 실제로 그들은 바울로의 관점에 대해 다소 불편한 소식을 접한 것처럼 보인다. 바울로는 이 문제를 바로잡기 위해 편지를 쓴다. 그래서 바울로의 목적은 복음으로 설교하는 것이 무엇인지 가능한 한 온전하고 선명하게 설명하는 것이다. 오늘날에도 이 편지가 큰 가치를 지니는 이유가 바로 여기에 있다. 이것은 바울로가 세운 교회에서 발생한 문제들에 대해 단순히 응답한 편지가 아니다. 로마서에서 바울로는 본인의 관점을 신뢰하지 않는 그리스도인들의 오해를 불식시키려고 시도하면서, 자신의 복음 메시지에 담긴 근본 요소들을 선명하게 표현하고 있다.

이 상황에서 긴 편지를 제대로 받아들이게 하려면 첫 단추를 잘 꿰는 것이 중요하다. 그래서 이 편지의 서두는 의미심장하다.

[1]나 바울로는 그리스도 예수의 종으로서 사도로 부르심을 받았으며 하느님의 복음을 위하여 따로 가려내어진 몸입니다. [2]이 복음은 하느님께서 당신의 예언자들을 통하여 성경에 미리 언약해 주신 것입니다. [3]그것은 당신의 아드님에 관한 것입니다. 그분은 육으로는 다윗의 후손으로부터 태어나셨으며 [4]거룩함의 영으로는 죽은 자들의 부활 이후 권능을 지닌 하느님 아들로 책봉되신 분, 곧 우리 주 예수 그리스도이십니다.

다른 편지들에서 했던 것처럼 바울로는 자기 이름을 소개하고 자기가 누구인지 소개하는 것으로 시작한다. 그는 복음에 투신한 그리스도의 종이자 사도다. 바울로는 아마도 그를 자기중심적 허풍쟁이라고 고발한 반대자들 때문에 이러한 말을 했을 수 있다. 그러나 사실 그는 그리스도의 종이며 그의 복음을 확장하는 일에 온전히 투신한 사람이다. 그가 말하는 복음은 유대교 성서 안에 선포된 것이 완성되었다는 것이다. 이것은 분명 핵심적 주장이다. 왜냐하면 바울로의 적대자들은 그가 반反 유대교적 복음을 설교한다고 고발했기 때문이다. 바울로는 이방인들이 유대인이 되지 않고도 하느님과 올바른 관계를 맺을 수 있다고 강조했다. 이것은 하느님의 선택받은 민족인 유대인의 특권을 약화시키거나, 복음의 유대교적 뿌리를 박탈하는 것이 아닐까? 바울로에게는 그렇지 않았다. 그에게도 복음은 유대교 성서에서 유대교 예언자들이 선포한 기쁜 소식이다. 그다음에 바울로는 복음의 본질이 무엇인지 보여준다. 이 편지 서두 3-4절에 나오는 신앙 진술에 대해 학자들이 오랫동안 인정해온 사실은, 문자 이전의 신경을 바울로가 인용하고 있다는 것이다.

　　로마서 1장의 나머지 부분과 달리 이 두 절은 매우 조직화되었으며 2개의 사상 단락으로 균형이 잘 맞추어져 있다. 여기서 첫 단락의 세 진술문은 둘째 단락의 세 진술문과 대응한다. 이는 우리가 보았던 고린토전서의 신경과 비슷하다. 신경 바로 앞에서 바울로는 그것이 하느님의 아들에 관한 것이고, 바로 뒤에 "우리 주 예수 그리스도"에 대한 것이라고 한다. 만일 우리가 두 진술 사이에 있는 절을 시적 행들로 재구성한다면 다음과 같을 것이다.

　　　　A1 태어나신 분
　　　　　A2 다윗의 후손으로부터
　　　　　　A3 육으로는,

B1 책봉되신 분

B2 권능을 지닌 하느님의 아들로

B3 거룩함의 영으로는 죽은 자들의 부활 이후

A단락의 첫 진술은 B단락의 첫 진술과 대응된다. 예수는 (다윗의 후손으로) 태어나신 분이며, 예수는 (하느님의 아들로) 책봉되신 분이다. 각 단락의 둘째 진술도 마찬가지다. (인간적 메시아인) 다윗의 후손과, 권능을 지니신 (고양된 신성한 아들인) 하느님의 아들이 대응된다. 셋째 진술에는 "육으로"와 "거룩한 영으로"가 대응을 이룬다. B단락 마지막 진술은 A단락 대응 진술문보다 더 길다. "육"은 예수가 존재했던 영역과 그가 존재하게 된 수단 모두를 포함하기 때문이다. 곧 그는 인간으로 태어났기 때문에 육체적으로 세상에 존재했다. 이 모든 것이 "육으로는"이라는 표현으로 전달된다. (그가 누구이든 간에) 신경의 저자는 대조를 완성시키기 위해서, 대조적인 영역과 예수가 그곳에 들어갈 수 있었던 수단을 다시 발설할 필요가 있었다. 그것은 거룩한 영의 영역이며 예수는 죽은 이들 가운데서 부활했을 때 그곳으로 들어갔다. 그래서 A3은 메시아였던 그가 이 세상에서 살았다는 그의 존재에 대해 말하고 있으며, B3은 그가 권능을 지닌 하느님의 아들이 된 영적 영역에서 다시 생명을 얻은 그의 존재에 대해 말하고 있다. 두 단락에서 이 대응과 어울리지 않는 유일한 구절은 "권능을 지닌"이라는 부분인데, 많은 학자들은 바울로가 이 어구를 신경에 덧붙였다고 주장한다.[3]

이 신경을 통해서 우리는 예수가 그저 인간적 메시아도 아니며, 단지 전능한 하느님의 아들도 아니라는 것을 볼 수 있다. 그는 둘 다이다.

첫째, 그는 성서에 예고된 다윗 가문의 메시아다. 둘째, 그는 고양된 신성한 아들이다.

학자들은 이것을 바울로가 인용한 바울로 이전의 신경이라고 오랫동안 확신했다. 한 가지 이유는, 일반적인 산문이 쓰인 방식이나 바울로가 이 맥락에서 하는 다른 진술들과 아주 다르게, 쓸모없는 단어 하나 없이 매우 잘 조직화되었기 때문이다. 게다가 이 구절은 아주 짧지만, 바울로의 저작 다른 곳에서는 볼 수 없는 단어들과 사상들을 담고 있다. 바울로 친서 7편 중 "다윗의 후손"이라는 구절은 여기에서만 나타난다. 실제로 바울로는 어디에서도 예수를 다윗의 후손으로 언급하지 않는다.(물론 세속적 메시아라면 없어서는 안 될 표현이다.) 바울로는 "거룩함의 영"이라는 구절도 다른 곳에서 사용하지 않는다. 그리고 바울로는 어느 곳에서도 부활 때 하느님의 아들이 되는 예수에 대해 말하지 않는다. 이 짧은 두 절에서 사용한 용어들과 사상은 바울로의 그것들과 많이 다르다. 그 이유는 바울로가 더 이른 시기의 전승을 인용했다는 말로 가장 잘 설명할 수 있다.

더욱이 더 이른 시기의 전승은, 바울로가 다른 곳에서 주장하는 것과는 다른 그리스도관이다. 바울로의 저술들과 달리, 여기에는 다윗의 후손으로서의 메시아 직분이 강조된다. 더 주목할 점은 예수가 부활 때 하느님의 아들이 되었다는 사상을 강조한다는 것이다. 이 부분을 제거해도 맥락상 마치 아무것도 빠지지 않은 것처럼 자연스럽기에, 이 부분은 첨가된 것이고 기존에 있던 신경을 바울로가 인용했음을 보여준다. 인용 부분을 빼면 이렇다. "그리스도 예수님의 종으로서 사도로 부르심을 받고 하느님의 복음을 위하여 선택을 받은 바울로가 이 편지를 쑵니다. 이 복음은 하느님께서 당신의 예언자들을 통하여 미리 성경에 약속해 놓으신 것으로, 당신 아드님에 관한 말씀입니다. 그분께서는…… 우리 주 예수 그리스도이십니다."

결국 바울로는 여기에서 더 이른 시기의 전승을 인용하는 것으로 나타난다. 그렇다면 이 전승은 얼마나 오래되었고 바울로는 왜 이것을 인용했을까?

사실 이 전승은 가장 초기 그리스도교 저술에 남아 있는 가장 오래된 신앙 진술 중 하나다. 이 신경의 몇 가지 특징은 아주 고대 모습을 하고 있다. 첫째, 다윗의 후손으로서 예수의 메시아 직분에 대한 강조인데, 바울로의 다른 저술에는 이 내용이 없다. 3장에서 보았듯이, 예수 생전에 이미 제자들 사이에 이 메시아관이 설왕설래했고, 그것을 예수의 관점이라고 생각하게 만드는 훌륭한 이유들이 있다. 예수는 성서의 메시아적 예언들을 완성하러 온 인물로 여겨졌다. 예수의 가장 초기 추종자들은 심지어 예수 사후에도 계속 그렇게 생각했다. 그의 부활은 메시아에게 기대한 방식대로 정치적 원수들을 정복하지 못했지만, 하느님이 죽음에서 그를 일으킴으로써 특별한 총애를 내렸다고 제자들을 확신하게 만들었다. 그래서 그는 참된 메시아였다. 이 관점은 예수에 대한 가장 중요한 두 진술 중 첫 번째로, 신경 첫 부분에서 강조된다.

두 번째 특징은 그리스도가 부활 때 고양되었다고 진술한다는 점이다. 바울로가 "거룩함의 영"을 통해서 이러한 일이 일어났다고 말하는 것은 주목할 일이다. 이 표현은 바울로의 다른 저술에서 찾아볼 수 없다. 학자들은 이것이 셈족어식 말투라고 한다. 히브리어나 예수와 그 추종자들이 사용한 아람어 같은 셈족언어에서 형용사-명사 구조가 만들어지는 방식은, 영어 같은 다른 언어에서 만들어지는 방식과 다르다. 셈족언어에서 이 구조는 '의'를 사용해 두 명사를 연결시켜 만든다. 예를 들면, '의로운 길'이라는 말은 셈족어로는 '의로움의 길'이라고 표현한다. '거룩한 영'이라는 말 대신에 '거룩함의 영'이라는 표현을 쓴다. 이 신경은 확실히 팔레스티나에서 아람어를 말하던 예수의 제자들 가운데서 공식화되었을 가능성이 무척 높은 셈족어식 말투를 담고 있다. 그리고 이 말은 예수의 첫 추종자들이 예수가 죽음에서 일으켜졌다고 믿게 된 후, 팔레스티나에서 발생한 초기 전승을 표현했다고 볼 수 있다는 뜻이다.

이러한 연유로 이 고대 신경이 예수를 하느님의 아들로 이해한 방식은 특별히 주목을 끈다. 반복해서 강조해왔듯이, 만일 누군가 예수를 하느님이라고 하거나 하느님의 아들이라거나 신성하다고 말한다면, 우리는 '어떤 의미에서' 그러한지 물을 필요가 있다. 신경의 관점은 분명하다. 예수는 죽음에서 일으켜졌을 때 '하느님의 아드님'으로 '확인되었다.' 예수가 하느님의 아들로 만들어진 것은 바로 부활 때였다. 나는 예수 부활 때 "권능을 지닌" 하느님의 아들이 될 수 있도록, 바울로가 "권능을 지닌"이라는 말을 신경에 첨가했을 가능성이 크다고 지적했다. 바울로는 예수가 부활 이전에도 하느님의 아들이었지만 부활 때 더 높은 상태로 고양되었다는 자신의 신학에 따라 이 구절을 덧붙이려 했을 수 있다. 그러나 이 신경을 처음 구성한 사람은 그렇지 않았을 것이다. 그에게 예수는 지상 생애 동안 다윗 가문의 메시아였지만, 부활 때 그보다 훨씬 중요한 존재가 되었다. 부활은 예수를 신으로 격상시켰다.

나는 이미 바울로가 로마서 서두에 이 신경을 꼭 인용해야겠다고 느꼈을지 모르는 이유에 대해 질문한 적이 있다. 바울로가 본인이나 그의 복음 메시지에 대한 오해를 해명하고, 의심을 품었을 수 있는 로마의 그리스도인들에게 자신의 견해를 소개하려고 편지를 썼다는 사실을 기억하는 것은 중요하다. 만약 이러한 상황 이해가 옳다면, 바울로가 이 신경을 인용했다는 견해는 의미를 지닌다. 이 신경은 지중해 전역 그리스도인 사이에 널리 알려진 아주 오래된 신경일 수 있다. 또 이 신경은 예수가 누구인지 표현하는 표준적 신앙으로 오랫동안 수용된 것일 수 있다. 여기서 예수는 다윗 가문의 지상적 메시아이자 부활 때 고양된 하느님의 천상적 아들이다. 바울로는 이 신경이 널리 전해졌고, 자신이 로마 그리스도인들과 공유했던 공통 신앙을 아주 정확하게 요약했기 때문에 신경을 인용했을 것이다. 바울로의 관점은 이 신경과 좀 다르고 더 복잡했으나, 성실한 그리스도인이던 그는 부활 때 예수에게 중요한 일이 일어난다는 것을 긍정한 신경의 기본 메시지를 잘 수용할 수 있었다. 예수는 단지 지상 메시아가 아니라 하느님의 천상적 아들이 되었고, 위엄과 권위를 지닌 지위로 고양되었다.

이 메시지는 특히 로마에 살던 그리스도인에게 공명을 일으켰을 것이다. 제국 전역에서 수많은 사람이 로마 황제를 신의 아들, 곧 신성화된 황제의 아들로 여겼음을 기억할 필요가 있다. 앞서 보았듯이, 제국 전체에서 오직 두 사람만 '신의 아들'이라 불렸다. 하나는 황제였고 다른 이는 예수였다. 이 신경은 예수가 왜 이렇게 고양된 칭호를 받을 만한 인물인지 그 이유를 보여준다. 부활 때 하느님은 예수를 자신의 아들로 삼았다. 신성한 지위를 얻은 이는 황제가 아니라 예수였고, 그는 하느님 편에 오르는 영예를 받기에 충분한 인물이었다.

사도행전의 담화들

사도행전의 몇 단락은 문자 이전 전승의 요소들을 지닌 오래된 그리
스도론적 관점을 보여주며, 로마서 1장 3-4절과 아주 비슷하다. 앞에서
이 요소들을 조사하는 방식을 살펴보았기 때문에, 사도행전의 담화들을
철저하게 분석하지는 않겠다.

사도행전 13장 32-33절

4장에서 나는 '루가'가 사도행전의 담화들을 썼다고 지적했지만, 아
리마태아 요셉 혼자가 아니라 유대교 산헤드린 구성원들이 예수를 매장
했음을 암시하는 13장 29절처럼, 루가는 담화들 안에 초기 전승들을 포
함시켰다. 사도행전에 있는 문자 이전 전승들 중에서 가장 주목할 만한
것은 바울로가 예수 부활의 의미를 설명하는 부분으로, 같은 13장 몇 구
절 뒤에 나온다. "조상들에게 주어진 약속이 이루어졌다는 복음을 우리
는 여러분에게 전합니다. 사실 하느님께서는 예수를 다시 살리시어 [그
들의] 자손인 우리에게 그 약속을 이루어 주셨습니다. 이는 시편 제이편
에 기록되어 있는 대로입니다. 너는 내 아들이니 내가 오늘 너를 낳았노
라."(사도 13,32-33.)

신약성서 전체에서 이토록 놀라운 부활 진술이 또 있는지 나는 확신
할 수 없다. 우선 예수는 부활 때 하느님의 아들이 되지 않았다는 루가
개인의 관점을 강조하면서 시작하자. 우리는 루가가 다른 곳에서 말한
것 때문에 그의 관점을 알고 있다. 예수의 어머니 마리아는 예수 탄생 이
전에 "수태고지"에서, 그녀가 성령으로 잉태할 것이기 때문에 태어날 아
이는 "하느님의 아들"이라 불릴 것이라는 말을 듣는다. 루가는 예수가

출생부터, 더 정확히 말하면 잉태되었을 때부터 하느님의 아들이었다고 믿었다. 그러나 이것은 사도행전 13장 32-33절에서 문자 이전 전승이 전하는 것과 확실히 다르다. 화자인 바울로는 하느님이 유대인 선조들과 약속했으며, 예수 부활로 그 약속이 후손들에게 실현되었다고 지적한다. 그리고 그는 자기가 의미하는 바를 분명히 하려고 시편 2편 7절을 인용한다. "너는 내 아들이니 내가 오늘 너를 낳았노라." 다시 상기시키자면, 히브리성서에서 이 구절은 원래 대관식에서 왕이 기름부음을 받을 때 하느님의 특별한 총애를 받고 있음을 언급하는 표현이었다.[4] 이 담화에서 '바울로'는, 하느님의 아들로서의 왕에게 이미 일어났던 일을 가리키기 위해서가 아니라, 예수가 하느님의 아들이 되었을 때 진짜 왕인 그에게 어떤 일이 일어날 것인지에 대한 예언으로 이 구절을 취하였다. 바울로는 시편 기록이 '오늘' 성취되었다고 선언한다. 그러면 '오늘'은 언제인가? 그것은 예수가 부활한 날이다. 하느님이 예수를 자신의 아들로 '낳았다'고 선언한 때다.

이 루가 이전 전승에서 예수는 부활 때 하느님의 아들이 되었다. 이것은 루가가 전승에서 물려받은 관점이며, 로마서 1장 3-4절에서 본 것과 거의 일치하고 있다. 하느님이 예수를 죽음에서 일으킴으로써 자신의 아들로 고양시켰다는 것은 그리스도교의 가장 오래된 믿음 형태로 보인다.

사도행전 2장 36절

사도행전의 초기 담화에는 비슷한 관점이 표현되어 있다. 지금 시점에서는 주인공들의 담화를 쓴 사람이 루가였다고 밝혀도 좋을 것이다.

담화서술자를 루가로 보는 이유 중 하나는 담화들이 모두 한결같기 때문이다. 하층 계급 출신으로 교육받지 못하고 교양 없고 아람어를 사용한 시골뜨기 베드로의 담화와, 문화적으로 세련되고 고등교육을 받고 학식 있고 그리스어를 말하는 바울로의 담화가 거의 비슷하게 들린다. 이처럼 아주 다른 두 사람이 왜 그토록 비슷하게 말하는가? 왜냐면 둘 중 누구도 실제로 말한 것이 아니기 때문이다. 말하는 이는 루가다. 루가는 자신의 담화를 구성하기 위해, 담화에 문자 이전 전승들이 삽입되어 있는 더 오래된 자료들을 사용했다.

사도행전 2장에서, 위대한 기적이 일어난 성령강림 날에 베드로는 모여든 군중에게 기적의 의미를 설명한다. 베드로는 "이 예수를 하느님께서 되살리셨으며 우리는 모두 그 증인들"이라고 강조하면서 예수의 죽음과 부활에 대해 말한다. 그는 예수의 이 고양이 시편의 말씀을 실현시킨 것이라고 이어서 말한다. 그러나 베드로는 시편 2편 7절이 아니라, 이스라엘 왕의 신성한 특징을 언급하는 110편 1절을 인용한다. "주님(야훼)께서 내 주께 선언하셨다. 내 오른편에 앉아 있어라. 내가 네 원수들을 네 발판으로 삼을 때" 여기에서 주님인 하느님은 "주님"이라 불리는 기름부음을 받은 이에게 말하고 있다. 베드로는 이 담화에서 하느님이 예수에게 이렇게 말한다고 암시한다. 하느님은 그를 죽음에서 일으킴으로써 주님으로 만들었고 자신 원수들의 정복자로 삼았다.

그 후에 베드로는 예수의 부활에 대해 더 확실하게 말한다. "이스라엘 온 집안은 확실히 알아 두시오. 하느님께서는 그분을, 곧 여러분이 십자가형에 처한 이 예수를 주님과 그리스도로 삼으셨습니다."(사도 2,36.) 예수의 가장 초기 추종자들은 하느님이 예수를 위엄과 권위를 지닌 지위로 고양시켰음을 부활이 보여주었다고 믿었다. 이 구절이 하나의 증거다. 여기 문자 이전 전승에서, 하느님은 죽음에서 예수를 일으킴으로써 그를 메시아이자 주님으로 삼았다는 것을 알게 된다. 예수 생전에 그의 추종자들은 예수가 그들에게 가르친 것처럼, 사람의 아들이 실현시키는 도래할 하느님 나라에서 그가 왕이 되어 다스리는 미래의 메시아가 될 것이라고 생각했다. 그러나 사도행전 2장 36절이 선명하게 보여주듯이 예수가 죽음에서 일으켜졌다고 믿게 되었을 때, 그들은 예수가 이미 메시아가 되었다고 결론 내렸다. 그는 하느님 편에 고양되어 이미 하늘에서 왕으로서 다스리고 있었다. 천상 영역의 권좌에 하느님 곁에 앉은 예수는 이미 그리스도다.

더욱이 그는 주님이다. 예수 생전에 제자들은 그를 "주님"이라 불렀다. 이것은 어떤 주인의 종이나 어떤 고용주의 피고용인이나 어떤 선생의 학생이 사용할 수 있는 용어였다. 밝혀진 대로, 이들 각각이 의미하는 그리스 용어 주님은 "모든 이의 주님"처럼 하느님에 대해 사용한 주님과 똑같다. 예수의 제자들이 예수가 죽음에서 일으켜졌다고 믿게 된 후 그리스도라는 용어가 새로운 의미를 지니게 된 것처럼, 주님이라는 용어도 마찬가지였다. 예수는 더 이상 그저 제자들의 스승이 아니었다. 하느님이 그를 새로운 지위로 고양시켰기에, 예수는 실제로 세상의 주님으로 다스리고 있었다. 그리고 이 일은 부활 때 발생했다. 인간 예수가 주님인 그리스도가 된 것이다.

사도행전 5장 31절
비슷한 관점을 설명하는 다른 담화도 있다. 여기서도 부활 때 신성한 지위로 고양된 인물로서의 그리스도에 대한 아주 초기 관점이 통합된다. 사도행전 5장에서 유대교 당국자들은 베드로와 다른 사도들을 예루살렘에서 혼란을 일으킨 설교자로 체포한다. 그러나 한 천사가 기적적으로 그들의 탈출을 도와주며, 더 심문하고자 그들을 잡아들이려 한 당국자들을 당황시킨다. 그들이 예수의 이름으로 가르치는 것을 대사제가 금지시키자, 베드로와 사도들은 사람에게 순종하기보다 하느님에게 순종하겠다고 대답한다. 계속 설교하겠다는 말이다. 사도들은 유대교 당국자들이 예수 죽음에 책임이 있다고 지적하지만 "우리 조상들의 하느님께서는 여러분이 나무에 달아 처치한 예수를 일으키셨습니다. 하느님께서는 이분을 영도자 및 구원자로 삼아 당신의 오른편에 높이 올리시어, 이스라엘이 회개하고 죄를 용서받도록 하셨습니다"(사도 5,30-31)라고 말한다.

초기 전승은 예수 부활을 특히 "하느님의 오른편"으로의 '고양'이라고 한다. 달리 말하면, 하느님은 자신의 신분으로 예수를 고양시켰고, 세상 사람들을 '영도'하고 '구원'할 탁월한 지위를 주었다는 것이다.

루가와 그의 초기 전승들

이 담화들의 저자인 '루가'가 왜 본인이 이해한 예수와 다른 문자 이전 전승들을 사용했는지 의아해할지 모르겠다. 앞에서 지적했듯이, 루가는 어디서도 예수가 하느님의 아들로 고양된 시기가 부활 때라고 말하지 않는다. 그러나 사도행전의 담화들 안에서 발견되는 이 구절들은 바로 그 내용을 가리킨다. 담화들은 사도들이 실제 말한 것들을 충실하게 반영하기 때문에 이 관점들이 담화들 안에 있다고 말하려는 사람이 있을지 모르겠다. 그러나 이미 지적한 대로, 고대에는 주인공들의 담화를 한 저자가 쓰는 것이 평범한 관례였다. 사도행전의 담화들 가운데 있는 유사성은 그 담화들을 똑같은 저자인 루가가 썼다는 것을 암시한다.

사실 루가가 자신의 담화들에서 왜 문자 이전 전승들을 사용하려 했는지 밝혀주는 훌륭한 설명이 있다. 이 전승들의 '비신앙인들'을 향한 연설들에는 그의 강조점이 너무나 잘 요약되어 있기 때문이다. 루가는 인간들이 예수에게 했던 것을 하느님이 과감하게 극적으로 뒤엎었고 예수가 누구인지에 대한 평가도 하느님이 근본적으로 다르게 했음을 강조한다. 인간은 예수를 능욕하고 죽였다. 하느님은 그를 죽음에서 일으킴으로써 그 처형을 뒤집었다. 인간은 예수를 조롱했고 가장 밑바닥 인간으로 내쳤다. 하느님은 예수를 고양시켰고 당신 오른편에 앉혔으며 영광스런 신성한 인물로 만들었다.

문자 이전 단편들은 이 관점을 만드는 데 필요한 자료들을 루가에게 제공해주었고, 루가는 자신의 강력한 메시지를 강조하기 위하여 자신의 담화들 전체에 오래된 전승들을 가져와 사용했다. 전능한 하느님은 비천한 인간들이 했던 것을 뒤집었고, 예수는 실패한 예언자나 거짓 메시아가 아니라 오히려 모든 이의 주권자로 보였다. 하느님은 예수를 죽음에서 일으킴으로써 자신의 아들, 메시아 왕, 주님으로 삼았다.

가장 초기의 그리스도관 평가

하느님이 예수의 지상 삶을 연장시키기 위해서가 아니라 자신의 아들로 고양시켜 천상에서 자신의 오른편에 앉아 전능한 주 하느님과 함께 다스릴 수 있도록, 죽음에서 예수를 일으켰다는 그리스도론적 믿음의 아주 초기 형태에 대해서 지금까지는 이름을 붙이지 않았다. 전통적으로 신학 논의들 안에서 이 그리스도 이해는 낮은 그리스도론low Christology(＝아래로부터의 그리스도론)이라 불린다. 왜냐하면 이 견해에서는 예수도 다른 인간들처럼 한 인간으로 출발했기 때문이다. 그는 다른 사람들보다 더 의로울 수 있고 하느님의 특별한 총애를 더 받았을 수 있다. 그러나 그는 한 인간으로 출발했을 뿐 그 이상이 아니었다. 내가 논의한 문자 이전 전승에는 동정녀 탄생이라든가 예수가 생전에 신적 존재였다든가 하는 이야기가 없었다. 그는 메시아일 수 있지만 인간이다. 그러나 자기 실존의 임계점에 이르러, 그는 필멸할 다른 인간들과 함께한 이전의 낮은 실존으로부터 영예와 능력과 권위를 지니는 하느님 오른편으로 고양된다. 앞으로 이러한 관점을 '낮은' 그리스도론이라고 부르는 것에 반대하는 이유를 설명할 것이다. 그러나 지금 당장은 일부 신학자들이 그렇게 부른 것이 의미 있음을 밝히는 것으로 충분하리라.

때로 이 관점을 입양 그리스도론adoptionist Christology이라고 부른다. 왜냐하면 이 관점에서는 그리스도를 '본성상' 신성한 존재로 보지 않기 때문이다. 그러니까 그는 세상에 태어나기 전에 선재하지 않았고, 지상에 온 신성한 존재가 아니었으며, 하느님과 '본질'이 동일하지도 않았다. 그는 하느님에게 '입양'되어 신성한 신분이 된 인간이었다. 그의 정체는 신이 아니었고 비천한 인간으로 출발했지만, 만물의 창조주이자 주님인 하느님이 탁월한 지위로 고양시키려고 그를 선택했다는 사실 때문에 신적 존재가 되었다.

아래로부터의 그리스도론도 마찬가지지만, 입양이라는 용어가 가진 문제는 마치 이 그리스도관이 부적절한 이해인 양 업신여기듯 말한다는 것이다. 예컨대 예수는 원래 '단지' 한 인간이었다는 표현이나, '그저' 입양된 아들이었다는 표현 등이다. 예수가 인간으로 시작했으나 신성한 지위로 고양되었다는 관점이 사실 다른 전망으로 대치된 것은 사실이다. 이에 대해서는 다음 장에서 다루겠다. 다른 관점은 예수가 세상에 오기 전 선재하던 신성한 존재였음을 암시한다. 이 관점은 그리스도가 천상적 영역에 있는 하느님과 함께 '저기 위에서' 시작했다고 이해하기 때문에, 높은 그리스도론high Christology(=위로부터의 그리스도론)이라 부르곤 한다. 이 관점에서 그리스도는 하느님의 아들로 입양된 존재가 아니다. 예수가 하느님의 아들인 것은 하느님이 그의 본성적 정체보다 그를 더 뛰어난 존재로 만들기 위해 무언가를 해서가 아니라, 이미 그런 존재였기 때문이다.

후대 신학자들은 '낮은'이나 '입양' 그리스도론이 부적절하다고 여겼지만, 나는 처음에 이 관점을 유지했던 사람들에게 이것이 얼마나 놀라운 것이었는지 간과해선 안 된다고 생각한다. 그들에게 예수는 '단지' 하느님의 아들로 입양된 존재가 아니었다. 이 강조점은 완전히 잘못되었다. 그들은 상상할 수 있는 가장 높은 지위로 예수가 고양되었다고 믿었다. 그는 불가능할 만큼 높이 고양된 상태로 들어올려졌다. 이것은 그리스도에 대해 말할 수 있는 가장 멋진 생각이었다. 실제로 그는 만물을 지었고 만백성을 심판할 전능한 하느님 다음 지위로 격상되었다. 예수는 하느님의 유일한 아들이었다. 이것은 그리스도에 대한 낮은 이해도 열등한 이해도 아니었다. 놀랍고 엄청난 관점이었다.

이 이유로 나는 '낮은 그리스도론'이나 '입양 그리스도론'이라는 말 대신에 '고양 그리스도론'이라는 말을 선호한다. 이 관점에서 인간 예수는 꿈에서조차 생각지 못할 정도로 하느님의 총애를 받으며, 하느님 오른 편에 앉아서 하느님과 대등할 만큼 신성한 상태까지 고양되어 하느님의 엄청난 영광을 받는다.

내가 이 그리스도 이해를 열등한 관점으로 제쳐놓지 말아야 한다고 생각하게 된 이유 중 하나는, 로마제국에서 아들로 입양된다는 의미에 대한 새로운 연구를 접했기 때문이다. 앞에 언급한 그리스도에 대한 관점들은 물론 로마제국의 맥락 안에서 형성되었다. 오늘날 우리는 입양한 아이가 부모의 '진짜' 아이가 아니라고 생각할 수 있으며, 불행하게도 일부 집단에서는 입양한 아이가 '실제로' 부모에게 속하지 않음을 뜻하기도 한다. 많은 사람은 이러한 사고가 훌륭하거나 애정을 나타내거나 도움을 주는 관점이 아니라고 여기지만, 이 사고는 존재하며 일부 사람들은 그렇게 생각한다. 하느님과 하느님의 아들에 대해 생각할 때에도 마찬가지다. 만일 예수가 '단지' 입양되었다면, 그는 '실제로' 하느님의 아들이 아니다. 다만 나머지 우리들보다 더 고양된 신분이 그에게 수여되었을 뿐이다.

그러나 로마 사회의 입양에 대한 연구는 이 관점에 큰 문제가 있음을 보여주며, 사실상 거의 잘못된 관점이라고 알려준다. 신약성서 전문가 마이클 페퍼드의 중요한 저서 『로마 세계에서 하느님의 아들The Son of God in the Roman World』은 바로 이 문제를 다루며, 당시의 시간과 장소에서 입양된 아들이 되는 것의 의미가 무엇인지 보여준다.[5] 페퍼드는 학자나 독자들이 '생물학적' 친아들(실제로 부모에게서 난 아들)보다 입양된 아들이 더 낮은 사회적 지위를 지녔다는 생각이 틀렸음을 설득력 있게 논증한다. 사실은 정반대가 진실이었다. 로마의 엘리트 가정에서 중요한 것은 결혼한 부부의 육체적 결합에서 태어난 아들들이 아니라, 입양한 아들이었다. 한 가지 분명한 예로 율리우스 카이사르와 클레오파트라 사이에는 카이사리온이라는 친아들이 있었다. 그리고 카이사르에게는 자기 의지에 따라 아들로 입양한 조카가 있었다. 누가 더 중요한가? 역사에서 카이사리온은 각주에 불과하다. 어쩌면 이 이름을 결코 들어보지 못했을 수도 있다. 그러면 옥타비아누스는? 그는 카이사르가 입양한 아들이었기 때문에 재산과 신분과 권력도 물려받았다. 그는 로마제국의 첫 황제 카이사르 아우구스투스로 더 잘 알려져 있다. 이러한 일이 일어난 이유는 율리우스 카이사르가 그를 입양했기 때문이다.

로마 세계에서는 친아들보다 입양된 아들에게 더 높은 지위를 주는 경우가 종종 있었다. 친아들은 다소 우연적으로 여겨졌다. 그의 덕성과 훌륭한 자질은 친부모의 아이로 태어났다는 사실과 무관했다. 보통 성인이 돼서야 입양되는 아들은 그의 훌륭한 자질과 뛰어난 잠재력 때문에 입양되었다. 그는 우연한 탄생 때문이 아니라 위대한 잠재력을 보여주었기 때문에 위대하게 되었다. 이것은 황제 트라야누스의 신하였던 유명한 저자 소 플리니우스가 그를 찬양한 구절에도 나타나 있다. "전하의 공로는 오래전 계승자로 입양된 전하에게 참으로 어울립니다."[6]

유력한 인사나 귀족의 합법적 상속자가 결정될 때, 입양한 아들들이 이미 성인이었던 이유가 여기 있다. 그렇다면 합법적 상속자가 된다는 것은 무슨 뜻이었나? 양부의 부와 재산과 신분과 하인들과 피보호자들, 곧 양부의 권력과 명성을 모두 물려받는다는 뜻이다. 역사가 크리스티아네 쿤스트Christiane Kunst가 지적하듯이 "양자는 …… 자신의 지위 대신 양부의 지위를 인계받았다."[7]

가장 초기 그리스도인들이 예수가 부활 때 하느님의 아들이 되었다고 말했을 때, 이것은 예수에 대하여 정말로 놀라운 어떤 것을 말한 것이다. 예수는 하느님에게 속한 모든 것을 물려받은 상속자가 되었다. 그는 자신의 지위 대신에 만물의 창조주이자 통치자의 지위를 얻는 것이다. 그는 하느님의 모든 능력과 특권을 받았다. 그는 죽음을 거부할 수 있었다. 그는 죄를 용서할 수 있었다. 그는 세상의 미래 심판관이 될 수 있었다. 그는 신성한 권위로 다스릴 수 있었다. 그는 사실상 하느님이었다.

예수의 고양된 상태에 대한 다양한 양상들은 그리스도인들이 고양된 상태의 예수에게 부여한 다양한 경칭들과 밀접한 관련이 있다. 그는 하느님의 아들이었다. 아무리 생각해도 이 의미는 그가 '단지' '입양된' 하느님의 아들이라는 뜻이 아니었다. 여기에는 사람들이 예수에 대해 상상할 수 있는 가장 환상적인 주장들이 포함되어 있었다. 그는 하느님의 아들로서 하느님의 모든 것을 물려받은 상속자였다. 그는 사람의 아들로서 하느님이 온 세상의 미래 심판관으로 신뢰한 인물이었다. 그는 아버지의 나라를 다스리는 천상적 메시아, 임금들의 임금이었다. 그리고 그는 천상적 통치자의 능력을 지닌, 온 세상의 주님이자 스승이자 주권자였다.

우리는 이 관점을 낮은 그리스도론이라 부른 까닭을 이해할 수 있지만, 어떤 의미에서든 확실히 '비천한' 것은 아니었다. 이것은 죽음에서 예수를 일으키신 하느님 오른편으로 고양된, 벽촌 갈릴래아 출신 스승에 대한 놀라운 사실들을 긍정한 고양 그리스도론이다.

그리스도인들이 예수에 대해 이렇게 말하기 시작하던 시기가 황제들이 로마세계 전역에서 숭배받기 시작한 시기와 정확히 일치한다는 것은 중요하게 강조할 일이다. 황제는 죽어서 신이 된 선대 황제의 양자이기에 신의 아들이었다. 예수는 하느님의 아들이었다. 황제는 신성하다고 여겨졌고, 예수는 신성했다. 황제는 위대한 통치자였고 예수는 위대하면서도 유일한 통치자였다. 황제는 주인이자 위대한 통치자였고, 예수는 주님이자 주권자였다. 문제를 일으켜서 십자가에 처형된 갈릴래아 출신의 하층 계급 시골뜨기가 우주에서 가장 강력한 존재가 되었다. 그리스도교의 관점에 따르면, 황제는 사실 경쟁이 되지 않았다. 예수의 양부는 그저 선대 황제 정도가 아니라 전능한 주 하느님이었다.

예수는 이렇게 고양된 지위로 말미암아 예배 받을 가치가 있는 존재로 여겨졌다. 만일 가장 초기 그리스도인들이 부활 직후 고양된 하느님의 아들로서의 예수관을 지녔다면, 그것은 이미 그들이 초기 단계부터 하느님에게 하듯이 예수를 경배했기 때문일 것이다. 신약성서 학자 래리 허타도는 중요한 두 책에서, 만일 그리스도인들이 스스로 이신론二神論자가 아닌 일신론자라고 자처했다면 '그리스도교 역사에서 예수를 그렇게 일찍 신성한 존재로 숭배한 이유가 무엇이었을까?'라는 문제를 해결하려 노력했다.[8] 그리스도인들은 오직 한 분 하느님만 있다는 관점과 하느님 곁에 있는 하느님으로 예수를 숭배하는 관점 두 가지를 동시에 참되다고 주장했다. 이런 일이 어떻게 가능한가? 허타도는 그리스도교가 이위일체 신앙binitary worship을 발전시켰다고 본다. 이 신앙은 유일신 사상을 그대로 유지하면서도 하느님과 나란히 예수를 주님으로 섬긴다. 허타도의 관점에서 볼 때 그리스도인들이 이 신앙을 견지했던 이유는,

하느님이 예수를 신성한 지위로 고양시켜서 예수 경배를 허락했을 뿐 아니라 심지어 요청했기 때문이다. 허타도는 유일신을 주장하는 신학 안에서 신성한 두 존재를 섬기는 이러한 신앙을 고대 종교 역사 안에서 이루어진 독특한 발전으로 이해한다. 앞으로 우리는 유일신 사상을 저버리지 않으면서 예수가 어떻게 하느님으로 경배 받을 수 있었는지에 대한 문제를 신학자들이 어떻게 수용했는지 보게 될 것이다. 지금 당장은 이 상황이 사실이었음을 강조하는 것으로 충분할 것이다. 그리스도인들은 한 분 하느님 신앙을 강조했지만 여전히 예수를 신성한 존재로 경배했고, 하느님과 더불어 그들의 '주님 예수'에게 예배드렸다.

그리스도론의 퇴보적 움직임

가장 초기 그리스도인들이 예수가 부활 때 하느님의 아들이 되었다고 이해했다는 관점은 신약성서 학자들에게는 혁신적인 것이 아니었다. 20세기 후반 가장 위대한 학자들 중 한 명인 레이몬드 브라운은 로마 가톨릭 사제로서 여러 해를 개신교 계통의 뉴욕 유니온신학교에서 가르쳤다. 브라운은 성서학자들을 위해서 도전적이고 통찰력 있는 책들을, 평신도를 위해서 쉬우면서도 계몽적인 책들을 썼다.

그의 가장 유명한 공헌 중 하나는 예수에 대한 초기 그리스도교 관점들의 발전과정을 묘사한 방식이다. 브라운은 내 관점, 곧 하느님이 부활 때 예수를 신성한 지위로 고양시켰음을 가장 초기 그리스도인들이 믿었다는 견해에 동의한다. 이 관점은 초기 그리스도론에 대한 '회의적'

관점이거나 '세속적' 관점이 아니라, 신앙을 지닌 학자들도 견지하는 관점이다. 브라운은 복음서 전체를 통해서 이 관점의 연대기적 발전과정을 추적할 수 있다고 지적한다.[9] 가장 오래된 이 그리스도론은 바울로의 편지나 사도행전에 있는 문자 이전 전승에는 나오지만, 복음서들에서는 볼 수 없다. 앞으로 더 자세하게 보겠지만, 가장 오래된 복음서인 마르코복음서는 예수가 세례 때 하느님의 아들이 되었다고 가정하는 듯하다. 그다음 마태오와 루가복음서는 예수가 태어났을 때 하느님의 아들이 되었다고 암시하며, 마지막으로 요한은 창조 이전부터 예수가 하느님의 아들이었다고 제시한다. 브라운의 관점에서 복음서들의 이 연대기적 순서는 그리스도인들이 자신의 관점을 어떻게 발전시켰는지 보여줄 수 있다. 원래 예수는 부활 때에야 고양된 인물로 여겨졌다. 그리스도인들은 이 문제를 더 깊이 생각하면서 예수가 공생활 기간에도 분명 하느님의 아들이었다고 여기게 되었다. 더 나아가 직무를 시작한 세례 때 하느님의 아들이 되었다고 생각했고, 결국에는 온 생애 동안 하느님의 아들이었다고 생각하기에 이르렀다. 그래서 예수는 동정녀에게서 태어났고 이 의미에서 문자적으로 하느님의 아들이었다. 그리스도인들은 이에 대해 다시 성찰하면서, 예수는 세상에 오기 전부터 이미 하느님의 아들이었다고 생각했으며, 마침내 선재하던 신성한 존재였다고 말한다.

이 연대기적 배열이 지닌 문제는 초기 그리스도교 예수관의 실제 연대기적 발전 과정을 성찰하지 않는다는 점이다. 이 설명들은 복음서들을 통해 발전된 관점이라는 것이 맞지만, 일부 그리스도인들은 바울로가 50년대에 편지를 쓰기 전, 즉 가장 오래된 마르코복음서보다 훨씬 더 일찍 ('후대' 관점인) 예수를 선재하던 존재라고 말하고 있었다.[10] 사실 예수에 대한 관점들은 초기 그리스도교 곳곳에서 일직선을 따라 같은 비율로 발전하지 않았다. 브라운도 여기에는 동의할 것이다. 다양한 지역 다양한 교회에 속했던 다양한 그리스도인들은 거의 처음부터 다양한 예수관을 갖고 있었다. 나는 근본적으로 두 개의 다른 그리스도론적 관점들이 있었다고 주장한다. 하나는 예수를 '아래로부터' 와서 '고양된' 존재로 보았고, 다른 하나는 예수를 천상적 영역에서 지상으로 온 '저위'의 존재로 보았다. 그러나 근본적으로 다른 이 두 그리스도론에도 중요한 변화가 있었다.

세례 때 하느님의 아들이 된 예수

하느님이 부활 때 예수를 고양시켰다는 초기 믿음 이후에, 특정 시간과 장소에서 일부 그리스도인들이 예수의 공생활 이전에 예수가 고양되었다고 생각하게 되었다는 브라운의 견해는 옳은 것으로 보인다. 이러한 이유로 예수는 병자를 치유하거나 악령을 내쫓거나 죽은 이를 살리는 일 같은 놀라운 활동을 할 수 있었으며, 지상에서 하느님의 대리자로서 죄를 용서해줄 수 있었고, 때로 자신의 영광을 드러낼 수 있었다. 그는 세례자 요한에게 세례를 받고 자신의 직무를 막 시작하는 첫 순간에 이미 하느님의 아들로 입양된 것이다.

마르코복음의 세례

마르코복음서에는 예수의 선재성이나 동정녀로부터의 탄생 이야기가 없다. 만일 이 복음서 저자가 이 관점을 믿었다면, 이에 대해 분명히 언급했을 것이다. 이것들은 어떻든 꽤 중요한 사상이기 때문이다. 마르코는 세례자 요한의 세례 직무를 묘사하면서 복음서를 시작하고, 예수도 다른 유대인들처럼 요한에게 세례를 받았다고 알려준다. 그러나 예수가 물 밖으로 나오자 하늘이 열리고 하느님의 영이 비둘기처럼 그에게 내려왔으며, 하늘에서 소리가 들려 왔다. "너는 내 사랑하는 아들이니, 나는 너를 어여삐 여겼노라."(마르 1,11.)

이 목소리는 예수가 선재한다는 사실을 진술하는 것이 아니라, 어떤 선언을 하는 것처럼 보인다. 마르코복음에서 예수는 이때 하느님의 아들이 된다.[11] 예수는 세례를 받자마자 놀라운 직무를 시작한다. 하느님 나라가 임박했다고 선포했을 뿐 아니라, 병자를 고쳐주고, 자기가 (단지 평범한 인간이 아니라) 악령보다 더 힘이 세다는 것을 보여주며, 죽은 이를 소생시키기까지 한다. 그는 공생활을 시작한 때 이미 생명의 주님이었다. 그는 자신을 거스른 죄가 아니라, 하느님이나 다른 이들을 거슬러 저지른 죄를 용서할 수 있는 권위를 받았음을 보여준다. 그의 반대자들은 "하느님 외에는 아무도 죄를 용서할 수 없다"고 선언한다. 그러나 예수는 사람의 아들에게는 죄를 용서할 수 있는 권한이 있다고 그들에게 말한다.

예수의 영광은 빵과 물고기로 군중을 배불리 먹이고 풍랑에게 조용하라고 명령하며 물위를 걷는 등 위대한 기적들 안에서도 나타난다. 복음서 중간쯤, 예수는 베드로와 야고보와 요한이 보는 앞에서 자신의 참된 정체를 드러낸다. 그는 모세와 엘리야가 그와 말하기 위해 나타난 동안 빛나는 존재로 변모된다. 모세와 엘리야는 예수가 율법(=모세)과 예언서(=엘리야)에 예고된 분이라는 사실을 상징한다. 예수는 단순한 인간이 아니다. 그는 하느님의 계획을 이루기 위해 오신 하느님의 영광스러운 아들이다.

만일 예수가 "어떤 의미에서" 신성한지 묻는다면, 마르코에게 예수는 부활 때가 아니라 세례 때 하느님의 아들로 입양된 존재라는 의미에서 신성하다.

루가복음의 세례

이러한 관점의 흔적은 후대의 루가복음서에서도 발견된다. 앞으로 보겠지만, 루가는 예수가 하느님의 아들이 된 시기에 대해 달리 이해하고 있었다. 그러나 이미 소개한 것처럼, 루가는 가끔 자기 관점과 다른 이전 세대의 전승을 포함시켰다. 예수 세례 장면에서도 그러했다. 여기에서 문제는 설명하기가 좀 어렵다. 이전에 발간한 책 『성경 왜곡의 역사Misquoting Jesus』에서 나는, 루가·마르코·바울로의 저작들 및 신약성서를 구성하는 초기의 어떤 본문도 원래 사본이 아니라는 사실에 대해 논의했다. 우리 손에 있는 것은 후대에 베낀 것들로, 대부분 몇백 년이 지나서 만들어졌다. 이 다양한 사본들은 모두 서로 조금씩 다르며 때로는 크게 다른 경우도 있다. 후대에 필사한 사람들이 크게 바꾸어놓은 단락 중 하나가 바로 루가복음서의 예수 세례 장면이다.

학자들은 이 복음서에서 예수 세례 때 실제로 들린 목소리가 무엇인지 오랫동안 토론했다. 왜냐하면 대다수 사본은 마르코에 나오는 목소리 "너는 내 사랑하는 아들이니, 나는 너를 어여삐 여겼노라"와 똑같기 때문이다. 그러나 이 본문의 몇몇 오래된 증언들에서 목소리는 좀 달리 표현되며 시편 2편 7절을 인용한다. "너는 내 아들, 나 오늘 너를 낳았노라." 루가가 예수 세례 장면에서 원래 이 구절을 썼다고 생각할 만한 타당한 이유들이 있다.(루가 3,22.)[12] 이 진술은 예수가 세례 받을 때 그가 하느님의 아들로 "낳아진" 것, 곧 세례 때 하느님의 아들로 태어났다는 아주 강한 발언이다. 후대에 필사한 사람들이 이 구절을 바꾸려 했던 이유는 명백하다. 후대 필사자들이 루가의 본문을 베낄 때에는 예수가 세례 때 하느님의 아들이 되었다는 관점이 부적절했을 뿐 아니라 이단적이었다. 후대 필사자들에게 예수는 세례 때 아들이 된 인물이 아니라 선재하던 하느님의 아들이었다.

　루가는(그가 누구였든) 예수를 선재하는 하느님의 아들이었다고 생각하지 않는다. 예수가 세례 때 아들이 되었다고도 생각하지 않는다. 그렇다면 왜 이런 목소리가 본문에 들어가게 되었는가? 루가는 자신의 관점과 다르더라도, 자기가 들은 다양한 문자 이전 전승을 자기 자료에 병합하길 좋아했다. 그래서 사도행전의 담화에는 예수가 부활 때 하느님의 아들이 되었다는 전승을 포함시킬 수 있었고(사도 13,33), 루가복음서에는 예수가 세례 때 하느님의 아들이 되었다는 전승과(루가 3,22) 더불어, 탄생 때 하느님의 아들이 되었다는 또 다른 전승도 포함시킬 수 있었던 것이다.(1,35.) 아마 루가는 예수 실존의 중요한 모든 전환점, 곧 탄생과 세례와 부활 때에 그가 하느님의 아들이었음을 강조하고 싶었을 것이다.

탄생 때 하느님의 아들이 된 예수

　마지막 형태의 루가복음에서 예수는 탄생 순간에 처음으로 하느님의 아들이 되는 것처럼 나온다. 더 정확히 표현하면 잉태 순간이다. 우리는 1장에서 이교 세계에서 인간이 신성한 존재로 여겨질 수 있는 다양한 방식을 살펴보았다. 어떤 인간들은 신들과 함께 살도록 천상적 영역으로 인도되어 죽은 후 신성하게 된다.(예를 들면 로물루스.) 이러한 신격화는 예수가 부활 때 하느님의 아들로서 하느님 오른편으로 고양되었다는 그리스도교 전승과 비교할 수 있다. 다른 이교 전승 안에서는, 제우스와 같은 호색한 신이 아름다운 여인과 성관계를 가진 후에 신성한 인간이 태어난다. 자식은 문자 그대로 제우스의 아들이다.(예를 들면 헤라클레스.) 그리스도교 전승에서 이런 일은 발생하지 않는다. 그리스도인의 하느님은, 색욕으로 충만하고 그것을 만족시키기 위해 무궁무진한 기략을 지닌 호색적인 제우스와 전혀 달랐다. 그리스도인들에게 하느님은 초월적이며 '저 위쪽' 먼 곳에 있는 분이지, 아름다운 여자들과 성관계를 갖는 신이 아니었다. 이와 동시에 루가복음서의 탄생 사화에는 이교 신화에 나오는 것과 다소 비슷한 어떤 것이 뒤에 숨겨져 있다.

루가복음의 예수 탄생

이 복음서에서 예수는 인간과 전혀 성관계를 갖지 않았던 마리아에게서 태어난다. 그렇다고 마리아가 신과 성관계를 가진 것은 아니다. 그러나 그녀를 임신시킨 것은 인간이 아니라 하느님이었다. 유명한 '수태고지' 장면에서 천사 가브리엘은, 결혼하기로 약정되어 있지만 아직 식을 올리지 않고 자기 약혼자인 요셉과 어떤 육체적 접촉도 갖지 않은 마리아에게 찾아온다. 가브리엘은 그녀가 하느님의 특별한 총애를 받아서 아들을 잉태할 것이라고 말한다. 성관계를 가져본 적이 없는 그녀는 놀라서 묻는다. "제가 남자를 알지 못하는데 어떻게 그런 일이 있을 수 있겠습니까?" 천사는 생생한 표현으로 그녀에게 말한다. "성령이 당신에게 내려오실 터이니, 곧 지극히 높으신 분의 힘이 당신을 감싸주실 것입니다. 그러므로 태어나실 분은 거룩하다고 불릴 것이니, 바로 하느님의 아들이십니다."(루가 1,35.) 나는 이 구절을 '생생한' 묘사라고 부른다. 왜냐하면 천사가 은유로 말한다고 여길 수 있는 여지가 전혀 없기 때문이다. 하느님의 성령은 아주 육체적인 의미에서 마리아에게 "내려오시고" "그러므로"(여기서는 중요한 단어다) 그녀가 잉태할 아이는 하느님의 아들이라 불릴 것이다. 그는 사실상 하느님의 아들이 될 것이기 때문에 하느님의 아들로 불리게 될 것이다. 마리아를 임신시킬 이는 요셉이 아니라 하느님이며, 그래서 그녀가 잉태하는 아이는 하느님의 자손이 될 것이다. 여기서 예수는 부활이나 세례 때가 아니라, 잉태 순간에 이미 하느님의 아들이 된다.

마태오복음의 예수 탄생

마태오복음서의 예수 탄생이야기 안에서도 예수의 어머니가 동정녀라는 설명은 흥미롭다. 어쩌면 예수의 비범한 탄생 때문에 이 설명에서 예수가 하느님의 아들이라고 추론하는 사람이 있을지 모르겠다. 그러나 마태오의 경우 이러한 결론은 그야말로 추론에 불과하다. 마태오는 그와 같은 이야기를 전혀 하지 않는다. 마태오에는 루가 1장 35절과 비슷한 구절이 없다. 대신 마태오에 따르면, 예수의 어머니가 동정인 이유는 여러 세기 전에 예언자가 하느님에 대해 말한 것을 이루기 위해서다. "젊은 여인이 잉태하여 아들을 낳고 그 이름을 임마누엘이라 하리라." (이사 7,14.) 마태오는 이 구절을 인용하여 예수의 비범한 잉태의 이유로 제시한다. 그것은 예언을 성취하기 위함이었다.(마태 1,23.)

실제로 이사야는 도래할 메시아가 동정녀에게서 태어나리라고 예언하지 않았다는 사실이 종종 지적되어왔다. 이사야서 7장을 자체의 문학적 맥락에서 읽어본다면, 저자는 분명 메시아에 대해서 전혀 이야기하고 있지 않다. 상황은 아주 다르다. 서기전 8세기 비참한 시대에 있었던 일이다. 이사야는 정당한 이유로 아주 상심한 유다의 왕 아하즈에게 말하고 있다. 유다 북쪽에 있던 두 왕국 이스라엘과 시리아는 신흥 강국 아시리아에 맞서 강제 동맹을 체결하려고 수도 예루살렘을 공격했다. 아하즈는 북쪽의 이 두 적대자가 자기 왕국을 황폐하게 만들까봐 두려웠다. 예언자 이사야는 그렇게 되지 않는다고 그에게 말한다. 한 아이를 잉태한 (동정녀가 아니라) 젊은 여인이 있는데, 그녀는 아들을 낳을 것이고 그 아이는 임마누엘이라 불릴 것이다. 임마누엘은 "하느님께서 우리와 함께 계시다"는 뜻이다. 하느님이 유대인들과 "함께" 계시다는 사실은 명백해질 것이다. 왜냐하면 그 아이가 선악 차이를 충분히 알기 전에, 예루살렘을 공격하는 두 왕국은 해산될 것이고, 아하즈와 그의 백성에게는 좋은 시절이 다시 올 것이기 때문이다. 바로 이것이 이사야가 말한 내용이다.

수 세기 후에 살았던 그리스도인 마태오는 이사야서를 원래의 히브리어로 읽지 않고 자기 언어인 그리스어로 읽었다. 마태오 이전 시대의 그리스어 번역가들이 이 단락을 번역했을 때 그들은 젊은 여인을 의미하는 히브리어 '알마'를 그리스어 '파르테노스'로 옮겼는데, 파르테노스에는 "성관계를 가져본 적이 없는 젊은 여인"이라는 뜻이 내포되어 있다. 마태오는 이 단락을 메시아적 전승으로 취했고, 마치 예수가 '동정녀'에게서 태어난 존재가 됨으로써 성서의 다른 모든 예언들을 성취했다는 듯, 예수가 메시아 전승을 완성한 것으로 표현했다. 마태오가 원래 다른 의미를 지녔던 전승에 대하여 '성서적 정당성'을 부여해왔다는 것을 실감하기 위해서 많은 고민을 할 필요는 없다. 루가의 전승과 마찬가지로 마태오가 물려받은 전승은 예수가 하느님을 아버지로 삼아 동정녀에게서 태어났기 때문에, 예수를 하느님의 유일한 아들로 말할 수 있었던 것이다.

이것이 맞든 틀리든, 마태오와 루가의 동정녀 잉태 사화가 어떠하든, 후대에 그리스도교 정통 가르침이 된 관점은 들어 있지 않다. 후대의 관점에 따르면, 그리스도는 "동정 마리아를 통해서 육화한(인간이 된)" 선재하던 신성한 존재였다. 그러나 이 관점은 마태오와 루가를 따른 것이 아니다. 마태오와 루가의 이야기를 자세히 살펴보면, 그리스도가 잉태되기 전에 존재했다는 사상은 그들과 전혀 관계가 없다. 두 복음서에서 예수는 잉태 순간에 나타났지, 그전에는 존재하지 않았다.

마태오의 전승이 예수가 문자 그대로 하느님의 아들일 수 있도록 성관계 없이 동정녀에 의해 잉태되었다는 루가의 관점과 일치하든 아니든 간에, 루가에서 가장 분명하게 표현된 이 관점은 밀려날 때까지 밀려난 '고양' 그리스도론의 한 종류다. 만일 고양 그리스도론이 한 인간이 신성한 지위로 고양되었다는 관점을 견지한다면, 이 일이 잉태 순간보다 더 일찍 일어났다는 것은 아무 의미가 없다. 예수는 그의 시작과 전체 삶으로 인해서 이제 하느님의 아들이 되었다. 이것은 고양의 순간을 뒤로 후퇴시켜서 더 이상 고양 그리스도론, 곧 '아래로부터의' 그리스도론이 아니라고 주장할 수도 있다. 왜냐하면 여기서 예수는 어떤 의미든지 자신의 위대한 덕성이나 하느님의 뜻에 순종하여 신성한 지위로 고양된 보통 인간으로 (태어난 것처럼) 묘사되지 않기 때문이다. 그는 잉태 순간부터 신성한 존재로 출발한다.

고양된 하느님의 아들 예수

초기 그리스도교 전승 연구에 매진하는 사람은 예수가 부활하고 1~2년이 지난 후 예수의 첫 추종자들 중 한 사람이 쓴 복음서를 발견하기 위해서 엄청난 노력을 기울일 것이다. 불행하게도 거의 확실한 사실은 결코 그런 복음서를 발견하지 못할 것이라는 점이다. 예수의 제자들은 극히 소수 사람들만 읽거나 쓸 수 있었던 갈릴래아 시골 벽촌의 무식한 하층 계급 출신이었다. 당시 그곳 출신으로서 복음서를 쓸 수 있는 능력이 있거나 그럴 생각이 있었던 유대인이나 그리스도인 저자가 있었는지는 알 길이 없다. 예수의 첫 추종자들은 그런 생각을 전혀 하지 않았을 가능성이 매우 높다. 그들은 예수가 그랬듯이 시대의 종말이 임박했다고 생각했고, (이제는 사람의 아들이라고 생각되는) 예수가 하느님 나라를 알려주기 위해서 세상을 심판하는 가운데 하늘에서 곧 내려오리라고 여겼다. 이들은 후대를 위해 예수의 삶을 기록한다는 생각이 전혀 없었다. 아주 현실적인 의미에서, 후대는 없을 것이기 때문이다.

그러나 첫 사도들이 미래를 내다보고 후대의 요청(또는 적어도 21세기 역사가들의 열망)에 관심을 가졌다고 해도, 그들에게는 복음서를 쓸 수 있는 능력이 없었을 것이다. 그들이 예수에 대한 이야기를 전달할 수 있는 유일한 방법은 말뿐이었다. 그래서 그들은 서로 예수에 대해 이야기했고, 개종자들에게 이야기했으며, 개종자들이 개종시킨 사람들에게 이야기했다. 이 일은, 수십 년 후 세계의 다양한 지역에서 고등교육을 받고 그리스어를 말하는 그리스도인들이 자신이 들었던 전승을 기록해서 현재 복음서들을 만들어낼 때까지, 해를 거듭하며 계속되었다.

그렇더라도 역사가들은 적어도 꿈은 꿀 수 있으며, 그것이 헛된 꿈일망정 서기 31년경 생존했던 제자들 중 한 사람이 복음서를 썼다면 어떨지 고찰하는 것은 의미 있는 작업이다. 만일 내가 6장에서 제시한 관점이 조금이라도 정확하다면, 이렇게 상상한 복음서는 현재 복음서들과 아주 다를 것이다. 그리고 이 가상 복음서의 예수관들은 그리스도교가 로마 세계의 공식 종교가 되었을 때 후대의 신학자들에게 주류로 떠오른 관점들과는 전혀 달랐을 것이다.

존재하지 않는 이 복음서는 마을에서 마을로 돌아다니며 사람의 아들의 도래와 함께 하느님 나라의 임박을 선포하던 예수의 가르침들로 채워졌을 것이다. 심판의 날은 임박했고 사람들은 그에 대한 준비가 필요했다. 나는 이 복음서가 예수의 기적적인 행위들로 채워졌을 것이라 보지 않는다. 그는 병자를 고치거나 풍랑을 잠재우거나 군중을 먹이거나 악령을 내쫓거나 죽은 이를 소생시키는 일 등으로 자신의 나날을 소비하지 않았을 것이다. 이 이야기들은 예수의 추종자들이 예수가 고양되었다는 관점에서 그의 삶을 묘사했던 후대에야 들어온 것이다. 대신에 이 복음서는 예수가 일부 추종자들과 예루살렘으로 순례했을 때 성전에서 감정을 분출하여 지역 당국자들을 격노하게 만든 일과, 로마 억압자들은 물론이고 유대인 지배계층과 엘리트 사제들과 그 추종자들을 향해 엄청난 파국이 임박했다는 선동적 연설 등을 포함해 예수 생애의 마지막 주간에 어떤 일이 있었는지 목격 증인의 보고를 통해서 상세하게 기술했을 것이다.

그러나 복음서의 가장 중요한 부분은 그 끝에 나올 것이다. 예수는 율법학자들과 원로들에게 거부당해서 빌라도에게 넘겨졌으며, 빌라도는 그에게 반란죄를 적용했다. 분란을 일으키고 민중을 선동하는 예수의 터무니없는 짓을 완전히 끝장내기 위해서 빌라도는 십자가 처형을 명령했다. 비록 로마 권력은 예수를 인정사정없이 처형했지만, 그의 이야기는 아직 끝나지 않았다. 왜냐하면 그가 다시 살아서 제자들에게 나타났기 때문이다. 그는 어떻게 여전히 살아 있을 수 있을까? 그것은 그가 십자가 처형에서 살아남았기 때문이 아니다. 하느님이 그를 죽음에서 육체적으로 일으켰기 때문도 아니다. 그런데 그는 왜 지금 우리들 가운데는 없는가? 왜냐하면 하느님은 예수를 되살려놓았을 뿐만 아니라, 그가 머지않아 세상의 우주적 심판관으로 돌아올 때까지 자신의 오른편 옥좌에 앉아 이스라엘의 메시아요 모든 이의 주님으로 다스릴 수 있도록, 자신의 아들로 하늘에 고양시켰기 때문이다.

이 복음서에서 예수는 마르코복음서나 루가복음서의 전승에 나와 있는 것처럼, 세례에서 시작하는 그의 전체 직무 때문에 하느님의 아들이 되지는 않았을 것이다. 그의 삶은 하느님의 아들이 되도록 성령의 그늘에 가려진 한 동정녀의 잉태와 더불어 시작되었다. 그러나 그는 이렇게 시작된 자기의 전체 삶 때문에 하느님의 아들이 되지도 않았을 것이다. 바울로나 요한 같은 저자들의 증언처럼, 세상에 오기 전에 선재했던 신성한 존재도 아니었을 것이다. 하느님이 그를 죽음에서 일으키고, 그를 자신 오른편으로 고양시킴으로써 아들로 입양하고, 그에게 당신 능력과 신망과 지위를 부여하시면서 가장 위대한 기적들을 베풀었을 때에도 그는 하느님의 아들이 되지 않았을 것이다.

7장
세상으로 내려온 예수

직업을 가진 이래 나는 두 연구 대학에서
가르쳤다. 1980년대 중반 4년 동안은 뉴저지의 러트거스대학교에서 가
르쳤고 1988년부터는 채플 힐의 노스캐롤라이나대학교에서 가르치고
있다. 나는 여러 면에서 다양한 학생들을 가르쳤으며, 학생들 중에는 그
리스도인, 유대인, 무슬림, 불자, 힌두교도, 이교인, 무신론자 등 거의 모
든 종파가 다 있었다. 그리스도인 학생들만 보더라도, 완고한 근본주의
자부터 자유주의적 개신교, 그리스 정교회, 로마 가톨릭 등 갖가지 교파
에 속해 있었다. 지난 몇 년 동안 나의 주의를 끈 것은, 학생들이 다양한
배경 출신이었음에도 그리스도에 대한 관점으로 돌아올 때면 놀라울 정
도로 천편일률적이라는 것이었다. 학생들 대다수는 예수가 하느님이라
고 생각한다.

앞으로 보겠지만, 전통신학에서 그리스도는 온전한 하느님이면서
온전한 인간이다. 그는 일부가 신이고 다른 일부는 인간인 존재가 아니
었다. 그는 모든 면에서 신이고 모든 면에서 인간이었다. 학생들은 예수

의 신적인 면을 수용하는 경향이 있지만, 인간적인 면을 수용하는 경향은 그렇게 많지 않다. 그들 중 많은 이에게 예수는 지상을 걸어 다닌 신이었다. 그리고 그는 신이었기 때문에 '실제로' 인간이 아니라 인간적 모습을 했을 뿐이다. 신으로서 예수는 원하는 것은 무엇이든 할 수 있었다. 만일 그가 선택하기만 했다면 유아기 때 스와힐리어도 할 수 있었을 것이다. 못할 이유가 어디 있겠는가? 그는 신이었다!

그러나 인간으로 존재한다는 것은 인간적 약점과 한계와 욕망과 열정과 단점을 지닌다는 의미다. 예수는 이런 것들을 갖고 있었나? 그는 '온전히' 인간이었나? 그는 누군가를 불공정하게 대한 적이 있었나? 그는 누군가에 대하여 불쾌한 말을 한 적이 있었나? 마땅한 이유 없이 누군가에게 화를 낸 적이 있었나? 그는 질투하거나 욕심을 부린 적이 있었나? 그는 어떤 여성이나 남성에 대해 육욕을 느낀 적이 있었나? 만약 그렇지 않다면, 그는 어떤 의미에서 정말로 '온전히' 인간이었나?

나는 내 학생들이 뛰어난 신학자가 되리라 기대하지 않는다. 그리고 내가 하는 수업들은 신학에 대한 것이 아니다. 내 수업은 초기 그리스도교 역사에 대한 것이며, 특히 신약성서에 대한 역사적 접근들이다. 그러나 수업의 맥락에서조차, 학생들의 그리스도론적 관점이 다른 세 복음서보다 요한복음서의 관점에 더 쏠리는 경향을 보는 것은 흥미로운 일이다. 예수는 오직 요한복음에서만 "아브라함이 나기 전부터 나는 있습니다"(요한 8,58)라든가, "나와 아버지는 하나입니다"(10,30) 같은 말을 한다. 이 복음서에서 예수는 "나를 본 사람은 이미 아버지를 보았습니다"라고 말한다.(14,9.) 그리고 예수는 인간이 되기 전 하느님 아버지와 함께 누리던 영광의 상태에 대해 말한다.(17,5.) 내 수업을 듣는 많은 학생은 바로 이러한 것들을 믿는다. 그러나 그들이 신약성서를 더 공부하면서 마태오나 마르코나 루가복음서에 나오는 예수는 이러한 자기주장들을 하지 않았음을 알게 된다. 과연 누가 옳은가?

학자들은 요한복음서의 그리스도관이 그리스도교 전승에서 후대에 발전된 것이라는 입장을 오랫동안 유지해왔다. 요한복음은 예수가 직접 가르친 것이 아니며, 다른 복음서에서 발견되는 내용도 아니다. 가장 초기 그리스도인들은 (예를 들어 예수의 제자들) 이것을 믿지 않았다. 그리고 그들이 믿지 않았다고 생각하는 데에는 분명한 역사적 이유들이 있다. 가장 초기 그리스도인들은, 앞에서 살펴보았던 것처럼 인간 예수가 부활이나 세례 때 하느님의 아들이 되었다는 고양 그리스도론을 견지했다. 요한의 그리스도론은 다르다. 요한의 관점에서 그리스도는 인간이 된 신성한 존재였다. 나는 이것을 육화 그리스도론이라고 부른다.

고양 그리스도론과 육화 그리스도론

우리는 앞에서 인간이 어떻게 신성한 존재가 될 수 있는지와 관련해, 그리스와 로마와 유대교의 공통적인 두 견해와 부합하는 초기 그리스인들의 관점을 살펴보았다. 그 길은 신성한 영역으로 고양되거나, 신성한 부모에게서 태어나는 것이었다. 내가 지금 육화 그리스도론이라고 부르는 것은 신성한 인간의 세 번째 모델과 관계 있다. 여기서 신성한 존재, 곧 신은 천상적 고향으로 귀환하기 전에, 일시적으로 인간의 육을 취하기 위하여 하늘에서 온다. 육화라는 말은 '육으로 온' 또는 '육이 된' 어떤 것과 같은 뜻이다. 그래서 육화 그리스도론은 천상의 하느님에게 귀환하기 전에 인간이 된, 선재하던 신성한 존재가 그리스도라는 입장을 유지한다. 여기에서 예수는 신성한 상태로 고양된 인간이 아니다. 그는 자신을 낮추어 일시적으로 인간이 된 천상적 존재다.

예수 추종자들이 예수 생전에 그를 하느님이라고 부르지 않았고, 예수 자신도 하늘에서 온 신성한 존재라고 하지 않았음을 이미 밝혔다. 만일 그렇게 했다면 공관복음서에는 그런 자료들이 확실히 많이 담겨 있을 것이다. 고양된 존재로서 예수를 이해하도록 전환점을 제공한 것은 부활이다. 나는 초기 그리스도인들이 예수 사후 처음 몇 년간 그들의 예수관을 발전시켰을 때, 가장 초기의 고양 그리스도론이 아주 빨리 육화 그리스도론으로 변형되었다고 주장한다. 내가 앞에서 논의한 신학적 관점이 그리스도론을 변화시키는 데 자극제가 되었을 것이다. 만일 어떤 사람이 하늘로 들어올려졌다면, 유대인들은 그 사람이 무엇이 되었다고 생각했을까? 우리가 모세와 다른 사람들 사례에서 보았듯이 그러한 사람은 천사나 천사 같은 존재가 되었다고 여겼다.[1]

예수를 천사나 천사 같은 존재로 묘사하는 그리스도론적 관점들에 대해 가장 철저히 연구한 신약성서 학자 찰스 기센은 유대인의 천사 개념을 "인간적 영역과 신적 영역을 중재하는 영 또는 천상적 존재"라고 정의한다.[2] 예수가 하늘로 고양되었다고 여겨진 후 얼마 지나지 않은 이른 시기에, 일부 제자들은 그를 지상에 있는 동안에도 하느님의 뜻에 순종한 천상적 중재자로 보기 시작했다. 이 관점에 따라 예수가 단지 그의 고양 때문이 아니라, 본성상 천상적 중재자였다고 생각하는 것은 아주 쉬운 일이었다. 예수는 하느님의 아들, 주님, 사람의 아들, 도래할 메시아였을 뿐만 아니라, 하느님의 뜻을 세상에 중재하는 천상의 천사적 존재였다. 사실상 (제자들은) 예수가 언제나 그러한 존재였다고 생각하기에 이르렀다. 만일 예수가 인간 형상으로 세상에 출현한 하느님이라면, 그는 이전에도 항상 천상적 존재로 지냈을 것이다. 달리 말하면, 그는 성서에서 주님의 천사로 알려진 하느님의 우두머리 천사였다. 이 인물은 히브리성서에서 때로 '하느님'이라 불리며 하갈과 아브라함과 모세에게 나타난 존재였다. 만일 예수가 실제 이 인물이라면, 그는 생전에 더 긴 시간 동안 세상에 왔던, 선재하는 신성한 존재다. 그는 세상에 하느님을 온전히 보여주었으며, 하느님이라 불릴 수 있다. 지상에서 하느님의 일을 수행한 천사적 존재로 예수를 이해하기 시작하면서, 고양 그리스도론은 육화 그리스도론으로 변화되었다.[3]

예수를 주님의 천사로 부르는 것은 그에 대해 깜짝 놀랄 만큼 고양된 주장을 하는 것이다. 히브리성서에서 이 인물은 하느님 백성에게 하느님의 대리자로 나타나며, 실제로 하느님이라고 불린다. 최근 연구가 보여주듯이, 신약성서 안에는 초기의 예수 추종자들이 예수를 이 방식으로 이해했다는 선명한 징후들이 있다. 예수는 어떻든 천사 또는 천사 같은 존재, 심지어 주님의 천사로 생각되었고, 탄생 전에도 존재했던 초인적인 신성한 존재로서 인간을 구원하기 위해 인간이 되었다고 여겨졌다. 간명하게 표현하면, 이것이 신약성서 일부 저자들의 육화 그리스도론이다. 후대의 저자들은 더 나아갔고, 예수가 단지 천사나 우두머리 천사가 아니라 더욱 뛰어난 존재라고 보았다. 그들에게 예수는 바로 세상에 온 하느님이었다.

바울로의 육화 그리스도론

나는 40년 동안 바울로의 저작들을 읽고 깊이 생각하고 연구하고 가르치고 그에 대해 글도 써왔지만, 그의 신학에서 한 가지 핵심은 최근까지도 이해하기 어려운 것이었다. 나는 바울로가 예수를 정확히 어떻게 보았는지 이해하기 위해 가장 고된 시간을 보냈다. 바울로의 그리스도론적 가르침 중 일부는 수십 년 동안 나에게 확실했다. 특히 율법의 명령을 따르는 것보다는 예수의 죽음과 부활이 사람을 의롭게 만든다는 가르침이 그렇다. 그러나 바울로는 과연 그리스도를 어떻게 생각했나?

내가 당혹감을 느끼는 이유 중 하나는 바울로가 하는 말이 아주 암시적이라는 것이다. 그는 자신의 그리스도관을 조직적으로 상세하게 표현하지 않는다. 또 다른 이유는, 바울로가 일부 구절에서 그리스도에 대한 관점을 확언하는 것으로 보인다는 점인데, 나는 최근까지도 현존하는 가장 오래된 그리스도교 저술인 바울로의 편지들보다 더 이른 시기의 저술이 존재할 수 없다고 생각했다. 바울로는 후대의 저술인 마태오, 마르코, 루가보다 그리스도에 대해 어떻게 '더 높은' 관점을 가질 수 있었을까? 그리스도론은 시간이 지남에 따라서 '낮은' 그리스도론에서 '높은' 그리스도론으로 발전하지 않았던가? 만약에 그렇다면 공관복음서의 관점이 바울로의 관점보다 '더 높은' 것이어야 하지 않을까? 그러나 그렇지 않다. 공관복음서의 관점이 '더 낮은' 것이다. 나는 오랫동안 그것을 이해할 수 없었다.

그러나 지금은 이해한다. 이것은 '더 높거나' '더 낮은' 것에 대한 문제가 아니다. 공관복음서들은 다만 바울로와 다른 그리스도론적 관점들을 수용했을 뿐이다. 그들은 고양 그리스도론을, 바울로는 육화 그리스도론을 유지한다. 그 이유는 바울로가 그리스도를 인간이 된 천사로 이해했기 때문이다.

바울로의 천사 그리스도

나도 그렇지만 많은 사람이 때로 어떤 것을 반복해서 읽어도 이해하지 못한다. 나는 바울로의 갈라디아서를 영어와 그리스어로 수백 번 읽었다. 그러나 갈라디아서 4장 14절에서 바울로가 말하는 것의 명확한 취지를, 솔직히 몇 개월 전까지도 전혀 알 수 없었다. 이 구절에서 바울로는 그리스도를 천사라고 부른다. 내가 결코 이해할 수 없었던 이유는, 바울로의 진술이 다소 모호해서 항상 통념을 벗어나서 해석해야 했기 때문이다. 지금 나는 내 방식의 오류를 알고 있으며 다른 학자들의 작업에 고마움을 느낀다.[4]

이 구절에서 바울로는 자기가 아팠을 때 갈라디아 신자들이 그를 처음 어떻게 맞이해주었으며 건강을 회복하도록 어떻게 도왔는지 상기시킨다. 바울로는 이렇게 적었다. "그때 여러분에게는 내 육신이 시련과도 같았습니다마는 여러분은 이를 마다하지도 않았고 침뱉지도 않았습니다. 오히려 여러분은 나를 마치 하느님의 천사처럼, 그리스도 예수처럼 맞아주었습니다."

나는 항상 이 구절을 갈라디아 신자들이 아파하던 바울로를 천사나 그리스도처럼 받아주었다는 뜻으로 읽었다. 그러나 사실 그리스어 문법은 아주 다른 것을 암시한다. 찰스 기센이 주장했고, 신약성서 전문가 수잔 가레트Susan Garrett가 천사로서의 그리스도에 관한 책에서 확언했듯이,

이 구절은 갈라디아 신자들이 바울로를 천사나 그리스도처럼 맞이했다고 말하는 것이 아니다. 이 구절은 그들이 그리스도와 같은 천사를 맞이하는 것처럼 그를 맞이했다고 말하는 것이다.[5] 그리스도는 천사라고 명확히 암시하는 것이다.

이 구절을 이렇게 읽는 이유는 그리스어 문법과 관련이 있다. 바울로가 "오히려~처럼 …… 처럼(but as …… as)"이라는 구문을 사용할 때 그는 둘을 대비시킨 게 아니다. 둘이 같다고 진술한 것이다. 바울로는 이 구문을 다른 곳에서도 사용하며, 그곳에서는 의미가 명백하기 때문에 이것을 알 수 있다. 예를 들어 고린토전서 3장 1절에서 바울로는 이렇게 말한다. "형제 여러분, 나 역시 여러분에게 영적 인간들이 아니라 육적 인간들을 대하듯, 그리스도 안에서는 아직 어린아이들 같은 사람들을 대하듯 말할 수밖에 없었습니다." 여기에서 "아니라, ……으로(but as …… as)"는 바울로 편지 수신자들의 동일한 두 가지 특징을 가리킨다. 그들은 육적인 사람이요, 그리스도 안에서는 어린이라는 것이다. 두 진술은 대비되는 것이 아니라, 서로 수식하는 구절이다. 이 문법적 특징을 지닌 고린토후서 2장 17절의 바울로의 견해에 대해서도 똑같이 말할 수 있다.

그러므로 갈라디아서 4장 14절은 바울로가 그리스도와 천사를 대비시킨 것이 아니다. 그는 그리스도를 천사와 같다고 본다. 가레트는 더 나아가 갈라디아서 4장 14절에서 바울로는 "(예수 그리스도)와 하느님의 우두머리 천사를 동일시하고 있다"고 주장한다.[6]

그렇다면 바울로의 편지에서 그리스도에 대해 말하는 모든 것은 완전히 이해 가능하다. 그리스도는 주님의 천사로서 신성한, 선재하는 존재다. 그는 하느님이라 불릴 수 있다. 그는 세상에 있는 하느님의 현현으로 인간의 육을 취하고 있다. 바울로는 그리스도에 대하여 이 모든 것을 말하고 있으며, 이와 관련해 필립비서 2장 6-11절보다 더욱 놀라운 구절은 없다. 학자들은 이 겸허가謙虛歌를 "그리스도 찬가"라고 부른다. 그리스도와 그의 육화를 경축하는 초기의 찬가나 시가를 이 찬가가 구체화하기 때문이다.

평생 바울로를 연구한 학자이자 초기 그리스도교 음악 전문가인 찰스 코스그로브Charles Cosgrove는 필립비서의 겸허가가 음악 작품으로서 운율이 부적절하므로, 실제로 부르던 찬가가 될 수 없다고 밝혔다. 이 찬가의 그리스어 원문이 리듬과 운율적 구조를 갖추고 있지 않다는 말이다. 그래서 이것은 시나 고상한 산문이 될 수 있다. 분명한 사실은 이 찬가가 다른 이들을 위해 하늘에서 세상으로 오시고 그 결과 하느님의 영광을 받은 그리스도에 대한 숭고한 성찰이라는 것이다. 그리고 이 찬가는 필립비 신자들에게 이미 친숙했던 구절을 바울로가 인용하는 것처럼 나타난다. 달리 말하면, 바울로 이전 전승인 것이다.[7]

필립비서 2장의 그리스도 시

나는 필립비서의 겸허가를 '그리스도 시'라고 부르며, 이를 시적 행들로 길게 인용하면서 논의를 시작할 것이다.[8] 그리스어로 행들은 다르게 배열되지만 기본적인 의미는 같다. 바울로는 필립비 신자들에게 "그리스도 예수 안에서 품어야 할 생각을 서로 품으"라고 말하면서(필립 2,5) 시를 소개한다.

그분은 하느님의 모습을 지니셨지만

　　하느님과 같음을

　　노획물인 양 중히 여기지 않으시고

도리어 자신을 비우시어

　　종의 모습을 취하셨으니

　　사람들과 비슷하게 되시어

여느 사람 모양으로 드러나셨도다.

　　자신을 낮추시어,

　　죽음, 곧 십자가의 죽음에 이르기까지 순종하셨도다.

그러므로 하느님께서는 그분을 지극히 높이시어

　　어느 이름보다도 빼어난 이름을

　　그분에게 내리셨도다.

그리하여 예수의 이름 앞에

　　천상 지상 지하계

　　모두가 무릎을 꿇고,

모두 입을 모아

　　예수 그리스도는 주님이시라고 고백하여

　　하느님 아버지께 영광을 드리게 하셨도다.

　　신학적으로 풍부한 이 시를 단 몇 쪽으로 명확히 다루기는 어려운 일이다. 학자들은 이 시에 대해 단행본 분량의 책들을 썼다.[9] 그중 특별히 몇 가지는 나의 목적과 밀접한 관련이 있다.

바울로 이전 전승으로서의 시

우선 강조해야 할 것은 이 구절이 실제로 시처럼 보인다는 것이다. 학자들은 다양한 방식으로 시적 행들을 배열했다. 그리스어 본문에는 행들이 위처럼 들여쓰기가 되어 있지 않으며 특정한 방식으로 표시되어 있지 않다. 필립비서 그리스어 사본은 다른 모든 구절과 똑같이 한 번에 한 행과 한 마디를 제시한다. 그러나 행들이 시적으로 배열되었을 때는 의미를 만든다. 내가 여기서 채택한 구조는 이 구절에 대한 평범한 학문적 분석이다. 시는 두 부분으로 구성되고, 각 부분은 세 연이며, 각 연은 세 행으로 이루어져 있다. 첫 부분은 시의 주인공인 "그분"을 확인하면서 시작하고, 둘째 부분은 '그러므로' 라는 단어로 시작한다. 시의 전체적 의미에서 볼 때 첫 부분은 그리스도의 '겸손'에 대하여 말한다. 곧 그가 인간이 되기 위해서 어떻게 천상의 영역에서 내려왔으며 죽음에 이르도록 하느님에게 순종했음을 보여준다. 둘째 부분은 '고양'과 관련되어 있다. 곧 그의 겸손한 순종에 대한 보상으로, 하느님이 그를 어떻게 높였는지 보여준다.

학자들은 오랫동안 이 구절을 바울로 이전 전승이라고 보았고, 바울로가 자기 편지에 삽입한 것으로 이해했다. 바울로가 편지를 쓰면서 그 자리에서 지은 것이 아니라는 말이다. 이렇게 생각하는 데는 몇 가지 이유가 있다. 우선 이 구절은 구성상 산문이기보다는 시에 가까운 독립적인 단위로 나타난다. 더욱이 이 구절에 있는 일부 핵심어를 포함해 몇 단어는 바울로의 다른 편지들에서 볼 수 없는 것들이다. 여기에는 두 차례 사용된 '모습'이라는 단어와(하느님의 모습, 종의 모습) '당연한 것으로' 라는 표현이 포함된다. 바울로 편지들에 이러한 중요한 단어들이 없다는 것은 다른 데서 이 구절을 취해 인용했음을 암시한다.

이러한 관점을 확신하는 까닭은, 이 구절에 나오는 몇몇 핵심 개념이 바울로의 다른 저작에서는 발견되지 않기 때문이다. 여기에는 이 구절의 중심 개념들도 포함되어 있다. 예수는 인간이 되기 전에 하느님의 모습이었다. 하느님은 예수가 인간이 되기 전에 당연히 자신과 동격이 될 가능성을 그에게 열어 놓았다. 그리고 예수는 "당신 자신을 비우시어" 인간이 되었다. 이 마지막 개념은 통상적으로, 신성한 존재였던 그리스도가 인간이 되기 위해 고양된 특권을 포기했다는 의미로 해석된다.

바울로가 여기서 이전 전승을 인용한다는 것에 대한 마지막 주장은, 한동안 설명하기 힘든 부분으로 남아 있었다. 시의 일부가 필립비서의 맥락에 잘 들어맞지 않는 듯 보이기 때문이다. 바울로는 여기에서 필립비 신자들에게 다른 사람을 자신보다 더 잘 대우하는 이타적인 행동을 하라고 권하고 있다. 이 구절 앞에서 바울로는 그들에게 자기 것만 돌보지 말고 남의 것도 돌봐주라고 말한다. 그리고 다른 사람을 섬기기 위해서, 실제로 예수가 당연하던 '하느님의 모습'을 포기하고 '종의 모습'을 취하여 죽기까지 순종하는 존재가 되었음을 밝히기 위해 이 구절을 인용한다.

문제는 그리스도 시의 둘째 부분이(필립 2,9-11) 이 교훈을 전달하지 않는다는 점이다. 심사숙고해 보면, 오히려 반대 내용으로 볼 수도 있다. 이 세 연에 따르면, 하느님이 예수에게 풍성한 보상을 내린 것은, 그가 인간이 되고 죽은 일시적 겸손 때문이다. 하느님은 그를 모든 이의 주님으로 삼으면서 이전의 그보다도 더 높이 고양시켰고, 살아 있는 모든 존재는 무릎을 꿇어 그에게 주님이라고 고백한다.

그러나 그리스도의 최종적 고양에 대한 사상은 바울로가 시를 인용하는 배후의 목적과 들어맞지 않는다. 왜냐하면 만일 누군가 최종적으로는 겸손한 순종 상태에서 빠져나올 것이라는 이유로 겸손하게 순종한다면, 그것은 또 다른 형태의 이기심이기 때문이다. 그리고 이 구절의 전체 의미는 사람들이 이기심에서 행동하지 말고 다른 사람들을 위해서 사심 없이 행동해야 한다는 것이다.

이 시의 둘째 부분은 전체 맥락과 썩 잘 어울리지 않기 때문에, 이 시는 바울로와 필립비 신자들이 전부터 알았던 시였을 것이라는 게 거의 확실하다. 바울로가 시 전체를 인용한 이유는 그것이 그의 독자들에게 친숙했고, 자신이 전달하려는 메시지의 핵심을 전해주기 때문이다. 그의 메시지는, 비록 시의 둘째 부분으로 그 의미가 약화된다고 해석될 수 있지만, 독자들이 다른 사람을 위해서 자신을 증여하면서 그리스도의 모범을 따라야 한다는 것이었다.

이것들이 바울로가 필립비 신자들에게 편지를 쓰는 동안 이 시를 짓지 않았다고 학자들이 생각하는 몇 가지 이유다. 이 시는 바울로 이전 전승이다. 이 책의 독자들은 다른 행들보다 더 긴 행이 시에 있음을 알아차렸을 수 있다. "자신을 낮추시어, 죽음, 곧 십자가의 죽음에 이르기까지 순종하셨도다." 그리스어 본문은 더 길다. 학자들은 종종 바울로가 "십자가 죽음에 이르기까지"라는 말을 덧붙였을 것이라고 생각한다. 왜냐하면 바울로에게는 예수의 십자가 죽음이 너무도 중요했기 때문이다.

고린토전서에서 바울로는, 숭배의 대상을 우상에서 이스라엘의 하느님과 예수에게로 전환하도록 고린토 신자들을 설득하면서, 그들과 함께한 첫 만남을 상기시킨다. 그의 메시지는 전부 예수의 십자가에 대한 것이었다. "실상 나는 여러분 가운데 있으면서 예수 그리스도, 곧 십자가에 처형되신 그분 외에는 아무것도 모르기로 작정하였던 것입니다."(1고린 2,2.) 갈라디아서에서는 구원을 위해 중요한 것이 십자가 죽음이었다고 특별히 강조한다. 만일 예수가 돌에 맞아 죽었거나 교살 당했다면 그것이 중요했을 것이다. 그러나 예수는 특히 십자가에 처형되었기 때문에 다른 사람들이 받아야 할 죄의 '저주'를 감당할 수 있었다. 성서가 "나무에 매달린 사람은 모두 저주받은 자"(갈라 3,10-13)라고 진술했기 때문이다. 이것은 신명기 21장 23절에 나오는 모세 율법을 떠오르게 한다. "나무 위에 매달린 자는 누구나 저주받은 자"다. 원래 맥락에서 이 구절은 처형되고 부패하도록 나무에 남겨진 사람은 분명 하느님의 저주를 받았음을 의미한다. 바울로에게 예수는 '나무'에 못 박혀 죽었으므로, 곧 나무 말뚝 십자가에 처형되었으므로 하느님의 저주를 받은 인물이었다. 그러나 그는 이러한 저주를 받을 만한 인물이 아니었기 때문에, 다른 사람들에게 지워진 저주를 짊어진 것이어야만 했다. 그래서 바울로에게 가장 중요했던 것은 예수가 그냥 죽었다는 것이 아니라, 십자가에 못 박혀 죽었다는 사실이었다.

필립비서 2장 그리스도 시의 행들은 "십자가의 죽음에 이르기까지"라는 구절이 없으면 더 나아 보이기에, 바울로가 이 시를 예수의 죽음에 대한 자신의 신학적 이해와 더 밀접하게 관련시키기 위해서 이 어구를 덧붙였음을 암시한다. 만일 이것이 사실이라면, 바울로는 이 시의 본디 저자가 아니라 이 시를 전승에서 물려받아 여기에 인용했다는 뜻이다. 인용한 이유는 자신의 목적과 부합하기 때문이다.

바울로는 시를 인용함으로써, 그리스도에 대한 시의 가르침에 확실히 자기도 동의한다는 것을 보여준다. 그러나 이 가르침은 정확히 무엇인가? 나는 이제 이 시가 그리스도의 육화에 대한 이해를 밝혀준다고 본다. 곧 그리스도는 겸손한 순종의 마음으로 세상에 온 하느님의 천사, 선재하는 신성한 존재였고, 하느님은 그를 더 높은 신성의 차원으로 고양시킴으로써 보상해주었다. 그러나 이 해석 전에 지적해야 할 것은, 일부 학자들은 결코 이 시가 육화 신학을 포용한다고 보지 않았다는 점이다.

그리스도 시와 아담

일부 학자들은 필립비서 이전에 어떤 시가 존재했을 것이라는 상상을 몹시 곤혹스러워한다. 시가 있었다면 서기 40년대 것이고 이미 그리스도의 육화를 이해했다는 말이 된다. '높은' 그리스도론과 같은 것이 나오기에는 다소 이른 시기로 보이는 것이다. 이 문제를 부분적으로 해결하기 위해 대안적 설명이 제시되었다. 이 대안적 해석에서, 시는 그리스도를 처음부터 선재하는 신성한 존재라고 표현하지 않는다. 그를 온전한 인간으로 표현할 뿐이다. 시는 그리스도를 '둘째 아담'과 같은 인간으로 제시한다. 어떤 의미에서 인류의 아버지가 두 번째로 발현한 것이다.[10]

이 이해에 따르면, 시에서 그리스도를 "하느님의 모습"이라고 표현했을 때, 그것은 하늘에 선재하는 상태를 암시한 것이 아니다. 오히려 그리스도는 "하느님의 모상"으로 창조된 아담과 같은 존재였다. 이 이해에서 '모상'과 '모습'은 동의어다. 하느님이 아담과 이브를 지었을 때, 하느님은 자신의 "모상"으로 지었다.(창세 1,27.) 그러나 아담과 이브가 하느님의 모상이었어도, 그들은 확실히 하느님과 동등하지는 않았다.

그들은 하느님의 피조물이었다. 그리고 하느님은 그들에게 하지 말아야 할 계명을 하나 주었다. 그들은 "선과 악을 알게 하는 나무 열매만은 따 먹으면 안 된다." 만일 그들이 그 열매를 따 먹으면 죽을 것이다.(창세 2,16-17.)

무슨 일이 벌어졌는가? 뱀은 이브에게 금단의 열매를 먹으면 죽지 않을 뿐만 아니라, "눈이 밝아져서 하느님처럼 선과 악을 알게" 될 거라고 말하면서 유혹했다.(창세 3,5.) 이브는 그 열매를 먹었고 남편 아담에게 주자 그도 역시 열매를 먹었다. 그들은 눈이 '열려' 자신이 알몸이라는 것을 알게 되었다. 그들은 이제 더 이상 무죄한 것이 아니지만, 도덕적 판단을 내릴 수 있고 그렇게 했다. 그후 결국 그들은 죽었고, (에녹과 엘리야를 제외한) 그들 자녀와 후손도 마찬가지였다.

바울로는 때로 그리스도에 대해 "둘째 아담"이라고 말한다. 죄스런 첫 아담과 달리, 그리스도는 첫 아담이 초래한 인간사 과정을 전복시킨 "완벽한 인간"이다. 첫 아담은 세상에 죄를 갖고 왔으며 그리스도는 죄의 저주를 제거하였다. 아담이 그의 모든 후손에게 죽음을 가져왔듯이, 그리스도는 그를 믿는 모든 이에게 생명을 가져다주었다. 바울로가 로마서 5장에서 말하듯이 "한 사람의 범행의 결과로 모든 사람이 단죄에 이르게 된 것과 같이, 한 사람의 의로운 행위의 결과로 모든 사람이 생명의 의로움에 이르게 된 것"이다.(로마 5,18-19.)

바울로는 첫 아담이 가져온 죄와 단죄와 죽음을 전복시킨, 둘째 아담 같은 인물로 그리스도를 이해했다. 이 이해를 필립비서의 그리스도 시에도 적용할 수 있을까? 몇몇 학자들은 그렇다고 주장한다. 그들 관점에서는, 아담이 "하느님의 모상"이듯이 그리스도는 "하느님의 모습"이다. 그러나 아담은 죄를 지음으로써 그 상태에 대응했다. 그리스도는 겸손한 순종으로 응했다. 아담은 "하느님처럼" 되려 했기 때문에 죄를 지었다. 한편 그리스도는 "하느님과 같음을 당연한 것으로" 여기지 않았다. 아담이 순명順命하지 않아 세상에 죄를 가져왔던 것처럼, 그리스도는 순명하여 세상에 생명의 가능성을 가져왔다. 이것은 무엇보다도 하느님이 예수를 "드높이 올리셔서" 모든 이의 주님으로 삼았다는 사실에서 드러난다.

요컨대 이 해석에 따르면, 필립비서의 시에서는 그리스도가 선재하는 신성한 존재로 묘사되지 않는다. 그는 다른 인간들과 같은 인간이다. 그는 하느님의 모상에 따라 창조된 아담의 모상대로 존재한다. 그러나 그는 자신의 순명을 통해 아담의 죄를 전복시키고, 그 후에야 신성한 차원으로 고양된다.

나는 이 해석에 오랫동안 흥미를 느꼈으며 여러 해 동안 이것이 정확한 해석이길 바랐다. 이것은 내가 바울로의 그리스도론을 이해하려 할 때 제기된 문제점을 해결하는 데 도움을 줄 것이었다. 그러나 유감스럽게도 나는 이 해석에 결코 만족하지 못했다. 여기에는 세 가지 이유가 있다. 첫째, 만일 바울로나 시의 저자가 독자에게 예수와 아담의 관계를 알리고자 했다면, 그는 확실히 더 명료하게 표현했을 것이다. 비록 그가 아담의 이름을 부르지 않고 예수를 둘째 아담으로 부르지 않기로 선택했다 해도, 아담(과 이브) 이야기에 대해 더욱 분명하게 암시했을 것이다. 특히 그리스도가 "하느님의 모습"이라고 말하기보다는 "하느님의 모상"이라고 표현했을 것이다. "모상"은 창세기에서 사용된 표현이다. 만일 저자가 독자에게 창세기를 생각하도록 만들 의향이었다면, 시에서도 창세기의 표현을 사용하는 게 훨씬 간단했을 것이다.

둘째, 창세기의 아담과 이브 이야기에서 "하느님처럼" 되고자 했던 이는 아담이 아니라 이브였다. 아담은 이브가 그에게 열매를 주었을 때에야 먹으며, 그가 그렇게 한 이유를 우리는 알지 못한다. 그러나 이것은 그에게 하느님처럼 되지 않으려는 욕구가 있음을 의미하기에, 그리스도는 아담의 대항자가 아니라 이브의 대항자가 되었어야 한다. 바울로는 자기 저술 어디에서도 그리스도와 이브를 연결시키지 않는다.

셋째, 가장 중요한 이유로, 다른 구절들을 통해 본 바울로는 실제로 그리스도를 선재하는 신성한 존재로 이해한다. 고린토전서의 독특한 구절에 바울로는, 모세의 지도 아래 이집트를 탈출한 이후 이스라엘의 자녀들이 광야에서 긴 세월 동안 어떻게 먹고 살았는지 말한다. 바울로에 따르면, 이스라엘 사람들은 모세가 바위를 쳐서 물이 나오게 했기 때문에(민수 20,11) 마실 물이 충분히 있었으며, 그 바위는 광야에서 그들 주변을 따라다녔다. 그들이 가는 곳이면 어디든 물이 나오는 바위도 따라갔다. 바울로는 "그 바위가 곧 그리스도"였다고 말한다.(1고린 10,4.) 사람들이 그리스도를 믿을 때 그리스도가 생명을 주는 것처럼, 그리스도는 광야에서도 이스라엘 사람들에게 생명을 주었다. 물론 이 일은 당시 그가 존재하지 않았다면 불가능했을 것이다. 그래서 바울로에게 그리스도는 때로 세상에 나타나는 선재하는 존재였다.

또 다른 구절에서 바울로는 그리스도를 둘째 아담이라고 말한다. 고린토전서에서 바울로는 그리스도의 기원을 아담의 기원과 대비시킨다. "첫 사람은 땅에서 나서 흙으로 빚어졌지만 둘째 사람은 하늘에서 났습니다."(15,47.) 여기서 중요한 것은 아담과 그리스도의 차이점이다. 아담은 이 세상에서 존재가 되었으며 그리스도는 이 세상에 오기 전에 선재했다. 그는 하늘에서 왔다.

결국 그리스도가 "완벽한 아담"과 같은 인물이었다고 필립비서의 시를 해석하는 것은 적절하지 않은데, 이런 해석을 의미 있게 해주는 특징이 시에 없기 때문이다. 다른 한편, 이런 해석은 전혀 불필요하다. 이 해석은 육화 그리스도론의 문제를 해결하지도 못하는데, 바울로는 다른 곳에서 예수가 세상에 오게 된 선재하는 신성한 존재라고 분명히 말하기 때문이다. 그리고 이것은 이 시가 가르치는 것이기도 하다.

그리스도 시와 육화 그리스도론

이 놀라운 구절에 대해 많은 것을 말할 수 있다. 이 구절은 신약성서 중에서 학자들이 가장 많이 토론하고 논쟁하고 주석한 부분 중 하나다. 만일 주류 학자들의 의견이 옳다면, 이 구절은 육화 그리스도론을 구체화하고 있으며, 이 구절이 그리스도에 대해 묘사하는 기본 전망도 명확하다. 그리스도는 죽음에 이르기까지 자신을 낮추었기 때문에 인간의 육과 같은 모습을 선택하여 온 선재하는 존재였으며, 이전 상태보다 더 높은 지위로 고양되었고 모든 이의 주님이 되었다는 것이다. 만일 우리가, 다른 이들을 위해 죽음으로써 하느님의 뜻을 이루고자 세상에 오려고 자신의 천상적 지위를 버린, 탄생 이전에 존재하던 천사적 존재로 그리스도를 생각한다면, 이 그리스도관은 의미를 지닌다.

나는 그리스도가 전능한 하느님이 아니라 여기 묘사한 선재하는 신성한 존재처럼, 천사처럼 보인다는 것을 강조하고 싶다. 그는 아버지가 아니다. 왜냐하면 그를 고양시킨 분이 아버지이기 때문이다. 그는 인간이 되기 전에도 하느님과 확실히 "같지" 않았다.

그리스도가 선재하지만 하느님과 동등하지 않았다고 생각하게 만드는 몇 가지 이유가 있다. 첫째 이유는, 하느님과 같음을 당연하게 여기지 않았다고 말하는 시의 첫 부분에 나온다. 이 구절의 해석자들은 이 말의 정확한 의미에 대해 오랫동안 논쟁을 벌였다. 그리스도가 하느님과 "같음"을 보유해야 할 어떤 것 대신에 인간이 되었기에 이미 하느님과 동등하다는 의미인가? 아니면, 그는 하느님과 같음을 지니지 않았고 그 동등성을 선택하는 대신에 인간이 되었다는 뜻인가? 이 둘 사이에는 커다란 차이점이 있다.

문제는 이 구절에서 동사 "여기다"(여기지 않으시고)로 번역되는 그리스어 단어다. 이 핵심 그리스어는 드물게 쓰이는 단어이며 이론상 두 가지 의미로 사용될 수 있다. 그러나 실제로 이 단어는, (그리고 이와 관련된 그리스어 단어들은) 예컨대 도둑이 누군가의 지갑을 강탈하는 것처럼, 어떤 사람이 갖고 있지 않지만 붙잡으려고 하는 어떤 것을 언급할 때 주로 사용된다. 독일 학자 사무엘 폴렌바이더Samuel Vollenweider는 유대인 저자들이 이 단어를 이런 식으로 널리 사용한다는 것을 보여주었다. 게다가 이 단어는, 거만해져서 자신들을 실제 위치보다 더 높고 위대하게(신성하게) 만들려는 인간 통치자들을 언급할 때도 사용된다.[11] 따라서 필립비서의 시에서 의미하는 바는 곧 이런 것으로 보인다.

예수가 아직 하느님과 같지 않았다고 생각하게 만드는 두 번째 이유는, 오직 이 해석만 시의 둘째 부분을 의미 있게 만들기 때문이다. 둘째 부분에서 하느님은 그리스도를 이전 상태보다 더 "드높이" "올리신다." (시에서 "드높이 올리시고"로 번역된 부분의 의미가 이러할 것이다.) 만일 그리스도가 이미 하느님과 같았다면, 순종적 행위 후에 그리스도가 더 높이 고양되는 일은 가능하지 않았을 것이다. 하느님과 같음보다 더 높은 것이 무엇이란 말인가? 더욱이 "드높이 올려진" 후에야 그리스도에게 "모든 이름 위에 뛰어난 이름"이 주어지고, 살아 있는 모든 존재가 그를 예배하게 된다. 그리스도는 인간이 되고 죽어서 자신을 비우기 전에는 낮은 단계의 신적 존재여야만 하는 것이다. 그렇다면 그가 "하느님의 모습"을 지녔다는 말은 그가 하느님 아버지와 같았다는 의미가 아니다. 이것은 그가 히브리성서에서 언급되는 주님의 천사, 우두머리 천사처럼, '신 같은' 존재 또는 신성한 존재였다는 뜻이다.

'그리스도는 신성한 존재이나 하느님과 완전히 같지 않다'는 말을 오늘날 많은 그리스도인은 이상하게 여길 것이다. 그러나 1장에서 살펴본 내용을 기억하라. 신적 영역과 인간적 영역 사이에는 분리될 수 없는 간격이 있으며, 신적 영역이 오직 한 차원이나 한 층만 있다고 여기는 우리의 인식은, 고대 그리스인이나 로마인이나 유대인이나 그리스도인의 관념이 아니다. 내가 1장 각주 17 어간에 인용한 비문을 생각해보자. 이 비문은 카이사르 아우구스투스가 어떻게 "신성한" 존재로 선포되었는지 설명한다. 만일 그가 통치 기간에 백성을 위해 더 은혜를 베풀었다면, 사람들은 그를 "더 신성한" 인물로 간주할 것이다. 어떻게 "더" 신성한 존재가 될 수 있는가? 고대 세계에서는 가능했다. 왜냐하면 신은 어떤 연속성을 지닌 존재였기 때문이다. 유대교와 그리스도교에서도 마찬가지였다. 필립비서의 시를 보면, 그리스도는 신성한 존재로 출발했지만 높이 올려졌을 때 '더욱 신성한' 존재가 되었다. 사실상 그는 하느님과 같게 되었다.

이것이 해석자들이 널리 동의하는 관점이며, 그 이유는 시의 마지막 두 연(10-11절)의 배열 때문이다. 이 시는 "예수의 이름 앞에 천상, 지상, 지하계 모두가 무릎을 꿇고, 모두 입을 모아 예수 그리스도는 주님이시라고 고백하여 하느님 아버지께 영광을" 드릴 수 있도록, 하느님이 예수를 "드높이 올리셨다"고 한다. 일반 독자들은 쉽게 알아채지 못할 수 있지만, 이 행들은 히브리성서에 있는 구절을 암시한다. 그것은 아주 인상적인 구절이다. 이사야서 45장 22-23절의 본디 구절을 보면, 오직 이스라엘의 하느님 야훼에게만 "모두 무릎을 꿇고 주님이시라고 고백"한다.

> 온 세상 모든 인간들아,
> 머리를 돌려 나에게로 와서 구원을 받아라.
> 나만이 하느님, 다른 신은 없다.
> 내가 나의 이름을 걸어 맹세한다.
> 내 입에서 나가는 말은 틀림이 없다.
> 내 말은 반드시 그대로 이루어지고야 만다.
> 그리하여 사람마다 나에게 무릎을 꿇고
> 모든 민족들이 제 나라 말로 나에게 신앙을 고백하리라.

이사야 예언자는 아주 명료하다. 하느님은 오직 한 분뿐이며 다른 신은 없다. 그 하느님이 야훼다.[12] 하느님은 모두가 무릎을 꿇고 고백하는 다른 신은 없다고 선언하신다. 그러나 필립비서의 시에서 모든 이가 무릎을 꿇고 고백하는 대상은 하느님 아버지가 아니라 고양된 예수다.

예수는 한 분 전능한 하느님의 지위와 영예와 영광을 수여받았다.

필립비서의 그리스도 시에 대한 이 해석은 그리스도교 운동 초창기부터 예수 추종자들이 그에 대해 담대한 주장을 했음을 보여준다. 하느님은 자신 외에 다른 신이 없다고 말했지만, 예수는 하느님과 동등한 상태로 고양되었다. 어쨌든 그리스도인들은 실제로 "또 다른" 신이 있음을 상상하고 있었다. 이 다른 신은 하느님과 동등했다. 그러나 이것은 그가 "본성상" 하느님이었기 때문이 아니다.('본성상'이라는 말은 그리스도의 신성에 대한 논의에 적용한 후대의 철학적/신학적 용어다.) 하느님이 예수를 신으로 삼았기에 예수는 신이었다. 그러나 하느님이 하느님이고 오직 한 분 하느님밖에 없다면, 예수는 어떻게 신이 될 수 있었나? 앞으로 살펴보겠지만, 이것은 후대 그리스도론 논쟁의 핵심 질문이다. 현 단계에서 우리가 말할 수 있는 것은, 초기 그리스도인들은 이러한 딜레마 내지 역설에 대하여 무엇인가를 써야 할 정도로 괴로워하지 않았으며, 그래서 그들이 이 문제를 정확히 어떻게 다루었는지 우리는 잘 알지 못한다.

필립비서의 시에 대한 마지막 요점은 미리 알 수 있다. 이 시는 예수를 인간이 된 선재하는 신적 존재로 묘사하기 때문에, 나는 이 시의 그리스도론을 '육화' 그리스도론이라고 불렀다. 그러나 이 시에는 확실히 '고양'적 요소도 있다. 왜냐하면 예수 부활 때 하느님이 그를 전보다 더 높은 상태로 올렸기 때문이다. 그러므로 이 시는 어떤 의미에서 육화적 관점과 고양적 관점을 결합시키는 과도기적 그리스도론을 제공한다. 후대 작가들은 고양 그리스도론에서 더욱 멀리 나아간다. 그리스도는 세상에 나타나기 전부터 하느님과 동등한 존재로, 사실상 언제나 하느님과 같은 존재로 그려진다. 그러나 이것은 필립비서 시의 관점이 아니다. 바울로가 인용하고 그가 믿은 것으로 추정되는 이 아름다운 구절에서 그리스도는 실제로 선재하는 신적 존재다. 그러나 그는 천사 또는 천사 같은 존재였고, 오직 죽음에 이르기까지 순종한 이후에야 하느님과 동등하게 되었다.

바울로 서간의 다른 구절들

필립비서 찬가 배후에 있는 육화 그리스도론은 바울로의 다른 편지 구절들에도 나타난다. 바울로가 광야에서 이스라엘 백성에게 생명수를 제공했던 "바위"로 그리스도를 이해했으며,(1고린 10,4) 그리스도가 첫 아담과 달리 "하늘"에서 왔다고(1고린 15,47) 진술한 것에 대해서는 이미 밝혔다. 바울로가 하느님이 "보내는" 자신의 아들에 대해 말할 때, 그는 단지 은유적으로만 (예컨대 요한복음 1장 6절에서 하느님께서 세례자 요한을 보냈다고 하는 것처럼) 말하지 않고, 하느님이 실제로 천상 영역에서 그리스도를 보냈다고 이해한다. 바울로는 로마서에서 이렇게 말한다. "실상 육 때문에 그 힘이 빠진 율법으로는 불가능했던 것을 하느님께서는 이루셨으니, 곧 죄의 권하에 있는 육신을 갖춘 모습으로, 죄를 속량贖良하기 위하여 당신의 친아드님을 보내시어 그 육신에서 죄를 처단하셨습니다."(로마 8,3.) 바울로가 필립비서의 시에서 사람"처럼" 오시는 그리스도에 대해 말했듯이 여기서도 "모습"이라는 용어를 사용한 것은 흥미로운 일이다. 이 두 용어는 그리스어로 같은 단어다. 바울로는 그리스도가 실제로 인간이 되었다고 말하길 꺼리는데, 그리스도는 그저 한 인간의 '모습'으로 왔던 것일까? 정확한 것은 말하기 어렵다.

그러나 바울로가 히브리성서에서 천사들이 나타나는 방식으로 그리스도가 난데없이 불쑥 나타났다고 믿지 않은 것은 확실하다. 오랫동안 나를 당혹시켰던 바울로의 구절은 갈라디아서 4장 4절이다. "때가 찼을 때에 하느님께서는 당신의 아드님을 보내셨으니, 그이는 한 여인에게서 태어나 율법 아래 놓이게 된 것입니다." 그리스도가 한 여인에게서 태어났다는 것을 바울로가 왜 진술했는지 나는 항상 궁금했다. 여기에 있는 다른 선택은 정확히 무엇인가? 그러나 그리스도가 선재하는 천사적 존재였음을 바울로가 믿었다면, 이 진술은 의미를 띤다. 그런 경우 예수가 인간적 방식으로 태어났다는 지적은 중요하다. 그리스도는 주님의 천사가 하갈이나 아브라함이나 모세에게 나타났던 방식으로 나타나지 않았다. 그는 때가 찼을 때 인간 육의 모습을 하고 한 아기로 태어났다.

바울로는 그리스도에 대해 더 고양된 사항들을 말한다. 2장에서 일부 유대교 문헌은 하느님의 지혜를 하느님의 위격(자체 존재 양식을 취하는 하느님의 특성이나 속성)으로 이해했음을 보았다. 하느님은 자신의 대리자인 지혜를 통해서 모든 것을 창조하였다.(잠언 8장.) 이 대리자는 특별히 하느님의 지혜였기에 하느님이면서 하느님의 모상이기도 했다. 솔로몬의 지혜가 표현했듯이 지혜는 "하느님께서 떨치시는 힘의 바람이며 전능하신 분께로부터 나오는 영광의 티없는 빛이다. 그러므로 티끌만한 점 하나라도 지혜를 더럽힐 수 없다. 지혜는 영원한 빛의 찬란한 광채이며 하느님의 활동력을 비쳐 주는 티없는 거울이며 하느님의 선하심을 보여주는 형상이다."(지혜 7,25-26.) 게다가 지혜는 주님의 천사로도 나타날 수 있다.

바울로에게 예수는 주님의 천사였고 세상에 오기 전에는 하느님의 지혜이기도 했다. 그래서 바울로는 "하느님의 모상이신 그리스도의 영광"에 대해 이야기할 수 있었다.(2고린 4,4.) 더 나아가 그리스도를 창조의 대리자로 묘사했다.

> 우리에게는 오직 한 분의 하느님이 계실 뿐이니 곧 아버지이십니다.
> 모든 것은 그분에게서 나오며 우리도 그분을 지향하고 있습니다.
> 그리고 오직 한 분의 주님이 계실 뿐이니 곧 예수 그리스도이십니다.
> 모든 것은 그분으로 말미암아 있고 우리도 그분으로 말미암아 있습니다.
> (1고린 8,6.)

이와 같이 두 행씩 두 부분으로 산뜻하게 나뉘는 이 구절은 또 다른 바울로 이전 신경으로 통합할 수 있다. 첫째 부분은 하느님 아버지에 대한 고백이고, 둘째 부분은 예수 그리스도에 대한 고백이다. 그리스도로 "말미암아" 모든 것이 나왔고, 신앙인들도 존재한다. 이 부분은 비그리스도교적 유대교 본문이 하느님의 지혜에 대해 말하는 것과 매우 비슷하다. 그리고 앞서 보았듯이, 하느님의 지혜 자체는 하느님으로 이해되었다.

바울로의 예수도 마찬가지다. 바울로의 편지들 중에서 가장 논란이 많은 구절은 로마서 9장 5절이다. 학자들은 이 구절을 어떻게 번역해야 하는지 논쟁을 벌였다. 확실한 것은 바울로가 이스라엘 사람들에게 주어진 이점에 대해 말하고 있다는 점이다. 그는 "조상들"이 이스라엘에 속한다고 지적하며 이렇게 말한다. "그리스도께서도 육신으로는 그들에게서 태어나셨습니다. 그분은 만물 위에 계시는 하느님으로서 세세에 찬양을 받으십니다. 아멘." 여기서 그리스도는 "만물 위에 계시는 하느님"이다. 이는 무척 드높인 관점이다.

그러나 일부 번역가들은 이 구절을 그리스도가 하느님을 암시한다는 의미로 보지 않으려 한다. 그들은 그리스도에 대해 어떤 것을 처음 말하고, 그 후 하느님에게 축복을 드리는 방식으로 달리 번역해야 한다고 주장한다. 그들의 번역은 이렇다. "그리스도께서도 그들로부터 육에 따라 태어나셨습니다. 만물 위에 계신 하느님은 영원히 찬미받으소서, 아멘." 번역의 문제는 무척 복잡하며 다양한 학자들이 다채로운 의견을 제시한다. 문제는 중대하다. 만일 첫 번째 번역이 옳다면, 이 구절은 바울로의 모든 편지 중에서 예수를 명백하게 하느님이라 부른 유일한 곳이다.

그러나 그것은 옳은가? 나는 예수를 하느님이라고 부르지 않는 둘째 번역이 옳다고 생각했다. 바울로가 다른 어느 곳에서도 예수를 하느님이라 불렀다고 보지 않았기에 여기서도 그랬을 것이라고 추론했다. 그러나 이것은 물론 순환논법이며, 다른 학자들이 단호하게 주장한 것처럼 첫 번째 번역이 그리스어의 의미를 가장 훌륭하게 전달한다고 생각한다.[13] 앞에서 살펴보았듯이, 바울로가 실제로 하느님으로서의 예수에 대해 말하지 않는다는 것은 강조할 필요가 있다. 이것은 그리스도가 전능한 하느님이라는 의미가 아니다. 바울로는 특별한 의미에서 예수를 하느님이었다고 확실히 생각했지만, 아버지였다고는 생각하지 않았다. 그는 세상에 오기 전에 천사적인 신성한 존재였다. 그는 주님의 천사였다. 그는 결국 하느님과 동등한 위치까지 고양되었고, 하느님의 모든 영예와 명예를 받을 만했다. 그래서 지금 나는 바울로가 로마서 9장 5절에서처럼 예수를 하느님이라고 부를 수 있다는 것을 쉽게 인정한다.

만일 누군가 그리스도교 전승에서 바울로처럼 일찍 그리스도를 육화한 신적 존재로 볼 수 있다면, 똑같은 관점이 후대 전승에 나타난다고 해서 놀랄 일은 아니다. 이 관점은 요한복음서에 가장 선명하고 강력하게 출현한다.

요한의 육화 그리스도론

요한복음서가 다른 복음서들과 얼마나 다른지 처음 깨달은 것은 대학원 시절이다. 그전에 대학생 때에는 복음서들이 기본적으로 전부 똑같은 것을 말한다고 생각했다. 확실히 여기 저기 다른 강조점들은 있을 수 있지만 전체적으로는 거의 모든 것에 대하여 똑같은 기본적 관점을 갖고 있다고 여겼다.

나는 석사 과정에서 요한을 제외한 마태오, 마르코, 루가 세 복음서만 읽음으로써 사고思考 실험을 하기로 결정했고, 3년 동안 이 작업을 했다. 3년째에 실험을 끝내려고 그리스어로 단숨에 요한복음을 읽었다. 그것은 하나의 계시였다. 공관복음서의 언어, 문체, 주제, 이야기, 관점 등에 익숙해진 터여서, 요한복음서의 차이는 믿을 수 없을 정도였다. 모든 면에서 달랐다. 요한복음서를 대할 때 우리는 다른 저자와만 만나는 게 아니라, 완전히 다른 세계를 만난다. 특히 이 복음서에는 예수의 신적 능력과 권위에 대한 암시들만 있는 게 아니다. 여기에는 예수가 하느님과 같다는 과감한 진술이 있고, 예수가 세상에 온 선재하는 신적 존재라는 진술이 있다. 이 관점은 예수가 천사와 같은 존재였다가 더욱 높은 신성한 지위로 고양되었다는 바울로의 관점과도 달랐다. 요한에게 예수는 심지어 육화 이전 상태에서도 하느님과 동등하며 하느님의 이름과 영광을 공유했던 분이다. 앞에 나온 용어를 빌리자면, 요한의 그리스도론은 극도로 높은 그리스도론이었다.

나는 연구 경력 초기에 이미 이 그리스도론이 예수 추종자들이 접한 가장 초기의 그리스도론이 아니라고 여길 만한 이유들을 알았다. 이것은 초기 복음서들의 그리스도론이 아니었고, 자체로 분명하게 무척 상징적이었다. 만일 예수가 세상에 오기 전에 "처음"부터 하느님과 정말로 같았고 그것을 그가 알았다면, 공관복음서들은 어떤 시점에서든 이를 언급했을 것이다. 예수와 관련해서 가장 중요한 이야기가 아니었겠는가? 그러나 마태오, 마르코, 루가에서 예수는 자신에 대해 이러한 방식으로 말하지 않는다. 그들의 고유 자료인 Q, M, L에서도 말하지 않는다.

한편, 예수 자신과 저자가 요한복음의 모든 관점을 공유한다는 것을 알게 되었을 때 나는 무척 당황했다. 상황은 이러하다. 누가 요한복음서를 썼든지 간에 (우리는 이 저자가 실제로 누구인지 모르지만 계속 요한이라 부르겠다) 그는 예수 사후 60년 어간에, 예수와는 다른 세상, 다른 문화적 맥락 속에서 다른 언어(아람어가 아닌 그리스어)를 말하면서, 완전히 다른 교육 수준을 지니고 살았던 그리스도인이다. 그러나 요한복음 안에는 누구 말인지 확신할 수 없지만, 화자가 마치 예수처럼 말하는 구절들이 있다.[14] 예수는 꼭 화자처럼 말하고 화자는 꼭 예수처럼 말한다. 그러나 만일 예수가 다른 시간과 공간에, 다른 문화 안에서 다른 언어를 말하며 살았고, 오늘날 높은 교육 수준이라고 말하는 특혜도 누리지 않았다면, 어떻게 이런 일이 가능하겠는가? 그래서 나는 엄청난 놀라움 속에서 해답이 무엇인지 깨닫게 되었다. 그것은 요한복음서에서 두 목소리(예수의 목소리와 화자의 목소리)를 듣기 때문이 아니다. 우리는 하나의 목소리를 듣는다. 저자가 자기 생각도 말하고, 예수 대신 말하기도 한다. 이것들은 예수의 말이 아니라, 저자가 예수 입술 위에 올려놓은 말이다.

요한복음 안에 있는 예수에 대한 고양된 가르침

요한복음의 가장 인상적인 특징들 중 하나는 예수에 대한 고양된 주장이다. 예수는 세상에 오기 전에도, 세상에 있는 동안에도, 세상을 떠난 후에도, 분명히 하느님이고 사실상 하느님 아버지와 동격이다. 요한복음에만 나오는 다음 구절들을 고찰해보라.

- 한 처음에 말씀이 계셨다. 말씀이 하느님과 함께 계셨으니 그 말씀은 하느님이셨다. …… 정녕 말씀이 육신이 되시어 우리 가운데서 거처하셨다. 우리는 그분의 영광을 보았다. 그것은 아버지로부터 오신 외아들다운 영광이라 그분은 은총과 진리로 충만하셨다.(요한 1,1.14절; 말씀이 된 육의 이름은 "예수 그리스도"다. 17절.)

- 그러나 [예수께서는] 그들에게 "아직까지 내 아버지께서 일하고 계시며 나도 일하고 있습니다" 하고 응수하셨다. 그러므로 유대인들은 더욱 그분을 죽이려고 하였다. 그것은 그분이 안식일을 어길 뿐 아니라 또한 하느님을 자기 아버지라고 말함으로써 자기 자신을 하느님과 동등하게 내세웠기 때문이다.(5,17-18.)

- 예수께서 그들에게 말씀하셨다. "진실히 진실히 당신들에게 이릅니다. 아브라함이 나기 전부터 나는 있습니다."(8,58.)

- "나와 아버지는 하나입니다." (10,30.)

- 필립보가 예수께 "주님, 저희에게 아버지를 뵙게 해주십시오. 그러면 저희가 흡족하겠습니다" 하고 여쭈었다. 예수께서 말씀하셨다. "필립보, 이렇게 오랫동안 내가 여러분과 함께 있었는데 당신은 나를 모른다는 말입니까? 나를 본 사람은 이미 아버지를 보았습니다. 그런데 당신은 어떻게 '우리에게 아버지를 뵙게 해 주십시오' 하고 말합니까?" (14,8-9.)

- "저는 아버지께서 제게 하라고 맡겨주신 일을 끝내어 땅에서 아버지를 영광스럽게 하였습니다. 그러하오니, 아버지, 제가 세상이 있기 전에 아버지 곁에서 누리던 그 영광으로 이제 아버지 앞에서 저를 영광스럽게 하소서." (17,4-5.)

- 아버지, 원하옵건대 제가 있는 곳에 아버지께서 제게 주신 그들 또한 저와 함께 있게 하시고, 아버지께서 세상 창조 이전부터 저를 사랑하셨기에 제게 주신 저의 영광을 그들이 보게 하여 주소서. (17,24.)

- 토마는 대답하여 "나의 주님, 나의 하느님" 하고 여쭈었다. (20,28.)

확실히 해둘 필요가 있겠다. 이 복음서에서 예수는 하느님 아버지가 아니다. 예수는 17장 전체에서 아버지에게 기도하며, 앞에서 지적한 대로, 그는 자기 자신에게 말하는 게 아니다. 그러나 그에게는 하느님 아버지와 똑같은 영광이 부여되었다. 그리고 그는 이 영광을 세상에 오기 전에 누리고 있었다. 확실히 하면, 예수는 여기에서 "고양되었다." 그는 몇 차례 자신의 십자가형을 "들어올려"지는 것이라고 말한다. 이것은 "십자가에 들어올려"지는 것과 그 결과 하늘로 "고양된" 것을 언급하는 하나의 말놀이다. 그러나 이 고양은 바울로에서처럼 그가 이전에 소유했던 지위보다 더 높은 상태로 고양되는 것이 아니다. 요한에게 예수는 이미 신적 존재로서 육화 이전에 "하느님"이었고 "하느님과 함께" 있었다. 이 관점을 가장 선명하게 보여주는 곳이 요한복음 서문이라 불리는 1장 1-18절이다.

요한복음 서문

사람이 된 말씀, 선재하는 신성한 존재로서 그리스도에 대해 신약성서에서 가장 선명하게 표현하는 곳이 바로 요한복음 서문이다. 이미 2장에서 하느님의 말씀(로고스)이 때로 신성한 위격(독특한 존재를 취하는 하느님의 특징이나 속성)으로 이해된다는 것을 살펴보았다. 이 로고스는 하느님의 말씀이라는 이유 때문에 하느님과 분리되고 구별된 존재로 여길 수 있는 실체다.(지금 쓰는 이 글이 내 머리 속에서 나오지만 글 자체가 실체를 얻는 것과 같다.) 동시에 이 말씀은 "하느님"의 말씀이기에 아버지의 신성한 존재를 완벽하게 현시하고, 그러므로 정당하게 "하느님"이라 불린다. 신성한 로고스에 대한 사상은 유대교 문헌들뿐 아니라, 스토아학파 및 중기 플라톤 사상과 관련된 그리스 철학에서도 발견된다. 이 모두가 초기 그리스도교 문헌에서 현재까지 내려오는, 말씀에 대한 가장 시적이고 힘 있는 표현(요한복음 서문)에 영향을 끼쳤다.

문자 이전 시로서의 서문

요한복음서 저자가 이전에 존재하던 시를 자기 복음서 서문으로 통합시켰다는 견해는 학자들에게 널리 수용된다.[15] 서문은 독립적인 시 작품으로 문자 이전 전승의 특징을 갖고 있으며, 핵심 단어인 말씀(로고스)을 그리스도로 언급하는 부분이 복음서 전체에 전혀 없기 때문이다. 만일 서문이 기존 작품이라면, 요한복음서 저자(또는 후대 편집자)는, 비록 용어상 차이점들은 있지만, 서문에 있는 그리스도론이 자신의 관점과 무척 잘 어울린다는 것을 알았을 것이다. 그래서 그는 자기 복음서 이야기를 서문으로 시작했다.[16]

이 서문의 시적 특성은 한 행의 마지막 단어가 다음 행의 첫 단어로 시작되는 계단식 병행staircase parallelism을 사용한다는 데서도 드러난다. 예를 들면 다음과 같은 구절이다.

> 한 처음에 말씀이 계셨다.
> 말씀이 하느님과 함께 계셨으니
> 그 말씀은 하느님이셨다. (요한 1,1.)

> 그분 안에 생명이 있었으니
> 그 생명은 사람들의 빛이었다.
> 빛이 어둠 속에서 비치고 있지만
> 어둠은 빛을 받아들이지 않았다. (요한 1,4-5.)

1-18절의 시적 단락에는 시의 흐름과 어울려 보이지 않는 산문체 문장이 삽입되어 있다. 이 부분을 빼면, 전부 로고스에 관한 것이다. 이 첨가 부분들은 그리스도를 다루지 않고 선구자인 세례자 요한을 다룬

다.(6-8절) 이 구절들을 삭제하면 시 흐름이 훨씬 나아진다. 아마도 시를 덧붙인 저자(또는 편집자)가 처음에 이 구절들을 지었을 것이다.

서문의 가르침

세례자 요한에 대해 언급하는 부분이 없다면 이 시는 전부, 처음에 하느님과 함께 존재했다가 그리스도 안에서 인간이 된 로고스에 대한 것이다. 그리스도는 거의 끝부분인 17절에 가서야 명명된다. 그러나 이 시를 처음부터 끝까지 읽어보면 그리스도에 관한 시임을 분명하게 알 수 있다. 시는 예수가 탄생 이전에 선재했다고 확실하게 말하지 않으며, 동정녀 탄생에 대한 언급도 없다. 선재한 것은 하느님의 로고스였고 하느님은 그를 통해서 우주를 창조하였다. 예수가 존재하게 된 것은 오직 로고스가 인간이 되었을 때였다. 그래서 예수 그리스도는 인간이 된 로고스다. 그러나 예수는 육화가 일어나기 전에는 존재하지 않았다. 전에 존재했던 것은 로고스다.

이 로고스, 곧 말씀에 대한 표현들은 아주 고양되어 있다. 시는 맨 처음부터 성서 첫 부분인 창세기 1장 1절을 상기시키고 있다. "한 처음에 말씀이 계셨다." 그리고 이 말씀을 통해서 "생명"과 "빛"을 포함한 "모든 것이 생겨났다." 유대인 독자라면 창세기의 창조 이야기가 저절로 떠오를 것이다. 창세기도 "한 처음에"로 시작한다. 후대에 요한이 그리스어로 똑같이 표현했다. 창세기의 서두는 모두 창조에 관한 것이다. 그러면 하느님은 세상과 그 안에 있는 모든 것을 어떻게 창조하는가? 말씀을 통해서 그렇게 한다. "하느님께서 말씀하시기를 '빛이 생겨라' 하시자 빛이 생겨났다."(창세 1,3.) 빛을 창조하는 분은 하느님이고, 하는

느님은 생명도 창조한다. 하느님은 스스로의 말씀으로 그렇게 한다. 이제 요한복음 서문에서 우리는 하느님의 위격과 같은 말씀에 대해서 통찰을 얻는다.

다른 유대교 본문들처럼 말씀은 하느님과 분리된 존재이지만 여전히 하느님의 말씀이므로, 하느님 자신의 외적 표현이다. 말씀은 존재하는 그분을 온전히 나타내며 다른 아무것도 하지 않는다. 이 의미에서 말씀은 자체로 하느님이다. 그래서 요한은 말씀이 "하느님과 함께" 계셨고 "하느님이었다"고 말한다. 이 말씀은 창세기에서처럼 모든 생명을 생겨나게 했고 어둠에 빛을 갖고 왔다.

신중한 독자라면 이 시점에서 유대교 문헌이 지혜에 대해 말하는 부분을 떠올릴 것이다. 하느님은 잠언 8장에 나오는 것처럼, 신성한 대리자인 지혜를 통해서 세상을 창조하였다. 이 비교는 매우 적절하다. 고대 유대교를 연구하는 학자 토머스 토빈Thomas Tobin은 다양한 비그리스도교 유대인 문헌이 지혜에 대하여 말한 것과 요한복음 서문이 로고스에 대하여 말한 것을 요약해 놓았다.[17]

- 지혜와 로고스 둘 다 처음에 있었다.(요한 1,1; 잠언 8,22-23.)
- 둘 다 하느님과 함께 있었다.(요한 1,1; 잠언 8,27-30; 지혜 9,9.)
- 둘 다 대리자로, 이들을 통해 모든 것이 창조되었다.(요한 1,3; 지혜 7,22.)
- 둘 다 "생명"을 준다.(요한 1,3-4; 잠언 8,35; 지혜 8,13.)
- 둘 다 "빛"을 준다.(요한 1,4; 지혜 6,12; 8,26.)
- 둘 다 어둠보다 뛰어나다.(요한 1,5; 지혜 7,29-30.)

- 둘 다 세상 사람들이 몰라본다.(요한 1,10; 바룩 3,31.)
- 둘 다 세상 사람들 가운데 거주한다.(요한 1,11; 집회 24,10; 바룩 3,37-4,1.)
- 둘 다 하느님의 백성이 거부한다.(요한 1,11; 바룩 3,12.)
- 둘 다 백성 가운데 (천막에 거주하듯이) 거처를 정한다.(요한 1,14; 집회 24,8; 바룩 3,38.)

요한복음 서문의 그리스도 시에서 로고스는 유대교 문헌의 지혜와 아주 비슷하게 이해된다. 토빈이 지적하듯이, 요한복음에 있는 로고스에 대한 말들은 필론의 저술에 나오는 로고스 묘사와도 무척 비슷하다. 두 곳 모두에서 로고스는 지혜를 생각나게 한다. 두 곳 모두에서 로고스는 창조 전 "처음에" 하느님과 함께 있었고, "하느님"이라 불린다. 두 곳 모두에서 로고스는 창조의 수단이고, 사람들은 로고스를 통해서 하느님의 자녀가 된다.

지혜에 대한 필론의 저작이나 다른 유대교 저술들이 요한복음 서문 로고스 찬가의 실제 문헌 자료라고 생각하지 말아야 한다. 나는 요한복음 서문의 로고스에 대한 말들이 유대교 저자들이 로고스와 지혜에 대해 말한 것들과 아주 비슷하다고 본다. 그러나 여기에는 중요한 차이점이 있다. 내가 고찰한 문헌들 중에 오직 요한복음에서만 로고스가 구체적 인간이 된다. 예수 그리스도는 로고스의 육화다.

앞에서 밝힌 대로, 서문은 예수가 선재했고 우주를 창조했으며 육이 되었다고 말하고 있지 않다. 로고스가 이 모든 일을 했다. 모든 것이 존재하기 전에 로고스는 하느님과 함께 있었고 로고스는 하느님의 로고스였기에, 이러한 의미에서 로고스는 실제로 하느님이었다. 바로 로고스를 통해서 우주와 우주 안의 모든 것이 창조되고 생명을 받았다. 그리고 로고스는 인간이 되었다. "말씀은 육이 되었고 우리 가운데 사셨다." 로고스의 육화는 예수가 누구인지 말한다. 로고스가 인간이 되고 그의 백성 가운데 머물렀을 때 그의 백성은 그를 거부했다.(요한 1,11.) 그러나 그를 맞아들인 이들은 "하느님의 자녀"가 되었다.(1,12.) 이 사람들은 단지 물리적 세상에 태어난 것이 아니라, 하느님으로부터 태어났다.(1,13.) 육이 된 말씀이 하느님의 외아들이기 때문이다. 그는 바로 하느님의 품 안에서 하느님과 함께 거주했던 유일한 존재였기에 위대한 입법자 모세보다 뛰어나다. 그리고 그는 아버지를 알려주신 유일한 분이다.(1,17-18.)

장대한 육화 그리스도론이 품고 있는 원대한 함의들을 고찰하다 보면, 여기에는 분명히 덜 긍정적인 면이 있다. 만일 육이 된 로고스가 하느님을 참으로 알았고 그분을 알려준 유일한 존재이며, 유대인들의 입법자인 모세보다 훨씬 더 훌륭하다면, 그리고 하느님을 계시한 이 존재가 자기 백성에게 거절당했다면, 이것이 유대인들에 대해서 말하는 바는 무엇인가? 이 관점에 따르면, 유대인들은 예수만 거절한 것이 아니라, 하느님 자신이던 하느님의 말씀도 거부했다. 그리고 "하느님"인 로고스를 거절함으로써 암묵적으로 하느님을 거절하고 만 것이 아닌가? 이 관점이 지닌 원대한, 정확히 말하면 무서운 함의들은 뒤에 맺음말의 논의 주제가 될 것이다. 일부 그리스도인들은 예수의 진정한 정체성을 인식하길 거부함으로써 유대인들이 자기네 하느님을 거절했다고 주장했다.

그러나 지금 단계에서 한 가지 논점을 다시 강조해야 한다. 만일 이 육화적 관점에 대해 이야기하고자 높은 그리스도론이라는 용어를 사용하는 사람이라면, 요한복음 서문은 실제로 매우 높은 그리스도론을 제공할 것이다. 필립비서의 시보다 더 높다. 바울로와 마찬가지로 시의 저자에게 그리스도는 인간이 되기 전에 일종의 천사적 존재였다. "우두머리 천사" 또는 "주님의 천사"였을 것이다. 죽기까지 하느님에게 순종한 결과 그는 더욱 고양된 존재가 되어 하느님과 동등하고 모든 이의 주님이 되는 지위를 얻었다. 이 자체가 하느님 나라의 도래를 선포하고 법을 위반하다 십자가에 처형된, 갈릴래아 출신 시골뜨기 설교자 예수에 대한 엄청난 고양이다. 그러나 요한복음 서문은 그리스도에 대해 더욱 고양된 관점을 갖는다. 여기서 그리스도는 나중에 "엄청나게 고양"되거나 세상에 나타나기 전보다 더 높은 지위를 갖게 된 하느님의 천사가 아니다. 이와 반대로, 그는 심지어 나타나기 전에 이미 하느님이던 존재, 하느님의 로고스였고, 그를 통해 온 우주가 창조되었다.

비록 육이 된 로고스로서의 그리스도는 요한복음서의 다른 곳에는 전혀 나오지 않지만, 그 관점들은 확실히 복음서의 그리스도론과 밀접하게 맞추어져 있다. 이 이유로 그리스도는 "당신 자신을 하느님과 대등하게" 만들 수 있고(요한 5,18) "아버지와 나는 하나"라고 말할 수 있으며(10,30) 세상에 오기 전 아버지와 함께 누리던 "영광"에 대해 말할 수 있고(17,5) "나를 본 사람은 곧 아버지를 뵌 것"이라고 말할 수 있으며(14,9) "나는 아브라함이 태어나기 전부터 있었다"고 말할 수 있었다.(8,58.) 마지막 절은 특별히 호기심을 자아낸다. 앞에서 보았듯이 히브리성서 출애굽기 3장에서 모세가 불타는 떨기 속에서 하느님을 만나 하느님에게 이름을 묻자, 하느님은 그에게 "나는 있는 나다"라고 대답한다. 요한복음에서 예수는 이 이름을 자기가 취하는 것처럼 나타난다. 여기서 예수는 필립비서의 시에 나오는 것처럼 부활 후 고양되었을 때 "모든 이름 위에 뛰어난 이름을" 받은 것이 아니다.(필립 2,9.) 그는 세상에 있는 동안 이미 그 "이름"을 갖고 있다. 요한복음 도처에서 이에 대해 믿지 않는 유대인들이 예수가 어떤 의미에서 이러한 주장을 하는지 아주 잘 이해했음을 보여준다. 그들은 자신을 하느님이라고 주장해서 신성모독죄를 범한 예수를 처단하기 위해 반복해서 돌을 든다.

육화 그리스도론에 대한 다른 흔적들

나는 지금까지 다룬 신약성서의 그리스도론적 구절에 대해 아무 과장 없이 최대한 철저하고 포괄적인 평가를 제공하려 했다. 이러한 일을 하기 위해서는 아주 두꺼운 책이 필요할 것이다. 나의 목적은 조금 다른데, 초기 그리스도교 운동에서 주요한 두 가지 그리스도론을 설명하는 것이다. 더 오래된 "아래로부터의 그리스도론"을 나는 고양 그리스도론이라 부르며, 예수가 죽음에서 일으켜졌고 하늘로 고양되었다고 믿은 예수의 첫 추종자들의 첫 그리스도론적 관점이라고 주장한다. 조금 후대에 나온 "위로부터의 그리스도론"을 나는 육화 그리스도론이라고 부른다. 그리스도인들이 얼마나 일찍부터 예수를 단순히 천사적 존재가 된 인간이 아니라 세상에 오기 전부터 존재했던 천사나 신성한 존재로 생각했는지는 알지 못한다. 그러나 그리스도교 전통에서 이러한 관점이 아주 일찍부터 있었던 것은 분명하다. 이 관점은 나 자신이나 다른 많은 학자들이 믿어왔던 것처럼 요한복음에서 유래하지 않았다. 필립비서에 있는 바울로 이전의 그리스도 시가 증명하고, 바울로가 자기 저작 전체에 여기저기 써놓은 막연한 관점을 퉁명스럽게 증언했듯이, 바울로의 편지들보다 훨씬 이전에 있었던 관점이었다. 이 육화 그리스도론이 분명히 50년대 이전에 생겼다고 생각하지는 않지만, 그러지 않을 이유가 있는 것도 아니다. 더 일찍 생겼을 수도 있다. 그리스도인들이 일단 예수를 천사로 생각하자 (이 인식은 아주 일찍 그리스도교 운동 초창기에 생겼을 것이다) 전부터 천사였다는 인식이 싹트기 시작했고, 결국 선재하는 신성한 존재였다는 인식으로 발전되었다. 그렇게 육화 그리스도론이 탄생한 것이다.

앞으로 보겠지만, 결국 육화 그리스도론은 더욱 분명해졌고 나중에 부적절하다고 치부되어 "이단"이라고 찍혀버린 고양 그리스도론을 능가했다. 이미 신약성서의 일부 후대 저작에는 예수의 신성에 대해 고양된 주장들이 있는데, 이것들은 더 이른 시기의 못마땅한 관점을 반박하기 위해 쓰인 것으로 보인다.

골로사이 신자들에게 보낸 편지

바울로가 죽은 후 그의 추종자 중 한 명이 이 편지를 썼다고 학자들이 오랫동안 생각한 이유들이 있기 때문에 나는 이 편지를 바울로의 것이라 추정한다.[18] 여기서 그 이유들을 다루지는 않겠다. 그러나 이 편지는 가히 충격적인 그리스도론적 관점들을 담고 있다. 특히 1장 15-20절에 있는 시적 단락(어쩌면 또 다른 문자 이전 전승?)은 오랫동안 학자들을 매혹시켰다. 여기서 그리스도는 "보이지 않는 하느님의 모상"(1,15)으로 표현되어, 하느님의 위격으로서의 지혜에 대한 유대교의 가르침을 분명하게 암시한다. 그리고 그리스도는 "모든 피조물의 맏이"로(골로 1,15) "만물이 그분 안에서 창조되었다."(1,16.) 이 만물은 물질세계만이 아니라, "하늘에 있는 것이든 땅에 있는 것이든 보이는 것이든 보이지 않는 것이든 왕권이든 주권이든 권세든 권력이든"(1,16) 자연적이고 초자연적인 모든 존재를 말한다. 요한복음 서문에 로고스 그리스도가 육이 되었다고 나오는 것처럼, 여기서 그리스도는 육이 된 지혜다. 실제로 "하느님께서는 기꺼이 그분 안에 온갖 충만함이 머무르게 하셨다."(1,19.) 이제 우리는 초기의 고양 그리스도론에서 완전히 다른 영역으로 건너온 것이다.

히브리인들에게 보낸 편지

히브리서의 고양 그리스도론적 진술에 대해서도 비슷한 말을 할 수 있다. 히브리서에는 바울로가 저자라는 분명한 주장이 없고 그가 이 편지를 썼을 가능성도 거의 없지만, 교회 교부들은 일찍이 바울로가 썼다고 확신했고 결국 신약성서 안에 편입되었다. 히브리서는 인상적인 그리스도론적 주장과 함께 시작한다. 그리스도는 "만물의 상속자"인 "하느님의 아들"이며 "(하느님께서) 그분을 통하여 온 세상을 만드셨다."(히브 1,2.) 더욱이 지혜와 로고스의 위격처럼, 그리스도는 "그분 영광의 광채요 그분 본체의 표상이시며, 자신의 힘찬 말씀으로 만물을 보존하신다."(1,3.)

이 진술은 요한복음에 나오는 육화 그리스도론의 한 유형처럼 볼 수 있으며, 실제로 몇 가지 점에서는 아주 유사하다. 그러나 필립비서의 그리스도 시에서 본 것만큼이나 여기에도 고양 그리스도론의 징후가 남아 있다. 예수가 죽은 후 "지극히 높은 곳에 계신 엄위하신 분의 오른편에 앉으셨습니다. 그는 천사들보다 뛰어난 이름을 물려받음으로써 그만큼 그들보다 더 위대하게 되셨습니다"(1,3-4)라는 진술 때문이다. 필립비서 처럼 여기에도 후대의 고양과 혼합된 육화 그리스도론이 나타난다. 히 브리서 초기 부분의 주요 주제들 중 하나는 그리스도가 모든 천사적 존 재들보다 뛰어나다는 것이다.(예컨대 1,5-8; 2,5-9.) 익명의 저자는 이 점 을 강조하면서 시편 45편을 인용한다. 2장에서 살펴보았듯이 시편 45편 은 이스라엘 왕을 "하느님"처럼 부른다. 히브리서 저자는 시편 구절을 인용하여 그리스도에게 적용한다. "하느님, 당신의 옥좌는 영원무궁하 시며 정의의 지팡이는 당신 통치의 지팡이입니다."(1,8.)

히브리서는 그리스도가 지닌 중요성 때문에 천사들보다 뛰어나다고 강조한다. 그리스도는 천사들, 모세, 유대교 사제, 대사제, 성전 제사 등 유대교의 모든 것보다 뛰어나다. 여기에서 우리는 또 당황스런 상황을 접한다. 그리스도에 대한 이런 고양된 고백들은, 그리스도인들의 관점 과 유대인들의 관점 사이에 분열을 일으키도록 그리스도인을 다소 억지 로 몰아붙인다. 이 문제는 맺음말에서 다룰 것이다.

육화를 넘어서

필립비서의 그리스도 시를 지은 저자나 히브리서의 저자와 같은 이 들이 등장하고 고양과 육화 두 관점을 결합한 관점을 제시하면서, 고양 그리스도론은 결국 육화 그리스도론에 길을 내줬다. 그리고 최후에 육화 그리스도론은 그리스도교 전승에서 주류가 되었다.

그러나 어떻게 예수가 하느님이 되었나 하는 이야기는 여기서 끝나지 않는다. 앞으로 살펴보겠지만, 그리스도에 대한 다소 불명확한 초기 주장들을 놓고 신학자들이 명확한 의미를 도출하려고 했을 때 수많은 사건이 발생했다. 고려해야 할 첫 번째 쟁점들 중 하나는, 대다수 독자들이 아주 명확하게 하나의 잠재적 문제로 여길 수 있는 것이다. 만일 그리스도가 정말로 하느님이고 성부도 하느님이라면, 그리스도인들은 어떻게 한 분 하느님을 주장할 수 있었는가? 하느님은 두 분이 아닌가? 만일 성령도 하느님이라면 하느님은 세 분이 아닌가? 만일 그렇다면 그리스도인들은 일신론자라기보다 다신론자가 아닌가?

신약성서 시대 이후 많은 논쟁들은 바로 이 문제를 두고 벌어졌다. 문제에 대해 다양한 해결책이 나왔고, 그중 일부는 결국 거짓 가르침과 이단으로 비난받았다. 그러나 신학자들이 격전 끝에 얻은 확신을 가장 강한 용어로 주장하기 위해서 자신의 관점을 다듬으려 했을 때, 그들이 제시한 다른 해결책들은 그들을 더 앞과 위로 이끌었다. 그들에게 예수는 하느님이다, 예수는 하느님 아버지가 아니다, 하느님은 여전히 오직 한 분밖에 없다.

8장

신약성서 이후, 갈 길이 막힌 2, 3세기 그리스도론들

지난 5년 동안 나는 프랑스 영화에 흠뻑 빠져들었고, 그중에서도 특히 에릭 로메르Eric Rohmer의 〈모드 집에서의 하룻밤Ma Nuit Chez Maud〉(1969)과 〈겨울 이야기Conte D' Hiver〉(1992)를 좋아했다. 부분적으로 이 두 영화의 플롯을 끌고 가는 것은 17세기 철학자 블레즈 파스칼Blaise Pascal에게서 유래하는 '파스칼의 도박'이라는 철학적 개념이다.

이 두 영화는 개인적 관계에 대한 탐사를 통해서 파스칼의 도박을 불러낸다. 어떤 사람이 살면서 어떤 일을 실행해야 할지 하지 말아야 할지 결정을 내려야 할 상황이라고 가정해보자. 이 일을 한다고 해서 불이익을 받지는 않지만, 그가 성공할 확률은 최소한이다. 그럼에도 성공한다면, 그것은 놀라울 정도로 긍정적인 결과를 이끌어낼 것이다. 파스칼의 도박은 비록 성공 가능성이 적다 해도 선택할 상황이 오면 위험을 택하는 게 더 낫다고 말한다. 잃을 것은 없고 얻을 것은 많다.

파스칼의 이 개념은 로메르의 영화에서처럼 개인적 관계에 대한 실존적 결정이 아니라 신학과 관련이 있었다. 계몽주의적 인간 파스칼에게 신의 존재를 믿을지 말지 결정하는 문제는 중요했다. 그가 성공할 확률은 아주 적다. 그럼에도 누군가 신의 존재를 믿기로 결정할 경우, 그가 옳았다면 엄청난 보상을 받을 것이고 틀렸다 해도 실제로 손해 보는 것은 없다. 다른 한편 믿지 않는다고 결정할 경우에는 거기서 얻을 수 있는 실제적인 이득은 없으나 (영원한 형벌과 같은) 막대한 손해를 입을 수 있다. 그러므로 옳은 결정을 내릴 가능성은 별로 없지만, 신의 존재를 믿는 것이 믿지 않는 것보다 더 낫다.

사람들은 파스칼의 도박을 논거로 들면서 나에게 그리스도교 신앙으로 돌아와야 한다고 자주 말했다. 그들의 논리에 따르면 만일 내가 그리스도를 믿는데 그리스도가 구원을 가져다주는 하느님의 아들이라고 밝혀지면 엄청난 은혜를 체험할 수 있고, 하느님의 아들이 아니더라도 잃을 게 없다. 하지만 만일 내가 그리스도를 믿지 않기로 한다면 이득 되는 게 없이 엄청 나쁜 (영원한) 결과에 직면할 수 있으므로, 믿지 않는 것보다 믿는 게 훨씬 낫다는 것이다.

표면적으로는 옳게 들릴 수 있지만, 이에 대해 좀 더 넓게 봐야 한다. 문제는 어떤 특정 종교관을 선택하거나 반대하는 일이 동전 던지기와는 다르다는 것이다. 동전 던지기에서는 선택 가능성과 결과가 오직 두 가지다. 세상에는 수백 종류의 종교가 있다. 어떤 종교들은 배타적이고 전적인 투신을 요구하기 때문에, 이 종교들을 모두 선택할 수는 없다. 때로 파스칼의 도박을 옹호하는 사람들이 상상하듯 양자택일 문제가 아닌 것이다.

쉽게 설명해서, 만일 당신이 그리스도교를 선택한다면 그 선택은

(예컨대) 이슬람을 반대한다는 의미일 수 있다. 그러나 하느님과 구원에 대한 이슬람의 관점이 옳다면 그리스도교의 관점은 틀린 것인가? 그러므로 그리스도교를 선택하는 데 파스칼의 도박 이론을 취하는 것은 도움이 되지 않는다.

그리스도교는 오랫동안 배타적 종교였다. 역사상 그리스도를 따르기로 선택한 사람은 무슬림이나 힌두교도나 타종교인이 될 수 없었다. 그리고 이 배타주의는 어떤 사람을 그리스도인이 아닌 다른 종교인으로 사는 것을 막을 뿐 아니라, 다른 종류의 그리스도 신앙을 가진 사람이 그리스도인으로 사는 것도 가로막는다. 알다시피 다양한 그리스도인이 있으며, 그중 일부는 자신이 속한 특정 교단의 신앙을 수용하지 않으면 구원받을 수 없다고 주장한다. 나는 자기네 침례파 교회에서 침례 받지 않으면 소용없다고 강조하는 일부 침례파 교회들을 잘 알고 있다. 장로교회나 루터교회나 감리교회는 말할 것도 없고, 다른 침례교회에서 침례를 받는 것도 충분하지 않다. 이 비타협적이고 보수적인 형태의 그리스도교와 관련되어 있을 경우에, 분명 신앙은 '도박'을 하거나 둘 중 하나를 선택하는 문제가 아니다. 선택 범위는 넓으며 그중 어떤 것도 '옳을' 수 있다.

이러한 신앙은 그리스도교 내부에 하나의 옳은 관점과 다수의 틀린 관점이 있다고 강조한다. 틀린 관점들은 그리스도교 밖에만 있는 게 아니라 그리스도교 내부에도 있다. 틀린 관점이 사람을 즉각 지옥의 심연으로 데려갈 수 있다는 사고는 현대에 생긴 것이 아니다. 그러한 사고는 교회 초창기까지 거슬러간다. 2~3세기에는 분명히 있었다. 당시에는 하느님과 그리스도와 구원에 대해 다른 관점을 가진 사람을 '이단'으로 몰아 징계하기가 무척 쉬웠다. 그리스도교 지도자들은 누가 옳고 그른 지 어떤 관점이 참이고 거짓인지 결정하는 데 엄청난 관심을 갖고 있었다. 그 이유는 신약성서 시기 이후 많은 그리스도인은 구원을 얻는 유일한 길이 그리스도라고 생각했기 때문이다. 더욱이 이 구원은 하느님과 그리스도와 구원을 올바로 이해해야만 가능한 것이었다. 이 이유로 초기 교회 지도자들 중 많은 이가 옳은 신앙과 틀린 신앙을 식별('정통'과 '이단'을 규명)하는 것에 매달렸다.

초기 교회의 정통과 이단

2~3세기에는 그리스도에 대한 다양한 관점이 있었다. 예수의 일부 추종자들은 그가 인간이지만 (본성상) 신은 아니라고 생각했고, 다른 사람들은 그가 신이지만 인간이 아니라고 여겼다. 또 다른 사람들은 그가 다른 두 존재(한 인간과 한 신)라고 생각했다. 이 논쟁에서 '승리한' 사람들은 예수가 인간이자 신이며 둘이 아니라 한 분이라는 관점을 유지했다. 그러나 우리는 이 논쟁을 더 넓은 맥락에서 볼 필요가 있다. 그리스도인들은 그리스도의 정체와 본성에 대해서뿐만 아니라, 당시 통용되던 다른 모든 신학적 문제들에 대해서도 논쟁했기 때문이다.

예를 들면 하느님에 대한 논쟁들이 있었다. 일부 그리스도인들은 하느님이 오직 한 분뿐이라는 주장을 유지했다. 다른 사람들은 히브리성서의 하느님은 예수의 하느님과 같지 않다고 이해해서 신이 둘이라고 주장했다. 또 어떤 이들은 신이 열둘 있다거나 서른여섯이 있다거나, 또는 삼백예순다섯이 있다고 주장했다. 이런 관점을 지닌 사람들이 어떻게 그리스도인이 될 수 있었을까? 왜 그들은 신약성서를 읽지 않았으며 자신이 틀렸다는 것을 보지 못했을까? 물론 이 질문에 대한 대답은, 신약성서가 아직 나오지 않았다는 것이다. 신약성서의 모든 책들은 후대에 수집되어 신약성서 안에 배열되었고, 그 이후에야 현존하는 거룩한 경전으로 간주되었다. 이 외에 다른 복음서들과 편지들과 묵시록들이 있었고, 이 모든 책이 예수의 사도들에 의해 쓰였다고 주장하거나 '참된' 신앙을 제시한다고 주장했다. 우리가 27권으로 이루어졌다고 생각하는 신약성서는 이러한 갈등에서 출현했으며, 무엇을 믿어야 할지에 대한 논쟁에서 이긴 쪽이 정경 성서에 들어갈 책들을 결정했다.[1]

널리 퍼진 논쟁들도 있었다. 유대교 경전인 히브리성서는 참된 하느님의 계시였나? 아니면 그리스도인에게는 적합하지 않은 유대인들의 거룩한 책일 뿐인가? 그것도 아니면 더 극단적으로, 하급의 악의 있는 신이 그 저자인가?

우리가 사는 세상은 또 어떤가? 그것은 한 분인 참된 하느님의 창조물인가? 아니면 (그리스도인들의 하느님이 아닌) 유대인들의 하느님이 창조한 저급한 피조물인가? 아니면 우주적 재앙이며 본질적으로 사악한 것인가?

오늘날 대다수 그리스도인들이 이런 질문에 대답하길 어려워하지 않는 이유는 무엇을 믿고 어떻게 살아야 하는지에 대한 논쟁 속에서 승리한 초기 그리스도교의 한 전망 때문이다. 이 전망은 참 하느님은 오직 한 분뿐이고, 그분이 세상을 창조하였으며, 유대인들을 자기 백성으로 불렀고, 그들에게 성서를 주었다고 강조했다. 세상은 훌륭하게 창조되었으나 죄 때문에 타락하였다. 그럼에도 결국 하느님은 세상과 세상 속에 있는 당신 추종자들을 구원할 것이다. 이 구원은 인간이면서 하느님이고 그를 믿는 모든 이를 구원하기 위해서 죽은 예수 그리스도를 통해서 올 것이다.

이 관점이 승리한 것은 초기 그리스도교 처음부터 정해진 결론이었기 때문이 아니다. 그러나 실제로 승리자가 되었고 오늘까지 그리스도 신앙의 주류가 되었다. 여기서 나는 그리스도에 대한 관점, 특히 그를 하느님으로 여긴 관점에 초점을 맞출 것이다.

학자들은 종종 이러한 신학적 논쟁을 '정통'과 '이단' 사이의 투쟁으로 묘사한다. 이것은 아주 교묘한 용어인데, 왜냐하면 이 용어들의 문자적 의미를 오늘날 연구에 참여하는 역사가들은 사용하지 않기 때문이다. 문자적으로 정통 가르침orthodoxy은 올바른 믿음을 의미한다. 이단heresy은 선택, 곧 '올바른 믿음'을 믿지 않겠다는 선택을 의미한다. 이단의 동의어인 이설heterodoxy은 문자적으로 다른 믿음, 곧 '올바른' 믿음과 다른 믿음이다. 역사가들이 이 용어들을 문자적 의미로 사용하지 않는 이유는 그들이 신학자가 아니기 때문이다. 만일 그들이 신학자인 경우라도 역사를 쓸 때는 신학을 제쳐둔다. 신학자라면 믿어야 할 '올바른' 것과 믿지 말아야 할 '틀린' 것을 말해줄 수 있을지 모른다. 역사가는 오직 역사적 사건만 다룬다. 그래서 역사가는 초기의 일부 그리스도인들은 하느님이 한 분뿐이라고 생각했고, 다른 그리스도인들은 열둘이나 서른여섯이나 삼백예순다섯 신들이 있다고 생각했다고 묘사할 수 있다. 그러나 역사가는 이 중 누가 실제로 '올바른'지 말할 수 없다.

그럼에도 역사가들은 진리에 대한 초기의 논쟁을 묘사하기 위해서 정통, 이단, 이설 같은 용어들을 사용한다. 그 이유는 역사가들이 궁극적으로 옳은 쪽을 잘 알았기 때문이 아니라, 궁극적으로 유력한 쪽을 잘 알았기 때문이다. 최후에 승자가 된 쪽은 그리스도인들이 믿어야 할 것을 결정했고 '정통'이라 불리게 되었다. 왜냐하면 그것은 자체로 유력한 관점을 내세웠고 그렇게 함으로써 그것이 옳다고 선포했기 때문이다. 현대의 역사적 관점에서 '이단' 또는 '이설'은 그저 논쟁에서 진 관점일 뿐이다.

나는 이 점을 강조하고 싶다. 만일 내가 어떤 관점을 정통이나 이단으로 묘사한다면, 내가 생각하는 것이 참이거나 옳거나 틀렸다고 주장하는 게 아니다. 나는 전통을 주도하거나 싸움에서 진 어떤 위치에 대해 언급하는 것이다.

이 장에서는 주로 싸움에서 지고 이단으로 선포된 관점들을 다루고, 다음 장에서 정통으로 선포된 승자들을 조사할 것이다. 나는 정통 의견의 출현으로 말미암아 결정적으로 배제되어 금지된 세 가지 이단적 관점과 함께 시작하려 한다. 이 관점들은 그리스도를 이해하는 세 가지 대조되는 방식이라고 설명할 수 있다. 일부 그리스도인들은 그리스도가 본성상 하느님이라는 것을 거부했다. 그들에게 그리스도는 '단지' 신으로 입양된 인간일 뿐이었다. 다른 그리스도인들은 그리스도가 본성상 인간이라는 것을 거부했다. 그들에게 그리스도는 단지 인간으로 '나타난' 것일 뿐이었다. 또 어떤 이들은 예수 그리스도가 단일한 존재라는 것을 거부했다. 그들에게 그리스도는 한 인간과 한 신으로 분리된 두 존재였다. 결국 이 세 관점은 모두 신학적 '막장'으로 끝나게 되었다. 많은 사람이 이들의 길을 따라갔으나 결국 어느 곳으로도 인도받지 못했다.[2]

신성을 부정하는 노선

정통과 이단을 둘러싼 초기 그리스도교 논쟁의 가장 흥미로운 특징 중 하나는, 처음에 '올바른' 것이라 생각한 관점들이 결국 '틀린' 것으로 결정되었다는 사실이다. 그러니까 본디 정통이라 여기던 관점들이 이단으로 선포되었다. 이를 가장 잘 보여주는 사례는 그리스도에 대한 첫 번째 이단적 관점으로, 예수의 신성을 부인하는 관점이다. 6장에서 본 것처럼, 첫 그리스도인들은 인간 예수가 신적 지위와 권위를 지닌 상태까지 고양되었다고 주장하는 고양 그리스도론을 유지했다. 가장 초기 그리스도인들은 이러한 일이 부활 때 일어났다고 생각했다. 결국 일부 그리스도인은 예수 세례 때 그 일이 일어났다고 믿게 되었다. 두 관점은 그리스도에 대해 어떤 말을 하든, 그가 본성상 하느님이고 항상 하느님이라는 확신을 강조했던 2세기경에 이단으로 취급당했다. 그리스도교 저자들 중 '이단사냥꾼들'은 이 관점을 가졌던 최초의 그리스도인들을 공격하지는 않았다. 오히려 그들은 이 관점을 가진 동시대 사람들을 공격했다. 그들은 사도들이나 대다수 그리스도인이 이 관점을 가진 적이 없었다고 주장하면서 이단을 공격하여 어느 정도 '역사를 다시 썼다.' 그 관점들은 모든 참 신앙인들이 깨부수고 거절해야 할 새로운 것들이었다.

에비온파

2세기에 몇몇 집단은 그리스도가 세례 때 하느님에게 입양된 인간이라고 이해하는, 아주 고대의 그리스도관을 주장했다. 이들이 쓴 저술은 현재 남아 있지 않기 때문에 그 입장을 상세하게 그려볼 수는 없다. 이들에 대한 대다수 자료는 이들에 반대한 그리스도교 저자들, 곧 이단연구자들heresiologists로 알려진 '이단사냥꾼들'의 작품들이다. 한 집단의 관점을 재구성하고자 할 때, 가지고 있는 모든 자료가 그 집단을 억누르고 공격한 반대파의 저술들뿐이라면 그것을 재구성하기란 항상 어렵다. 종종 이런 경우가 있고, 지금도 마찬가지다. 학자들은 이단연구자들의 주장을 잘 추려서 파악해야 한다는 것을 오랫동안 알고 있었다. 그럼에도 일부 그리스도인의 관점에 대해 적대세력이 지적한 이번 경우에는 설득력이 있어 보인다. 그러한 집단 중 하나가 에비온파The Ebionites였다.

3세기 초 로마교회의 지도자 히폴리투스Hippolytus를 포함해 여러 이단연구자들이 에비온파를 공격했다. 현존 자료들은 에비온파를 유대계 그리스도인으로 묘사한다. 곧 예수 추종자들도 유대교 율법과 관습을 지켜서 유대교적 정체성을 유지할 필요가 있다고 생각한 그리스도인들이었다. 이 관점에는 특정 논리가 있었다. 만일 유대인의 하느님이 유대교 율법을 완성시키고자 유대인들에게 보낸 메시아가 예수였다면, 예수가 유대교를 포용했고 그의 추종자가 되기 위해 유대인이 되는 것은 의미가 있다. 그러나 그리스도교가 점점 친이방계쪽으로 옮겨가면서 결국 유대교적 뿌리와 결별했고 유대교의 핵심에 반대하게 되었다. 이에 대해서는 맺음말에서 살펴보겠다.

일부 학자들은 에비온파의 신학적 혈통이 예수의 가장 초기 제자들, 곧 예수 사후 그의 형제 야고보를 중심으로 예루살렘에 모인 유대계 신앙인들에게까지 거슬러 올라간다고 주장했다. 그리스도론적 견지에서 에비온파는 실제로 첫 번째 그리스도인들의 관점을 수용하는 것처럼 보인다. 히폴리투스의 『모든 이단 반박Refutation All Heresies』에 따르면, 예수 자신이 "율법을 완성함으로써 의화"되었던 것처럼 에비온파도 유대교 율법을 지킴으로써 '의화'되거나 하느님으로 말미암아 의롭게 될 수 있다고 주장했다. 그래서 하느님으로 말미암아 의롭게 되는 것은 그리스도의 모범을 따르는 것과 연관되고, 누구든 그렇게 된 사람은 '그리스도'가 되었다. 이 관점에서 그리스도는 다른 어떤 사람과도 '본성상' 다르지 않았다. 그는 단지 아주 의로운 인간이었다. 히폴리투스가 지적하듯, 에비온파는 "우리의 주님은 다른 모든 사람들과 같은 의미에서 한 인간이었다."(『모든 이단 반박』 22.)[3]

히폴리투스와 정통파 동료들 입장에서 볼 때 진리에서 이보다 더 멀리 떨어진 것은 없었다. 그들에게 그리스도는 하느님이었다. 그가 신성한 상태로 고양되었기 때문이 아니라, 심지어 탄생 전부터 항상 하느님과 함께 있었고 하느님과 동등한, 선재하는 신성한 존재였기 때문이다.

테오도투스파(로마의 양자설파)

또 다른 집단은 그리스도가 본성상 하느님이 아니라 하느님의 아들로 입양되었다는 '양자설'을 주장했다. 이 관점은 유대계 그리스도교가 아니라 순전히 이방계열 쪽에서 나왔다. 이 집단은 주창자인 아마추어 신학자이자 무두장이 테오도투스Theodotus의 이름을 따라서 테오도투스파The Theodotians로 알려졌다. 그들은 로마에 중심을 두었기에, 학자들은 이들을 로마의 양자설파라고 부르곤 한다.

테오도투스 추종자들은 그리스도가 다른 인간들과 달리 동정녀에게서 태어났다고 생각했고, 그래서 마태오나 루가복음서 중 하나를 성서로 받아들였을 것이다. 그러나 다른 한편, 히폴리투스가 말하듯이 그들에게 "예수는 단지 한 인간이었다."(『모든 이단 반박』 23.) 예수는 비범하게 의로웠기 때문에 세례 때 어떤 특별한 일이 일어났다. 하느님의 영이 그에게 내려왔고 위대한 기적을 행할 수 있는 능력을 주었다. 히폴리투스가 보여주는 것처럼, 테오도투스파는 예수와 하느님의 관계를 놓고 자기들끼리 분열되었다. 그들 중 일부는 예수가 세례 때 받은 성령으로 능력을 얻었지만 "다만 한 인간"이라고 이해했고, 다른 이들은 예수가 세례 때 신이 되었다고 믿었다. 또 다른 이들은 "그가 죽음에서 부활한 후에 하느님이 되었다"고 주장했다.(『모든 이단 반박』 23.)

테오도투스파의 관점에 대한 가장 긴 논박은 '교회사의 아버지' 에우세비우스의 저작에 나온다. 그의 저서 『교회사』에 자주 나오는 방식대로, 에우세비우스는 이단적 관점을 공격하는 초기 저작을 길게 인용하지만 그 저자를 밝히지 않는다. 후대의 한 교부는 문제의 이 저작을 『작은 미궁The Little Labyrinth』이라 불렀고 위대한 신학자 오리게네스Origen의 작품일 것이라고 암시했다. 오리게네스의 그리스도론적 관점에 대해서는 아래에서 살펴볼 것이다. 일부 현대 학자들은 히폴리투스가 『작은 미궁』을 썼을 것이라고 주장한다. 어떻든 이 자료는 3세기 초에 쓰인 것으로 나타나며, "구세주는 단지 인간이었다"고 주장한 양자설자를 겨냥했다.

『작은 미궁』 저자는 무두장이 테오도투스의 제자 중에 동명의 은행가인 테오도투스가 있었다고 알려준다. 이 집단의 또 다른 구성원인 나탈리우스Natalius는 한 달 급여로 당시에는 고액인 150데나리온을 받을 수 있다며 그 집단의 주교가 되도록 설득 당했다. 그러나 나탈리우스에 대한 흥미로운 일화는 그가 하느님의 행위로 그 분파에서 쫓겨났다는 것이다. 하느님은 그에게 아주 생생한 악몽을 선사하는데, 꿈속에서 그는 "거룩한 천사들로부터 밤새도록 회초리를 맞고 심하게 고통을 당했다. 그래서 아침 일찍 일어나 삼베옷을 걸치고 자신에게 재를 뿌렸으며, 주저함 없이 로마 주교 제피리누스Zephyrinus에게 눈물을 흘리며 엎드렸다." (에우세비우스, 『교회사』 5,28.)[4]

『작은 미궁』 저자는 테오도투스파가 예수는 완전히 인간이고 신이 아니지만 하느님의 아들로 입양되었다는 자기네 관점이 사도들의 가르침이고, 2세기 말 교황 빅토르Victor 시대 때까지 로마 교회의 대다수가 가르친 교리라고 주장했다는 것을 알려준다. 역사적으로 볼 때 테오도투스파는 가장 초기 그리스도인들 사이에 있던 믿음과 유사한 관점을 지녔던 듯하다. 그러나 대다수 로마 그리스도인들이 자유를 얻게 되는 시기까지 이 관점을 유지했는지는 확실하지 않다. 『작은 미궁』의 저자는 150년경 로마에서 저술활동을 하던 순교자 유스티누스Justin Martyr 시대부터 유명한 그리스도교 저자들이 다른 관점을 가졌다고 지적하면서 이 주장을 논박한다. "이 모든 사람들이 그리스도를 하느님이라고 말했다"는 것이다.

9장에서는 이 저자가 옳았다는 것을 볼 것이다. 유스티누스는 그리스도를 선재하는 신성한 존재로 이해했다. 그러나 유스티누스는 '가장 초기' 그리스도인들 이후 120년이 지나고서야 글을 썼다. 한 세기가 더 지난 후에 쓰인 유스티누스의 저작은 당연히 예수 죽음 직후 몇 년 동안 예수 추종자들이 했던 말을 알려줄 수 없다.

테오도투스파가 입양설을 삽입하려고 신약성서 본문을 베끼면서 자기네 취향대로 고쳤다고 『작은 미궁』이 고발한 것은 들여다볼 가치가 있다. 좀 길지만 아래 내용은 인용할 만한 흥미로운 구절이다.

그들은 성서를 교정했다고 주장하면서, 부끄러움도 없이 성서에 손을 올려놓았다. 누구든 원한다면 수정한 것을 곧 발견할 수 있기 때문에 이 말을 하면서 내가 그들을 비방하는 것은 아니다. 만일 어떤 사람이 힘들여서 그들의 사본을 모아 비교해본다면 종종 사본들이 다양한 상이점을 갖고 있음을 발견할 것이다. 예를 들어 아스클레피아데스Asclepiades 사본은 테오도투스 사본과 일치하지 않는다. 사본들이 많은 이유는 제자들이 경쟁심을 갖고 수정을 가했거나, 그들의 스승들이 왜곡했기 때문이다. 이 사본들은 헤르모필루스Hermophilus 사본과도 일치하지 않는다. 아폴로니아데스 Apolloniades의 경우 심지어 자기 사본들조차도 서로 조화를 이루지 못한다. 그의 제자들이 만든 첫 사본과 더욱 조작된 사본을 비교해보면 수많은 모순점을 발견할 수 있다. …… 그들은 사본들을 손수 썼고, 첫 스승들로부터 성서를 받지 않았으며, 자신의 사본을 정당화하기 위해서 어떤 원본도 창출해낼 수 없다는 것을 알기 때문에, 자기들이 스스로 이런 무례함을 저질렀다는 것을 부인할 수 없다. (에우세비우스, 『교회사』 5,28.)

이처럼 이단자들이 자신들이 원하는 것을 성서에 담으려고 성서 본문을 변경했다는 것은 초기 그리스도교 시대의 정통적인 이단사냥꾼들의 일반적인 비난이었다. 그러나 이 주장을 평가하기 위해서는 두 가지를 강조해야 한다. 첫째, 우리가 고양 그리스도론에 대해 다루면서 본 것처럼 (예컨대 로마 1,3-4; 사도 13,33) 성서의 여러 본문이 실제로 이단적 관점을 옹호한다는 것이다. 둘째, 비록 정통 입장은 이러한 본문 조작을 이단적 행위라고 주장했지만, 현재 남아 있는 신약성서 사본들 안에 있는 거의 모든 증거는 다른 방향에서 논점을 알려준다. 따라서 본문에 남아 있는 증거는, 바로 정통 입장에 선 학자들이 성서를 정통 신학적 관심과 더욱 일치시키기 위해 본문을 수정했음을 보여준다. 어떤 이단적 학자들이 똑같은 일을 했을 수 있지만 현존 사본들 중에는 그들이 그렇게 했음을 보여주는 증거가 거의 없다.[5]

어떻든 확고하게 육화 그리스도론 진영으로 넘어온 2~3세기 정통 신학자들은 이 양자설적 관점들을 배척했다. 육화 그리스도론은 그리스도를 본성상, 인간이 된 선재하는 신성한 존재로 이해했다.

인성을 부정하는 노선

그리스도에 대해 양자설적 관점을 지닌 사람들은 예수 직제자들의 관점을 대변한다고 주장했다. 물론 초기 그리스도교의 관점을 대변한 모든 집단은 자기네 관점이 예수와 그 제자들의 본디 가르침이었다고 주장했다. 그러나 양자설자들의 주장이 옳은 것으로 보인다. 이제 고찰하려는 관점은 몇 가지 점에서 양자설과 완전히 대조된다. 그리스도가 본성상 하느님이 아닌 완전한 인간이라고 주장하는 대신, 그리스도는 완전히 신이며 본성상 인간이 아니라고 주장한다. 결국 이 관점에는 가현설假現說, docetism이라는 딱지가 붙었다. 가현설은 '보이다' 또는 나타나다'를 의미하는 그리스어 도케오dokeo에서 유래한다. 이 관점에 따르면 그리스도는 실제로는 인간이 아니고, 단지 인간으로 '나타났을 뿐'이다. 그는 사실상 완벽한 하느님이었다. 가현설에 따르면 인간이 바위가 아니듯, 하느님도 인간이 아니다.

이 이해는 고양 그리스도론에 기초한 양자설적 이해만큼 이른 시기까지 거슬러 올라가지는 않지만, 꽤 이른 시기부터 흔적을 찾을 수 있다. 첫 가현설적 관점은 1세기 후반 육화 그리스도론에서 출현한 듯하다. 신약성서 시대이긴 하지만, 예수 직제자들이 채택한 관점으로 보기는 어렵다. 앞에서 보았듯이 바울로가 이 관점을 지녔다고 보기 힘든 이유들이 있지만, 확정지어 말하기는 아주 어렵다. 바울로는 "죄 많은 육의 모습"(로마 8,3)을 지니고 오신 그리스도와 "여느 사람처럼 나타나"신(필립 2,7) 분에 대해 말하지만, 예수의 인성에 대한 자신의 관점에 대해서는 결코 선명하게 표출한 적이 없다. 그는 그리스도가 "여인에게서 태어나"신(갈라 4,4) 분이라고 말하는데, 이것은 대다수 가현설자들의 주장과 거리가 있다.

선명한 가현설적 증언은 신약성서 시대 후반기의 요한 1서라고 알려진 책에 처음 나온다. 전통적으로 예수 제자요 제베데오의 아들인 요한이 익명의 작품인 요한 1서를 썼다고 한다. 이 책은 저자의 공동체 구성원들, 정확히 표현하면 그리스도의 본성에 대한 의견차로 원래 집단에서 갈라져 나온 이전 구성원들을 겨냥했다. 자기네 교회를 세우려고 공동체를 떠난 이들은 그리스도가 "육의 모습으로 왔다"는 것을 믿지 않는다. 그들은 예수가 진짜 살과 피로 된 인간임을 믿지 않았다.

요한 1서가 반대한 가현설자들

요한 1서의 저자는 공동체에 있다가 떠난 이전 구성원 집단을 명백하게 언급한다. 그는 이 집단을 그리스도에 반대하는 그리스도의 적들이라고 부른다. "어린 사람들이여, 지금은 마지막 시간입니다. 그리스도의 적이 온다고 여러분이 들은 대로 이제 많은 그리스도의 적들이 생겼습니다. 그래서 마지막 시간임을 우리는 알고 있습니다. 그들은 우리 가운데서 나왔지만 우리에게 속하지 않았습니다. 사실 그들이 우리에게 속했다면 우리들과 함께 머물렀을 것입니다. 그러나 그들이 모두 우리에게 속하지 않았다는 것은 으레 드러나게 되어 있었습니다."(1요한 2,18-19.)

이 구절은 그리스도의 반대자들이 저자의 교회에 있다가 떠났다는 사실을 분명하게 알려준다. 저자는 그들이 공동체에 남은 사람들과 결코 뜻이 같지 않았다고 말한다. 그러나 그들을 떠나게 만든 쟁점은 무엇이었을까? 저자는 다른 곳에서 "그리스도의 적들"을 언급하며, 그들이 믿었던 것이 저자 및 공동체의 관점과 상충된다고 밝힌다. "여러분은 하느님의 영을 이것으로 알 수 있습니다. 곧 예수 그리스도께서 육화하여 오셨다고 고백하는 모든 영은 하느님에게서 난 것입니다. 그리고 예수에 관해 그렇게 고백하지 않는 모든 영은 하느님에게서 난 것이 아닙니다. 그것은 그리스도의 적의 영입니다. 그가 오리라는 것을 여러분은 들었습니다. 지금 그가 이미 세상에 와 있습니다."(4,2-3.)

그래서 오직 그리스도가 "육의 모습으로" 왔음을 인정하는 사람들만 참된 신앙인이 될 수 있다. 공동체를 떠난 그리스도의 적들은 이것을 인정하지 않았던 듯 보인다. 학자들은 이 구절의 의미에 대해 논쟁을 벌이지만, 가장 쉽게 추정할 수 있는 것은 공동체에서 갈라진 이들이 그리스도가 진짜 육체적 존재임을 부정했다는 점이다. 이 추정은 저자가 책 서두에서 그리스도가 실제로 육체적으로 확실한 존재였다고 강조하는 이유도 잘 설명해준다. "생명의 말씀에 관해 알려 드립니다. 그 말씀은 처음부터 계셨으며, 우리가 듣고 우리 눈으로 보고 살펴보고 또 우리 손으로 만졌던 것입니다. 과연 생명이 나타나셨습니다. 우리는 영원한 생명을 보았으니 증언하며 여러분에게 알려 드립니다. 그 생명은 아버지와 함께 계셨으며 이제 우리에게 나타나신 것입니다."(1,1-2.)

그는 이어서 하느님의 아들 예수 그리스도에 대해 언급한다.(1,3.) 그가 예수 그리스도를 볼 수 있고 들을 수 있고 손댈 수 있는, 촉각으로 알 수 있는 존재로 강조하는 이유는 무엇일까? 그리스도의 적들이 이를 부정했기 때문이다. 독자들은 요한 1서가 "한 처음에"로 시작하면서 생명을 주고 인간이 된 하느님의 말씀/로고스에 대해 언급하는 요한복음(요한 1,1-14)과 어딘가 비슷하다는 사실에서 깊은 인상을 받을지 모르겠다. 이렇게 유사한 이유는 무엇인가? 학자들이 널리 수용하는 견해는 요한복음을 쓰고 사용한 똑같은 공동체의 누군가가 요한 1서를 썼다는 것이다. 앞서 보았듯이 요한복음 서문이 강조하는 것은, 예수는 선재하던 하느님의 말씀이 육화/화신된 분으로 하느님과 함께 있으면서 하느님 자신이었다는 것이다. 이 육화 그리스도론은 신약성서에 나오는 그리스도에 대한 "가장 높은" 관점 중 하나다. 우리는 이보다 "더욱 높은" 그리스도의 적들의 관점을 어떻게 설명할 수 있을까? 그들에게 그리스도는 너무 높아서 완전히 하느님이지, 절대 인간이 아니다. 몇몇 학자들은 요한복음을 탄생시킨 공동체 내부의 일부 신앙인들이 복음서의 그리스도론적 관점을 극단적으로 취하거나, 적어도 자기들이 논리적 결론으로 생각한 지점까지 끌어올려서 예수가 하느님이었기 때문에 인간이 될 수 없었다는 관점을 유지했다고 주장한다. 그렇다면 요한 1서는 "예수 그리스도는 육의 모습으로 왔다"고 강조하여 예수의 인성을 부정하는 관점에 반대하고, 예수의 육체적 존재를 인정하지 않는 그리스도의 적들을 반격한다.

안티오키아의 이그나티우스가 반대한 가현설자들

요한 1서는 그리스도의 적들의 관점을 일축했지만, 이 관점은 2세기 일부 그리스도인 집단에 널리 수용되었다. 비슷한 관점을 반대한 이는 신약성서 시대 직후의 가장 흥미로운 저자 중 한 사람인 시리아 안티오키아의 주교 이그나티우스Ignatius다. 이그나티우스의 삶은 많이 알려져 있지 않다. 그는 그리스도인으로서 행동하여 110년경 안티오키아에서 체포되고 사나운 짐승들에게 던져져 죽는 사형 집행을 받기 위해서 로마로 압송됐다. 이그나티우스는 로마로 가는 길에 7통의 편지를 썼으며 그것들은 아직도 존재한다. 처참한 순교를 목전에 두었던 한 그리스도인이 서둘러 쓴 이 편지들은 말할 나위 없이 무척 흥미롭다. 그는 다양한 교회들에 편지를 부쳤고, 편지를 받은 대다수 교회는 여정 중에 이그나티우스를 만나도록 대표자들을 보냈다. 이그나티우스는 전부터 이 교회들의 내막을 들어서 알고 있었고, 그들이 문제를 처리할 수 있게 도움을 주려고 편지를 썼다. 그가 들었던 주요 문제 중 하나는, 공동체의 일부 구성원들이 가현설적 그리스도론을 받아들여 그리스도의 본성과 관련해 몇몇 공동체들과 갈등을 겪었다는 것이다.

이그나티우스는 그리스도가 육체적으로 고통당하고 죽은, 살과 피로 된 진짜 인간이 아니었다는 모든 이해에 강하게 반대했다. 우리는 그가 왜 그토록 굳건하게 그런 관점을 반대했는지 상상할 수 있다. 만일 그리스도가 실제로 고통과 죽음을 경험하지 않았다면, 곧 그가 진짜 몸이나 육체적 감각이 없는 일종의 유령에 불과했다면, 그리스도의 제자로서 심한 고문과 죽음을 거쳐야 할 이그나티우스 자신의 감각은 대체 무엇이란 말인가? 이그나티우스에게 그리스도는 모든 인간과 같은 인간이지만, 확실히 하느님이기도 했다. 그러나 그는 진짜 몸을 지녔고 진짜 고통을 느낄 수 있었으며 진짜 죽음을 체험할 수 있었다.

그래서 이그나티우스는 트랄레스의 그리스도인들에게 "누군가 여러분을 그리스도와 구별해서 말한다면 귀머거리가 되십시오"라고 말했던 것이다. 왜냐하면 그리스도는 "참으로 태어나셨고, 먹고 마셨으며, 참으로 십자가형으로 죽으셨기 때문입니다."(『트랄레스 신자들에게 보낸 편지To the Trallians』 9.)[6] 그는 계속해서 자신이 "무신론자들"이라고 부른 사람들을 공격한다. 그는 그들에게 "불신자들"이라는 딱지를 붙였고, "그는 단지 고통 받은 것처럼 보였을 뿐이라고 말한" 점을 지적한다. 그리스도가 단지 겉모습일 뿐이라는 그들 말이 옳다면, "나는 왜 속박되어 있으며, 왜 사나운 짐승들과 싸우기 위해 기도하는가? 그렇다면 나는 헛되이 죽는 것이고, 더욱이 그리스도에 대하여 거짓말을 하는 것이다." (『트랄레스 신자들에게 보낸 편지』 10.)

이그나티우스는 스미르나의 그리스도인들에게도 비슷한 말을 한다. "왜냐하면 (그리스도는) 우리가 구원받을 수 있도록 우리를 위해 이 모든 고통을 받으셨습니다. 그리고 그분은 참으로 고통을 받으셨습니다.

…… 일부 불신자들이 말하듯이 겉으로 보기에만 고통을 당하신 것이 아닙니다. 그들이야말로 유령에 불과한 이들입니다."(『스미르나 신자들에게 보낸 편지To the Smyrneans』 2.) 다시 말하면, 그리스도는 육체적 존재가 아님에도 그런 것처럼 거짓으로 나타난 것이 아니다. 기만적인 이들은 이그나티우스에 반대하여 가현설을 주장한다. 그다음에 이그나티우스는 "부활 후에 그분은 육체적 존재로서 먹고 마셨다"는 사실이 증명하듯이, 그리스도가 육으로 죽은 것만이 아니라 육으로 부활했다고 강조한다.(『스미르나 신자들에게 보낸 편지』 3.) 그리스도는 단지 인간 형상으로 가장한 존재가 아니었다. "인간 형상을 한 사나운 짐승들"은 오히려 가현설자들이다. 만일 그리스도가 "오직 겉모습일 뿐"이라면, "저 역시 겉모습만 사슬에 묶여 있는 것입니다. 그렇다면 무슨 이유로 제 자신을 죽음에, 불에, 무기에, 사나운 짐승들에게 넘기겠습니까?" 이그나티우스에게 구원은 인간 몸으로 오는 것이므로, 인간 몸 안에서 경험해야 할 것이었다. 그리고 그것은 틀림없이 그리스도 자신의 인간 몸이 성취한 것이었다. 그렇지 않다면 공허하고 겉보기에만 구원일 뿐이다.

마르키온파

2세기 그리스도교의 가장 잘 알려진 가현설자는 유명한 설교자요 철학자로 결국 대이단자arch-heretic라는 오명을 쓴 마르키온Marcion이다. 마르키온은 그의 독특한 가르침을 수용한 그리스도교 세계에 교회들을 설립하면서 당시 그리스도교에 엄청난 영향을 끼쳤지만, 참으로 유감스럽게도 그의 친서는 전혀 남아 있지 않다. 불행히도 우리는 오직 정통 입장에서 그를 논박한 작품들을 통해서만 그의 가르침을 접할 수 있다. 어떻

든 이 논박들은 다방면에 걸쳐 있다. 이단연구자 테르툴리아누스Tertullian
는 마르키온에 반대하여 5권의 책을 썼고 오늘날에도 남아 있다. 그의
저서는 이 위대한 이단에 대한 정보를 주는 주요 원천이다.[7]

요한 1서에 나온 그리스도의 적들과 달리, 마르키온은 자신의 신학
적 단서를 요한복음에서 취하지 않고 사도 바울로의 저술에서 취했다.
그는 예수의 참된 의미를 이해한 위대한 사도는 바울로뿐이라고 생각했
다. 특히 바울로는 유대교 율법과 그리스도의 복음 사이에 있는 차이점
을 강조했다. 바울로는 율법의 명령을 따른다고 의롭게 되는 것이 아니
라, 오직 예수의 죽음과 부활을 믿음으로써 의롭게 될 수 있다고 여겼다.
마르키온은 율법과 복음이 사실상 서로 완전 불화한다고 말함으로써 둘
사이의 차이를 극단으로 끌고 갔다. 그에게 율법과 복음은 서로 별개다.
이 구별이 명확한 이유도 확실했다. 유대인들의 하느님은 율법을 주었
지만, 예수의 하느님은 구원을 주었기 때문이다. 사실 이 둘은 전혀 다른
신이었다.

심지어 오늘날에도 일부 사람들 가운데 그리스도인들조차도 히브리
성서의 하느님을 분노의 하느님으로 생각하고 신약성서의 하느님을 자
비의 하느님으로 생각하곤 한다. 마르키온은 이 관점을 아주 예리하게
다듬었다. 히브리성서의 하느님은 이 세상을 창조하고 이스라엘을 자신
의 백성으로 부른 후 그들에게 자신의 율법을 주었다. 문제는 아무도 그
율법을 지킬 수 없다는 것이었다. 율법의 하느님은 악하지 않았지만 냉
혹하게 공정한 분이었다. 그래서 자신의 율법을 파기한 데 대한 의로운
심판으로 죽음을 선고했다. 이것은 당연히 모든 사람이 져야 할 형벌이
자 모든 사람이 받아들인 형벌이었다. 다른 한편 예수의 하느님은 사랑

과 자비와 용서의 하느님이었다. 이 하느님은 유대인들의 하느님이 단죄한 사람들을 구원하기 위해서 이 세상에 예수를 보냈다.

그러나 만일 그리스도가 공정한 창조주 하느님이 아니라 영적인 사랑의 하느님에게 속한다면, 창조 자체에 속하지 않아야 했다. 그러므로 그리스도는 실제로 태어날 수 없고, 유대인들의 하느님이 창조하고 심판하는 물질세계에 귀속될 수도 없다. 예수는 실제로 탄생한 인간으로서 세상에 온 것이 아니었다. 그는 완전히 자란 성인 모습으로, 인간의 육을 지닌 듯한 일종의 유령으로 하늘에서 내려왔다. 그러나 이 모든 것은 결국 하나의 발현으로 창조주 하느님을 농락하기 위해 고안된 것이다. 예수의 '외견상' 죽음은 다른 사람들의 죄에 대한 보상으로 수용되었고, 영적 하느님으로부터 온 유령 예수는 죽은 것처럼 보임으로써 그를 믿는 사람들에게 구원을 가져다 줄 수 있었다. 그러나 그는 실제로 고통을 당하지 않았고 실제로 죽지도 않았다. 어떻게 그럴 수 있었겠는가? 그는 진짜 몸을 지니고 있지도 않았다. 모든 것이 하나의 발현이었다.

마르키온의 반대자들은 세상을 창조한 하느님이 세상을 구원한 하느님과 동일하다고 강조했다. 율법을 주신 하느님은 율법의 완성을 위해 그리스도를 보내신 하느님이다. 그리고 그리스도는 실제로 온전한 살과 피를 가진 인간이었다. 그는 고통을 받은 것처럼 보였던 인간이 아니라, 진짜 구원이 절실하게 필요한 사람들에게 진짜 구원을 주기 위해 진짜로 피를 흘리고 고통을 느끼면서, 진짜로 고통당하고 죽은 인간이었다. 마르키온과 다른 가현설자들에게 승리를 거둔 정통의 관점은 그리스도가 하느님이지만 사실 완전히 인간이기도 했다고 강조한다.

일치를 부정하는 노선

지금까지 두 개의 극단적 그리스도론을 살펴보았다. 양자설은 그리스도가 인간이지만 본성상 하느님은 아니라고 주장했고, 가현설은 그리스도가 하느님이지만 본성상 인간이 아니라고 주장했다. 정통 입장은 앞의 두 관점이 긍정한 부분은 옳고 부정한 부분은 틀렸다고 보았다. 그리스도는 본성상 하느님(실제 하느님)이고, 본성상 인간(실제 인간)이다. 그러나 어떻게 그는 하느님이면서 인간이 될 수 있을까? 이 문제를 해결하려고 했던 하나의 입장은 완전히 틀렸고 이단적이라고 여겨졌다. 이 입장에서 예수 그리스도는 사실상 두 존재였다. 인간 예수는 그가 죽기전 그에게서 떠난 신성한 존재에 의해 잠시 살았던 사람으로 여겨졌다. 현대 학자들이 영지주의자라고 부르는 다양한 그리스도교 집단들이 이 관점을 갖고 있었다.

그리스도교 영지주의

영지주의로 알려진 종교 현상의 성격과 관련해 최근 몇 년 동안 학자들 사이에서 길면서 어렵고 열띤 논쟁들이 벌어졌다.[8] 적어도 이 논쟁들은 영지주의적 종교들에 대해서, 마치 영지주의적이라고 이름붙일 수 있는 다양한 종교 집단이 어떤 획일적 신앙을 공유했다고 단순하게 말할 수 없음을 보여주었다. 일부 학자들은 영지주의라는 용어가 너무 넓게 정의되어 더 이상 쓸모 없다고 생각한다. 다른 사람들은 오직 영지주의적인 특정 집단만 지칭하는 용어로 영지주의를 아주 협소하게 정의해야 하고, 얼추 비슷한 다른 집단들은 다르게 불러야 한다고 주장한다. 이 책은 영지주의에 대한 책이 아니기 때문에, 학문적 불일치를 다루는 게 중요하지만 상세하게 다루지는 않는다. 내가 생각하는 영지주의를 간단하게 보여주고 현존하는 영지주의 문헌 속의 그리스도론적 관점을 간략히 논의하겠다.

영지주의라는 용어는 '앎'을 의미하는 그리스어 그노시스gnosis에서 왔다. 앞서 보았듯이 영지주의적 그리스도인들은 구원이 예수의 죽음과 부활을 믿음으로써 오는 게 아니라, 그리스도가 제자들에게 계시한 비밀스런 '앎'을 통해 온다고 주장했다. 수백 년간 우리가 알던 영지주의자들에 대한 지식은 그들을 직접 반대한 그리스도교 이단연구자인 이레네우스, 히폴리투스, 테르툴리아누스의 저작을 통한 것이었다. 이 이단사냥꾼들의 보고를 신중하게 취하고 엄밀하면서 비판적인 시선으로 보더라도, 그 자료들은 영지주의적 관점의 진짜 특성을 오해하게 만들 수 있다. 그 까닭은 영지주의자들이 직접 쓴 저작들이 발굴됐기 때문이다. 이제 우리는 영지주의자들이 자신의 관점에 대해 말하는 것을 읽을 수 있다.

현대의 가장 의미 있는 발견은 이집트 나그함마디에서 땅을 파던 한 농부가 찾아낸 문헌 모음집이다.[9] 이 모음집을 나그함마디 문서라고 부른다. 여기에는 고대 문헌 13권이 포함되며, 대부분은 영지주의 독자들을 위해 영지주의자들이 쓴 저술이다. 이 책에는 모두 52편의 문서가 들어 있고, 중복되는 것을 제외하면 46편이다. 이 문서들은 고대 이집트어인 콥트어로 쓰였고, 원래 그리스어로 저술된 것을 번역한 것으로 보인다. 이 문서들은 4세기에 제작된 것으로 밝혀졌고, 문서 내용 자체는 훨씬 일찍, 2세기경에 쓰였다. 나그함마디 문서에 대한 연구는 많이 이루어져 있다. 여기서는 영지주의 그리스도인들이 일반적으로 공유했던 그리스도론을 이해할 수 있도록 이 문서에 담긴 기본적 관점을 간략히 요약한다.

영지주의 그리스도인들이 이 세상을 하나이신 참된 하느님의 창조물로 보지 않았던 것은 마르키온의 관점과 대충 비슷하다. 그러나 마르키온과 달리 영지주의자들은 세상이 어떻게 존재하게 되었는지에 대해 광범위한 신화적 설명을 끌어들였다. 세상의 기원은 다양한 신적 존재들이 신적 영역을 형성하는 영원까지 멀리 거슬러 올라간다. 신적 영역이 존재하던 어떤 시점에 우주적 파멸이 일어났는데, 그 파멸은 신적 존재들을 불완전하고 온전히 형성되지 않도록 만들었다. 이 낮고 불완전하고 종종 무지해 보이는 신적 존재들 중 하나 또는 몇이 우리가 거주하는 물질세계를 창조했다.

영지주의 문헌은 세상의 기원에 대한 이러한 관점의 배후에 있는 논리를 설명해주지 않지만, 그것을 추론하는 것은 어렵지 않다. 괴로움과 고통으로 가득 찬 이 세상을 위해서, 누군가가 정말로 한 분인 참 하느님에게 책임을 전가하길 원하는가? 이 세상은 태풍, 해일, 홍수, 가뭄, 전염병, 선천적 장애, 굶주림, 전쟁 등이 끝없이 펼쳐진다. 선하고 강력한 하느님은 확실히 이러한 재난과 절망의 시궁창에 대해 책임이 없다. 세상은 우주적 재난이며 종교의 목표는 이 비참한 세상에서 탈출하는 것이다.

영지주의자들에 따르면, 신적 영역에서 기원하지만 신성한 섬광들을 올가미가 걸어 가둔 곳이 이 세상이다. 이 섬광들은 육체적 올가미로부터 탈출을 원하고 또 필요로 한다. 그들은 자신이 실제로 누구이고 어디에서 왔으며 어째서 여기 있고 어떻게 돌아갈 수 있을지에 대한 비밀을 앎으로써 탈출할 수 있다.

독자들은 이 모든 것이 그리스도교와 무슨 관련이 있는지 의아해할 수 있다. 영지주의적 그리스도인들에 따르면, 이러한 세계관을 가르친 분이 바로 그리스도다. 그리스도는 육체에 붙잡힌 신성한 섬광을 해방시킬 수 있는 천상의 비밀을 가르치기 위해 세상에 온 분이다.

'분리' 그리스도론

일부 영지주의자들은 사악한 물질세계에 속할 수 없는 그리스도가 어떤 유령처럼 지상에 왔다는 가현설적 관점을 유지했으며, 이는 외견상 마르키온이 말한 것과 많이 비슷하다. 그러나 마르키온을 영지주의자로 여기지는 말아야 할 것이다. 그는 신이 여럿이 아니라 오직 둘밖에 없다고 주장했고, 이 세상을 우주적 재난이 아닌 히브리성서 하느님의 창조로 생각했다. 그리고 참된 '영지'를 이해함으로써 자유롭게 될 수 있는, 인간 육체 안에 거주하는 신성한 섬광도 생각하지 않았다. 더욱이 마르키온의 가현설적 관점은 영지주의자들의 전형적 관점으로 나타나지 않는다. 대다수 영지주의자들은 그리스도를 인간이 아닌 완전한 신이라고 생각하기보다는, 예수 그리스도가 두 존재였다고 생각했던 듯하다. 인간 예수는 신성한 존재에 의해 잠시 살았던 사람이다. 따라서 그들에게는 예수와 그리스도 사이에 어떤 '분리'가 있었다. 이것을 분리 그리스도론이라고 부를 수 있다.

예수는 너무도 의로운 인간이었기에 세례 때 천상 영역에서 신성한 존재가 그에게로 왔다. 이것이 성령이 예수에게 내려와 예수 '안으로' 들어온 이유다.(마르코 1장 10절의 문자적 의미.) 그리고 이것이 예수가 그 이전이 아닌 이후에 기적을 시작하고 놀라운 가르침을 펼칠 수 있었던 이유이기도 하다. 그러나 당연하게도 신은 고통을 당하거나 죽을 수 없다. 그래서 예수가 십자가에서 죽기 전에 이 신적 존재는 그를 떠났다. 일부 영지주의자들은 예수의 마지막 말이 이것을 증명한다고 주장했다. "저의 하느님, 저의 하느님 왜 저를 뒤에 남겨두셨습니까?"(마르코 15장 34절의 문자적 의미.) 예수는 그의 신적 존재에 의해 십자가에 버려졌다.

이러한 영지주의적 분리 그리스도론을 가장 절절하게 표현한 나그함마디 문서들 중 하나는 5장에서 언급한 『콥트어 베드로 묵시록』이다. 본문 마지막 부분에서 베드로는 원수들의 손에 붙잡혀 십자가에 못 박히는 그리스도를 보면서도 구원자 예수와 말하고 있다. 그는 혼란스러워서 그리스도에게 묻는다. "오 주님, 제가 무엇을 보고 있습니까? 그들이 붙잡고 있는 분이 바로 당신이십니까?"[10] 베드로는 십자가 위의 또 다른 그리스도를 보았기 때문에 더욱 혼란스러움을 느끼며 당황해서 묻는다. "십자가 위쪽에서 기뻐하며 웃는 분은 누구입니까? 그들은 다른 사람의 발과 손에 못을 박고 있는 것입니까?"(『콥트어 베드로 묵시록』 81.)

그리스도는 십자가 위 사람은 "살아 있는 예수"이며, 못 박히는 사람은 "그의 육체적 부분"이라고 대답한다. 그러므로 육체적인 인간 예수와 "살아 있는" 예수 사이에는 근본적인 분리가 있다. 육체적 존재는 "다이몬들의 집, 그들이 살고 있는 단단한 그릇, 엘로힘에 속하는 (사람)이다." 육체적 예수는 이 물질 세계와 그것을 창조한 하급 신에 속한다. 그러나 살아 있는 예수는 그렇지 않다. "그러나 그자 곁에 가까이 서 계신 분은 살아 계신 구원자, 그들이 붙잡은 자의 으뜸이시다. 그분께서는 풀려나서 기뻐하며 서 계신다." 달리 말하면, 살아 있는 그리스도인 신적 존재가 물질적 껍질에서 자유롭게 되었다는 뜻이다. 그렇다면 살아 있는 예수는 왜 이 장면을 즐기는 것일까? "그분께 폭력을 행사한 자들이 서로서로 분열된 것을 보셨기 때문이다. 그리하여 그분은 그들이 눈멀었음을 비웃고 계신다. 그들이 타고난 소경임을 아시기 때문이다. 진실로, 고통을 겪는 자는 계속 그러할 것이다. 몸은 대체물이기 때문이다. 그러나 풀려난 그것은 몸이 없는 내 몸이다."(『콥트어 베드로 묵시록』 83.)

여기 분리 그리스도론이 있다. "진짜" 그리스도, "살아 있는 예수"는 단지 일시적으로만 몸에 거주했던 신성한 존재다. 십자가에 못 박힌 것은 낮고 열등한 부분, "다이몬들의 집"이었다. 구원을 가져오는 분은 죽어가는 예수가 아니다. 구원은 고통의 영향을 받지 않고 결코 죽을 수 없는 살아 있는 예수를 통해서 온다. 이해하지 못하는 사람들, 예수의 죽음이 문제가 된다고 생각하는 사람들은 그리스도의 조롱 대상이다. 예수의 진짜 고통과 죽음이 구원을 가져왔다고 강조한 교회 지도자들도 확실히 여기에 포함될 것이다. 이 영지주의 저자에게 교회 지도자들은 단순히 잘못 인도받은 이들이 아니라 조롱거리였다.

그러나 영지주의자들은 마지막에 웃지 못했다. 복잡하고 다양한 사회적·문화적·역사적 이유들 때문에 영지주의적 그리스도교 형태는 대다수 개종자들을 자기네 쪽으로 편입시키지 못했다. 이레네우스와 히폴리투스와 테르툴리아누스 같은 정통 교회의 저자들이 결국 승리를 거두었다. 이 정통 저자들은 영지주의자들의 분리적인 신학적 믿음에 기초한 분리적 관점을 공격했다. 정통이 고발한 영지주의자들은 창조에서 참 하느님을 분리시켰고, 인간 영혼에서 인간 몸을 분리시켰으며, 그리스도에서 예수를 분리시켰다. 그러나 사실 세상을 창조한 분은 한 분 하느님이다. 세상이 고통의 장소인 이유는 악하게 창조되었기 때문이 아니라 죄의 결과로 타락했기 때문이다. 이것은 하느님의 실수가 아니다. 한 분 하느님이 인간의 몸과 영혼을 창조하였기에 인간은 몸과 영혼으로 구원받을 것이다. 참 하느님은 자신의 아들을 세상에 보냈다. 그분은 단지 겉으로만 인간 육이 아니며, 인간 몸에 일시적으로만 거주한 존재도 아니다. 하느님은 한 분이고 그분의 아들도 몸과 영혼, 육과 영, 인성과 신성을 지닌 한 분이다.

초기 그리스도교의 이형異型정통들

2세기 말의 주류 그리스도인은 양자설, 가현설, 영지주의를 받아들이지 않은 것으로 보인다. 이 모든 관점은 신학적 막장으로 인식되었고, 더 나쁘게는 영원한 저주로 인도하는 신학적 이단 취급을 받았다. 대신에 대다수 그리스도인은 (적어도 3세기에) 그리스도교 전체에서 유력한 관점이 된 것을 수용했다. 그리스도는 참 인간이었고 참 하느님이었다. 그는 인간이면서 하느님으로 태어났다. 그러나 그는 분리된 두 존재가 아니라 한 분이다. 어떻게 이런 일이 가능했나? 만일 그가 인간이었다면 어떤 의미에서 하느님인가? 만일 그가 하느님이라면 어떤 의미에서 인간이었나? 이것은 그리스도교 사상가들이 해결해야 할 신학적 난제였다. 그리고 그것을 해결하기까지는 오랜 시간이 걸렸다. 그리스도교 사상가들은 하나의 해결책을 정하기 전에 여러 해결 방안들을 제안했는데, 당시에는 적절하고 만족할 만한 것으로 보였지만 장기적으로 보았을 때 부적절하고 불만족스러웠으며 심지어는 이단으로 여겨져 거부당했다. 그리스도교 전통에서 변하지 않는 역설 중 하나가 이것이다. 한때 다수 의견이었거나 적어도 완전히 수용될 수 있다고 널리 공유한 관점들이 결국 내팽개쳐졌다. 신학에 미묘한 차이가 보태지고 더 정교해지면서 초기 주류 의견들은 이단으로 단죄 받았다. 그리스도교 신앙의 가장 원초적 형태인 고양 그리스도론을 고찰할 때 이미 이런 움직임을 보았다. 고양 그리스도론은 2세기에 이르자 이단으로 널리 인식됐다.[11] 2세기 후반의 견해가 당시에는 수용되고 유력했지만 결국 의심받아서 거부당했다.

후대의 견해들은 예수를 인간이자 하느님으로 이해하고 둘이 아닌 한 분으로 보는 주요한 정통적 관점을 수용했지만 이단으로 단죄 받았기에, 그들을 위해 새로운 용어를 만들었다. 나는 그들을 이형정통hetero-orthodox이라고 부른다. 여기서는 후대의 그리스도론적 사고를 형성하는 데 중요한 역할을 수행한 두 가지 견해를 살펴보겠다.

양태설

첫 견해는, 로마 주교들을 포함해 3세기 초반에 대다수 그리스도인들이 지녔던 관점이다. 현대 학자들은 이 관점을 양태설Modalism이라 부르곤 한다.

당시 그리스도인들이 대체로 강조한 두 관점은, 다른 사람들이 겉으로 볼 때는 모순적이고 분리된 것이었다. 첫 번째 관점은 일신론으로 오직 한 분 하느님만 있다는 견해다. 마르키온의 경우처럼 신이 둘이거나, 영지주의자들의 경우처럼 신들의 전체 영역이 있는 것이 아니다. 하느님은 한 분, 오직 한 분뿐이라는 견해다. 그러나 두 번째 관점에서 그리스도는 하느님이었다. 여기서 그리스도는 고양 그리스도론의 경우처럼 신성한 능력을 지닌 지위로 그저 입양된 인간이 아니었다. 어떤 의미에서 그는 본성상 하느님으로, 선재하는 신성한 존재다. 그러나 만일 하느님 아버지가 하느님이고 그리스도가 하느님이라면, 어떻게 신은 둘이 아니라 할 수 있겠는가?

양태설적 관점

양태설적 그리스도론이 이를 설명한다. 양태설에 따르면, 그리스도와 하느님은 동일한 분이기 때문에 그리스도는 하느님이고 하느님은 하느님이다. 이 입장을 취한 사람에게 하느님은 다른 양태로modes, 곧 성부와 성자와 성령으로 존재하신다. 이 셋 모두가 하느님이다. 이 셋은 서로 구별되지만 존재 양태만 다를 뿐 똑같은 존재이므로 하느님은 오직 한 분이다. 유비로 설명해보자. 나는 동일한 한 사람이지만, 다양한 관계 안에서 다른 사람이다. 아버지와의 관계에서는 아들, 누이와의 관계에서는 오빠, 딸과의 관계에서는 아버지다. 나는 아들이며 오빠이고 아버지다. 그러나 나는 셋이 아닌 하나다. 하느님도 마찬가지다. 그분은 아버지로, 아들로, 성령으로 나타나지만 오직 한 분이다.

히폴리투스에 따르면, 로마 주교 칼리스투스Callistus(217~222년 재위)도 이 관점을 유지했다. "성부가 한 분이고 아들이 또 다른 분이 아니라, 두 분이 모두 하나이고 동일하다." 더욱이 "하나로 존재하는 분은 둘이 될 수 없다."(히폴리투스,『모든 이단 반박』 7.) 양태설의 결론은 분명하고 직접적이다. "내가 그리스도를 하느님이라고 인정한다면, 마치 그가 실제로 하느님인 것처럼 그는 성부 자신이다. 또한 그리스도는 하느님 자신으로 존재하면서 고통을 받으셨다. 그리고 결과적으로 성부는 하느님 자신이었기 때문에 성부가 고통을 받으셨다."(히폴리투스, 『노에투스 반박』 2.) 테르툴리아누스도 "악마"가 이 관점을 제출했다고 지적하면서 "성부 자신이 동정녀에게 내려왔고 그녀에게서 태어났으며, 고통을 받았고, 실제로 그 자신이 예수 그리스도였다."(『프락세아스 반박』 1.)[12] 양태설 반박자들은 때로 양태설자들을 "성부수난설자patripassianist"라고 조롱하듯 언급했다. 양태설은 수난 받은 이를 성부라고 주장했다는 것이다.[13]

이 관점 옹호자들은 자기네 가르침의 근거로 성서에 호소할 수 있었다. 예를 들면 이사야서 44장 6절에서 하느님은 "나는 처음이며 나는 마지막이다. 나 말고 다른 신은 없다"고 선포한다. 이 구절은 분명 쓰인 그대로 이해해야 한다. 문자 그대로 히브리성서의 하느님 외에 다른 신은 없다는 것이다. 그러나 동시에 사도 바울로는 로마서 9장 5절에서 "그리스도께서는 …… 만물 위에 계시는 하느님으로서 영원히 찬미 받으실 분"이라고 말한다. 만일 하느님이 오직 한 분이고 그리스도가 하느님이라면, 그리스도는 히브리성서의 하느님이다. 하느님 아들과 하느님 아버지는 한 분 하느님이다. 분리된 두 존재가 아니라 같은 존재다.

이 관점을 수용한 사람들은 그리스도가 하느님 아버지로부터 분리된 하느님이라고 생각하는 모든 이를 공격했다. 히폴리투스가 시인하듯이, 아들과 아버지가 분리된 두 존재라는 그의 관점에 반대한 양태설자들은 "우리에게 두 신을 숭배하는 사람이라고 불렀다."(히폴리투스, 『모든 이단 반박』 6.) 테르툴리아누스는 "그들은 자신이 한 분 하느님의 숭배자들이라고 엄청 추켜세운 반면, 우리가 두 신과 세 신에 대해 설교한다고 계속 공격한다."(『프락세아스 반박』 3.)

양태설적 이해가 그토록 인기를 누렸던 것은 놀랄 일이 아니다. 히폴리투스는 다소 유감을 섞어서, 로마 주교들이 그 관점을 유지했을 뿐 아니라 그러한 이해가 "전 세계 신자들에게 가장 큰 혼란을 일으켰다"고 적고 있다.(『모든 이단 반박』 1.) 테르툴리아누스는 "대다수 신앙인들"이 그의 관점을 받아들이는 데 어려움을 겪지만, 양태설의 관점을 선호한다고 시인한다.(『프락세아스 반박』 3.)

그러나 히폴리투스나 테르툴리아누스는 만만한 이들이 아니었다. 오히려 이와 반대로 그들은 강력한 논객이었고 공격 대상도 마르키온과 영지주의자들 같은 '분명한' 이단자들만이 아니었다. 그들은 그리스도의 신성과 인성을 모두 긍정하여 정통처럼 보이지만 이단이 될 때까지 자신의 논리를 강조한 사람들도 공격 대상으로 삼았다. 이 논쟁의 결과, 로마 교회 지도자들 중 한 사람이었던 히폴리투스는 비슷한 생각을 가진 이들과 함께 더 큰 교회에서 떨어져나갔고 일종의 분파 주교로 선출되었다. 그는 역사상 첫 대립 교황으로 알려졌다. 이 역할 속에서 그는 자신을 정통의 옹호자로 여겼고 더 널리 인정받던 로마 주교들을 이단이라고 생각했다.

테르툴리아누스는 북아프리카 카르타고 교회의 가장 유명한 저자였다. 그는 이교도 지성인의 공격에 맞서 그리스도교를 변호한 호교론자이자 이단연구자, 비평가이자 다재다능한 논객으로 이름을 날렸다. 그는 3세기 초의 가장 중요한 신학자 중 한 사람이었고, 무엇보다 양태설과 논쟁을 통해서 자신의 신학적 관점을 더욱 정교하게 다듬었다. 테르툴리아누스가 (한 분이지만 숫자상 구별되는) 성부와 성자와 성령의 관계를 이해하는 한 방법으로 삼위라는 용어를 처음 채택한 그리스도교 저자가 된 것은 이러한 전후 맥락 속에서 이루어졌다.

히폴리투스와 테르툴리아누스의 반대

히폴리투스는 양태설의 단점에 대해 많은 말을 했지만 대부분은 아주 기본적인 것이었다. 성서는 그리스도를 하느님 아버지와 분리된 존재로 묘사한다. 그래서 아버지와 아들은 하나이며 같은 분이 될 수 없다. 예를 들면 요한복음 1장 18절은 "일찍이 아무도 하느님을 보지 못했다. 아버지의 품안에 계시는 외아들 하느님이신 그분이 알려주셨다"고 한다. 확실히 그리스도가 자기 품 안에 있었던 것은 아니다. 마태오복음 11장 27절에서 그리스도는 "나의 아버지께서는 내게 모든 것을 넘겨주셨습니다"고 말하는데, 그가 모든 것을 자신에게 넘겨주고 있지 않다는 것은 분명하다. 히폴리투스는 다른 곳에서 그리스어 문법을 지적하기도 한다. 요한복음 10장 30절에서 예수는 "아버지와 나는 하나"라고 말한다. 히폴리투스가 지적하듯이 여기 사용된 동사 '는'은 복수형are이지 단수am가 아니다. 예수는 "내가 아버지다"라고 말하거나 "아버지와 내가am 하나"라고 말하지 않는다. 모든 것은 '는'이라는 단어의 의미가 무엇인가에 달려 있다.

자유롭게 기지를 발휘하여 적대자들을 어느 논객보다 가차 없이 공격한 테르툴리아누스의 신랄한 비평은 더욱 날카롭다. 그는 하느님 아버지 "자신이 그 자신인 아들을 자신에게 낳게 했다"고 말하는 이들을 조소한다.

이는 어떤 것을 갖기 위해서 다른 것이 되어야 하는 이치와 같다. 예컨 대 남편이 되기 위해서는 아내가 있어야 한다. 나는 결코 내 스스로 내 아내 가 될 수 없다. 이와 마찬가지로 아버지가 되기 위해서는 아들이 있어야 한 다. 나는 자신에게 결코 아들이 될 수 없다. 아들이 되기 위해서는 아버지가 있어야 한다. 내가 나 자신의 아버지가 되는 것은 불가능한 일이다.(『프락세 아스 반박』 10.)

만일 아버지이기도 한 내가 내 아들이 되어야 한다면, 나는 지금 아들 을 갖는 것을 그만두어야 한다. 내가 지금 내 아들인데 어떻게 아버지가 될 수 있겠는가? 아버지가 되기 위해서는 아들이 있어야 하기 때문이다. 나에 게는 아들을 만드는 아버지가 없기 때문에 나는 아들이 아니다.(『프락세아스 반박』 10.)

여기서 우리는 미국 코미디언 아보트Abbott와 코스텔로Costello의 유명 한 말놀이 코미디 "1루수가 누구야?"의 반反이단적 버전을 만난다.

아버지가 아들에게 "너는 내 아들. 내가 오늘 너를 낳았노라"고 말한 구절을 내 편에서 먼저 제시한다. 만일 당신이, 내가 그분을 아버지이자 아 들로 믿고 싶다면, "주님께서 당신 자신에게 말씀하셨다. 나는 나의 아들이 다. 오늘 내가 나를 낳았노라"고 선언한 것과 같은 구절을 보여 달라.(『프락 세아스 반박』 11.)

삼위일체 교리

히폴리투스와 테르툴리아누스가 양태설을 적극 공격했지만, 처음에 생긴 신학적 진술을 유지하고자 했다. 그들은 적대하던 양태설자들처럼 그리스도가 하느님이고 하느님 아버지가 하느님이라는 것에 동의했지만, 오직 한 분 하느님만 인정했다. 히폴리투스와 테르툴리아누스는 양태설적 관점을 거부하는 동안 이 관점을 유지하기 위해 하느님의 경륜 사상을 발전시켰다. 여기서 경륜이라는 단어는 관계를 조직하는 어떤 방식을 가리킨다. 하느님의 경륜 안에 성부, 성자, 성령 세 위격이 있다. 이 셋은 구별되는 존재들이지만 뜻과 목적에서는 완벽하게 일치되어 있다. 다음 장에서 보겠지만, 가장 중요한 것은 이 진술들을 한꺼번에 동시에 유지하기 어렵다는 것이다. 어떤 이들은 불가능하다고 말할 것이다. 그러나 적어도 역설적인 방식으로는 진술될 수 있다. 셋은 하나다. 히폴리투스는 경륜에 대한 자신의 관점을 이렇게 표현한다.

아버지는 사실 한 분이다. 그러나 아들이 있기 때문에 두 위격이 있다. 그리고 셋째 위격인 성령이 있다. 아버지는 명령하며, 말씀은 실행하고, 아들은 아버지를 신뢰할 수 있게 하는 분을 통해 현시된다. …… 명령하시는 분은 아버지이고 순종하시는 분은 아들이며 이해할 수 있게 해주는 분은 성령이다. 만물 위에 계신 분은 아버지시고, 만물을 통하여 계신 분은 아들이시며, 만물 안에 계신 분은 성령이시다. 우리는 아버지와 아들과 성령 안에서 진리를 믿음으로써만 한 분 하느님을 생각할 수 있다.(『노에투스 반박』 14.)

히폴리투스는 한 분 하느님 안의 셋을 셋으로 된 하나triad라고 칭했으며, 앞서 말했듯이 테르툴리아누스는 삼위라고 불렀다. 그의 관점에서 유일하신 "하느님에게는 그 자신으로부터 생긴 한 아들, 그분의 말씀이 있고, 그를 통해서 만물이 창조되었다." 이 아들은 "인간이면서 하느님이고, 사람의 아들이면서 하느님의 아들이다."(『프락세아스 반박』 2.) 그러나 이제 "사람의 아들"은 더 이상 묵시론적 용어가 아니다. "하느님의 아들"이 신성의 칭호이듯 "사람의 아들"은 인성의 칭호다.

테르툴리아누스에게서 아버지와 아들의 관계는 하느님의 경륜 안에서 이해되며, 그 안에서 성령 또한 독특한 역할을 수행한다. 이 경륜은 "성부, 성자, 성령 삼위를 질서 지으면서 일치를 삼위로 분배한다. 그러나 이 셋은 조건이 아닌 지위, 본질이 아닌 형식, 능력이 아닌 양상에서 셋이다. 한 분 하느님인 한, 그분의 본질과 조건과 능력은 하나다."(『프락세아스 반박』 2.)

테르툴리아누스는 신성 안의 셋이 "분리 없이 허용되는 숫자"라고 강조한다. 나중에 그는 그리스도인들이 신봉해야 하는 "신앙의 규칙"을 표현한다. "아버지는 하나이고, 아들도 하나이며, 성령도 하나다. 그들은 서로 구별된다." 그러나 다양성은 분리를 의미하지 않는다. "아버지와 아들은 존재 양식에서 다르기 때문에 아버지는 아들과 똑같지 않다. 그분이 다른 것은 분리가 아니라 구분에 따른 것이다."(『프락세아스 반박』 9.)

히폴리투스와 테르툴리아누스는 정통 삼위일체 교리에 거의 근접하기는 했지만 아직은 아니었다. 이 사실은 다음 장에서 다룰 4세기 논쟁에 밝은 사람이라면 누구든 수긍할 것이다. 그리고 테르툴리아누스는

"낳은 분이 하나이고 낳아진 분이 다른 한, 아버지는 아들보다 더욱 위대한 존재이며, 그분은 아들과 구분된다"고 말하기도 한다.(『프락세아스 반박』 9.) 후대의 정통 신학자들은 이 관점이 완전히 부적절하다고 여길 것이다. 테르툴리아누스는 아버지가 아들보다 "더 위대하다"고 강조함으로써 후대에 이단시되는 관점을 표현한다. 그리스도교 교리가 형성되던 시기의 신학은 정지될 수 없었다. 시간의 흐름에 따라 신학은 발달하고 더욱 복잡해졌으며 정교해지고 더욱 세련되게 다듬어졌다.

오리게네스의 그리스도론

알렉산드리아의 오리게네스보다 더 뚜렷한 족적을 남긴 초기 사상가는 없었다. 그는 4세기 논쟁 이전의 가장 위대한 그리스도교 신학자였다. 그는 자신이 활약하던 당대에는 정통 사상가였지만 후대에 이단으로 단죄 받았다.

이집트 알렉산드리아에서 태어나고 자란 오리게네스는 비범하게 조숙했다. 이미 젊은 시절에 회심자들을 가르친 유명한 교리학교 교장이었다. 그는 총명했고 박학했으며 엄청난 독서가였다. 히에로니무스_Jerome에 따르면 오리게네스의 성서 주석, 논문, 강해, 편지들은 전부 2,000편 가량 된다.[14]

오리게네스는 신앙의 선배들이 연구하지 않던 신학적 영역을 탐사했고 그 결과 독특하고 영향력 있는 사상을 제시했다. 후대 신학자들은 그의 정통성에 의문을 제기했고, 그의 사상은 뒤이어 발생한 주요 신학적 분열에 책임이 있다는 비난을 받았다. 이에 대해서는 다음 장에서 다루겠다. 그러나 그는 아무도 가보지 않은 곳에서 활동하고 있었다. 그는 자기 시대의 정통적 관점을 수용했다. 그가 수용한 관점 중에는 그리스도가 하느님인 동시에 인간이고 둘이 아닌 하나의 위격이라고 주장하던 당시의 그리스도론적 전망도 포함되어 있다. 그러나 오리게네스가 그 교리를 풀어나간 방식은 과거에는 전혀 탐구하지 않은 신학적 영역으로 그를 끌어들였다.

풍부한 그의 저작 중 가장 흥미로운 것은 오리게네스가 막 마흔을 넘긴 229년경에 쓴 『원리론』이다. 이 책은 최초의 조직신학, 곧 교회의 주요 신학적 관점을 다루기 위한 조직적인 시도였다. 그는 "모든" 그리스도인이 믿어야 할 것을 확립하고, 당시 정통 사상가들이 해결하지 못한 여러 애매한 영역을 성찰하고자 했다.

오리게네스는 그리스도를 (하느님은 항상 지혜를 지니셨기에) 시작 없이 아버지 하느님과 항상 함께 존재했던 하느님의 지혜로 이해해야 한다고 강조하면서 책을 시작한다. 그리스도는 하느님의 지혜와 관련된 세상과 의사소통하는 분이기 때문에 말씀이기도 하다. 오리게네스에게 그리스도는 단지 선재하는 신성한 존재만이 아니었다. 그리스도는 항상 하느님 아버지와 함께 있었고, 하느님의 지혜이자 말씀이기에 본성상 하느님이고, 지금까지도 그렇다. 하느님은 그리스도를 통해서 만물을 창조하였다.

이 관점은 "신적 엄위의 위대한 능력이" 어떻게 "유다에 나타나신 사람의 틀 안에 계셨던" 인간이 될 수 있는가 하는 문제를 자연스럽게 불러일으켰다.(『원리론On First Principles』 2,6,2.)[15] 오리게네스는 육화 문제에 경외심을 갖고 있다. "인간의 이해력은 빈약하기 때문에 더 이상 나아가지 못하며 엄청난 경탄의 놀라움에 사로 잡혀 어느 쪽을 향해야 할지, 무엇을 잡아야 할지, 어느 쪽으로 방향을 바꾸어야 할지 모른다. 하느님을 느낀다고 생각하면서 사멸하는 존재를 보고 인간을 본다고 생각하는데, 사실은 죽음의 왕국을 쳐 이기신 후 전리품을 갖고 죽음에서 되돌아오시는 분을 보기도 한다."(『원리론』 2,6,2.)

이 신성한 존재는 엄밀히 말해서 어떻게 인간이 되었나? 인간이 되면서 어떻게 자신의 신성을 감소시키지 않을 수 있었나? 또 인간은 인간 됨을 멈추지 않고 어떻게 신성해질 수 있나? 오리게네스의 해결책은 그를 이단으로 보게 만든 사상들 중 하나다. 그는 영혼들의 선재성을 믿기에 이르렀다. 이 관점에서는 세상에 인간으로 나타났던 그리스도만 선재했던 게 아니라 모든 인간이 선재했다.[16]

오리게네스는 영원으로 돌아가는 먼 과거에 하느님이 엄청난 수의 영혼들을 창조했다고 보았다. 하느님은 이 영혼들이 자신의 말씀이자 지혜인 자신의 아들과 함께 관상하고 참여할 수 있도록 그들을 지었다. 그러나 이 모든 영혼은 자신의 임무를 수행하는 데 실패했고, 하느님의 말씀과 지혜를 관상하는 데서 서서히 멀어졌다. 어떤 이들은 다른 이들보다 더욱 멀어졌다. 가장 멀리 떨어져나간 이들은 악마가 되었다. 멀리 떨어지지 않은 이들은 천사가 되었다. 이 둘 사이 어딘가에 떨어진 이들은 인간이 되었다. 악마나 인간이나 천사가 되는 것은 영혼에 대한 일종의 형벌이었다. 이 이유로 이 존재들 가운데 지위와 경계가 생겼다. 인간들 가운데 선천적 결함이나 약점을 안고 태어나는 이들이 있는 이유도 여기 있다. 하느님은 인간들을 상대하는 방식이 변덕스럽기 때문에 이런 것이 아니다. 어떤 사람은 인간으로 오기 전에 더 큰 죄를 범해서 더 심한 형벌을 받고 있는 것이다.

그러나 이 모든 이들 말고 타락하지 않은 한 영혼이 있었다. 이 영혼을 이해하는 것이 오리게네스 그리스도론의 핵심이다. 이 영혼은 "분리될 수 없는 불가분의 일치 안에서" 지속적인 관상 상태로 하느님의 말씀과 지혜에 절대적으로 헌신한다. 끊임없는 관상은 이 영혼에 심원한 영향력을 발휘한다. 오리게네스가 끌어내는 최상의 유비는 매우 뜨거운 불에 놓인 쇳조각이다. 쇳조각 자체는 "불"이 아니지만 오랫동안 불 속에 있으면 불의 모든 특성을 취한다. 그 쇳조각을 만지면 불 자체를 만지는 것과 같은 결과를 낼 것이다. 이 영혼에게도 똑같은 일이 일어났다. 그것은 "말씀 안에, 지혜 안에, 하느님 안에 영원히 놓여 있다." 사실상 "그가 행하고 생각하고 이해하는 모든 것이 하느님이다. 하느님의 말씀과 일치를 이루어 끊임없이 불타고 있기 때문에 불변성을 지닌 이 영혼은 바뀌거나 변할 수 없다고 말할 수 있다."(『원리론』 2,6,6.)

하느님이 벌을 받고 인간이 된 타락한 영혼들과 접촉하는 수단이 바로 이 영혼이다. 왜냐하면 그리스도와 하느님의 말씀과 지혜가 이 영혼에 철저히 불어넣어져서 인간이 되었기 때문이다. 이 영혼은 (불 속의 쇠처럼) 하느님과 "하나"였기에, 육화 상태의 인간 예수로서도 당연히 하느님의 아들, 하느님의 지혜, 하느님의 능력, 하느님의 그리스도라고 불릴 수 있다. 또한 이 영혼은 인간이었기에 예수라고 불릴 수 있으며, 사람의 아들이라 불릴 수 있다.

예수 그리스도가 다른 모든 인간들처럼 이성적 영혼을 지니면서도 이 세상에 하느님의 아들로 현시될 수 있었던 까닭은 무엇일까? "그리스도의 영혼은 정의를 사랑하는 길을 선택하여 무한한 사랑으로 말미암아 변화될 수도 없고 분리될 수도 없는 방식으로 그분께 결합되어 있다.

그의 확고한 의지와 무한한 애정과 꺼지지 않는 사랑의 열기로 말미암아 변화와 변심의 모든 욕구가 파멸됨으로써, 전에는 자유의지에 의존하던 것이 오랜 습관을 통해 본성으로 변화"되었기 때문이다.(『원리론』 2,6,5.)

그리스도의 육화와 본성에 대해 매우 복잡한 이해를 보여주는 이 관점은, 그리스도가 어떻게 인간이면서 신이 될 수 있는지 이해하기 위한 가장 초기의 시도다. 그러나 이 관점도 신학자들이 자신의 관점을 정교하게 만들고, 이단적이거나 그 경계에 있다고 여기는 모든 관점을 무시함에 따라 머지않아 극복될 것이다.[17]

초기 그리스도론의 막힌 길들과 더 넓은 길들

2~4세기의 이단연구자들이 자기들 가운데 위협적인 존재로 '이단자들'을 논했을 때, 그들은 악마에게 감화 받은 사악한 거짓 선전꾼으로 이단을 묘사했다. 그러나 고대 이단연구자들이 오류 전파자를 가리키며 사용한 '이단'이라는 용어를 자신에게 적용한 사람은 사실상 아무도 없었다. 자신의 관점이 '틀렸다'고 생각하는 사람이 없듯이, 자기가 거짓을 전파한다고 생각하는 사람도 없다. 자기 관점이 틀렸다고 생각하는 사람은 자기 관점을 바로잡기 위해 수정한다. 당연히 거의 모든 사람은 자신의 관점이 '정통'이라 생각하며, 적어도 신학적 의미에서 '옳은 가르침'이라고 여긴다.

역사가들이 어떤 관점이 옳고 그른지 묘사하기 위한 가치 판단적인 신학적 의미로 이단, 이형정통, 정통 등의 용어를 사용하지 않는 이유가 여기 있다. 사람들은 항상 자기가 옳다고 생각한다. 그래서 역사가들은 대다수 신앙인들이 (적어도 대다수 교회 지도자들이) 참이라고 선언한 관점과 거짓이라고 선언한 관점을 묘사하기 위해 중립적인 용어들을 사용한다.

그러나 초기 교회에서 각기 다른 관점을 제기했던 모든 사람은 자기 관점이 옳다고 믿었고, 어느 누구든 해를 끼치려는 의도로 자기 생각을 밝혔다고 볼 이유가 거의 없다. 실제로 우리가 잘 아는 초기 교회의 모든 사람은 자신이 옳은 일을 한다고 믿었고, 그리스도교의 비밀을 올바로 이해하려 노력했다. 그러나 역사가 선한 지향에 항상 친절하게 대응하는 것은 아니다.

그리스도인들은 특정 신조들을 긍정하려 했다. 그러나 몇몇 예에서 보듯 그 긍정들이 극단으로 치달을 경우, 다른 신앙인들이 긍정하려 했던 다른 신조들에 대해서는 긍정을 허락하지 않았다. 예를 들면 일부 그리스도인은 그리스도가 인간임을 긍정하려 했지만, 그가 신임을 거부하는 한에서만 그렇게 했다. 다른 사람들은 그리스도가 신임을 긍정하려 했으나, 그가 인간이었다는 인식을 거부하는 한에서만 그렇게 했다. 어떤 이들은 그리스도가 다른 두 존재, 곧 부분적으로 인간이고 부분적으로 신이었다고 주장함으로써 이 문제를 풀려고 했다. 그러나 이 해결책은 조화와 일치보다는 분열과 불일치를 초래했다. 또 다른 이들은 하느님은 오직 한 분밖에 없으므로 예수는 지상에 온 한 분 하느님일 경우에만 신이라고 긍정하려 했다. 이 해결책은 그리스도인들에게 예수가 아버지로서 자기 자신을 자기 아들에게 낳았다고 말하도록 함으로써 다른 혼란스런 정식들에 합류하고 말았다. 오리게네스와 같은 당대의 대학자들은 더욱 정교한 방식으로 문제를 해결하고자 했지만, 우리 모두는 선재하던 영혼들을 갖고 있고 형벌 형태로 세상에 보내졌다는 그의 관점 역시 후대에 부당하다고 판결 받았다.

나는 이 사안들이 뛰어난 일부 그리스도교 신학자들의 지적 놀음에 불과한 것이 아니었다고 강조하고 싶다. 이 문제들은 평범한 그리스도인들에게도 분명히 중요했다. 왜냐하면 그들은 자기 신앙이 '옳은' 신앙이길 원했고, 적절하게 예배드릴 수 있는 방법도 알고 싶어 했기 때문이다.[18] 예수에게 예배를 드려야 하는가? 만일 그렇다면 그를 하느님으로 알고 예배드려야 하는가, 종속적인 신으로 여기면서 예배드려야 하는가? 아니면 오직 하느님 아버지에게만 예배드려야 하는가? 예배드려야 할 하느님은 세상을 창조한 하느님과 같은 분인가, 아니면 다른 신인가? 만일 예수에게 예배드려야 하고 하느님 아버지에게도 예배드려야 한다면, 그리스도인이 두 신들을 섬긴다는 결론을 어떻게 피할 것인가?

이 모든 논쟁을 통해서 알 수 있는 것은, 그리스도교 사상가들은 자신이 복음적 진리로 여긴 것을 확실히 긍정하길 원하면서 문제들을 해결하려 시도한다는 점이다. 그 결과는 혼란스러웠다기보다 미묘한 차이와 복잡함을 드러냈다. 결국 이단들이 부정한 것을 부정하길 거부하면서 동시에 그들이 긍정한 것의 반대 양상들을 긍정한 그리스도론이 출현했다. 이 그리스도론은 예수가 어떻게 신이 될 수 있었는지에 대해서 상당히 세련되고 아주 역설적인 이해를 하도록 이끌었다.

9장
니케아 공의회, 예수 완전히 하느님이 되다

더 이상 복음주의적 그리스도인으로 살기를 그만두고 나는 수 년 동안 자유주의적 교회에서 예배를 드렸다. 이 교회 교인들 대다수는 문자주의자가 아니었다. 그들은 성서가 문자 그대로 옳다고 여기지 않았고, 결코 오류가 없는 하느님 말씀이라고 생각하지도 않았다. 그들은 예배 때 전통적인 그리스도교 신경들을 읊었지만 자신이 읊은 것을 믿지 않는 이도 많았다. 나는 그들과 대화하면서 이 사실을 알게 되었다. 게다가 많은 이가 우선 신경에 담겨 있는 의미가 무엇이며 왜 그것이 거기에 있는지도 통합적으로 생각하지 않는다. 예를 들면 니케아-콘스탄티노플 신경은 이렇게 시작한다.

한 분이신 하느님을 저는 믿나이다.
전능하신 아버지,
하늘과 땅과 유형무형한 만물의 창조주를 믿나이다.

내 경험상 이 신경을 읊는 많은 그리스도인은 이 문장이 왜 여기 있는지 잘 모른다. 이를테면 신경은 왜 "한 분이신 하느님"을 강조하는가? 현대인은 하느님을 믿거나 믿지 않거나 둘 중 하나다. 누가 두 신을 믿는가? 왜 여기서 오직 한 분을 말하는가? 그 이유는 신경 뒤에 감추어져 있는 역사와 관련이 있다. 이 신경은 처음에 두 신을 주장한 이단 마르키온이나 열두 신 또는 서른여섯 신 등을 주장하는 영지주의자들에 반대하면서 형성되었다. 그리고 왜 하느님을 만물의 창조주라고 하는가? 많은 이단에서 참된 하느님은 이 세상을 창조하지 않았다고 주장했기에 교회가 이들을 제거하려고 신경을 고안했기 때문이다.

신경은 특히 그리스도에 대해 많은 것을 말한다.

> 또한 한 분이신 주 예수 그리스도(를 믿나이다.)

여기서 그리스도는 왜 한 분인가? 얼마나 많은 그리스도가 있을 수 있나? 이 표현도 그리스도가 여럿이거나 적어도 둘이라고 말하던 영지주의자들이 있었기 때문이다. 둘이라고 주장하던 이들은 별개의 신적 존재와 인간적 존재가 잠시 그리스도 안에서 결합되었다고 보았다. 니케아콘스탄티노플 신경은 계속해서 그리스도에 대해 길게 이야기한다.

> 하느님의 외아들,
> 영원으로부터 성부에게서 나신 분을 믿나이다.
> 하느님에게서 나신 하느님, 빛에서 나신 빛,
> 참 하느님에게서 나신 참 하느님으로서,

창조되지 않고 나시어

성부와 한 본체로서

만물을 창조하셨음을 믿나이다.

성자께서 저희 인간을 위하여, 저희 구원을 위하여

하늘에서 내려오셨음을 믿나이다.

또한 성령으로 인하여

동정 마리아에게서 육신을 취하시어 사람이 되셨음을 믿나이다.

본티오 빌라도 통치 아래서 저희를 위하여

십자가에 못 박혀 수난하고 묻히셨으며,

성서 말씀대로 사흗날에 부활하시어

하늘에 올라 성부 오른편에 앉아 계심을 믿나이다.

그분께서는 산 이와 죽은 이를 심판하러 영광 속에 다시 오시리니

그분의 나라는 끝이 없으리이다.

이 모든 진술은 다른 신앙을 가졌던 이단들을 방어하기 위해 신경 안으로 들어온 것이다. 예를 들어 그리스도가 하느님 아버지보다 덜 신성하다거나, 실제로 인간이 아니었다거나, 그의 고통이 구원을 위해 중요하지 않다거나, 그의 나라는 결국 끝날 것이라고 주장한 이단들이 있었다. 이 모든 인식은 교회 초기에 여러 그리스도교 집단에서 주장한 것들이다.

그러나 이 관점들은 오늘날 자유주의적 그리스도인들에게 전혀 중요하지 않은 듯하다. 적어도 내 경험상 그렇다. 지난 몇 년 동안 자유주의적이고 개방된 교회에서 강의했을 때 나는 전체 신경 중에서 오직 한

부분만 이것은 옳다는 신념을 갖고 읊을 수 있다고 말했다. "본티오 빌라도 통치 아래서 십자가에 못 박혀 수난하고 묻히셨다." 나는 개인적으로 신경의 나머지 부분을 믿지 않기에 신자들의 신앙고백에 합류할 수 없다. 그러나 그 구성원들과 심지어 성직자들도 이런 것에 걸려 넘어져선 안 된다고 내게 자주 말한다. 그들 중 많은 이도 믿지 않는다. 적어도 문자적 방식으로 믿고 있지는 않다.

신경의 신앙 표현을 낳던 4세기 맥락에서는 이런 일이 결코 일어나지 않았을 것이다. 신경을 공식화한 교회 지도자들에게는 (하느님은 존재하신다. 그리스도는 그분의 아드님이다. 그분은 하느님이었다. 그러나 그분은 인간이 되셨다. 그분은 다른 이들을 위해 죽으셨고 죽음에서 부활했다 등등) 이 진술들의 아주 기본적인 문자적 의미가 중요했다. 미묘한 차이들도 문제가 되었다. 그래서 모든 단어가 문자적으로 참이며 중요하다고 여겼고, 반대되는 진술들은 이단적이고 위험해서 거부해야 할 것이었다. 조금 다른 관점을 지녔던 이단들은 영원한 저주를 받을 위험에 빠져 있었다. 4세기 교회의 신학적 환경에서 이것은 심각한 일이었다. 그리스도론과 관련해서, 그리스도는 하느님 아버지와 분리된 존재이고, 항상 하느님과 함께 있었으며, 하느님과 동등하며 항상 하느님과 동등했고, 하느님으로서 지위와 능력을 지니면서도 부분적으로만이 아니라 완전히 인간이 되었다는 사항들이 결정되었다. 이 관점은 내적으로 상반되고 모순적으로 보인다. 하느님이 오직 한 분이라면 어떻게 그리스도가 하느님이 될 수 있으며, 하느님 아버지도 하느님이 될 수 있는가? 그리고 그리스도는 어떻게 온전히 하느님인 동시에 온전히 인간일 수 있는가? 부분적으로 인간이고 부분적으로 신이어야 하지 않을까?

이 진술들은 본래부터 있던 모순이기보다 그리스도의 존재에 대한 논쟁이 낳은 역설로 이해하는 것이 더 유용하다. 정통 그리스도교에서 더욱 현저하게 나타난 역설들이기 때문에, 나는 이 진술들에 대한 새 용어를 만들었다. 나는 이들을 정통-역설Ortho-Paradoxes이라 부른다. 지금까지 했던 논의를 요약하는 한 방법으로 이 역설들에 대해 더 상세히 제시한 후, 그리스도론 문제를 해결하기 위해 첫 주요 공의회인 325년의 저 유명한 니케아 공의회 서곡을 알리면서 이 역설들을 형성하는 데 도움을 준 중요한 신학자들을 살펴보겠다.

정통-역설들

정통 그리스도교의 역설들은 엄연한 두 가지 사실에서 출현했다. 첫째, 성서의 일부 구절들은 완전히 다른 관점을 지지하는 것처럼 나타난다. 정통 사상가들은 이 구절들이 서로 조화를 이루지 않는 것처럼 보이더라도 모든 구절을 긍정해야 할 필요가 있음을 깨달았다. 그러나 다른 구절들을 동시에 긍정하는 일은 필연적으로 역설적 확언을 하게 만든다. 둘째, 다양한 이단 집단들이 서로 반대 관점을 진술했고, 정통 사상가들은 이 관점들을 거부해야 한다는 것을 알고 있었다. 이 말은 정통이 반대쪽 관점을 틀렸다고 공격하는 동안 다른 쪽 관점도 틀렸다고 공격해야 했음을 의미한다. 그러나 반대되는 두 관점이 완전히 틀리거나 아무것도 옳지 않을 수는 없기에 정통은 반대 관점들을 공격하면서 각 관점의 일부분만 옳고 나머지는 틀렸다고 확언해야 했다. 그 결과가 역설로 나타났다. 정통은 각 관점에서 거부한 부분은 틀렸고 긍정한 부분은 옳았다고 판단했다. 구체적인 예를 들지 않고는 이해하기 조금 어려우니, 이 두 요인이 어떻게 정통-역설로 이끌었는지 설명하겠다. 정통-역설들은 그리스도의 본성(그가 하느님인지, 인간인지, 둘 다인지) 및 신성의 본성(만일 하느님 아버지가 유일한 분이라면 그리스도가 어떻게 하느님인지)과도 관련이 있다.

그리스도론적 정통-역설

그리스도론의 문제가 되는 그리스도의 본성과 관련해서 그를 하느님이라고 말하는 분명한 구절이 성서에 있다. 예를 들면 요한복음에서 예수는 이렇게 선언한다. "아브라함이 나기 전부터 나는 있습니다."(요한 8,58.) "나와 아버지는 하나입니다."(10,30.) "나를 본 사람은 이미 아버지를 보았습니다."(14,9.) 그리고 복음서 끝 부분에서 토마는 예수를 "나의 주님, 나의 하느님"(20,28)이라고 선언한다.

그러나 성서의 다른 구절들은 예수가 인간이라고 말한다. 요한복음 1장 14절은 "말씀이 육신이 되시어 우리 가운데서 거처하셨다"고 하며, 요한 1서 1장 1-4절은 (생명의 말씀인) 그리스도를 보았고 들었고 만졌다고 주장한다. 요한 1서 4장 2-3절은, 누구든 "그리스도께서 사람의 몸으로 오셨다"는 것을 부인하는 사람은 그리스도의 적임을 암시한다. 물론 신약성서 복음서들 전체에서 예수는 인간으로 묘사된다. 그는 태어나서 성장하고 먹고 마시며 고통당하고 피 흘리며 죽는다.

정통파에 반대한 이들의 모순적 관점과 성서 본문이 대치할 때, 그것을 명시해야 했던 정통파의 입장이 정통-역설을 이끌었다. 양자설이 예수의 인성을 긍정한 것은 옳았으나 예수의 신성을 부인한 것은 틀린 일이었다. 가현설이 예수의 신성을 긍정한 것은 옳았으나 예수의 인성을 부인한 것은 틀린 일이었다. 영지주의자들이 그리스도의 신성과 인성을 긍정한 것은 옳았으나 그리스도가 단일한 존재임을 부인한 것은 틀린 일이었다.

그래서 정통파가 긍정한 모든 것을 한데 모은 결과가 정통-역설이다. 그리스도는 하느님이다. 그리스도는 한 인간이다. 그러나 그는 둘이 아닌 한 존재다. 이러한 확언은 정통파의 전승이 긍정하는 표준적인 그리스도론적 진술이 되었다.

앞으로 보겠지만, 이 진술이 정통파에게 그리스도가 누구였나 하는 문제를 해결해주지는 못했다. 오히려 더욱 많은 물음을 던지게 했으며, 정통의 주장에 대한 다양한 이해 방식에 반대하여 '거짓 신앙'도 계속 퍼졌다. 시간이 흐르면서 이단들은 더욱 정밀해졌고 정통의 긍정들은 더욱 역설적인 것이 되었다.

신학적 정통-역설

신학적 논쟁은 하느님의 본성을 이해하기 위한 정통 그리스도론의 영향과 더불어 더 넓게 전개되었다. 만일 그리스도가 하느님이고 성령도 하느님인데 하느님 아버지만 하느님이라면, 하느님은 하나인가, 둘인가, 셋인가?

이와 관련해서도 일부 성서 구절은 서로 조화롭지 않다. 이사야서 45장 21절은 매우 명확하다. "나밖에는 다른 신이 아무도 없다. 의롭고 구원을 베푸는 하느님 나 말고는 아무도 없다." 다른 한편 어떤 성서 구절에서는 하느님을 복수형으로 말한다. 창세기에서 하느님은 처음 인간을 창조하시고 이렇게 말씀하신다. "우리와 비슷하게 우리 모습으로 사람을 만들자."(창세 1,26.) 하느님이 "우리"라고 말할 때 그분은 누구에게 말씀하시는 것인가? 시편 45편 7절은 이렇게 노래한다. "오, 하느님(같으신 분)! 당신의 왕좌는 영원무궁하며 당신의 왕홀은 공정의 홀입니다." 여기에서 이 다른 하느님은 누구인가? 시편 110편에서는 이런 말씀을 듣는다. "주님(야훼)께서 내 주께 선언하셨다. 내 오른편에 앉아 있어라. 내가 네 원수들을 네 발판으로 삼을 때" 한 분 주님 외에 다른 주님이 있는가? 이사야서가 말하듯 오직 한 분뿐이라면 어떻게 더 있을 수 있는가?

만일 그리스도가 하느님이고 하느님 아버지도 하느님이라면, 어떤 의미에서 하느님이 오직 한 분뿐인가? 여기에 성령까지 더해질 때, 그리스도와 성령은 하느님이 아니라거나 신이 셋이라는 결론에서 어떻게 벗어날 수 있나? 결국 정통파는 삼위일체의 역설을 감수해야 했다. 세 위격이 있으며, 그들은 모두 하느님이지만, 하느님은 오직 한 분뿐이다. 한 분 하느님은 세 위격으로 현시되며, 세 위격은 숫자로는 구별되나 본질에서는 일치한다. 이 진술 역시 그리스도론적 정통-역설처럼 정통 전승의 표준 교리가 되었고, 더 많은 논쟁과 이단적 해석들 그리고 미묘한 차이점들을 낳았다.

9장 나머지 부분에서 우리는 정통을 지킨 일부 그리스도교 사상가들이 어떻게 다양한 그리스도론적 · 신학적 관점들을 저술 속에 담아냈는지 살펴볼 것이다. 나는 중요한 초기 정통 신학자들을 모두 다루지는 않을 것이다. 그리고 여기서 논의하는 인물들이 서로의 작품을 알고 있었다고 제안할 의도도 없다. 그러나 이 사상들은 모두 넓은 의미에서

"정통" 전승에 있다. 앞 장에서 우리는 히폴리투스와 테르툴리아누스가 어떻게 정통적 관점을 강구해냈는지 보았다. 이제는 같은 정통 노선에 있는 다른 사상가들을 고찰할 것이다. 비교적 이른 시기인 히폴리투스 이전 2세기 중엽부터 출발해서, 당시 첨예한 신학적 논쟁들을 해결하려고 325년 콘스탄티누스Constantine 황제가 소집한 니케아 공의회까지 이르는 길을 신학자들을 통해 돌아볼 것이다.

순교자 유스티누스

유스티누스는 진정한 의미에서 그리스도교 최초의 지성적이고 전문인인 학자였다. 그리스도인이 되기 전에 이미 철학 훈련을 받았던 그는 자전적 글에서 어떻게 그리스도인이 되었는지 설명한다. 본디 팔레스타나 출신인 유스티누스는 일종의 그리스도교 철학 학교를 세우기 위해 2세기 중엽인 140년경에 로마로 왔다. 현존하는 그의 작품에는 두 권의 『호교론Apology』이 포함되어 있다. 호교론이라는 말은 방어를 뜻하는 그리스어에서 유래하며, 신앙의 적대자들이 신앙에 퍼부은 비난을 지성적으로 변론할 때 쓰는 전문용어다. 유스티누스는 『유대인 트리폰과의 대화Dialogue with Trypho』라는 책도 남겼다. 픽션으로 추정되는 이 책에서 그는, 유대교 성서가 예고한 대로 메시아가 예수라는 그리스도인들의 주장이 얼마나 정당한지 유대인 학자와 나눈 대화를 기록하였다.

유스티누스는 그리스도교 신앙과 활동 때문에 결국 체포되어 유죄 판결을 받았다. 그의 재판과 처형에 대해서 믿을 만한 자료는 없지만, 유죄 판결을 받고 165년경 죽었다는 것은 확실하며, 이로 인해 순교자라는 호칭을 얻었다.

후대 정통파는 유스티누스를 정통파의 선구자로 여겼다. 철학자였던 그의 신학적 설명은 무척 지성적이지만, 후대 기준에서는 복잡하지도 않고 미묘하지도 않은 것처럼 보였다. 신학 발전에는 오랜 시간이 걸리고, 일단 발전되면 초기 관점들은 지성적으로 표현됐다 하더라도 정교하지 않고 심지어는 원시적으로 보일 수 있다.

여기서는 우리의 주요 관심사에 집중해서 유스티누스가 그리스도와 그리스도의 특성에 대해 말해야 했던 것을 고찰할 것이다. 유스티누스는 그리스도가 "하느님의 맏이"이며 선재하던 신성한 존재였다는 관점을 유지했다.(『첫째 호교론』 46.)[1] 그리스도는 세상 창조 이전에 생겼고, 곧 창조 이전에 존재했으며(『둘째 호교론』 5.), 신앙인들을 위하고 하느님께 적대하는 악마들을 파괴하기 위해 적당한 때에 인간이 되었다.(『둘째 호교론』 6.)

유스티누스가 그리스도를 신성한 존재로 이해하는 두 가지 주요 방식은 이미 살펴본 초기 관점들을 상기시켜준다. 유스티누스는 이 관점들을 신약성서보다 더욱 세련된 방식으로 전개한다. 그는 그리스도를 육화 이전 주님의 천사이자 육이 된 하느님의 말씀(로고스)으로 이해했다.

하느님의 천사 그리스도

유스티누스는 몇 곳에서 그리스도를 히브리성서에 나타난 주님의 천사라고 말한다. 이 책 2장에서 우리는 모세와 떨기나무에 대한 유명한 구절에 어떤 모호함이 있음을 보았다. "주님의 천사"가 모세와 말하지만 사실 그와 말하는 분은 바로 "주님"임을 이야기는 암시한다. 유스티누스는 본문의 이 수수께끼를 그리스도론적 용어로 설명하길 좋아했다. 이 신성한 인물이 주님의 천사인 동시에 주님으로 나타나는 이유는, 떨기나무에 있는 분이 하느님 아버지가 아니라 온전히 신성한 그리스도이기 때문이다. 유스티누스는 천사가 그냥 천사가 아니라 하느님이라고 먼저 설정한다. "당신은 불타는 떨기 속에서 모세와 대화하는 천사가 모세에게는 아브라함의 하느님, 이사악의 하느님, 야곱의 하느님과 동일한 하느님이라는 것을 보지 못합니까?"(『유대인 트리폰과의 대화』 59.) 그다음에 그는 이 "하느님"이 하느님 아버지가 아니라고 주장한다. "최소한의 지능만 갖고 있어도, 만물의 창조주요 아버지께서 땅 위의 작은 장소에 당신을 가시적으로 보여주기 위해서 하늘보다 높은 당신의 영역을 떠나셨다고 감히 주장할 수 있는 사람은 아무도 없습니다."(『유대인 트리폰과의 대화』 60.) 그렇다면 이 하느님은 누구였나? 바로 나중에 인간이 되는 천사, 그리스도다.

그리스도는 또한 창세기 18장에서 마므레의 참나무 곁에 나타난 세 천사들 중 하나이기도 하다. 왜냐하면 이 "천사"는 "사람"이지만 "주님"이라 불리기 때문이다. 유스티누스에게는 "만물의 창조주 아래에 천사라 불리는 또 다른 하느님이자 주님이 존재하며, 성서가 이분을 언급하고 있다"는 것이 확실했다. 이분은 "아브라함과 야곱과 모세에게 나타나셨고, 창조주 하느님과는 다른 하느님이라 불린다. 곧 숫자상 구별되지만 마음은 다르지 않다."(『유대인 트리폰과의 대화』 56.) 이 부족장들은 하느님 아버지를 본 것이 아니라 "하느님의 아들 …… 그분의 천사"를 본 것이다.(『유대인 트리폰과의 대화』 127.)

그러므로 하느님의 아들은 히브리성서에서 하느님 아버지가 "우리 모습을 닮은 사람을 만들자"(창세 1,26)고 말하는 대상이다. 시편에서 "하느님의 영원한 옥좌에 앉으신 임금님, 당신의 왕권은 정의의 왕권"(시편 45,6)이라고 말하는 분이며, "주님(야훼)께서 내 주께 선언하셨다. 내 오른편에 앉아 있어라"(시편 110,1)라는 성서 본문이 언급하는 대상이다.

하느님의 로고스인 그리스도

유스티누스에게 그리스도는 단지 주님의 천사였던 것만이 아니라 인간이 된 말씀(로고스)이다. 유스티누스는 요한복음의 그리스도론에 영향을 받은 것이 분명해 보이지만, 놀랍게도 그 복음서를 실제로는 거의 인용하지 않았다. 유스티누스의 로고스 그리스도론은 요한복음의 그리스도론보다 더 진보했고 철학적으로 발전했다.

유스티누스는 하느님의 로고스가 '이성'이라 보았고, 이 이성은 말씀을 이해하기 위해 이성을 사용하는 모든 사람 안에 있다고 보았다.(『첫째 호교론』 5.) 이 말은 모든 사람은 이성을 사용하기 때문에 로고스를 공유한다는 뜻이다. 그러나 어떤 사람들은 다른 사람들보다 더 많이 공유한다. 특히 철학자들은 자신의 이성을 사용하는 데 뛰어나다. 그러나 철학자들조차도 하느님의 로고스에 대해 온전한 지식을 갖고 있지 않다. 만일 그랬다면 그들은 서로 반박하는 데 그 많은 시간을 소비하지 않았을 것이다.(『둘째 호교론』 10.) 그럼에도 일부 철학자들은 하느님의 진리에 가깝게 다가가기에, 그 진리가 철학자들 안에 있는 로고스를 통해서 그들에게 계시된다. 여기에는 특히 위대한 그리스 철학자 소크라테스가 포함될 것이다. 이 이유로 유스티누스는 소크라테스 같은 철학자를 그리스도교 이전의 그리스도인이라고 여겼다.(『첫째 호교론』 46.)

그러나 가장 중요한 것은, 이 로고스가 히브리성서의 히브리 예언자들을 통해 알려졌다는 것이다.(『둘째 호교론』 10.) 결국 로고스는 인간이 되었고 그분이 예수 그리스도다.(『첫째 호교론』 1,5.) 그래서 그리스도는 세상을 창조하신 육화한 로고스이며, 세상을 이해하려는 인간 이성의 세계에 스스로를 현시하신다. 바로 그리스도 안에서 '이성'은 온전히 육화한다. 그러므로 그리스도를 받아들이고 믿는 이들은 누구보다, 심지어 고대의 위대한 철학자들보다 더 온전하게 로고스/이성을 공유한다. 더욱이 그리스도는 하느님 자신의 로고스가 육화한 분이므로, 마땅히 하느님과 함께 공경 받을 자격이 있다.(『첫째 호교론』 6.)

유스티누스는 그리스도가 어떤 의미에서 하느님 아버지와 다른 분인지에 대해서 특별한 관심을 기울였다. 만일 다른 분이라면, 육화한 말씀 그리스도와 하느님 아버지의 관계를 어떻게 보아야 하는가? 한 곳에서 유스티누스는 그리스도를 말씀으로 이해해서 우리가 사용하는 말과 비교한다. 우리가 말할 때 어떤 측면에서 그 말은 우리와 독립된다. 우리가 한 말을 누군가 오해할 때 그것을 알게 된다. 다른 한편, 우리가 내뱉는 말은 그 존재성을 완전히 우리에게 빚지고 있다. 그 말을 내뱉는 사람이 바로 우리 자신이기 때문이다. 하느님의 로고스도 이와 같다. 로고스는 하느님으로부터 나오고 전적으로 하느님에게 속하지만, 일단 나오면 자체의 존재성을 갖는다.

유스티누스는 다른 곳에서 하느님과 그리스도의 관계를 다른 불을 붙이는 불에 비유한다. 두 번째 불은 첫 번째 불과 독립적으로 존재하지만 다른 불 없이 존재할 수 없다. 더욱이 불붙기 시작할 때, 새 불은 첫 번째 불의 어떤 것도 약하게 만들지 않는다. 첫 번째 불은 전과 똑같다. 그러나 두 번째 불은 첫 번째 불처럼 완전한 불이다. 하느님과 그리스도의 방식이 이렇다. 그리스도는 하느님으로부터 왔지만 하느님은 조금도 약화되지 않았다.(『유대인 트리폰과의 대화』 61.) 유스티누스는 이렇게 그리스도가 하느님으로부터 분리된 존재이며 "숫자상으로는 아버지와 구분"됨을 강조한다.(『유대인 트리폰과의 대화』 129.) 그러나 이와 동시에 그리스도는 온전한 하느님이다.

사람들은 유스티누스가 이 설명을 하면서 위험한 영역을 건드렸다고 의심할 수 있을지 모르겠다. 왜냐하면 그의 설명들은 그리스도가 항상 존재하지 않았다는 의미로 받아들일 수 있고(이 관점은 후대에 이단 판정을 받았다), 그리스도는 하느님 아버지가 창조한 일종의 둘째 신과 같기에 하느님 아버지에게 종속된다(이 관점도 이단 판정을 받았다)고 볼 수 있기 때문이다. 유스티누스는 이 관점들이 지닌 미묘한 차이를 신학자들이 해결하기 전에 활동하던 인물이다.

실제로 유스티누스가 삼위일체 교리를 올바로 포용했는지에 대해 몇 가지 질문이 제기된다. 그는 성부, 성자, 성령, 세 신성한 존재가 모두 동등하며 '하나'로 존재하는 '셋'이라고 말하지 않는다. 그는 하느님이 처음에, 아들이 두 번째, 예언적 영이 세 번째로 경배 받는다고 말한다.(『첫째 호교론』 1,13.) 이 표현은 하느님을 꼭대기에 두고 아들과 영을 밑에 두는 신성한 위계를 암시하는 듯하다. 유스티누스는 다른 곳에서 하느님 홀로 "불변하고 영원하며" 아들은 아버지에게 종속된다고 주장한다.(『첫째 호교론』 13.) 결국 그리스도인들이 하느님과 아들과 천사들과 영에게 예배드린다는 그의 지적은 확실히 삼위일체적 관점은 아니다.(『첫째 호교론』13.) 그러나 적어도 유스티누스가 정통 그리스도론·삼위일체적 역설을 향해 가는 하나의 과정을 대표한다고 말할 수 있다.

노바티아누스

시계를 100년 앞으로 돌려서 3세기 중엽에 이르면 로마 교회의 지도자 노바티아누스Novatian(210~278)를 만나게 된다. 앞 장에서 만났던 히폴리투스처럼 노바티아누스도 교회분파운동의 수장이자 일종의 대립 교황이었다. 그러나 당시에는 그의 신학이 완전 정통이었다. 노바티아누스는 그의 가장 유명한 삼위일체에 관한 논문에서 당대 이후에 신학자들이 발전시킨 사상을 예시해준다. 그는 미묘한 차이를 지닌 삼위일체적 관점의 의미를 아직 해결하지 못했다. 이 문제는 후대 사상가들이 해결할 것이다. 노바티아누스는 유스티누스처럼 그리스도를 하느님 아버지에게 종속된 신적 존재로 이해한다. 그러나 그의 주요 관심은 그리스도가 아버지와 똑같은 정도는 아니지만, 온전한 하느님임을 보여주는 것이었다. 달리 말하면, 그는 그의 시대에도 영향을 끼치던 이단인 양자설 및 양태설에 대해서 자신의 관점을 발전시킨다.

어떤 의미에서 이 이단들은 양극단에 있었다. 한쪽은 그리스도가 본성상 하느님이 전혀 아닌 인간이라고 주장했고, 다른 쪽은 그리스도가 하느님일 뿐 아니라 실제로 하느님 아버지라고 주장했다. 이처럼 동일한 일신론적 관심은 아주 다른 두 그리스도론을 이끌었다. 그리스도가 본성상 하느님이 아니라고 말했던 양자설은 오직 한 분 하느님밖에 없다는 사상을 유지하기 위해서 그렇게 했다. 양태설의 관점 뒤에도 똑같은 관심이 있었다. 그리스도는 실제로 본성상 하느님이다. 그분은 육이 된 하느님 아버지이기 때문이다. 이 관점에서도 하느님은 오직 한 분이다. 노바티아누스는 대립적인 이 두 관점이 똑같은 이단적 동전의 양면처럼 근본적으로 연결되어 있음을 보았다. 그가 진술하듯이, 그리스도는 이 두 (이단적) 도둑들 사이에서 십자가형을 받았다.

노바티아누스는 하느님의 유일성을 지키는 데 전념했던 이 관점들에 반대한다고 명확히 밝혔다. 그는 이단들이 "'하느님은 한 분'이라고 쓰인 것을 인지했을 때, 그들은 그리스도가 단지 인간이거나 정말로 하느님 아버지임을 믿어야만 한다고 결정하는 것 말고는 다른 견해를 생각하지 못했다"고 진술한다.(『삼위일체론Trinity』30.)[2] 그렇지 않으면 "두 신"이 될 것이기에, 그리스도는 하느님 아버지와 분리된 하느님일 수 있다는 사상에 반대했던 사람들이 이단적인 두 관점을 이끌었다.

이에 대한 답변으로 노바티아누스는 그리스도가 정말로 하느님이고, 하느님 아버지와 구분되지만 그분과 완벽한 일치 속에 있다고 강조한다. "그렇다면 [그리스도는] 아버지께서 뜻하셨을 때 아버지로부터 생겼고, 아버지 안에 있던 그는 아버지로부터 왔다. 그리고 아버지로부터 태어나셨기에 아버지 안에 있던 그는, 그 뒤에도 계속 아버지와 함께 계셨다. 그는 아버지로부터 오셨기 때문이다."(『삼위일체론』31.)

하느님과 그리스도의 완벽한 일치는 적절하게 표명된다. 그러나 노바티아누스에게 그리스도는, 그 이전 시기의 정통적 견해처럼(그 이후 시기의 정통 견해는 많이 다르다) 사실상 하느님과 동등하지 않고 하느님에게 종속되며, 특정 시간에 나타난 신성한 존재이자 창조 이전 어느 시점에 하느님이 낳은 분이다. 노바티아누스의 관점에서 서로 다른 두 존재가 "태어나지 않거나" "낳아지지 않고", "시작이 없고" "보이지 않는" 일은 있을 수 없기 때문이다. 노바티아누스의 사유에는 어떤 호소력이 있다. "만일 [그리스도가] 태어나지 않았다면, 태어나지 않으신 분과 비교가 되어 두 경우에서 동등함이 현시되기에, 태어나지 않은 두 존재가 있을 것이고 그러면 하느님이 둘이 되었을 것이다."(『삼위일체론』 31.)

그리스도가 아버지처럼 "낳아지지 않았거나" "아버지처럼 시작 없이 생기거나" 아버지처럼 "보이지 않는" 분이라고 할 때도 똑같은 말을 적용할 수 있다. 이 모든 경우에 그리스도는 반드시 아버지와 "동등"할 수밖에 없고, 그렇다면 하느님은 하나가 아니라 "둘"이 되고 말 것이다. 노바티아누스는 이것을 수용할 수 없었다. 그 결과, 그리스도를 창조 이전에 하느님이 낳은 종속적 신으로 보는 게 최선이었다.

> 그러므로 [그리스도]는 하느님이지만, 이 특별한 결과를 위해서 낳아진 하느님이다. 그분은 또한 주님이지만, 바로 아버지의 목적을 위해서 태어난 주님이다. 그분은 또한 천사이지만, 아버지를 향할 수밖에 없는 천사다. …… 만물은 아버지 아들로서의 [그리스도]께 속하기에, 그분 자신은 그분에게 속한 것들과 함께 아버지께 종속되어 있다. 그분은 실제로 아버지의 아들로 증명되었지만, 그 외 모든 면에서 주님이자 하느님이다.(『삼위일체론』 31.)

노바티아누스는 하느님은 오직 한 분이므로 그리스도는 하느님이 아니거나 하느님 아버지 자신이라고 선언했던 이단들에 반대하면서 위의 관점으로 움직였다. 그 자연스런 해결책은 그리스도가 실제로 하느님이지만 (그와 영원히 함께 있지는 않은) 하느님이 그를 낳았고 (그분과 동등하기보다는) 하느님에게 종속되어 있기에, 두 하느님이 있는 것이 아니라고 말하였다. 노바티아누스 시대에 이 관점은 정통으로 고려될 수 있었다. 그러나 이 정통 입장이 이단으로 선언되기까지는 오랜 시간이 걸리지 않았다. 그 대신 4세기의 정통 신학자들은 더 복잡한 역설을 주장했다. 그리스도는 부분적으로가 아니라 온전히 하느님이다. 그분은 항상 존재했다. 그분은 하느님 아버지와 동등하다. 그러나 아버지와 아들 모두 성령과 더불어 한 분 하느님이다.

로마의 디오니시우스

정통적 관점을 향한 하나의 단계는 로마의 주교 디오니시우스 Dionysius의 짧은 편지에서 볼 수 있다. 그는 노바티아누스보다 10년쯤 뒤인 260년경에 글을 썼다. 디오니시우스의 편지는 같은 이름을 가진 이집트 알렉산드리아의 주교 디오니시우스에게 보낸 것이었다. 알렉산드리아의 디오니시우스는 양태설에 명확히 반대 입장을 취했다. 그는 후대의 가장 유명한 양태설자 중 한 사람인 사벨리우스Sabellius의 이름을 양태설과 동일시하여 불렀다. 그래서 때로 양태설을 사벨리우스주의라고 부른다. 그러나 알렉산드리아의 디오니시우스는 하느님이 세 존재 양태로 계신 한 분이라는 사벨리우스의 입장에 반대하였다. 로마의 디오니시우스는 이것이 다른 방향으로 너무 나갔다고 보았다. 그는 아버지와 아들과 성령이 구별되기에 서로 다른 세 신들처럼 보일 수 있다고 주장할 위험이 있다고 판단한다. 그러나 어떤 다신론(이 경우 삼신론)도 피해야 할 이단이었다. 그래서 로마의 디오니시우스는 그리스도가 하느님이고 하느님 아버지와 분리된 존재이지만 두 분의 결합은 절대적 일치를 형성한다는 것을 긍정하면서, 알렉산드리아의 디오니시우스의 관점에 더 확실한 의미를 부여하도록 도와주려고 그에게 편지를 썼다.

로마의 디오니시우스는 알렉산드리아에서 일어나는 신학적 논쟁에 대해 자신이 들은 것을 진술한다. "나는 여러분들 중 일부가 사벨리우스의 관점에 완전히 반대한다는 것을 알고 있습니다. …… 사벨리우스를 반대하는 사람들이 성스럽고 하나인 실체를 서로에게 낯설고 결국 분리된 세 실체로 나누어 세 신을 설교하는 동안, 사벨리우스는 불경스럽게도 아들이 아버지이며 아버지가 아들이라 말하고 있습니다."[3] 로마의 디오니시우스는 셋이 하나임을 강조하는 자신의 수정안을 제시한다. "하느님의 말씀은 우주의 하느님과 반드시 결합되어야 하며 성령은 하느님 안에 거주하고 머물러야 합니다. 그래서 신성한 삼위는 일치 안으로 합쳐지고 모아져야 합니다. 이를테면 하나의 정점 상태에 있어야 합니다. 일치라는 말로 내가 의미하는 것은 우주의 주권자 하느님입니다."

세 존재는 하나의 "신성한 삼위"를 이룬다. 그러나 이 셋은 너무도 조화롭기에 "일치"로 보일 수 있으며, 이 일치 자체가 "우주의 하느님"이다. 로마의 디오니시우스에게 이 일치는, 하느님의 아들이 창조된 피조물이거나 하느님이 낳은 존재가 아니라, 하느님과 함께 영원하며, 하느님의 말씀과 지혜와 능력으로서, 하느님 아버지의 모든 속성을 공유한다는 의미다. 이를 뒷받침하는 논리도 강력하다. "만일 아들이 태어났다면 이 속성들이 없던 때가 있었을 것입니다. 그러므로 하느님께도 그 속성들이 없던 때가 있었다고 할 수 있습니다. 이것이야말로 가장 터무니없는 생각입니다."

"훌륭하고 신성한 단일체를 세 신으로 나누길" 거부함으로써, 그리고 여전히 이 셋이 사실상 하나로 함께 결합된 다른 세 존재임을 강조하면서, 디오니시우스는 바라던 신학적 결과에 도달한다. "이와 같이 거룩한 삼위와 유일한 원리Monarchy에 대한 거룩한 가르침은 모두 보존될 것입니다."

확실히 우리는 신학적 수위가 다소 깊은 곳으로 움직인다. 신성한 존재는 셋일 필요가 있다. 그러나 이 셋은 셋이 아니라 하나일 필요가 있다. 이것이 어떻게 가능할 수 있는가의 문제가 4세기의 주요한 신학적 강박관념이 되었다. 모든 것은 알렉산드리아에서 벌인 논쟁으로 시작됐다. 그곳에서 한 사제가 이 문제를 놓고 자기 주교와 심각한 갈등을 보였다. 이 사제가 포용한 관점은, 더 이른 시기에 정통 입장에서 노바티아누스와 그 지지자들의 견해와 아주 비슷했다. 그러나 이 사제의 관점은 그리스도교의 가장 악명 높은 이단 중 하나로 단죄 받았다. 이 이단은 이를 주장한 사제 이름인 아리우스Arius를 따라 아리우스주의라고 불린다.

알렉산드리아의 아리우스

아리우스는 로마의 디오니시우스와 알렉산드리아의 디오니시우스가 그리스도론 문제로 논쟁하던 260년경 태어났다. 아리우스는 리비아 출신이었지만 알렉산드리아로 이주했고, 그곳의 활성화된 그리스도교 공동체에 깊이 관여하였다. 그는 312년 사제 서품을 받고 자기 교회의 책임자로 임명되었다. 아리우스는 그 역할을 수행하면서 알렉산드리아의 주교 알렉산더에게 해명해야 했다.

아리우스의 가르침에 대한 논쟁은 318년에 시작되었다.[4] 로마 황제 콘스탄티누스가 324년 쓴 한 편지로 그 논쟁에 대해 알 수 있다. 콘스탄티누스는 아리우스가 서품 받은 해인 312년에 개종했고, 그 후 교회가 분열된 자신의 제국을 일치시키는 데 도움이 되리라 생각하고 그리스도교 교회를 일치시키는 데 더 깊이 관여하게 되었다. 324년경 교회는 전혀 일치를 이루지 못했고, 논란을 일으켰던 아리우스의 가르침에 대해 심각한 증오가 발생하고 많은 논쟁이 뒤따랐다.

콘스탄티누스의 편지에 따르면, 알렉산더 주교는 히브리성서의 특정 구절에 표현된 신학에 대해 자기 사제들에게 의견을 물었다. 콘스탄티누스는 어떤 구절인지 밝히지 않지만 학자들은 잠언 8장이었을 것이라고 주장한다. 여기서 (그리스도인들이 그리스도와 동일시하는) 지혜는 처음 세상이 창조될 때 하느님의 동료 일꾼인 듯 스스로를 묘사한다.

아리우스의 해석은 앞 시대라면 정통 그리스도교의 신학적 환경에 수용될 수 있었으나 4세기 초에는 많은 논쟁을 일으켰다. 그는 다른 해석자들처럼 하느님의 지혜를 하느님의 말씀이자 하느님의 아들로 이해했다. 곧 창조가 시작되었을 때 하느님과 함께 있던 신성한 그리스도로 이해한 것이다. 그러나 아리우스는 그리스도가 항상 존재하지 않았다고 보았다. 그는 창조 이전 어느 시점에 존재하게 되었다. 본디 하느님은 홀로 존재했고 하느님의 아들은 그 후에 존재했다. 결국 그는 하느님에 의해 '낳아진' 분이다. 이것이 아리우스와 그에게 동조한 이들에게 암시하는 바는, 그리스도도 낳아지기 전에는 존재하지 않았다는 것이다. 게다가 이 관점은 하느님 아버지가 항상 아버지가 아니었다는 것도 암시한다. 왜냐하면 하느님은 자신의 아들을 낳았을 때에만 아버지가 되기 때문이다.

아리우스의 관점에서는 하느님 자신만 제외하고 모든 것이 시작을 갖고 있다. 오직 하느님만 "시작 없이" 존재한다. 이 말은 하느님의 말씀인 그리스도가 하느님과 같은 방식으로 존재하는 온전한 하느님이 아니라는 의미다. 그리스도는 하느님에 의해 바로 하느님의 모상으로 창조되었다. 그리스도는 하느님이라는 칭호를 지니지만 '참된' 하느님은 아니다. 오직 하느님만 참된 하느님이다. 그리스도의 신성한 본성은 아버지로부터 유래한다. 그는 우주가 창조되기 전 어느 시점에서 존재하게 되었다. 따라서 그는 하느님의 창조물이거나 피조물이다. 간단히 말하면, 그리스도는 하느님에게 종속되고 모든 면에서 하느님보다 열등한 일종의 2등급 하느님이다.

이 그리스도론적 관점은 학문적 문제만이 아니라 깊은 차원에서 그리스도교 예배와 연결되었다. 아리우스와 그의 추종자들에게도 그리스도에게 예배를 드리는 것은 옳은 일이었다. 그러나 그리스도는 하느님 아버지와 동등한 차원에서 예배를 받아야 하는가? 그들의 대답은 선명하고 직선적이었다. 절대로 아니라는 것이다. 만물 위에, 아들보다 훨씬 무한히 위에 있는 분이 바로 아버지다.

알렉산더 주교는 이 해명을 전혀 달가워하지 않았고 이 관점을 이단적이며 위험하다고 여겼다. 318년이나 319년 그는 아리우스를 파직하고 아리우스에게 동조한 20여 명의 다른 교회지도자들과 함께 파문했다. 추방된 이들은 팔레스타나로 갔으며 그곳에서 그들을 기꺼이 도와주려는 몇몇 교회 지도자들과 신학자들을 만났다. 이들 중에는 카이사리아의 에우세비우스도 있었다.

알렉산더 주교가 수용한 대안적 관점을 설명하기에 앞서, 그리고 니케아 공의회로 이끌었던 사건들을 묘사하기 전에, 아리우스의 가르침을 그 자신의 말로 살펴보는 게 좋다. 이단자들이 직접 쓴 저술들은 아주 드물다. 대부분 이단을 반박한 정통 입장에 의존할 수밖에 없다. 이단이 직접 쓴 저작들은 대부분 파괴되었기 때문이다. 아리우스의 경우에는 그의 편지 일부와 그가 쓴 시적 작품 『잔치Thalia』의 단편이 남아 있다. 안타깝게도 『잔치』의 실제 본문은 현존 사본에 보존되어 있지 않지만, 유명한 교회 교부 알렉산드리아의 아타나시우스Athanasius가 인용하였다. 아타나시우스는 이 구절들을 정확히 인용한 것으로 보인다. 나는 아리우스의 독특한 그리스도관을 보여주는 몇 구절을 아래에 제시한다. 그는 그리스도가 하느님 아버지와 동등하지 않으며 온전히 하느님에게 종속되었다고 보았다.

〔아버지〕 홀로 동등하거나 비슷한 자가 없으며, 아무도 영광에서 비교되지 않는다.

〔아들은〕 그 본질적 속성에서 하느님의 특성을 지니지 않으며, 하느님과 동등하지도 않고 동일본질도 아니다.

다른 영광을 지닌 삼위가 있다.

그들의 존재는 서로 섞일 수 없다.

한 분이 무한한 영광으로 말미암아 다른 분보다 더 영광스럽다.

따라서 아들은 존재하지 않았지만 아버지의 뜻에 따라 존재하였고,

단지 태어난 하느님이며, 만물과 구분된다.[5]

태어나지 않은 하느님과 달리 하느님의 아들 그리스도는 "태어난 하느님"이다. 그는 만물보다 더 위대하다. 그러나 그는 "무한한 영광"을 지니신 아버지의 위대함으로부터 떨어져 있고, 아버지와는 "영광에서 비교되지 않는다."

아리우스는 자기 관점을 방어하기 위해 알렉산더 주교에게 보낸 편지에서, 하느님과 그리스도의 관계에 대한 자신의 이해를 더욱 명료하게 표현한다. "태어나지 않고, 영원하며, 시작이 없으시고, 참되며, 불멸하시는 하느님이 오직 한 분이심을 우리는 알고 있습니다. …… 영원한 시대에 앞서 그분은 당신의 외아드님을 낳으셨고, 아드님을 통해서 시대와 만물을 창조하셨습니다. 그분은 그를 낳으셨지만 …… 피조물 가운데 하나가 아니라 완벽한 피조물로, 낳아진 것들 중 하나가 아니라 자식으로 낳으셨습니다."[6]

그래서 아리우스는 분리된 세 신성한 존재들이 있다는 관점을 유지했다. 그는 이들을 전문용어로 히포스타시스hypostasis라고 부르지만, 이 맥락에서는 "본질적 존재들"이나 "위격들"과 같은 의미를 지닌다. 하느님이 세상을 창조하기 전에 아들을 낳았다. 이 말은 그가 "아버지와 더

불어 …… 영원하지도 않고 영원히 공존하지도 않음"을 의미한다. 하느님은 그리스도를 포함한 만물 위에, 만물을 넘어서, 만물보다 더욱 위대하다.

알렉산드리아의 알렉산더

중요한 기간에(313~328) 알렉산드리아 교회의 수장이었던 알렉산더 주교가 다소 거칠게 확언한 대안적 관점을 간략히 살펴보겠다. 그는 아리우스파를 추방하기 위해 선봉에 섰던 인물로 유명하다. 알렉산더 주교는 자기 교회에서만이 아니라, 그리스도교 세계 전체의 정통 공동체들에서 아리우스파를 추방하려 했다.

그의 그리스도론적 관점은 알렉산더가 동명의 콘스탄티노플 주교 알렉산더에게 보낸 편지로 알 수 있다. 그는 이 편지에서 아리우스와 그의 동료들이 "우리 구원자의 신성을 부인하고 그분이 모든 인간과 동등하다고 선언한다"는 이유로 그들을 부당하게 비판한다.(『알렉산더의 편지 Letter of Alexander』 V.4.)[7] 이 주장은 과장되었고 전혀 정확하지 않다. 아리우스는 그리스도의 신성을 긍정했고 그리스도가 모든 인간보다 우월하다고 강하게 진술했다. 그러나 격렬한 논쟁이 진행 중일 때에는 상대편 입장을 항상 공정하게 제시하기가 쉽지 않다. 알렉산더는 그리스도가 어떤 시점에 태어났다면 하느님 아버지보다 열등하고, 그렇다면 하느님과 유사한 게 아니라 인간과 유사하다고 생각했다.

편지 후반부에 알렉산더는 아리우스가 "하느님의 아들이 존재하지 않았던 시기가 있었다"고 선언했다고 말하면서 그의 관점을 더 정확히 표현한다.(『알렉산더의 편지』 v.10.) 이 관점에 대해 알렉산더는 하느님이 그리스도를 통하여 "온 세상(시대)을 만드셨다"는 히브리서 1장 2절을 빌어 응답한다. 알렉산더는 만일 그리스도가 시대를 만들었다면 시간과 시대를 창조한 분이므로 그분이 존재하기 전에는 시간이 있을 수 없다고 생각했다. "어떤 것을 유래하게 만든 원인이 그 어떤 것의 시작보다 뒤에 왔다고 주장하는 것은 완전히 바보 같고 무지한 소치다."(『알렉산더의 편지』 v.23.)

더욱이 알렉산더는 하느님은 하느님이므로 변할 수 없음을 강조하고 싶어 했다. 이 말은 하느님은 아버지가 "되지" 못한다는 뜻이다. 하느님은 항상 아버지로 존재해 왔던 것이 틀림없다. 그러나 이 말은 곧 하느님에게는 항상 아들이 있었다는 의미다.(『알렉산더의 편지』 v.26.) 게다가 만일 그리스도가 성서에서 주장하는 대로(콜로 1,15를 보라) 하느님의 '모상'이라면, 하느님은 항상 존재했어야만 한다. 하느님에게 모상이 없었더라면 하느님은 어떻게 존재할 수 있겠는가? 하느님에게는 항상 모상이 있었던 것이 분명하고 항상 존재했으므로, 모상 자체인 그리스도도 항상 존재했던 것이 틀림없다.(『알렉산더의 편지』 v.27.)

알렉산더의 주장은 이렇게 요약할 수 있다. 그리스도는 "아버지처럼 바뀌지 않고 불변하며, 아버지께서는 낳아진 분이 아니라는 사실만 제외하면, 아버지와의 유사함에서 아무것도 부족함이 없는 완벽한 아들이다. …… 우리는 또한 아들이 항상 아버지로부터 존재했음을 믿는다."(『알렉산더의 편지』 v.47.)

아리우스 논쟁과 니케아 공의회

아리우스 편에 섰던 사람들과 알렉산더 주교 편에 섰던 사람들 사이의 논쟁을 더 넓은 역사적 맥락에서 간략히 살펴보는 일은 도움이 될 수 있다.

콘스탄티누스의 역할

그리스도교는 그 발생시기부터 종종 로마 당국의 박해를 받았다. 200년이 넘는 기간 동안 산발적인 박해가 드물게 일어났지만, 로마제국 정부 최고위층에서 박해를 주도한 적은 결코 없었다. 그러나 249년 로마 황제 데키우스Decius가 제국 전역에서 그리스도인들을 분리시키고 뿌리 뽑기 위해 박해를 지원하면서 상황은 바뀌었다.[8] 그리스도인들에게 다행스럽게도 데키우스는 2년 후에 죽었고 전면적인 박해는 곧 끝났다.

후대의 일부 황제들도 그리스도인에게 적대적이었다. 그리스도인의 숫자가 증가하자, 그들은 굳건한 이교적 원리 위에서 수백 년 동안 세워 온 제국의 안녕을 위협하는 종양처럼 여겨졌다. 디오클레티아누스 Diocletian 황제 때인 303년에 대박해가 시작됐다. 한편에서는 그리스도인들에게 강제로 신앙을 포기하게 하고 이교 신들을 섬기도록 고안된 황제의 칙령이 내려졌을 때, 몇 단계의 박해 국면들이 있었다.

콘스탄티누스는 306년 황제가 되었다. 그는 이교인으로 태어나고 자랐으나 312년 회심 체험을 하고 그리스도교의 하느님과 그리스도교에 투신했다. 학자들은 그의 회심이 '참된' 것인지 아닌지 오랫동안 논쟁했으나, 오늘날 대다수는 콘스탄티누스가 그리스도교의 하느님을 따르고 장려한 것이 진정한 투신이었다고 여긴다. 콘스탄티누스는 이듬해 또 다른 황제 리키니우스를 설득하여 그리스도인 박해를 종식시키는 칙령을 내린다. 이때부터 그리스도교 운동의 상황은 급격하게 변화하였다.

콘스탄티누스가 그리스도교를 제국의 '공식' 종교로 만들었다고 잘못 알고 있는 사람들이 있는데, 이것은 진실이 아니다. 콘스탄티누스가 한 일은 그리스도교를 혜택 받는 종교로 만든 것이다. 그 자신이 그리스도인이었기에 그리스도교적 대의명분을 장려했고, 교회를 짓도록 돈을 주고 자금을 조달해주었다. 그리하여 그리스도인이 되는 것은 아주 좋은 일이 되었다. 학자들은 콘스탄티누스가 회심하던 즈음에 제국 거주민 6,000만 명 중 대략 5퍼센트 정도가 그리스도인이라고 자처했을 것으로 추정한다. 교회가 억압받던 소수에서 가장 잘나가는 제국 종교로 바뀌자 개종자들이 급증했다. 4세기 후반에는 제국 주민 절반 정도가 그리스도인이었다.[9] 더욱이 테오도시우스Thodosius 1세 치하 때 그리스도교는 사실상 거의 로마의 '공식' 종교가 되었다. 이교의 종교 관습들은 금지되었다. 개종자가 계속 늘었다. 이 모든 상황이 결국 그리스도교를 수세기 동안 서구의 '유일한' 종교가 되도록 이끌었다.

콘스탄티누스로 돌아가보자. 콘스탄티누스가 진짜로 회심한 것으로 보인다고 말할 때, 그것은 사회적·정치적 요소 없이 순수한 '종교적' 전망에서 그리스도교 신앙을 생각했다는 의미가 아니다.(고대인들은 종교와 정치가 단단히 결합되어 있다고 확신했기에, 그것들을 다른 실체로 보지 않았다. 오늘날 우리가 '종교'라고 부르는 것에 해당하는 그리스어는 없다.) 무엇보다 콘스탄티누스는 로마 황제였고, 당시 누구도 정교분리를 믿지 않았다. 실제로 이전의 모든 이교 황제들 치하에서는 종교관습과 국가

정책 사이에 일체감이 많이 형성돼 있었다. 로마의 이교신들이 로마를 위대하게 만들었다고 믿었으며, 그 응답으로 로마 통치자들은 로마의 신들을 경배하도록 장려했다. 콘스탄티누스 역시 종교의 정치적 가치를 이해하고 있었다. 그렇다고 이것이 그가 그리스도교 메시지를 실제로 '믿지' 않았다는 의미는 아니다. 단지 그리스도교의 사회적 · 문화적 · 정치적 유용성을 보았다는 뜻이다. 엄청난 논쟁이 불붙어 그리스도교 공동체 사이에 불화가 일어났음을 알게 된 콘스탄티누스가 걱정했던 것은 바로 이러한 잠재적 유용성이었다. 이 논쟁은 그리스도가 하느님과 동등한가 아니면 어느 시기에 탄생한 신성한 존재로서 하느님에게 종속되는가 하는 문제와 관련이 있었다.

학자들은 황제가 그리스도교의 내부 논쟁에 관여하는 일에 아주 작게나마 관심을 가졌던 이유를 몇 가지 제시했다. 그가 관심을 가졌다는 사실에는 논쟁의 여지가 없다. 카이사리아의 에우세비우스가 쓴 전기 『콘스탄티누스의 생애The Life of the Blessed Emperor Constantine』는 콘스탄티누스가 아리우스와 알렉산더에게 보낸 편지를 전재하고 있다. 이 편지에서 콘스탄티누스는 그들을 분열시킨 신학적 문제에 대해 견해를 일치시키려고 노력한다. 편지는 콘스탄티누스가 사회 · 문화적으로 분열된 그의 제국을 일치시키는 힘으로 그리스도교를 이해했음을 알려준다. 무심코 보아도 그리스도교는 일치와 하나됨을 강조하는 종교로 보일 수 있었다. 신은 여럿 있는 게 아니라 오직 하느님 한 분이다. 하느님에게는 아들이 하나 있다. 구원의 길은 하나다. 진리는 오직 하나다. "주님도 한 분이시고 믿음도 하나이며 세례도 하나"다.(에페 4,5.) 피조물은 창조주 하느님과 일치를 이룬다. 하느님은 자신의 아들과 일치를 이룬다. 하느님의 아들은 하느님 백성과 일치를 이룬다. 하느님의 아들이 가져오는 구원은 하느님 백성과 하느님을 일치시킨다. 종교는 모두 하나됨, 일치에 관한 것이다.

이처럼 종교는 분열된 제국을 일치시키는 데 쓰일 수 있었다. 그래서 콘스탄티누스는 자기 편지의 수신인 두 명에게 알린다. "나의 우선적 관심은 신을 향한 태도이며 그것은 모든 지역이 하나의 일관된 관점으로 일치해야 한다는 것과 관련되어 있다."(『콘스탄티누스의 생애』 2,65.)[10] 문제는 아리우스의 가르침에 대한 분열로 교회 안에 일관성이 없었다는 것이다. 이 분열은 특히 아프리카 교회들에 영향을 끼쳤고, 콘스탄티누스는 이를 분하게 여겼다. "실제로 …… 예배하는 사람들이 여러 파벌로 나뉘도록 무분별한 언행으로 부추기는 사람들 때문에 용납할 수 없는 광기가 아프리카 전역을 움켜쥐고 있다. …… 나는 개인적으로 이 질병을 바로잡고 싶다."(『콘스탄티누스의 생애』 2,66.) 콘스탄티누스는 이처럼 제국의 종교·문화적 일치를 위해 그리스도교 신앙을 더 유용하게 만들어 교회 안의 신학적 분열을 치유하고 싶어 했다.

콘스탄티누스의 관심을 알려주는 두 번째 이유는 그의 이교 유산과 밀접한 관련이 있다. 국가가 제사를 올려 제대로 신들을 공경할 때 신들이 로마에 큰 이익을 준다는 믿음은 여러 세기 동안 널리 퍼져 있었다. 적절하고 규정된 방식으로 신들을 공경함으로써 신들의 호의를 입었고, 그 호의는 전쟁에서 승리하거나 평화로운 시기에 번영을 누린다든가 하는 국가에 대한 그들의 친절한 대우로 나타났다. 콘스탄티누스는 이 전망을 물려받고 그리스도교 신앙에도 도입했을 가능성이 농후하다. 이제 그는 로마의 전통 신들이 아니라 그리스도인의 하느님을 공경한다. 그러나 이 하느님도 적절한 예배를 받아야 한다. 그러나 예배 공동체 안에 심각한 분열이 있다면 하느님을 기쁘게 하지 못할 것이다. 그리스도교는 전통적인 그리스나 로마의 종교들보다 훨씬 더 '신학적 진리'에 집중했고 '희생적 실천'을 강조했다. 그리스도교 신앙에서 진리를 알고 실천하는 것은 중요한 일이다. 그러나 진리에 대해 만연한 불일치는 그리스도교 공동체 안에 심각한 불화를 조장할 것이고 하느님은 그 상황을 기뻐하지 않을 것이다.

콘스탄티누스는 훈련된 신학자가 아니었으며, 아리우스와 알렉산더 사이에 벌어진 격렬한 논쟁에 다소 당황했다. 콘스탄티누스는 이 문제를 사소하게 보았다. 그리스도가 존재하기 전에 시간이 있든지 없든지 문제될 게 무엇이란 말인가? 그것이 정말 가장 중요한 문제인가? 편지에서 말하듯이 콘스탄티누스에게는 중요한 일이 아니었다. "나는 이것들에 대한 기원과 시기가 …… 지극히 하찮은 것이며 그토록 많은 논쟁을 벌이기에는 아주 무가치하다고 여겼다."(『콘스탄티누스의 생애』 2,68.) 그러나 격렬한 싸움이 있었다. 그래서 그는 아리우스와 알렉산더에게 신학적 차이를 해결하도록 격려하고자 했다. 그러면 그리스도교는 통일된 전체로서 제국의 더 큰 문제에 직면해서도 앞으로 나아갈 수 있을 것이다.

콘스탄티누스는 스페인 코르도바의 주교 오시우스Ossius에게 편지를 전달하게 했다. 오시우스는 편지를 전한 후, 아리우스가 제기한 신학적 문제들을 논의하기 위해 주교들의 교회회의가 열리던 시리아 안티오키아를 경유해 알렉산드리아에서 귀환했다. 이 교회회의는 아리우스의 관점을 반박하는 신앙을 진술했다. 카이사리아의 에우세비우스가 포함된 세 사람을 제외하고 모든 이가 이 신경에 서명했다. 신경은 통과됐다. 그러나 이 세 사람은 또 다른 모임에서 자신의 그리스도론적 관점을 변호할 기회를 얻는다. 니케아 공의회는 이렇게 탄생했다.

니케아 공의회

원래 공의회는 안키라에서 열리기로 되어 있었으나 현실적 이유로 니케아로 변경되었다.[11] 니케아 공의회는 역사학자들이 보편 공의회(세계 공의회)라고 부른 7개의 주요 공의회 중 처음 열린 공의회였다. 그러나 니케아의 경우 이 용어는 적절하지 않다. 전 세계가 공의회에 참석하지 않았고, 주교들 일부만 참석했기 때문이다. 게다가 이 주교들은 전 세계의 대표자들이 아니었고 그리스도교 세계 전체의 대표자들도 아니었다. 제국 서쪽에서는 어떤 주교도 참석하지 않았다. 대다수가 이집트, 팔레스타나, 시리아, 소아시아, 메소포타미아 등 동쪽 지방 출신이었다. 로마 주교 실베스테르Sylvester도 참석하지 않고 대신에 두 명의 사절을 파견했다. 역사학자들은 회의에 참석한 주교의 숫자에 대해 달리 해석한다. 당시에는 젊었지만 결국 알렉산드리아의 강력한 주교가 된 아타나시우스Athanasius는 뒷날 318명의 주교들이 참석했다고 진술했다. 공의회는 325년 6월 열렸다.

공의회가 풀어야 할 핵심 쟁점은 아리우스의 가르침이나 카이사리아의 에우세비우스가 포함된 동조자들과 관련된 것이었다. 에우세비우스는 자신의 신경 진술을 소개함으로써 변론을 시작했다. 그것은 하느님과 그리스도와 성령에게 참되고 타당하게 고백해야 할 것에 대한 신학적 설명이었다. 공의회 참석자 대다수는 이 신경을 기본적으로 수용할 수 있다고 이해했다. 그러나 이 신경은 핵심 사항에서 모호했으며, 아리우스의 이단적 선언을 직접 논박하지 않았기 때문에 주교들 대다수가 만족하지 않았다. 주교들은 자신의 신학적 입장을 타결한 후 결국 한 신경에 동의했다. 이것은 간결한 신학적 진술들로 구성되었다. 하느님 아버지에 대한 아주 간단한 진술로 시작하며 (하느님의 속성이나 본성에 대해서는 아무도 논쟁하지 않기 때문에 간단하다) 이어서 그리스도에 대해 훨씬 긴 진술이 나온다.(그리스도가 중심 주제였기 때문에 길다.) 그리고 끝맺으면서 성령에 대해 아주 짧게 진술한다.(성령에 대한 문제는 쟁점이 아니었다.) 신경은 이단적 선언을 한 사람들(아리우스와 그 추종자들)에 대한 파문으로 끝을 맺는다. 이 신경이 우리가 니케아 신경이라고 부르는 것의 기초가 되었다. 여기 전문을 싣는다.

> 우리는 한 분이신 하느님을 믿습니다.
>
> 그분은 전능하신 아버지이시며
>
> 유형 무형한 만물의 창조주이십니다.
>
> 우리는 한 분이신 주 예수 그리스도를 믿습니다.
>
> 그분은 하느님의 외아들이시며, 아버지에게서 나셨으며,
>
> 곧 아버지의 본질에서 나셨습니다.
>
> 하느님에게서 나신 하느님이시며,
>
> 빛에서 나신 빛이시며,
>
> 참 하느님에게서 나신 참 하느님이십니다.
>
> 그분은 창조되지 않고 나셨으며, 아버지와 본질에서 같으십니다.
>
> 그분으로 말미암아 만물이,
>
> 하늘에 있는 것들이나 땅에 있는 것들이 생겨났습니다.

그분은 우리 인간을 위하여,

우리의 구원을 위하여 내려오시어 육신을 취하시고,

사람이 되셨으며,

고난을 받으시고, 사흘날에 부활하시고, 하늘에 올라가셨으며,

산 이들과 죽은 이들을 심판하러 오실 것입니다.

그리고 우리는 성령을 믿습니다.

"그분이 존재하지 않은 시대가 있었다",

"나시기 전에 존재하지 않았다" 하고 말하는 사람들을,

또는 비존재에게서 생겨났다거나

다른 히포스타시스 또는 우시아에서 존재한다고 말하는 사람들을,

또는 하느님의 아들은 창조되었으며

변할 수 있으며 달라질 수 있다고 말하는 사람들을

보편되고 사도로부터 이어오는 교회는 파문한다.[12]

많은 사람이 니케아 공의회와 니케아 신경에 대한 책들을 썼다.[13] 우리 목적을 위해 몇 가지 사항만 강조하겠다. 첫째, 아버지보다는 그리스도에게 훨씬 많은 지면이 투여되었고, 성령은 아주 간략히 언급된다. 그리스도에 대해 '정당한' 가르침을 얻는 게 중요한 일이었다. 이 가르침을 확실히 하고 모호함을 피하기 위해서 파문문을 덧붙였다.

신경에서 그리스도는 "아버지의 본질에서 나셨다." 그리스도는 종속된 하느님이 아니다. 그는 "아버지와 본질에서 같으시다." 그리스어는 "하나의 본질"을 가리키기 위해 사용했으며 이는 호모우시오스 homoousios, 곧 "동일본질"로 옮길 수 있다. 이것은 후대에 그리스도의 본

성에 대한 논쟁에서 중요 용어가 된다. 이미 밝혀졌고 맺음말에서 다루겠지만, 공의회도 신경도 그리스도의 본성을 둘러싼 모든 쟁점을 해결해주지는 못했다. 실제로 문제들은 계속 살아남았다. 아리우스주의는 계속 번성했다. 아리우스 문제가 최종적으로 해결된 후에도 다른 문제들이 발생해서 꾸준히 세분화되고 미묘한 차이를 남겼으며 더욱 복잡해졌다. 콘스탄티누스가 당대의 논쟁을 별로 좋아하지 않았다면, 다가올 논쟁은 분명 경멸했을 것이다.

신경에서 그리스도가 하느님 아버지와 "같은 본질"임을 강조한다는 것은 중요하다. 이는 하느님과 그리스도가 완전히 동등하다는 한 가지 표현방식이다. 그리스도는 하느님 아버지에게 종속된 둘째 신이 아니라 "참 하느님"이다. 파문문이 지적하듯이, 그리스도가 존재하지 않던 때가 있었다는 주장, 그가 존재하기 전에 시간이 있었다는 주장, 그가 우주만물처럼 "비존재로부터" 창조되었다는 주장, 그가 하느님과 본질이 같지 않다는 주장은 이단이다.

공의회의 성과

길고 복잡한 이야기를 요약하면, 새 신경의 세부항목들을 주교들은 널리 동의했고 모든 그리스도인이 준수해야 한다고 생각했다. 신경이 의미하는 바는 "보편적이고 사도적인 교회"의 관점을 제시했다는 것이다. 이것은 예수의 사도들로부터 직접 내려온 교회의 관점이고, 전 세계 곳곳에서 발견되는 것이다. 때로 니케아의 표결이 아슬아슬했다는 말을 들었을지 모른다. 그러나 그렇지 않았다. 신경이 정식화되었을 때 318명의 주교들 중 오직 20명만 동의하지 않았다. 이 회의 일부 과정에 적극

관여했던 콘스탄티누스는 20명 중 17명에게 대세를 따르도록 종용했다. 결국 3명만이 신경을 승인하지 않았다. 그들은 아리우스와 그의 조국 리비아 출신 주교 둘이다. 이 세 사람은 이집트에서 추방당했다. 다른 주교 둘은 신경에는 서명했으나, 마지막에 아리우스의 가르침을 직접 반박하는 파문 구절에 동의하길 거부했다. 이 주교들도 추방당했다.

이렇게 해서 '예수가 어떻게 신이 되었나? 하는 이야기는 끝맺는다. 그러나 맺음말에서 보겠지만 실제로 끝난 것은 아니었다. 오히려 정반대였다. 그러나 당분간 알렉산더와 그 동료들이 그 시대를 쟁취했고, 콘스탄티누스는 자기가 일치된 교회를 이루었다고 믿었다. 이 쟁점들이 잠시 동안은 해결되었다. 그리스도는 하느님 아버지와 영원히 공존한다. 그는 항상 존재했고 하느님 아버지와 "동일본질"이며, 과거로부터 영원히 참된 하느님이다.

니케아의 그리스도는, 당국의 권위에 대항하고 국가에 반대한 죄로 갑자기 십자가형에 처해진 갈릴래아 벽촌의 묵시론적 방랑 설교자인 역사적 예수와는 전혀 다르다. 그의 실제 삶이 어떻든지 간에 예수는 이제 완전히 하느님이 되었다.

역사적 예수에서 신으로, 그 여파

나는 이 책을 쓰면서 나의 개인적 신학 역사가 초기 교회의 신학 역사와 아주 닮았음을 깨닫게 되었다. 그리스도가 더욱 신성한 존재로 간주되었을 때, 초기 교회의 그리스도에 대한 관점도 시간의 흐름에 따라 점점 "높아지고 높아져갔다." 예수는 잠재적(인간) 메시아의 상태에서부터 부활 때 신성한 지위로 고양된 하느님의 아들로, 인간으로 세상에 육화한 선재하는 천사적 존재로, 모든 시간 이전에 존재했고 세상을 창조한 하느님 말씀의 육화로, 하느님 아버지와 동등하고 항상 그분과 공존하는 하느님 자신으로 옮겨갔다. 예수에 대한 나의 개인적 신앙은 정확히 반대로 움직였다. 나는 처음에 예수를 아버지와 동등한 성자, 삼위일체를 이루는 한 구성원이라 생각했다. 그러나 시간이 흐르면서 나는 그를 "더욱 아래에서" 이해하기 시작했고, 결국 다른 인간들과 다르지 않은 한 인간으로 생각하게 되었다. 그리스도인들은 자기 신학에서 예수를 신적 영역으로 고양시켰지만, 나는 그가 항상 한 인간으로 지냈다고 생각한다.

현재 불가지론자인 나는 예수가 뛰어난 통찰을 지닌 진정한 종교적 천재였다고 생각한다. 그러나 그는 또한 많은 점에서 자기 시대의 인간이었다. 그의 시대에는 묵시론적 열정이 널리 퍼져 있었다. 예수는 1세기 팔레스티나 유대교 환경에 참여했다. 그는 이 환경 안에서 태어나고 성장했으며, 공생활을 한 맥락도 바로 이 환경이었다. 예수는 악의 세력이 자신이 살던 시대를 통제하지만, 하느님이 자신에게 적대하는 모든 것과 모든 이를 파괴하기 위하여 곧 개입할 것이라고 가르쳤다. 하느님은 세상에 선하고 이상적인 나라를 가져올 것이고 그곳에는 더 이상 괴로움과 고통이 없을 것이다. 예수는 그를 섬기는 열두 제자와 함께 그 나라의 통치자가 될 것이다. 그는 이 모든 일이 신속히 자기 세대에서 일어날 것이라고 보았다.

이 묵시론적 메시지는 나에게 꾸준히 공명을 일으키지만, 그것을 문자 그대로 믿지는 않는다. 나는 우리 정부를 통제하는 초자연적 악의 세력이나 우리 삶을 비참하게 만드는 악령들이 있다고 생각하지 않는다. 나는 하느님이 세상에 개입해서 모든 악의 세력을 영원히 파괴할 것이라고 생각하지 않는다. 나는 예수와 그 제자들이 다스리는 이상적인 나라가 세상에 오리라고 생각하지 않는다. 그러나 나는 선과 악이 있다고 생각한다. 나는 우리 모두가 선의 편에 서야 한다고 생각한다. 그리고 우리가 모든 악에 반대해서 용감하게 싸워야 한다고 생각한다.

나는 특별히 예수의 윤리적 가르침에 감화를 받는다. 그는 하느님의 율법 중 많은 부분을 "너 자신처럼 이웃을 사랑하라"는 계명으로 요약할 수 있다고 가르쳤다. 그는 "다른 사람이 우리에게 해주기를 바라는 그대로 우리도 다른 사람에게 해주라"고 가르쳤다. 그는 우리의 사랑과 관대함과 자비와 친절함이 "우리의 형제자매들 중에서 가장 작은이들", 곧 비천한 사람, 버림받은 사람, 가난한 사람, 집 없는 사람에게까지 미쳐야 한다고 가르쳤다. 나는 이 모든 관점에 온 마음으로 동의하며 이 가르침에 따라 살아가려고 최선의 노력을 기울인다.

그러나 역사가로서 나는 예수의 윤리적 가르침이 내가 받아들이지 않는 묵시론적 형태로 전달되었음을 실감한다. 예수는 때로 모든 시대의 위대한 도덕 교사들 중 한 사람으로 칭송되며, 나는 이러한 특징 묘사에 공감한다. 그러나 그의 도덕적 가르침 뒤에 있는 논리는 오늘날 우리들 대다수가 사용하는 논리가 아니라는 것을 깨닫는 일이 중요하다. 오늘날 사람들은 여러 가지 다양한 이유들 때문에 윤리적으로 살아야 한다고 생각하며, 그 이유들 대부분은 예수와 무관하다. 예컨대 우리는 삶에서 가장 위대한 자기실현을 위해서, 또는 하나의 사회로서 모두 함께 오랫동안 번영을 누릴 수 있도록 윤리적 삶을 고려할 수 있다. 예수는 사회가 오랫동안 번영을 누릴 수 있게 하려고 윤리를 가르치지 않았다. 왜냐하면 예수에게는 긴 기간이 없다고 보았기 때문이다. 종말이 도래하고 있었기에 사람들은 그것을 준비할 필요가 있었다. 온 마음으로 하느님을 사랑하고 서로를 자기 자신처럼 사랑하면서 예수가 설정한 표준에 따라 살았던 사람들은 곧 도래할 하느님 나라에 들어갈 것이다. 그렇게 하지 않은 사람들은 누구든, 사람의 아들이 심판하러 하늘에서 내려왔을 때 파멸할 것이다. 예수의 윤리는 두 가지 이유에서 "하느님 나라의 윤리"였다. 첫째, 예수 제자들이 이 윤리적 원칙을 따랐을 때 그들을 이끌어간 삶의 형태는 전쟁도 증오도 폭력도 억압도 불의도 없을, 하느님 나라에서 경험할 삶이 될 것이기 때문이다. 둘째, 오직 이러한 방식의 삶을 통해서만 하느님 나라에 들어갈 수 있기 때문이다.

나는 이러한 세계관을 갖고 있지 않다. 하느님이 하늘에서 악의 세력을 파괴하기 위하여 세상의 우주적 심판관을 곧 보낼 것이라고 나는 믿지 않는다. 그러나 나는 묵시론적 맥락에서 예수가 선언한 윤리적 원칙들이 다른 맥락에서 살아가는 나에게도 여전히 적절하다고 생각한다. 예수를 이해하기 위해서 나는 그를 재맥락화했다recontextualized. 곧 내가 살아가는 새 시대를 위해서 그와 그의 메시지가 새 맥락에서도 의미를 가질 수 있도록 연관시켰다.

나는 다른 시대 다른 장소에서 살았던 사람들이 항상 예수를 재맥락화해왔다고 주장하는 바다. 예수의 첫 추종자들은 예수가 죽음에서 일으켜졌고 하늘로 고양되었다고 믿게 된 이후에 예수를 재맥락화했다. 그들의 예수는 이전의 예수가 아니었으며, 그들은 자기들이 마주친 새로운 상황에서 예수를 이해했다. 후대의 신약성서 저자들도 자신의 상황에서 예수를 재맥락화하고 이해했다. 예수를 묵시론적 예언자라기보다는 인간이 된 신성한 존재로 이해했던 2~3세기 그리스도인들도 마찬가지다. 예수가 항상 존재했으며 지위와 권위와 능력에서 하느님과 항상 동등했다는 입장을 견지한 4세기 그리스도인들도 그렇게 했다. 그리고 자기들이 믿고 고백하는 그리스도가, 갈릴래아 시골길을 걸어 다니며 다가올 파국에 대해 묵시론 메시지를 설교하던 인물과 모든 면에서 동일하다고 믿는 오늘날 그리스도인들도 마찬가지다. 오늘날 대다수 그리스도인들은 자신이 예수를 재맥락화했다는 사실을 깨닫지 못한다. 그러나 실제로 그들은 그렇게 했다. 예수 부활을 처음 믿었던 가장 초기 신앙인들로부터 오늘에 이르기까지, 그를 믿거나 그의 가르침을 받아들인 모든 사람이 예수를 재맥락화했다. 앞으로도 영원히 그렇게 할 것이다.

우리가 이 책에서 고찰한 시기들에도 재맥락화가 이루어졌다는 것은 분명하고 명백한 사실이다. 니케아는 그리스도가 특별한 의미에서 하느님이었다고 결정했다. 그는 영원히 하느님과 함께 있는 선재하는 신성한 존재이며, 하느님은 그를 통해 만물을 창조하였다. 니케아 공의회의 결정으로 그 이후 어떤 일이 벌어졌는지 살펴볼 때 드러나겠지만, 재맥락화는 이후 시대에도 계속 이어졌다.

4세기의 발전

니케아 공의회 이후 그리스도교 지도자들과 사상가들이 그리스도의 본성과 삼위일체의 특성에 대해 기본적 합의를 이루었다는 인식은 대중의 상상 속에 널리 퍼져 있다. 그러나 이것은 전혀 진실이 아니다. 니케아와 니케아 신경은 이야기의 끝이 아니라 새 장의 서곡이었다. 한 예를 들면, 니케아에서 아리우스파가 패배했다고 해서 그들의 관점이 근절된 것은 아니다. 콘스탄티누스는 승자 편을 지지했지만 크게 지지하지는 않았을 것이다. 왜냐하면 그는 니케아의 관점을 실제로 믿었다기보다 합의된 의견이라는 이유로 지지했기 때문이다. 원칙적으로 그는 교회를 일치시키는 데 도움이 되는 합의에 관심이 있었다. 그러나 교회는 일치되지 않았고 앞으로도 일치되지 않을 것이다. 콘스탄티누스 이후 다른 황제들이 오고 갔으며 수십 년 동안 이 황제들 중 다수가 아리우스의 그리스도 해석에 호의를 가졌고 확신을 갖고 행동했다. 아리우스파의 숫자가 반아리우스파보다 더 많던 때도 있었다.(아마도 대부분의 시간이 그럴 수 있다.) 379년 히에로니무스Jerome의 유명한 탄식은 이러한 이유에서 나온 것이었다. "세상은 신음소리를 냈으며 자신이 아리우스파라는 것을 알고 놀랐다."(『루키페르파와 정통신앙파의 논쟁Dialogue Against Luciferians』 19.)

아리우스논쟁은 381년 콘스탄티노플 공의회가 열릴 때까지 최종 해결을 보지 못했다. 콘스탄티노플 공의회는 니케아의 결정을 다시 진술하고 재확인했으며, 아리우스주의는 널리 이단으로 여겨져 하찮은 소수의 관점이 되었다.

이 신학적 논쟁 외부에 있던 사람들에게는, 아리우스의 관점과 알렉산더 주교와 아타나시우스 같은 아리우스 반대파 관점의 차이점이 공통점보다는 덜 인상적이었다. 심지어 '이단적' 아리우스주의자들조차 그리스도가 하느님이라는 아타나시우스파들에게 동의했다. 그리스도는 만물이 생기기 전 하느님과 함께 존재했던 신성한 존재이며 하느님은 그를 통해 우주를 창조하였다. 이것은 여전히 매우 '높은' 육화 그리스도론이다. 아리우스와 그 반대자들이 논쟁하던 무렵과 그 후년에 아리우스파와 아타나시우스의 추종자 중에는 예수가 실제로 하느님임을 의심하는 그리스도인은 거의 없었다. 유일한 문제는 그가 "어떤 의미에서" 하느님이었는가였다.

이 논쟁이 중대한 국면을 맞은 4세기에 가장 상징적인 일은 로마 황제 콘스탄티누스의 회심일 것이다. 예수가 하느님이었음을 믿고 그 믿음을 전파한 그리스도인 황제가 권좌에 있다는 사실은 정통 그리스도인들과 다른 이들 사이의 다양한 상호작용에 근본적으로 영향을 끼쳤다. 이제 그리스도인들이 개입된 세 가지 논쟁에서 이 영향을 살펴보겠다. 이 셋은 이교인과의 논쟁, 유대인과의 논쟁, 그리스도인끼리의 논쟁이다.

하느님인 그리스도와 이교 세계

카이사르 아우구스투스 시대 이후 줄곧 로마 세계의 거주자들은 황제를 신으로 이해하고 공경했다. 게다가 예수의 첫 제자들이 그가 죽음에서 일으켜졌다고 믿었을 때부터, 그리스도인들은 그리스도를 하느님으로 이해했고 공경했다. 고대에는 오직 이 두 인물, 황제와 예수만이 실제로 '하느님의 아들'이라고 불렸다. 적어도 그리스도교적 정신 안에서 이것은 두 인물이 경쟁했음을 의미한다. 4세기 초에 한 경쟁자가 굴복했고 싸움에서 졌다. 콘스탄티누스와 더불어, 황제는 예수와 경쟁한 신의 위치에서 예수의 종으로 변화했다.

교회사가인 에우세비우스의 가장 흥미로운 작품 중 하나는 앞에서 언급한『콘스탄티누스의 생애』다. 이 책은 황제를 엄청 과장되고 야단스럽게 칭송한다. 아마도 이 책에서 가장 가치 있는 부분은 에우세비우스가 황제의 말을 직접 인용하는 대목일 것이다. 콘스탄티누스는 팔레스티나의 그리스도인들에게 쓴 편지에서 자신을 그리스도와 하느님 아버지의 경쟁자로 보지 않고, 하느님의 능력을 경외하며 세상에서 그의 종으로 봉사할 필요가 있다고 인정한다. 콘스탄티누스는 한 곳에서 그리스도교의 하느님 "홀로 실제로 존재하시고 모든 시대를 통해서 계속 능력을 가지고 계시다"고 선언하며, 하느님이 "나의 직무를 조사하셨고 당신 목적에 맞는 것으로 승인하셨다"고 말한다.(『콘스탄티누스의 생애』 2,28.) 또 이렇게 말하기도 한다. "참으로 나의 온 영혼과 내가 들이마시는 숨이 무엇이든, 내 마음 깊은 곳에서 무슨 일이 일어나든, 내가 굳게 확신하는 것은 우리가 가장 위대하신 하느님께 완전히 빚지고 있다는 것이다."(『콘스탄티누스의 생애』 2,24.) 여기에 확실히 경쟁은 없다!

콘스탄티누스의 신심에 대해 에우세비우스는 "그는 우상을 숭배하는 신전에 자신의 조상彫像이 세워지는 것을 법으로 금지시켰다"고 적는다. 게다가 "금화에 묘사된 그의 초상화는 기도 중에 하느님께 가 닿으려는 방식으로 위를 우러러보는 모습으로 표현됐다."(『콘스탄티누스의 생애』 4,15;16.) 달리 말하면, 콘스탄티누스는 그의 전임자들이 3세기 동안 시행해온 과정을 뒤집어놓았던 것이다. 신으로 묘사되고 신으로 경배받는 자신의 모습이 아니라, 참된 하느님을 경배하는 사람이고자 했다.

다소 놀라운 일은 콘스탄티누스가 자기 병사들에게 자신을 경배하지 말고 그리스도교의 하느님을 경배하라고 요구했다는 것이다. 이 요구는 이교인으로 남은 병사들에게도 적용됐다. 에우세비우스는 콘스탄티누스가 비그리스도인 병사들을 매 주일마다 평지에 모아놓고 다음 기도문을 암송하게 했다고 한다.

> 우리는 오직 당신만을 하느님으로 알고 있습니다.
> 당신은 우리가 인정하는 임금입니다.
> 당신은 우리가 불러내는 도움입니다.
> 당신을 통해서 우리는 우리 원수들을 이겨냈습니다. ……
> 우리는 우리 황제 콘스탄티누스와 그분의 사랑하는 아들들을 위해서

당신께 간구합니다.

　　우리를 위해 그분들을 안전하게 지켜주시고 승리를 거둘 수 있도록 도와주소서.(『콘스탄티누스의 생애』 4,20.)

일단 황제가 그리스도인이 되자, 그리스도인과 이교인의 관계 및 로마 정부와의 관계와 연관된 모든 것이 바뀌었다고 말하는 게 타당하리라. 그리스도인들은 이제 신성한 황제 공경을 거부했던 억압받는 소수가 아니라, 그리스도교 예배에 참여하도록 직간접적으로 시민을 격려한 참된 하느님의 종인 황제와 더불어 억압하는 주류가 되어가고 있었다. 4세기 말엽에 이르자 전 제국의 절반가량이 정통 그리스도교로 개종하였다. 황제는 그리스도교를 장려하는 법률을 집행하였고, 이교 제사와 예배를 금지했다. 그리스도교는 이전에 황제를 신으로 받들던 이교들에게 최종적으로 승리했다.

하느님인 그리스도와 유대교 세계

예수의 죽음이 유대인들 책임이라는 인식이 널리 퍼져 있었기 때문에 예수가 하느님이라는 그리스도교의 믿음은 고대 유대교와 그리스도교의 관계에 심각한 영향을 끼쳤다. 만일 유대인들이 예수를 죽였고 예수가 하느님이었다면, 결과적으로 유대인들이 바로 자기 하느님을 죽였다는 말이 되지 않겠는가?!

콘스탄티누스가 회심하기 오래전부터 정통 집단들은 이 관점을 갖고 있었다. 가장 냉랭한 것은 2세기 말엽 소아시아 사르데스Sardis의 주교 멜리톤Melito의 설교에 나타난다. 그의 설교는 신을 죽였다는 하느님 살해 혐의를 그리스도인이 유대인들에게 씌운 첫 기록이다. 멜리톤은 아주 강력하고 효과적인 언어를 사용하여 이 혐의를 전달한다. 하느님은 모세 시대에 이집트 종살이에서 이스라엘 자녀들을 구원하였고, 유대인은 해마다 과월절에 하느님의 이 위대한 업적을 기념한다. 멜리톤은 과월절에 설교했다. 멜리톤에게 과월절에 죽임을 당하는 과월절 양은 유대인들에 의해 죽임을 당한 예수 자신의 형상이었다. 그래서 참된 양의 죽음은 기쁨의 축제가 되기보다는 적대적 비난의 기회가 되었다. 유대인들은 그들을 구원하러 오신 분을 죽였다. 그들은 그들의 메시아를 죽였다. 메시아는 신성한 분이므로, 유대인들은 자기 하느님을 죽였다.

이분은 살해당했습니다.
어디서 살해되었습니까?
바로 예루살렘 중심에서!
왜?
왜냐하면 그분은 절름발이를 치유해주었고,
나병환자를 치유해주었기 때문에,
장님을 밝은 데로 인도해주었기 때문에,
죽은 자를 살리셨기 때문에.
이러한 이유로 그분은 고통을 당하셨습니다. ……
오, 이스라엘이여, 왜 너는 이토록 기이한 불의를 저질렀는가?
너는 너를 명예롭게 한 분을 불명예스럽게 만들었다.

너는 너를 존경한 분을 경멸했다.

너는 공적으로 너를 인정한 분을 부인했다.

너는 너를 당신 가족이라고 선언한 분을 단념했다.

너는 너를 살게 만든 분을 죽였다.

오, 이스라엘이여, 왜 이런 짓을 저질렀는가?

그분의 고통은 필요했으나,

너에게 받아야 할 고통은 아니었다.

그분의 불명예는 필요했으나,

너에게 당해야 할 불명예는 아니었다.

그분의 판결은 필요했으나,

너에게 받아야 할 판결은 아니었다.

그분의 십자가형은 필요했으나,

너에게 받아야 할 십자가형이 아니었고,

너의 오른손에 당해야 할 십자가형도 아니었다.

오, 이스라엘이여!

멜리톤의 수사는 자기 원수들인 유대인들에게 궁극적 혐의를 씌우면서 절정으로 치닫는다.

주목하십시오, 민족들이여, 그리고 보십시오!

엄청난 살인이 일어났습니다.

예루살렘 중심부에서,

하느님의 율법에 봉헌된 도시에서,

히브리 사람들의 도시에서,

예언자들의 도시에서,

공정했던 도시에서.

누가 살해당했습니까?

누가 살해했습니까?

대답하기 부끄럽지만,

대답해야 합니다. ……

우주에 세상을 매단 바로 그분이 매달리셨습니다.

하늘들을 제 자리에 고정시키신 바로 그분이 관통당하셨습니다.

만물을 확고히 박으신 바로 그분이 나무에 확고히 박히셨습니다.

주님은 경멸당하셨습니다.

하느님은 살해되셨습니다.

이스라엘의 왕은 파괴되었습니다.

바로 이스라엘의 오른손으로.[2]

이것은 물론 정치적으로 무력하고 박해를 당하던 소수파의 일원이 신랄한 수사로 다른 이들을 공격한 하나의 예다. 그러나 박해받던 소수가 주류가 되면 어떤 일이 벌어지는가? 그들이 정치적 힘을 가질 때, 사실상 최고의 정치권력을 가질 때 어떤 일이 벌어지는가? 로마 황제가 그리스도교 메시지를 믿을 때 어떤 일이 벌어지는가? 충분히 상상할 수 있지만, 그리스도인들의 하느님을 살해했다고 여겨진 원수들에게는 좋은 일이 아니었다.

초대 교회의 반유대주의 발흥에 대한 고전적 연구서인 『신앙과 형제살해『Faith and Fratricide』에서 로즈마리 류터는 4세기의 그리스도교 권력이 제국의 유대인들에게 어떤 의미였는지 설명한다.[3] 짧게 요약하면, 그리스도인 황제들 치하에서 유대인들은 주변부로 밀려났고 법적 권리가 제한되었으며, 경제력도 제한된 2등급 시민으로 취급당했다. 4세기 말의 이교 제의들처럼 유대교 신앙과 관습은 불법이 아니었다. 그러나 종교 지도자로서뿐 아니라 시민권 영역에서 더 강해진 그리스도교 주교들과 신학자들은 유대인들에게 격분했고 그들을 하느님의 적으로 공격했다. 그리고 유대인의 활동을 구속하는 국가법이 제정되었다.

콘스탄티누스는 유대인들에게 그리스도인 노예를 소유하지 못하게 하는 법을 통과시켰다. 모든 종류의 노예제를 혐오하고 경멸적으로 여기는 현대에는 이 조처가 인간적으로 보일지 모른다. 그러나 콘스탄티누스는 노예제를 금지하지 않았고 반대하지도 않았다. 오히려 로마제국은 노예경제를 지속했다. 노예 없이 제조업이나 농업을 운영할 수 없었다. 그러나 그리스도인들이 계속 늘어나면서 유대인들은 오직 유대인 노예나 이교인 노예만을 소유할 수 있었고, 그리스도인과 경제적으로 경쟁할 수 있는 기회를 박탈당했다.

결국 그리스도인이 유대교로 개종하는 것은 불법이 되었다. 4세기 말엽 테오도시우스 1세 치하에서는 유대인과 결혼하는 것도 금지되었다. 그런 일은 간음 행위로 간주되었다. 유대인은 공공기관에서 일하는 것도 배제되었다. 423년에는 유대인들이 회당을 짓거나 수리하는 것도 금지되었다. 이 모든 법률과 함께 유대인들을 적대시하는 폭력행위가 이어졌다. 황제나 국가기관들이 이를 지원하지는 않았지만 암묵적으로 승인했다. 회당들은 불태워졌고 토지는 몰수되었다. 유대인은 박해받고 살해되기도 했다. 당국은 모른 체했다. 못할 게 무엇인가? 이들은 하느님을 살해한 자들이다.

이 상황을 잘 보여주는 예가 있다. 388년 칼리니쿰Callinicum의 주교는 자기 교구민에게 지역의 유대교 회당을 습격하라고 부추겼고, 그들은 그렇게 했다. 완전히 뭉개버렸다. 유대인들이 테오도시우스 황제에게 이의를 제기했을 때, 그는 주교에게 교회 자금으로 회당을 재건하라고 명령했다. 이 시점에서 강력한 교회 지도자가 황제의 판결을 되돌리려고 끼어들었다. 당시 가장 영향력 있던 주교 중 한 사람인 밀라노의 주교 암브로시우스Ambrose였다. 황제가 상황을 중재하고 배상을 요구했다는 소식이 밀라노에 전해지자 암브로시우스는 이에 저항하는 모진 편지를 썼다. 그는 황제가 이 중재로 그의 종교적 임무를 저버리는 위험에 빠져 있다고 주장하면서, 주교들은 결코 회당 재건 요청에 응하지 말아야 한다고 강조했다.

여기서 놀라운 상황을 접하게 된다. 채 한 세기가 지나기 전만 해도 지배 당국은 그리스도교 지도자들을 박해하고 학대했다. 이제 그리스도교 지도자들은 편지로 황제를 견책하고 당국자들이 순명할 것이라고 기대한다. 입장이 바뀌었다!

테오도시우스는 암브로시우스의 저항을 무시하기로 결정했으나, 밀라노로 여행했고 대성당 전례에 참석했다. 암브로시우스가 사건을 설명하는 글을 보면, 그는 황제의 "잘못된 행동"을 직접 설교했고, 그 후 전례 중에 황제를 직접 대면하려고 제대에서 걸어내려 왔으며, 황제에게 배상 요구를 철회해줄 것을 공적으로 요구했다고 주장한다. 이 매우 공적인 장소에서 황제는 다른 선택권이 없음을 느꼈다. 그는 주교의 요구에 동의했다. 칼리니쿰의 그리스도인 폭도는 처벌받지 않았고 회당은 황폐화된 채 남게 되었다.(암브로시우스, 『편지』40; 41.)⁴

이제 하느님인 그리스도만이 아니라 그의 종들과 주교들도 진짜 정치권력을 갖게 되었다. 그들은 하느님을 죽였다는 혐의를 받고 오랫동안 그들의 원수였던 유대인을 반대하며 추악하게 권력을 사용했다.

하느님인 그리스도와 그리스도교 세계

예수가 하느님이고, 그리스도인의 하느님이 최고신이라는 믿음으로 황제가 회심하면서 그리스도인들 사이의 담론도 확실히 변화했다. 그리스도인들 간에 벌어졌던 초기 논쟁들은 기본적이고 근본적으로 보였던 쟁점들에 대한 것이었다. 그리스도는 하느님이었나? 그렇다. 그는 인간이었나? 그렇다. 그럼에도 그는 둘이 아니라 한 사람이었나? 그렇다. 4세기 초 콘스탄티누스가 회심했을 때, 대다수 그리스도인은 이 확언들을 긍정했다. 이것으로 신학적 논쟁과 정통 가운데서 이단 색출이 끝났다고 생각할지도 모르겠다. 그러나 논쟁은 막 뜨거워지기 시작했다는 것이 역사적 진실이다.

아리우스 논쟁이 니케아 공의회로 사멸하지 않았다는 것은 이미 언급했다. 아리우스 논쟁은 반세기 또는 그 이상 더 진행됐다. 한 세기 전이라면 생각도 못할 쟁점들을 놓고 새로운 논쟁이 일어났다. 예수를 하느님이자 인간으로 이해하는 정통의 영향 안에서 발전된 신학적 관점은 더욱 정교해지고 미묘한 의미를 띠게 되었다. 초기에는 정통 가운데서 수용되던 입장들이 가장 하찮은 세부항목 때문에 도전받았다. 외부인에게는 이러한 쟁점들이 보잘것없는 것처럼 보일 수 있지만, 내부인 사이에서는 아주 중요한 문제였다. 결과적으로 이제 "주요" 쟁점들은 해결되었지만 독설은 약화되지 않았다. 오히려 수사적 표현이 더욱 늘었고, 심지어 가장 사소한 문제에 대한 작은 오류도 파문이나 추방과 연결되어 지극히 중요한 문제가 되고 말았다.

여기서는 4, 5세기와 그 이후의 다양한 신학적 논쟁들에 대해 피상적 진술을 하지는 않을 것이다. 그러나 명확히 표현되고 논의되었으며 결국 이단으로 비난받은 세 가지 관점에 대해서만 아주 간략히 다룬다.[5] 짧은 개관을 통해서 적어도 그리스도인들 사이에 벌어진 논쟁 수준을 인식할 수 있다.

안키라의 마르켈루스

니케아 공의회에서 채택한 반아리우스적 관점의 주요 옹호자 중 한 사람은 안키라Ancyra의 주교 마르켈루스Marcellus(374년 사망)였다. 그는 자신을 완전히 정통이라 이해했다. 그러나 그는 니케아 신경으로 이끈 결정들 중에서, 특히 하느님과 영원히 공존하며 동등한 그리스도가 실제로 어떻게 아버지와 관계하는지 더 전개시킬 여지가 있다고 보았다. 그리스도와 아버지는 분리된 둘이지만 동등한 존재들이거나 히포스타시스들인가?(이때 히포스타시스라는 용어는 '위격'이나 '개별적 실체'를 의미했다.) 마르켈루스는 양태설적 관점이 더 이상 받아들여질 수 없다는 것을 잘 알고 있었다. 그러나 그리스도인 중에 한 분 하느님 외에 다른 신들이 있다고 의심하는 이가 없도록, 사벨리우스와 그 동료들의 덫에 빠지지 않고 신성의 일원성과 일치를 유지할 수 있는 길은 없는가?

마르켈루스의 해결책은 히포스타시스가 오직 하나라고 말하는 것이었다. 이 히포스타시스는 아버지와 아들과 성령이었다. 그의 관점에서 그리스도와 성령은 영원에서부터 하느님 안에 거주했기 때문에 영원히 하느님과 함께 있다. 그러나 그들은 구원이라는 목적을 위해 아버지로부터 나왔다. 실제로 그리스도가 아버지로부터 나오기 전, 곧 그분 안에 거주했을 때 그는 아직 아들이 아니었다. 그는 육화했을 때에만 아들이 될 수 있었다. 그래서 그 시간 전에 그는 아버지 안에 있던 하느님의 말씀이었다. 더욱이 "종말" 때 "나라를 하느님 아버지께 넘겨 드리실 것"이라고 나온 고린토전서 15장 24-28절에 대한 자신의 해석에 기초하여, 마르켈루스는 그리스도의 나라가 영원한 것이 아니라고 주장했다. 결국 하느님 아버지가 주권자다. 그리스도는 자기 나라를 아버지에게 넘길 것이고 하느님 안에 거주하기 위해 돌아갈 것이다.

이 관점은 분명히 2,3세기와 4세기 초반의 주요 그리스도론적 방침을 따르고 있다. 그리스도는 하느님이고 인간이 되었으며 오직 한 사람이다. 이것은 양태설적 관점이 아니다. 그러나 교회의 다른 지도자들은 이것이 양태설과 너무 비슷하다고 생각했고 이단으로 단죄했다. 이 문제는 381년 콘스탄티노플 공의회에서 논의됐고 최종 결정되었다. 그래서 니케아 신경 안에 한 줄이 삽입되어 오늘날까지 암송된다. "그분의 나라는 끝이 없으리이다." 이 부분은 마르켈루스의 관점을 신학적으로 거부하기 위해 붙인 것이다. 교회의 다른 지도자들은 이 거부에 동의하지 않았고, 논쟁은 계속됐다.

아폴리나리스

아폴리나리스Appolinaris(315~392)는 니케아 공의회에 참석하기에는
너무 어렸지만, 어른이 되어서 아타나시우스의 벗이 되었고 라오디케아
Laodicea의 주교로 임명받았다. 마르켈루스처럼 그는 자신이 니케아의 반
아리우스적 신경이 포용한 정통 양식의 참된 옹호자라고 주장했다. 그
러나 그는 그리스도가 어떻게 하느님인 동시에 인간이 될 수 있는가라
는 질문에 마음을 빼앗겼다. 만일 예수가 하느님이자 인간이라면 그의
일부가 하느님이고 나머지가 인간인가?

아폴리나리스의 저작은 거의 남아 있지 않기 때문에, 정확히 그가
어떻게 자신의 관점을 표현했는지 알기 어렵다. 뒷날 고발당한 그의 가
르침은 육화한 그리스도가 인간 영혼을 지니지 않았다는 것이다. 그 시
대의 다른 사람들처럼 아폴리나리스도 인간이 세 부분으로 구성되어 있
다고 여긴 듯하다. 이 세 부분은 몸, 우리 감정과 격정의 뿌리인 "저차원
의 영혼", 세상을 이해하는 이성적 부분인 "고차원의 영혼"이다. 아폴리
나리스는 예수 그리스도 안에서 예수의 이성은 완전히 신성하므로 선재
하는 신성한 로고스가 고차원의 영혼을 대신한다는 입장을 분명하게 견
지했다. 그래서 그는 하느님과 인간이 일치되며, 오직 한 인간 그리스도
만 있다고 보았다. 그러나 하느님과 인간이 일치를 이루는 이유는 인간
예수 안에 하느님이 일부를 점유하고 인간도 일부를 점유하고 있기 때
문이다.

이 관점에서 나온 하나의 결과는 그리스도가 도덕적으로 또는 인성
의 견지에서 발전할 수 없다는 것이다. 그는 인간 영혼이 없는 대신에 신
성한 로고스를 갖고 있기 때문이다. 무엇보다 이 부분이 아폴리나리스

의 관점을 단죄하게 만들었다. 만일 그리스도가 모든 면에서 온전히 인간이 아니라면, 그는 우리가 따를 수 있는 모범이 될 수 없다. 우리가 그리스도와 같지 않다면 어떻게 그리스도처럼 될 수 있겠는가? 게다가 만일 그리스도가 온전히 인간이 아니라면, 그리스도가 모든 인간을 어떻게 구원할 수 있는지가 불분명하다. 이 이해에서는 그리스도의 구원이 인간 몸에까지는 이르지만 인간 영혼에는 도달하지 못한다. 그에게 인간 영혼이 없기 때문이다.

아폴리나리스 반대자들은 이와 비슷하게 주장했다. 더 이른 시기의 논쟁에서 볼 때 아폴리나리스는 완전히 정통으로 나타나지만, 그와 그의 관점은 381년 콘스탄티노플 공의회에서 단죄받았다. 그는 공적인 그리스도교 교회에서 예배도 드릴 수 없게 되었다.

네스토리우스

정통 획득 과정상 출현한 논쟁의 마지막 예로 후대의 한 인물을 살펴보려 한다. 그는 정통 신앙의 대변자이길 원했지만 공격받았다. 네스토리우스Nestorius(381~451)는 당시 그리스도교의 탁월한 대표자로 428년 콘스탄티노플의 주교라는 존경받는 지위에 올랐다. 네스토리우스와 그의 관점을 둘러싼 쟁점에 대해서는 이 책에서 다루지 않았다. 그리스도가 영원에서부터 본성상 하느님이라고 일단 긍정되자, 신학자들은 마리아를 그의 어머니라고 말하는 의미를 묻기 시작했다. 물론 마리아는 독특한 지위의 인간으로 고양되었고, 그녀에 대한 전설과 전승은 계속 늘어났다. 그리스도가 가져온 구원 속에서 마리아의 역할을 성찰하던 신학자들은 이제 그녀를 테오토코스Theotokos라고 부르기 시작했다. 이 말은 "하느님을 낳은 분"이라는 뜻이지만, 좀 거칠게 "하느님의 어머니"를 의미하였다.

이 용어는 5세기 초 네스토리우스 시대에 널리 사용됐지만 그는 공적으로 이 용어를 반대했다. 네스토리우스의 관점에서 볼 때 마리아를 하느님의 어머니라고 부르는 것은 마리아가 인간 영혼이 아닌 하느님의 로고스를 지닌 인간을 낳았다는 아폴리나리스주의와 너무 유사한 것이었다. 네스토리우스는 그리스도가 온전히 인간이며 온전히 하느님이라는 것을 믿었다. 게다가 신성과 인성은 본질이 다르기 때문에 혼합될 수 없었다. 신성과 인성은 육화 때에 그리스도 안에 제시되었다.

네스토리우스는 그리스도가 온전히 하느님이면서 온전히 인간이라는 관점을 분명히 강조했지만, 그것은 그리스도가 다른 두 사람, 곧 한 신과 한 인간이라는 주장처럼 보였다. 한 신과 한 인간이 (마치 "영적 혼인" 처럼) 일치 상태로 있을 수 있도록 그리스도의 인간적 요소가 신성을 단단하게 포용하고 있다는 것이다. 그러나 이 시기 정통 그리스도인들은 이미 오래전부터 그리스도가 한 인간이라고 보았다. 결국 네스토리우스의 적들은, "두 사람" 그리스도론이 그리스도를 분리했고 그를 "신성한 인간"이 아닌 "그저 인간"으로 만들어버렸다고 주장하면서 네스토리우스를 공격했다. 그 결과 교황 켈레스티누스Celestine는 430년 네스토리우스를 단죄했고 431년 에페소 공의회 때도 마찬가지였다.

4~5세기 그리스도론적 논의에 대한 본격적 연구를 제시하려고 후기의 세 이단을 살펴본 것은 아니다. 인간이 된 그리스도가 영원에서부터 하느님이었다고 선포된 후에도 그 해석과 이해의 문제가 모두 해결되지 않았음을 밝히기 위해서였다. 문제가 해결되기보다는 오히려 새로

운 문제들이 발생했다. 문제들이 해결되고 나면 신학적 쟁점들이 더 부각됐다. 신학은 더욱 미묘한 의미를 띠게 되었다. 관점들은 더욱 복잡해졌다. 정통 신학은 더 역설적이 되기까지 했다. 451년 칼케돈 공의회가 열릴 때까지 이 쟁점들 중 많은 사안이 "공식적"인 최종 해결을 보지 못했다. '해결책' 조차 하느님과 그리스도와 삼위일체와 관련된 주제들에 대한 논쟁을 결론짓지 못했다. 논쟁은 여러 세기 동안 휘몰아치고 실제로 오늘날에도 계속되고 있다.

결론

맺음말에서 논의한 어떤 논쟁도 예수가 하느님이라는 것을 문제 삼지는 않았다. 예수는 사실상 하느님이다. 논쟁에 참여한 모든 이가 그리스도에 대한 '니케아적' 이해를 갖고 있었다. 그리스도는 영원에서부터 하느님이다. 그가 존재하지 않던 시간은 없었다. 하느님은 그리스도를 통해서 하늘과 세상의 만물을 창조하였다. 그는 하느님 아버지와 동일본질이다. 그는 지위와 권위와 능력에서 하느님과 사실상 동등했다. 이 모든 진술이, 국가에 반대한 죄 때문에 십자가형을 받은 갈릴래아 출신 묵시론적 설교가에 대한 상당히 고양된 표현이다. 예수 사후 300년 동안 이에 대해 많은 발전이 있었다.

그러나 예수에 대한 그리스도교적 견해는 예수 사후 20년 사이에 엄청나게 발전했다고 주장할 수 있고, 또 주장해야 할 것이다. 예수 사후 20년이나 그 이전 시기에 이미 필립비서의 그리스도 시가 지어졌다. 여기서 예수는 "하느님의 모습"을 지녔던 선재하는 신성한 존재이고, 인간이 되었으며, 죽음에 이르기까지 순종하였기 때문에 신성한 지위로 고양되고 하느님과 동등하게 되었으며, 세상 모든 사람이 무릎 꿇고 주님이라 고백하는 분으로 묘사된다. 독일 신약학자 마르틴 헹엘Martin Hengel은 "모든 초기 교회 그리스도론의 발전과 관련해서 …… 수 세기에 걸쳐 교리가 발전된 후대의 전체 시기보다, 처음 20년 안에 더욱 중요한 일이 일어났다"는 유명한 주장을 했다.[6]

이 주장에는 확실히 어떤 진실이 있다. 물론 첫 20년 이후에도 엄청나게 많은 일이 벌어졌다. 그러나 주요 도약은 첫 20년 사이에 이루어졌다. 예수의 공생활 중에 직제자들은 도래할 파국과 관련된 묵시론적 메시지를 지닌 유대인으로 예수를 보았지만, 사후에는 우주의 주님이 되기 전에 잠시 인간이 된, 훨씬 위대한 선재하던 신성한 존재로 여겼다. 이러한 인식은 예수가 창조 때 하느님과 함께 존재했던 육이 된 하느님의 말씀이며, 하느님이 예수를 통해 만물을 창조하였다는 선언 이후 오래지 않은 시기에 생긴 것이다. 결국 예수는 모든 면에서 하느님으로 인식된다. 그는 아버지와 영원히 공존하고, 아버지와 동일본질이며, 한 분이지만 세 위격인 삼위일체 안에서 아버지와 동등하다.

이 하느님인 그리스도는 역사상 예수가 아닐지 모른다. 그러나 그는 정통 그리스도교 교리의 그리스도이며, 몇 세기에 걸쳐서 믿음과 경배의 대상이었다. 그리고 오늘날 그리스도인들도 세계 전역에서 그를 여전히 하느님으로 경배하고 공경한다.

감사의 말

이 책의 초고를 읽고 폭넓고 유용한 조언을 해준 학자들에게 감사드리고 싶다. 만일 모든 사람에게 통찰력 있고 관대한 벗들이 있었다면 세상은 훨씬 더 행복한 곳이 되었을 것이다. 듀크신학교에서 교회사를 가르치는 비범하고 해박한 학자 마리아 되르플러Maria Doerfler와 근 30년 동안 기꺼이 내 원고를 읽으면서 꾸준히 교정해준 듀크신학교의 신약학 교수 조엘 마커스Joel Marcus는 나의 독자가 되어주었고, 내 오랜 벗이자 같은 분야를 연구하는 동료인 예일대학교의 신약학 교수 데일 마틴Dale Martin의 비판적 통찰은 내가 학자로 성장하는 데 여러 해 동안 도움을 주었다. 최근에 알게 된 포담대학교의 신약학 조교수 마이클 페퍼드Michael Peppard의 저술은 내 사고에 중요한 영향을 끼쳤으며, 내 연구에도 그의 책을 인용했다.

하퍼원HarperOne출판사의 모든 직원들, 특히 발행인 마크 토버Mark Tauber와 부발행인 클로디아 부토트Claudia Boutote, 재능 있고 정열적인 홍보담당자 줄리 베이커Julie Baker에게 감사드린다. 명민한 편집자 로저 프리트Roger Fret는 큰 도움을 주었으며 이 책을 더 훌륭하게 만들어주었다.

훌륭하고 재치 넘치는 나의 아내 사라 벡위스Sarah Beckwith에게 이 책을 바친다. 몇 년 전 다른 책을 아내에게 헌정했지만 지속적으로 나의 삶을 아내에게 바치고 있기에, 이제 또 다른 책을 바칠 때가 되었다. 아내는 내가 아는 한 가장 멋진 사람이다.

역사적으로 "재맥락화"된 예수

미국 채플힐 노스캐롤라이나대학교 종교학부 바트 D. 어만(1955~)의 책이 또 하나 한국어로 번역된다니 기쁜 일이다. 어만 교수는 학문적으로뿐만 아니라 대중적으로도 널리 알려져 있다. 우리말로도 번역된 『성경 왜곡의 역사』 등 《뉴욕타임스》 베스트셀러로 선정된 5권의 책을 비롯해 30권 가까운 책을 저술했으며, 그의 책은 27개 언어로 번역되었다.

흥미롭게도 그는 극보수주의 무디성서학교를 거쳐 휘튼칼리지를 졸업하면서 성경을 문자 그대로 믿는 열렬한 그리스도교 근본주의자였지만, 프린스턴 신학대학원에서 신학석사와 박사학위를 받으면서 자신의 생각이 근본적으로 바뀌었다고 고백한다. 15년간 자유주의적 그리스도인으로 살다가 결국 악과 고통이라는 문제를 붙들고 씨름하던 끝에 지금은 불가지론적 무신론이 되었다고 한다.

그의 전문 연구 분야는 신약성서 문헌비판, 역사적 예수, 초기 그리스도교 성립사 등인데, 이런 분야에서 극히 진보주의적 입장을 취하고 있다. 그럼에도 불구하고 그는 최근에 나온 자신의 책에서 예수가 신화적 존재였다고 주장하는 학자들의 이론만은 통렬히 반박하면서 예수가 실제 역사적 존재였다고 역설한다.[1] 이 책 『예수는 어떻게 신이 되었나?』는 이처럼 역사적으로 존재했던 예수가 어떻게 그리스도교에서 일반적으로 믿는 대로 신의 위치로 격상되었는지를 역사적으로 고찰한다.

예수는 누구였던가? 이른바 '그리스도론' 흔히 말하는 '기독론'의 문제는 신학이나 종교학 분야에서 가장 뜨거운 문제 중 하나다. 예수가 누구였던가 하는 문제에 관해서는 그만큼 여러 가지 의견이 있을 수 있다는 뜻이다. 심지어 지금의 네 복음서마저도 예수가 누구였던가 하는데 대해 동일한 대답을 주고 있지 않다.

네 복음은 모두 예수가 "하느님의 아들 예수 그리스도"라고 말해주고 있다. 그러나 네 복음서 중 서기 65~70년경 제일 먼저 쓰였다고 하는 마르코복음에서는 예수의 하느님 아들 됨이 그가 세례를 받을 때라하고 있다. 그러다가 그 후 15~20년이 지나 쓰여진 마태오복음과 루가복음에서는 예수의 하느님 아들 됨이 그의 출생 시로 당겨진다. 그러다가 다시 10~15년이 지나 90~95년경에 쓰여진 요한복음에서는 예수가 태초부터 하느님의 '말씀'으로 하느님과 함께하면서 창조에 참여하고, 그 후 육신이 되어 우리 가운데 거하게 되었다고 한다. 마르코복음에서는 인간 예수가 신이 되었다고 하고, 요한복음에서는 신이 인간이 되었다고 주장한 셈이다. 이처럼 성서 네 복음서에서마저 예수를 보는 시각이 각각 달랐다는 뜻이다.[2]

그 외에도 2,3세기에는 예수에 대해 다양한 시각을 가졌던 복음서들이 여럿 있었다. 그러다가 로마 황제 콘스탄티누스가 등장하면서 새로운 사태가 발생했다. 그는 그리스도교를 로마 제국을 통치하는 종교적 이데올로기로 삼으려고 하는 데, 예수에 대한 견해가 분분한 것이 못마땅했다. 그래서 325년 그 당시 그리스도교 학자들을 지금의 터키에 있던 니케아에 모이게 하여 예수에 대한 교리를 하나로 통일하라고 명령했다. 이때 채택된 그리스도론이 이른바 '호모우시오스' 곧 예수는 하느님과 '동일본질'이라는 교리였다. 후에 이런 기본적인 그리스도론과 배치되지 않는 네 복음서들만 정경으로 채택되고 예수에 대해 다른 생각을 이야기하는 복음서들은 폐기처분되었다.

이렇게 폐기처분 대상이 되었던 복음서들 더러가 1,600년이라는 세월이 지난 1945년 이집트 나그함마디에서 발견되었다. 그중 가장 잘 알려진 것이 토마복음으로 이 복음서는 예수를 완전히 다른 각도에서 보고 있다. 공관복음서에서는 예수가 "나를 따르라" "나의 제자가 되라" "나를 배우라"고 하고, 요한복음에서는 주로 "나를 믿으라"고 하지만, 토마복음에 나오는 예수는 오로지 "깨달음gnosis"의 경험을 하라고 강조한다. 토마복음은 "또 다른 예수"를 보여주는 셈이다.[3]

한편 예수를 어떻게 이해할까 하는 문제를 중심으로 정통 교리가 형성되기 시작했다. 그 노력의 일환으로 이루어진 교리 중 한 가지 예가 아우구스티누스(354~430)에 의해서 그리스도교 중심 교리가 된 예수의 동정녀 탄생설이다. 아우구스티누스는 성性을 죄악시하여 성욕이 인간이 짊어진 원죄原罪라고 보았다. 아담의 죄가 그의 정액을 통해 모든 남성에게 내려와 모든 남성은 원죄를 이어받았기에 이런 죄된 남자가 예수의 아버지일 수 없다고 보았다. 따라서 예수는 아버지 없이 어머니만으로 태어나야 했다는 동정녀 탄생설을 강력히 주장하게 된 것이다. 그

외에도 신이 인간이 되고 우리 죄인을 위해 피를 흘리셨다는 등 예수에 대한 교회의 공식적인 교리들이 확정되었다.

18세기 말 이후 현대 예수 연구자들은 교회의 이런 공식적 교리에서 주장하는 그리스도, 'the Christ of the Church'가 아니라 예수가 역사적으로 누구였던가 하는 역사적 예수, 'historical Jesus/Jesus of Nazareth' 문제에 관심을 기울이기 시작했는데, 그들 사이에서도 의견이 분분했다.[4] 성서 신학자 다니엘 해링턴Daniel J. Harrington의 보고에 의하면 예수에 대한 대표적인 의견으로, 예수가 1) 성전과 유대인의 생활방식을 개혁하려고 한 종말론적 예언자, 2) 열심당에 속하는 혁명가, 3) 기성종교를 방해한 마술가, 4) 삼마이 파 바리세인에 대항하던 힐렐 파 바리에인, 5) 갈릴리 지방의 카리스마적 지도자, 6) 토라를 가르치던 랍비 등이라는 것이 있다.[5] 그 외에도 예수를 보는 시각은 귀신을 쫓아내는 퇴마사로서의 능력을 하느님 나라의 실현을 위한 증거로 믿고 활동하다가 그 노력이 실패로 돌아가자 폭력에 의지할 수밖에 없었던 열성파 게릴라로 보는 시각까지 있다.[6]

어만 교수가 이 책에서 하고자 하는 것은 예수에 대한 여러 가지 설들 중 인간 예수를 신으로 보는 믿음이 어떻게 생겼는가에 대한 역사적 과정을 살펴보려는 것이다. 그가 주장하는 바의 요점은 대략 다음과 같이 요약할 수 있다.

1) 고대 그리스나 로마 문화권에 속한 사람들에게는, 심지어 유대인들에게까지도, 현재 우리처럼 어떤 인물이 신이냐 인간이냐를 흑백 이분법적으로 나누어 생각하지 않고, 인간이 신이 되기도 하고 신이 인간

이 되기도 하여, 위대한 인물은 신이면서 동시에 인간이라 보는 시각이 보편적이었다.

2) 예수는 스스로를 메시아로 생각했을지는 모르지만 자기가 신이라고는 생각하지 않았을 것이다.

3) 그럼에도 불구하고 예수를 따르던 사람들이 예수라는 인물을 신이라 생각하게 되었다.

4) 그렇게 된 가장 큰 이유는 '예수가 죽음에서 부활했다'고 믿은 제자들의 부활신앙 때문이었다.

5) 이렇게 부활했다고 믿은 예수가 더 이상 자기들과 함께 있지 않았기 때문에 그가 하늘로 올라갔을 것으로 믿게 되었다.

6) 하늘로 올라간 예수는 하느님의 아들로 격상되고 그 결과 예배의 대상이 되었다.

7) 공관복음서에서는 초기 제자들의 예수 신앙과 달리 예수가 세례나 출생에 의해서 하느님의 아들로 '고양' 되었다고 믿었다.

8) 바울로는 예수 그리스도를 겸손한 마음으로 세상에 온 하느님의 천사로 보고 그의 선재성을 강조했다.

9) 요한복음에서는 한 걸음 더 나아가 예수가 선재하는 하느님의 육화肉化라 보았는데, 기본적으로 육화 그리스도론이 결국 대세를 이루게 되었다.

이런 주장을 설득력 있게 펼친 다음 초기 그리스도교 역사에서 예수에 관한 논쟁 중 이긴 편이 된 정통설들과 진 편이 된 이단설들을 소상하게 소개하고 있다.[7]

어만 교수는 예수의 신격화 과정에 대한 이야기를 펼치면서 자기 개인의 정신적, 영적 여정이 어떠했는가를 연관시키면서 이야기해가고 있다. 진솔한 자기 고백이 아름답다. 특히 마지막 장에서 자신이 비록 불가지론적 무신론자로서 예수를 인간으로 보게 되었다고 하면서도 예수가 선언한 윤리적 원칙들을 "재맥락화recontextualization"하므로 그 원칙들을 자기의 삶 속에 체화하고 있다는 고백은 우리가 귀담아들어야 할 메시지가 아닌가 여겨진다. 예수의 가르침은 시대를 통해 언제나 재맥락화되어왔고 앞으로도 그렇게 되리라는 그의 통찰은 역사가로서 그가 우리에게 줄 수 있는 선물이기 때문이다.

이 책은 어만 교수가 쓴 다른 여러 가지 책과 마찬가지로, 상당수 한국 그리스도인들에게 충격적으로 받아들여질 수 있을 것이다. 그러나 예수를 보는 시각이 오로지 교회에서 가르쳐주는 정통 시각 한 가지만이라는 믿음을 강요받으면서도 거기에 쉽게 동의하지 못하던 많은 분들에게는 이처럼 역사적 접근에 의한 성찰을 제시하는 이 책이 또 다른 대안으로 읽혀지리라 믿는다. 많은 분들의 숙독을 권하고 싶다.

2015년 12월

오강남(리자이나대학교 종교학과 명예교수)

옮긴이의 말

이 책은 이른바 예수의 신화神化, Deification 문제, 곧 인간 예수가 하느님이 된 연유를 역사학적으로 다루고 있다. 우선 신앙서적이 아니라는 점을 먼저 밝혀두어야 할 것 같다. 신심을 진작시킬 목적이라면 이 책이 크게 도움이 되지 않을 것이다. 그러나 그리스도 신앙의 역사를 탐색하고 자신의 신앙에 대한 지적 성찰을 원하는 이들에게는 도움이 될 수 있다.

베스트셀러 작가로 분류되는 저자 바트 어만의 미덕 중 하나는 아마도 어려운 신학적 주제를 쉽고 명확하게 전달한다는 데 있을 것이다. 그의 글을 읽으면 마치 재미있는 한 편의 소설을 읽는 것 같은 기분이 든다. 그의 저작들 중에서 이 책 외에도 이미 세 권이 우리말로 번역되어 있다. 출간되자마자 많은 논란을 일으킨 이 책에 대해서 복음주의 경향의 학자들 다섯은 곧바로 이에 응답하며 『하느님은 어떻게 예수가 되었나How God Became Jesus』라는 책을 발간했다. 이 반박서는 워낙 짧은 기간에 나온 응답이라 대체로 깊은 성찰을 끌어내지 못했다는 평가를 받았지만, 예수의 '빈 무덤'을 면밀히 다루면서 매장과 관련된 어만의 가설을 반박한 신약학자 크레이그 에반스Craig Evans의 글은 여러 곳에서 호평을 받았다.

에든버러의 신약학자 래리 허타도Larry Hurtado는 이 책에 대해 비평을 썼는데 그의 비평을 접한 저자는 허타도가 자기 책을 오독했다고 반박했고, 서로 이메일을 주고받은 끝에 허타도는 그중 일부를 수용했다.(저자도 허타도의 비평을 일부 수용한 것으로 보인다.) 래리 허타도는 어만의 견해가 신약성서와 교부들이 예수 그리스도와 하느님 아버지를 동일시한 것 같은 오해를 일으켰다고 비판했다. 이에 대해 어만은 자신의 의도가 예수 그리스도를 하느님 아버지와 동일시하는 현대인들을 겨냥한 것이었다고 해명했다.

아무리 쉽게 쓰였다 하더라도 전문가들조차 자기 분야에서 오해하는 일은 종종 일어난다. 그러나 해석학의 매력 중 하나가 선입견과 오해의 역사를 통해 참된 이해에 이른다는 것을 상기한다면, 오해가 두려워 읽기와 쓰기를 포기하는 일은 없어야 하겠다.

독자가 알아서 판단할 일이겠지만, 이 책을 읽어서 어쩌면 신심이 흔들리거나 감정이 상할 수도 있겠고, 세상의 고통과 전능한 하느님의 불협화음이라는 역설을 접하면서 불가지론자로 돌아선 저자처럼, 어쩌면 교회를 떠나고 싶은 마음이 들 수도 있겠다. 나는 그래도 괜찮다고 생각한다. 주변에서 흔히 보듯이 흔들리지 않는 굳건한 믿음은 때로 번민하는 무신론보다 더 위험하고 교조적으로 흐르기 쉽기 때문이다.

이 책은 대단히 신학적인 주제를 다루었지만 신학서라기보다는 역사서에 가깝다고 해야 할 것이다. 저자는 '신학'이라는 단어를 사용할 때 은근히 부정적인 뉘앙스를 풍긴다. 무엇인가 첨가되거나 삭제되어 비본래적 의미를 표현하고자 할 때 이 단어를 쓴다. 반면 '역사'라는 말은 긍정적 뉘앙스와 함께 본래적 의미를 추구할 때 사용하는 듯하다. 저자는 여러 곳에서 신학자가 아닌 역사가로서의 자기 정체성을 밝히고 있다.

이 책은 극단적인 반지성주의가 횡행하는 한국 그리스도교에 해악보다는 도움이 될 것이라고 생각한다. 독자가 신앙인일 경우에도 지나친 경계심을 버리고 한 편의 교양 역사서로 읽는다면 재미와 의미를 구할 수 있을 것이다. 이 책은 신앙을 요구하지 않으며 요구할 수도 없는 책이다. 근본주의적이고 지나치게 교조주의적으로 변질되어 그리스도교라고 이름 붙이기도 민망한 한국 그리스도교계에 자그마한 대화거리라도 제공할 수 있다면 이 책은 그 몫을 한 것이라 생각한다.

교회사가 에른스트 다스만은 이슬람이 중세 때 철학과의 관계를 단절하고 현대적 학문 발전을 수용하지 않은 점을 지적하면서, 엄격한 유일신론은 교조주의적으로만 유지될 수 있고 사색적 관찰을 포기해야 하는 것을 의미할 수 있다고 우려한 바 있다. 다스만의 조언은 비단 이슬람뿐만이 아니라 지적 성찰과 반성을 무시하는 모든 이들에게 해당될 것이다.

동서를 가리지 않고 여러 현인들은 지식만 축적하는 일이나 지식과 삶의 분열을 경계했다. 인식이나 실천 어느 한쪽만 강조하거나 무시하지도 않았다. 인식은 실천을 요구하고 실천은 인식을 요구하기에, 우리는 인식과 실천을 고정된 것이 아니라 도상에 있는 것으로, 모색 중인 것으로 이해해야 할 것이다. 실천을 요구하는 인식이 천박하면 천박한 실천이 나오고, 실천이 천박하면 인식도 천박해진다. 한국의 그리스도교가 예수의 복음을 권고하기 위해 실천적·인식론적으로 설득력을 갖춘 성숙한 공동체가 되길 바라는 마음은 옮긴이만의 욕심이 아닐 것이다.

예수와 동시대 인물이었으며, 모세를 신으로 묘사했던 알렉산드리아의 유대인 필론 이래 여러 교부들은 신god이 된 인간과 유일하신 창조주 하느님The God을 구분했다. 교부들은 예수 그리스도의 신화神化만이 아니라 그리스도인들의 신화에 대해서도 깊은 통찰을 남겼다. 그러나 어느 누구도 신화한 인간을 아버지 하느님과 동일시하지는 않았다.

현대의 여러 정교회 학자들도 인간의 신화에 대해 다양한 견해를 남겼다. 인간의 신화를 그리스도화로 이해한 학자가 있는가 하면 진정한 인간화로 이해한 학자도 있다. 이들 역시 교부들과 동일하게 신화한 인간을 하느님 아버지로 보지 않았다. 교부들의 논쟁을 들여다보면 그들 역시 우리처럼 시샘하고 질투하고 욕망하는 사람들이었다는 것을 알게 된다. 그리스도교는 보통사람들의 역사에 하느님이 개입하면서, 또는 하느님의 개입을 해석하면서 이루어지는 일이다. 결국 하느님과 인간이 함께하는 일이다.

우리의 상황과 관련하여, 예수는 사제나 율사가 아니라 일개 평신도였다는 분명한 '역사적' 사실이 강조되어야 할 것 같다. 알다시피 예수는 예언자 전통에 있는 인물이다. 예언자란 행정가나 조직가라기보다 새로운 지평을 열어주는 사람이다. 예수의 신랄한 비판이 주로 사제, 율사 같은 기득권층을 향했다는 사실은 우연이 아니다. 씁쓸하지만 저 옛날 예수의 독설은 오늘날에도 정확히 문자적으로 들어맞는 것처럼 보인다.

마지막으로, 묻기도 전에 모든 답을 알고 있는 분들과 인생의 정답을 꿰찬 분들, 맥락과 관계없이 교리를 신봉하도록 요구하는 교회 지도자들이 책을 읽고 토론이라도 해본다면 훨씬 개방적이고 즐거운 교회 공동체가 되지 않을까 하는 헛된 바람을 가져본다. 이 책을 통해 독자들이 무조건적 믿음에 질문을 던질 수 있기를, 신앙인들에게는 자성의 기회가 되고 비신앙인들은 지적 유희를 누릴 수 있기를 바란다.

2015년 12월
강창헌

주

1장 고대 그리스와 로마의 신성한 인간들

1. 이미 다른 곳에서 언급한 적이 있으므로 나의 다른 책을 읽은 독자라면 이 이야기를 알아챌 것이다. 나의 책 *The New Testament: A Historical Introduction to the Early Christian Writings*, 5th ed.(New York: Oxford Univ. Press, 2012), pp.32~34를 보라.

2. F.C. Conybeare의 번역, *Plilostratus: The Life of Apollonius of Tyana*, Loeb Classical Library(Cambridge, MA: Harvard Univ. Press, 1950), vol.2.

3. 필로스트라투스는 복음서들이 퍼진 이후에 글을 썼다. 그래서 여러 비평가들이 지적하듯이 예수에 대한 묘사에서 영향을 크게 받았고 그 결과 아폴로니우스에 대한 그의 설명과 복음서 이야기들 사이에 유사성이 만들어졌을 가능성이 많다. 이것은 사실일 수 있으나, 그의 이교인 독자들은 널리 알려진 다른 신성한 이들처럼 아폴로니우스 역시 또 다른 "신성한 인간"이었다는 관념을 어렵지 않게 수용했을 것이라는 게 나의 관점이다.

4. A.D. Melville의 번역, *Ovid: Metamorphoses*(Oxford: Oxford Univ. Press, 1986). 모든 인용문은 VIII권, pp.190~193에서 취한 것이다.

5. 마운트 홀리요크 대학의 종교학 교수인 내 친구 마이클 펜은 아버지가 다른 쌍둥이가 실제로 있다고 알려주었다(이부 동기 복임신heteropaternal superfecundation으로 알려진 현상). 하지만 그러기 위해서는 여성의 두 난자가 상대적으로 짧은 시간 이내에 수정되어야 한다. 암피트리온은 아마도 전쟁으로 몇 개월 동안 떠나 있었을 것이다.

6. 그리스 철학자들의 전기를 쓴 디오게네스 라이르티우스Diogenes Laertius에 따르면, 플라톤은 때로 아폴론 신의 아들이라고 여겨졌다. 『탁월한 철인들의 생애Lives of Eminent Philosophers』3, 1~2, 45.

7. B. O. Foster의 번역, *Livy: History of Rome Books* I-II, Loeb Classical Library(Cambridge, MA: Harvard Univ. Press, 1919).

8. 수에토니우스에 대해서는 Catharine Edwards가 번역한 *Suetonius: Lives of the Caesars*(Oxford: Oxford Univ. Press, 2000)를 참고했다.

9. 이 문단 내용에 대한 정보는 Adela Yarbro Collins & John J. Collins의 공저에서,

John Collins가 집필한 *King and Messiah as Son of God: Divine, Human, and Angelic Messianic Figures in Biblical and Related Literature*(Grand Rapids, MI: Eerdmans, 2008), p.53을 보라.

10. 황제숭배에 관한 가치 있는 자료는 많다. 그중에서도 고전적 저작이 된 S. R. F. Price, *Rituals and Power: The Roman Imperial Cult in Asia Minor*(Cambridge: Cambridge Univ. Press, 1984)를 보라. 더 최근 자료는 Jeffrey Brodd & Jonathan Reed, *Rome and religion: A Cross-Disciplinary Dialogue on the Imperial Cult*(Atlanta: Society of Biblical Literature, 2011). 초기 그리스도교와 연관된 황제숭배 연구로는 아래 두 가지가 특별히 가치 있다. Steven J. Friesen, *Imperial Cults and the Apocalypse of John: Reading Revelation in the Ruins*(New York: Oxford Univ. Press, 2001). Michael Peppard, *The Son of God in the Roman World: Divine Sonship in Its Social and Political Context*(New York: Oxford Univ. Press , 2011).

11. H. E. Butler의 번역, *The Institutio Oratoria of Quintilian*, Loeb Classical Library(Cambridge, MA: Harvard Univ. Press, 1920).

12. 이 관점을 더 발전시킨 고전적 연구 자료는 Lily Ross Taylor, *The Divinity of the Roman Emperor*(Middletown, CT: American Philological Association 1931).

13. 주 10에서 밝힌 책들의 논평들을 보라.

14. Price, *Rituals and Power*, p.31.

15. Price, *Rituals and Power*, p.54.

16. A. M. Harmon의 번역, *Lucian* V, Loeb Classical Library(Cambridge, MA: Harvard Univ. Press, 1936).

17. Price, *Rituals and Power*, p.55.

18. 신성한 피라미드에 대한 개념은 Ramsay MacMullen, *Paganism in the Roman Empire*(New Haven, CT: Yale Univ. Press, 1983)를 보라.

19. 이 관점에 대한 논의와, 고대를 다룰 때 이 관점을 전제로 하는 것이 왜 잘못인지 살펴보려면 특별히 Peppard, *Son of God*, pp.9~49를 보라.

2장 고대 유대교의 신성한 인간들

1. 신뢰할 수 있는 설명으로 E. P. Sanders, *Judaism: Practice and Belief*, 63BCE~66CE(Philadelphia: Trinity Press International, 1992)를 보라.

2. Loren T. Stuckenbruck, *Angel Veneration and Christology*(Tübingen: Mohr

Siebeck, 1995), Charles A. Gieschen, *Angelomorphic Christology: Antecedents and Early Evidence*(Leiden: E. J. Brill, 1998)에 나오는 학문적 논의를 보라.

3. *The HarperCollins Study Bible*, ed.Harold W.Attridge(San Francisco: HarperOne, 2006), p.88.

4. Gieschen, *Angelomorphic Christology*, p.68.

5. 욥기 1–2장에 나오는 사탄satan이 적합한 이름이 아니라 고발자를 의미한다는 것은 중요한 사항이다. 하느님의 신성한 법정에 있는 천사는 '검사' 역할을 한다.

6. J. Z. Smith의 번역, James H. Charlesworth, ed., *The Old Testament Pseudepigrapha*, vol.1, *Apocalyptic Literature and Testaments*(Garden City, NY: Doubleday, 1983)를 조금 수정했다.

7. A. F. J. Klijn의 번역, "2(Syriac Apocalypse of) Baruch," in Charlesworth, ed., *The Old Testament Pseudepigrapha*, Vol.1.

8. F. I. Andersen의 번역, Charlesworth, ed., *Old Testament Pseudepigrapha*, Vol.1.

9. Larry W. Hurtado, *One God, One Lord: Early Christian Devotion and Ancient Jewish Monotheism*(London: SCM Press, 1988), p.82.

10. E. Isaac의 번역, Charlesworth, ed., *Old Testament Pseudepigrapha*, Vol.1.

11. John J. Collins, "Pre-Christian Jewish Messianism: An Overview," in Magnus Zetterholm, ed., *The Messia in Early Judaism and Christianity*(Minneapolis: Fortress, 2007), p.16.

12. Michael A. Knibb, "Enoch, Similitudes of (1 Enich 37–71)," in John C. Collins and Daniel C. Harlow, *The Eerdmans Dictionary of Early Judaism*(Grand Rapids, MI: Eerdmans, 2010), 587.

13. Knibb, "Enoch, Similitudes," p.587.

14. Alan F. Segal, *Two powers in Heaven: Early Rabbinic Reports About Christianity and Gnosticism*(Leiden: E. J. Brill, 1977).

15. 조금 더 많은 설명 및 참고문헌을 담고 있는 글로 Thomas Tobin, "Logos," in David Noel Freedman, ed., *The Anchor Bible Dictionary*, vol.4(New York: Doubleday, 1992), pp.348~356을 참조하라.

16. 필론의 글 번역문은 C. D. Yonge, *The Works of Philo*(reprint ed.: Peabody, MA: Hendrickson, 1993)를 보라.

17. John J. Collins, "The King as Son of God," in Adela Yarbro Collins and John J.

Collins, *King and Messiah as Son of God: Divine, Human, and Angelic Messianic Figures in Biblical and Related Literature*(Grand Rapids, MI: Eerdmans, 2008), pp.1~24.

3장 예수는 정말로 자신을 하느님이라고 생각했나?

1. Dale Allison, *Jesus of Nazareth: Millenarian Prophet*(Minneapolis: Fortress, 1998); Bart D .Ehrman, *Jesus: Apocalyptic Prophet of the New Millennium*(New York: Oxford Press, 1999); Paula Fredriksen, *Jesus of Nazareth: King of the Jews*(New York: Vintage, 1999); John Meier, *A Marginal Jew: Rethinking the Historical Jesus*, 4 vols.(New York: Doubleday, 1991-); E. P. Sanders, *The Historical Figure of Jesus*(London: Allen Lane/Penguin Press, 1993); Geza Vermes, *Jesus the Jew: A Historian's Reading of the Gospels*(London: Collins, 1973).

2. 나는 『예수 왜곡의 역사Jesus, Interrupted』(San Francisco: HarperOne, 2009)에서 이러한 불일치와 모순과 역사적 문제들을 길게 다루었다.

3. 고전적인 연구는 Alfred B. Lord, *The Singer of Tales*(Cambridge, MA: Harvard Univ. Press, 1950), Walter Ong, *Orality and Literacy: The Tchnologizing of the Word*(London Methuen, 1982). 모든 중요 연구에 대한 최근 조사는 Stephen E. Young, *Jesus Tradition in the Apostolic Fathers*(Tübingen: Mohr Siebeck, 2011).

4. *Jesus: Apocalyptic Prophet*에 있는 내 논의를 보거나 Meier, *A Marginal Jew*, 1권의 치밀한 분석을 보라.

5. 바리사이들에 대한 논의는 E. P. Sanders, *Judaism: Practice and Belief, 63BCE~66CE*(Philadelphia: Trinity Press International, 1992)를 보라.

6. 더 충분한 설명은 내 책 *Jesus: Apocalyptic Prophet*를 보라.

7. 나는 이 주장을 수년 동안 다양한 형태로 보아 왔지만, 원래 어땠는지를 제시한 이를 확인할 수 없음을 인정하게 되었다.

8. 내 책 *Jesus: Apocalyptic Prophet*를 보라.

9. John J. Collins, *The Scepter and the Star: The Messiahs of the Dead Sea Scrools and Other Ancient Literature*(New York: Doubleday, 1995).

10. 내 책 *The Lost Gospel of Judas Iscariot*(New York: Oxford Univ. Press, 2006), pp.153~170를 보라.

11. 나는 예수를 메시아로 칭송하면서 모여든 군중들의 환호를 받으며 예수가 예루살렘

으로 '승리의 입성'을 했다는 전승이 역사적이라고 생각하지 않는다. 만약 그 광경이 정말로 벌어졌다면, 예수는 그 자리에서 체포되었을 것이다.

12. 주 10에서 인용한 저술을 보라.

4장 예수의 부활, 우리가 알 수 없는 것

1. 성서학자들은 마르코복음의 마지막 12개 절이 나중에 덧붙여진 것임을 통설로 받아들인다. 마르코복음서는 16장 8절에서 거의 확실히 끝맺음된다. 『성경 왜곡의 역사 Misquoting Jesus: The Story Behind Who Changed the Bible and Why』(San Francisco: HarperSanFrancisco, 2005), pp.65~68의 내 논평을 보라.

2. Raymond Brown, *The Death of the Messiah: From Gethsemane to the Grave*(New York: Doubleday, 1994), p.106.

3. 학자들은 다음 7개 바울로 서간은 반박의 여지없이 그의 친서라고 말한다. 로마서, 고린토전후서, 갈라디아서, 필립비서, 데살로니카전서, 필레몬서. 다른 6개 서간은 바울로 친서로 보지 않는다. 내 책 *Forged: Writing in the Name of God: Why the Bible's Authors Are Not Who We Think They Are*(San Francisco: HarperOne, 2011), pp.92~114를 보라.

4. 역사학자들은 바울로 생애의 연대기에 대해 왈가왈부하지만, 예수 사후 2~3년이 지나 예수의 추종자가 되었다는 것만이 납득할 만한 사실이다. 이것은 바울로가 자신의 서간들, 특히 갈라디아서 1-2장에 "3년 후에", "14년 후에"와 같이 구체적으로 지적한 것에 기초한다. 예수가 서기 30년경 죽었다면, 바울로는 32년 내지 33년 쯤 그의 추종자가 되었을 것이다.

5. Daniel A. Smith, *Revisiting the Empty Tomb: The Early History of Easter*(Minneapolis: Fortress, 2010), p.3.

6. 이 내용에 대한 역사적 설명을 원하는 이에게 가장 최선의 해답은 요셉이 독실한 신앙심을 갖고 행동했고 누군가를 위해(심지어 그가 원수일지라도) 괜찮은 무덤을 마련하고 싶어 했다는 것이다. 왜냐면 그렇게 행동하는 것이 "올바르기" 때문이다. 그러나 마르코는 어디서도 이런 사실을 제시하지 않으며, 사화 자체도 이를 암시하지 않는다. 이 부분은 이례적으로 보인다.

7. Bruce Metzger, "Names for the Nameless in the New Testament: A Study in the Growth of Christian Tradition," in Patrick Granfield and Josef A. Jungmann, eds., *Kyriakon: Festschrift Johannes Quasten*, 2 vols.(Münster: Verlag Aschendorff,

1970), 1:79~99.

8. John Dominic Crossan, "The Dogs Beneath the Cross," Chap. 6 in *Jesus: A Revolutionary Biography*(San Francisco: HarperOne, 1994).

9. Martin Hengel, *Crucifixion*(Philadelphia: Fortress, 1977), 76에서 인용.

10. *The Works of Horace*, Project Guttenberg, http://www.gutenge-rg.org/files/14020/14020-h/14020-h.htm#THE_FIRST_BOOK_OF_THE_EPI-STLES_OF_HORACE에 있는 번역.

11. Hengel, *Crucifixion*, 54에서 인용.

12. Robert J. White의 번역, *The Interpretation of Dreams: Oneirocritica by Artemidorus*(Torrance, CA: Original Books, 1975).

13. Hengel, *Crucifixion*, p.87.

14. Crossan, "Dogs," 159에서 인용(우리말 번역 존 도미닉 크로산, 김기철 옮김, 『예수』, 한국기독교연구소, 2007), pp.226~227에서 인용.

15. Charles Sherman의 번역, *Doidorus Siculus*, Loeb Classical Library(Cambridge, MA: Harvard Univ. Press, 1952).

16. J. W. Cohoon and H. Lamar Crosby의 번역, *Dio Chrysostom*, Loeb Classical Library(Cambridge, MA: Harvard Univ. Press, 1940).

17. Clifford H. Moore and John Jackson의 번역, *Tacitus Histories*, Loeb Classical Library(Cambridge, MA: Harvard Univ. Press, 1931).

18. William Whiston의 번역, *The Works of Flavius Joseplius*(Grand Rapids, MI: Baker Book House, 1979).

19. Crossan, "Dogs," p.158에서 인용.

20. E. Mary Smallwood의 번역, *Legatio ad Gaium*(Leiden: E. J. Brill, 1961).

21. Michael R. Licona, *The Resurrection of Jesus: A New Historigraphical Approach*(Downers Grove, IL: Intervarsity Press, 2010), pp.349~354를 보라.

5장 예수의 부활, 우리가 알 수 있는 것

1. 고대 유대교 연구가이자 팔레스티나 고고학자인 에릭 마이어스Eric Meyers가 나에게 개인적인 서신으로 이 정보를 알려준 것에 고마움을 전한다.

2. 나는 예수가 사흘날에 일으켜졌다는 바울로와 다른 이들의 생각을 반박하는 게 아니다. 나는 이 관점이 성서를 실현시키기에 중요하다고 보지만, 몇 주 내지는 몇 달 후에

생겨난 것임을 말하는 것이다.

3. 영은 여전히 '재료'로 만들어졌다는 고대 관념에 대해서는 Dale B. Martin, *The Corinthian Body*(New Haven, CT: Yale Univ. Press, 1995)를 보라.

4. 연관된 요약내용은 내 책 *Lost Christianities: The Battle for Scripture and the Faiths We Never Knew*(New York: Oxford Univ. Press, 2003), 6장을 보라. 가장 최근의 볼 만한 연구는 David Brakke, *The Gnostics: Myth, Ritual, and Diversity in Early Christianity*(Cambridge, MA: Harvard Univ. Press, 2010).

5. James Brashler의 번역 James M. Robinson, ed., *The Nag Hammadi Library in English*, 4th ed.(Leiden: E. J. Brill, 1996)(이 부분은 송혜경, 『영지주의자들의 성서』, 한님성서연구소, 2014, pp.92~93의 원전번역을 사용했다. 다만 '엘로임'을 일반적으로 로 사용하는 '엘로힘'으로 고쳤다―옮긴이).

6. pp.360~363에 내 관점을 밝혀놓았다.

7. Dale C. Allison, *Resurrecting Jesus: The Earliest Christian Tradition and Its Interpreters*(New York: T & T Clark, 2005).

8. 듀크 대학의 신약학자인 내 친구 조엘 마커스Joel Marcus는 일부 묵시론적 유대인들 이 사후 부활이 육적인 것이 아니라 영적인 것이라는 대안적 시각을 지닐 수 있다고 주 장했다. 그는 이 대안적 시각을 희년Jubilees을 다룬 책에서 발견한다. 만약 그것이 맞다 면, 이 시각은 묵시론자들 가운데서도 아주 극소수만 지지했을 것이다. 그리고 이 시각 은 예수의 가르침들로도 입증되지 않는다. 예수는 분명 하늘나라에서 "먹고 마시게 될 것"이라 했고, 어떤 사람은 하늘나라에서 "쫓겨날 것"이라고 했기 때문이다. 나는 예수 가 (대다수 묵시론자들처럼) 부활을 육체적인 것으로 이해했고, 그의 추종자들 역시 그 랬다고 강조할 필요를 거의 느끼지 않는다.

9. Richard P. Bentall, "Hallucinatory Experiences," in Etzel Cardeña, Steven J. Lynn, and Stanley Krippner, eds., *Varieties of Anomalous Experience: Examining the Scientific Evidence*(Washington, DC: American Psychological Association, 2000), p.86.

10. Michael R. Licona, *The Resurrection of Jesus: A New Historiographical Approach*(Downers Grove, IL: Intervarsity Press, 2010); N. T. Wright, *The Resurrection of the Son of God*(Minneapolis: Fortress, 2003).

11. Gerd Lüdemann, *The Resurrection of Christ: A Historical Inquiry*(New York: Prometheus, 2004), p.19.

12. Michael Goulder, "The Baseless Fabric of a Vision," In Gavin D'Costa, ed., *Resurrection Reconsidered*(Oxford: One World, 1996), pp.54~55.

13. Allison, *Resurrecting Jesus*, p.298.

14. 마리아에 대한 환시들에 대해서는 pp.198~199를 보라. UFO에 대해서는 Susan A. Clancy의 매혹적인 연구 *Abducted: How People Come to Believe They Were Kidnapped by Aliens*(Cambridge, MA: Harvard Univ. Press, 2005)를 보라.

15. Bentall, "Hallucinatory Experiences"를 보라

16. Bentall, "Hallucinatory Experiences," p.102.

17. Allison, *Resurrecting Jesus*, pp.269~282.

18. Bill Guggenheim and Judy Guggenheim, *Hello from Heaven!*(New York: Bantam, 1995).

19. 실례로 René Laurentin, *The Apparitions of the Blessed Virgin Mary Today*(Dublin: Veritas, 1990; French original, 1988)를 보라. 내가 아래 드는 사례들은 이 책에서 가져온 것이다.

20. 나는 위베Wiebe가 선교에 매달린 종교적 광신도가 아니라는 것을 강조하고 싶다. 그는 트리니티 웨스턴대학교의 철학과 주임이자 진지한 학자다. 여전히 그에게 가장 중요한 것은, 무언가 "초월적인 것"이 예수에 대한 현대의 환시들로 이끌었다고 생각한다는 점이다. 달리 말하면 그것들 혹은 그중 일부는 실제적이라는 말이다.

21. 나는 바울로 자신이 500명의 이야기를 창작해냈다고 말하는 것이 아니다. 그는 구전 전승에서 이 이야기들을 가져왔을 것이다. 더욱이 이 같은 전승들이 어떻게 완성되어왔는지는 알 수 없다. 그러나 이런 일은 항상 일어나고 지금 우리 시대에도 일어나고 있다. 이런 일이 항상 누군가 그것에 대해 '거짓말'을 한 결과로 생기는 것은 아니다. 때로 이야기들은 과장되거나 창조된다.

22. John J. Collins, "Sibylline Oracles," in James H. Charlesworth, ed., *Old Testament Pseudpigrapha*, vol. 1, *Apocalyptic Literature and testaments*(Garden City, NY: Doubleday, 1983), n. c2, 387.

23. 여기서 내가 사용한 '진짜veridical'라는 용어는 그들이 본 '무언가'가 실제로 그곳에 있었고 그들이 본 무언가는 진실로 예수였다는 뜻을 말한다.

24. 일부 루가복음 사본들에는 예수의 승천을 다룬 24장 51절이 포함되어 있다. 나는 *The Orthodox Corruption of Scripture: The Effect of Early Christological Controversies on the Text of the New Testament*(2nd ed)(New York: Oxford Univ.

Press, 2011)에서 이에 대해 다루었고, 아마도 필경사들이 이 구절을 덧붙인 것이지, 루가가 쓴 원본은 아니라고 주장했다.

6장 하느님의 아들이 된 예수

1. 내 책 *Forged: Writing in the Name of God: Why the Bible's Authors Are Not Who We Think They Are*(San Francisco: HarperOne, 2011), pp.92~114를 보라.

2. 표준적인 견해에 대해서는 James D. G. *Christology in the Making: A New Testament Inquiry into the Origins of the Doctrine of the Incarnation*(2nd ed.)(Grand Rapids, MI: Eerdmans, 1989), pp.33~36을 보라.

3. 뛰어난 비판적 주석들에는 이 모든 사안들에 대한 논점들이 있다. 가장 권위 있고 유력한 두 주석서는 Robert Jewett, *Romans: A Commentary*(Minneapolis: Fortress, 2007); Joseph Fitzmyer, *Romans: A New Translation with Introduction and Commentary*(New Haven, CT: Anchor Bible, 1997).

4. pp.76~80을 보라.

5. Michael Peppard, *The Son of God in the Roman World: Divine Sonship in Its Social and Political Context*(New York: Oxford Univ. Press, 2011).

6. Peppard, *Son of God*, p.84에서 인용.

7. Christiane Kunst, *Römische Adoption: Zur Strategie einer Familie-norganisation*(Hennef: Marthe Clauss, 2005), 294; Peppard, *Son of God*, p.54 번역 인용.

8. Larry W. Hurtado, *One God, Ond Lord: Early Christian Devotion and Amcient Jewish Monotheism*(London: SCM Press, 1988). 충분한 설명은 그의 대표저서인 *Lord Jesus Christ: Devotion to Jesus in Earliest Christianity*(Grand Rapids, MI: Eerdmans, 2003)에 나온다.

9. Raymond Brown, *The Birth of the Messiah: A Commentary on the Infancy Narratives in the Gospels of Matthew and Luke*(New York: Doubleday, 1993), pp.29~32을 보라.

10. Dunn, *Christology in the Making*를 보라.

11. Peppard, *Son of God*, pp.86~131을 보라.

12. 간단한 내 입장은 『성경 왜곡의 역사Misquoting Jesus: The Story Behind Whe Changed the Bible and Why』(San Francisco: HarperSanFrancisco, 2005),

pp.158~161을 보라. 학문적 차원의 충분한 논증은 내 책 *The Orthodox Corruption fo Scripture: The Effect of Early Christological Controversies on the Text of the New Testament*, 2nd ed.(New York: Oxford Univ. Press, 2011), pp.73~79를 보라.

7장 세상으로 내려온 예수

1. pp.59~61을 보라.

2. Charles A. Gieschen, *Angelomorphic Christology: Antecedents and Early Evidence*(Leiden: E.J. Brill, 1998), p.27.

3. 그리스도를 우두머리 천사로 보는 관점이 신약성서학자들 사이에서 늘 통용되었던 입장은 아니다. 왜냐하면 신약성서가 "사람의 아들", "주님", "메시아", "하느님의 아들" 로 부르는 방식으로 그리스도를 "천사"라고 부른 적이 결코 없기 때문이다. 예컨대 이 관점에 대해서는 D. G. Dunn, *Christology in the Making: A New Testament Inquiry into the Origins of the Doctrine of the Incarnation*(2nd ed.)(Grand Rapids, MI: Eerdmans, 1989), p.158을 보라. 그러나 더 최근의 연구는 그리스도를 선재하는 천사적 존재로 보는 관점이 유행하지 못한 이유를 부분적으로 보여주었는데, 연구자들은 이러한 관점이 초기 그리스도인들에게는 부적절한 격상이라고 생각하기 때문이다. 예를 들어 Gieschen, *Angelomorphic Christology*와 Susan R. Garrett, *No Ordinary Angel: Celestial Spirits and Christian Claims About Jesus*(New Haven, CT: Yale Univ. Press, 2008)을 보라.

4. 앞의 주를 보라.

5. Gieschen, *Angelomorphic Christology*, and Garrett, *No Ordinary Angel*.

6. Garrett, *No Ordinary Angel*, p.11.

7. pp.218~225에 있는 로마서 1,3-4에 대한 논의를 보라.

8. 나는 이것을 '시'로 부르지만, 고대 그리스의 문헌 학자들은 그렇지 않을 것이다. 운율이 맞지 않기 때문이다. 우리는 비문학적 엘리트(곧 평범한 사람)들이 시를 어떻게 받아들이거나 이해했는지 알 수 없다. 그들의 관점이 기록된 자료가 없기 때문이다. 그러나 이 단위를 어떻게 부르든 다른 부분들보다는 훨씬 고양된 언어로 쓰였다는 것은 확실하며, 운율에 맞든 그렇지 않든 간에 영어식 용법에서는 이 고양된 방식의 작문을 시로 간주하는 게 전형적이다.

9. 가장 온전하고 잘 알려진 책은 Ralph P. Martin, *A Hymn of Christ: Philippians 2,5-11 in Recent Interpretation and in the Setting of Early Christian Worship*(Downers

Grove, IL: Intervarsity Press, 1997).

10. James D. G. Dunn, "Christ, Adam, and Preexistence," in Ralph P. Martin and Brian J, Dodd, eds., *Where Christology Began: Essays on Philippians 2*(Louisville, KY: Westminster John Knox, 1998), pp.74~83의 논의를 보라.

11. 폴렌바이더Vollenweider의 입장에 대해 도움이 되는 논의는, Adela Yarbro Collins, "Psalms, Philippians 2,6-11, and the Origins Christology," *Biblical Interpretation* 11(2002): pp.361~372를 보라.

12. 히브리 성서의 거룩한 네 자음문자 YHWH는 하느님의 이름으로 쓰이며, 그리스어로는 퀴리오스Kurios, 영어로는 '주님'으로 번역된다. 따라서 모든 이가 "예수는 주님이시다."라고 고백할 때, 그것은 예수가 야훼라는 이름을 갖고 있음을 인정한다는 뜻이다. 그러나 중요하게 지적할 것은 예수는 여전히 아버지 하느님과는 다르다는 점이다. 이 모든 일은 아버지의 "영광"을 위한 것이기 때문이다.

13. Robert Jewett, *Romans: A Commentary*(Minneapolis: Fortress, 2007)와 Joseph Fitzmyer, *Romans: A New Translation with Introdiction and Commentary*(New Haven, CT: Anchor Bible, 1997)에 나오는 더 상세한 논의를 보라.

14. 가장 대표적인 구절은 요한복음 3장으로, 예수의 말씀이 3장 15절에서 끝났다는 입장과 3장 21절까지 계속된다는 입장이 있다. 예수와 화자의 관점이 상당히 유사하므로 어디서 하나의 목소리가 끝나고 어디서 다른 목소리가 시작되었는지 확실히 알 수 없다.

15. '시'라는 용어를 사용하는 것에 대해서는 각주 8을 보라. 같은 문제가 필립비서 2장 6-11절에도 적용된다.

16. 이러한 쟁점을 다루는 여러 비판적이고 훌륭한 요한복음 주석서들 가운데 특히 Raymond Brown, *The Gospel According to John: Introduction, Translation, and Notes*, vol. 1(Garden City, NY: Doubleday, 1996)을 보라.

17. 2장 주 15를 보라.

18. 내 책 *Forged: Writing in the Name of God: Why the Bible's Authors Are Not Who We Think They Are*(San Francisco: HarperOne, 2011), pp.112~114 참조. 다양한 학문적 견해는 내 책 *Forgery and Counterforgery: The Use of Literary Deceit in Early Christian Polemics*(New York: Oxford Univ. Press, 2013), pp.171~182 참조.

8장 신약성서 이후, 갈 길이 막힌 2, 3세기 그리스도론들

1. *Lost Christianities: The Battle for Scripture and the Faiths We Never Knew*(New

York: Oxford Univ. Press, 2003)에 있는 나의 논의를 보라.

2. 많은 이단들은 그리스도교 안의 주변부 집단에서 끈질기게 살아남았고, 그중 어떤 것들은 역사 속에서 다른 시간과 장소들에 재출현했다. 그러나 정통교회는 그들이 잘못되었다고 생각했다.

3. J. H. Macmahon의 번역, Alexander Roberts and James Donaldson, eds., *Ante Nicene Fathers*, vol. 5(reprint ed.: Peabody, MA: Hendrickson, 1994).

4. G. A. Williamson의 번역, *Eusebius: The History of the Church from Christ to Constantine*(London: Penguin, 1965).

5. 이 주제는 내 책 *The Orthodox Corruption of Scripture: The Effect of Early Christological Controversies on the Text of the New Testament*(2nd ed.)(New York: Oxford Univ. Press, 2011)을 보라.

6. 이그나티우스의 모든 번역은 내가 편집하고 번역한 Loeb Classical Library의 *The Apostolic Fathers*(Cambridge, MA: Harvard Univ. Press, 2003) 1권을 보라.

7. 마르키온에 관한 고전적 연구는 Adolf von Harnack, *Marcion: The Gospel of the Alien God*, trans. John E. Steely and Lyle D. Bierma(Durham, NC: Labyrinth, 1990: German original of the 2nd ed., 1924). 현대적 관점에 대해서는 내 책 *Lost Christianities*, pp.103~109를 보라.

8. Karen King, *What Is Gnosticism?*(Cambridge, MA: Harvard Univ. Press, 2003): Michael A. Williams, *Rethinking Gnosticism: An Arguments for Dismantling a Dubious Category*(Princeton, NJ: Princeton Univ. Press, 1996): David Brakke, *The Gnostics: Myth, Ritual, and Diversity in Early Christianity*(Cambridge, MA: Harvard Univ. Press, 2010).

9. 이 발견에 관한 전통적 이야기는 James M. Robinson, in James M. Robinson, ed., *The Nag Hammadi Library in English*(4th ed.)(Leiden: E. J. Brill, 1996)의 머리말에 나온다.

10. Birger Pearson의 번역, *Nag Hammadi Codex Ⅶ*(Leiden: E. J. Brill, 1996).

11. 나는 이러한 관점을 포용했던 마태오나 마르코처럼 후대에 신약성서가 된 책들이 이단으로 취급받았다고 말하려는 게 아니다. 그러나 고양 그리스도론이 더 이상 받아들여지지 않자, 이 거룩한 책들도 더 이상 고양 그리스도론을 포함하지 않는다고 해석되었다.

12. Peter Holmes의 번역, Alexander Roberts and James Donaldson, eds., *Ante Nicene Fathers*, vol. 3(reprint ed.: Peabody, MA: Hendrickson, 1994).

13. 성부가 고통당한다는 관점은 두 가지 이유에서 반감을 불러일으킨다. 하나는 만물의 창조주가 고통을 체험한다는 것이 비논리적으로 보이기 때문이고, 다른 하나는 고대의 사고방식에서 고통은 불가피하게 인간적 변화를 수반하기 때문이다. 고통을 당하지 않던 존재가 지금은 고통 받는 중이다. 그러나 하느님은 영원불변한 분이다. 따라서 하느님이 고통당할 수 있다는 것은 어불성설이다. 나에게 이런 통찰을 준 마리아 되르플러 Maria Doerfler에게 고마움을 전한다.

14. 오리게네스의 생애와 가르침에 대해서는 Joseph W. Trigg, *Origen: The Bible and Philosophy in the Third-Century Church*(Atlanta: John Knox, 1983)를 보라.

15. G. W. Butterworth의 번역, *Origen: On First Principles*(Gloucester, MA: Peter Smith, 1973).

16. 영혼선재설이 오늘날 어떤 이들에게는 기이해 보여도, 고대 사상가들이 전부 이상하게 본 것은 아니다. 플라톤 같은 그리스 철학자들에게서도 이 개념을 찾아볼 수 있다.

17. 오리게네스의 관점들을 후대의 정통 신학자들이 진심으로 거부했던 이유 중 하나는 영혼들의 선재와 '타락'에 대한 그의 입장이 아주 곤란한 문제를 일으켰기 때문이다. 만일 이 영혼들이 타락해서 그리스도의 활동을 통해 다시 구원 기회를 얻는다면, 일단 구원받은 그들은 하느님의 영광을 영원히 관상할 수 있는 곳으로 돌아가서 다시는 타락하지 않을 것인데, 이 과정의 재시작에 무엇을 보장해줄 수 있단 말인가? 일부 그리스도교 신학자들에게 이 관점은 구원의 궁극성과 관련해 엄청난 혼란을 일으켰고, 그리스도를 믿는 이들에게 영원히 축복받는 삶이 기다리고 있다는 확신에도 혼선을 주었다.

18. Larry Hurtado는 아래 두 책에서 자신의 입장을 강조해놓았다. *One God, One Lord: Early Christian Devotion and Ancient Jewish Monotheism*(London: SCM Press, 1988) *Lord Jesus Christ: Devotion to Jesus in Earliest Christianity*(Grand Rapids, MI: Eerdmans, 2003).

9장 니케아 공의회, 예수 완전히 하느님이 되다

1. Thomas B. Falls의 번역, *Saint Justin Martyr*(Washington, DC: Catholic Univ. of America Press, 1948).

2. Russell J. DeSimone의 번역, *Novation*(Washington, DC: Catholic Univ. of America Press, 1974).

3. Henry Bettenson의 번역, *Documents of the Christian Church*(2nd ed.)(Oxford: Oxford Univ. Press, 1963).

4. Franz Dünzel, *A Brief History of the Doctrine of the Trinity in the Early Church*, trans. John Bowden(London: T & T Clark, 2007), pp.41~49의 논의를 보라.

5. Stuart Hall의 번역 in J. Stevenson, ed., *A New Eusebius: Documents Illustrating the History of the Church to AD 337*(rev. ed.)(London: SPCK, 1987).

6. Edward Rochie Hardy의 번역, *Christology of the Later Fathers*(Philadelphia: Westminster, 1954).

7. Andrew S. Jacobs의 번역 in Bart D. Ehrman and Andrew S. Jacobs, *Christianity in Late Antiquity: 300~450 C.E.*(New York: Oxford Univ. Press, 2004).

8. 어떤 학자들은 로마 황제 데키우스의 칙령 배후에 그리스도인을 박해하려던 의도가 실제로 있었는지 묻는다. 칙령은 로마제국의 모든 주민에게 전통적 신들에게 희생 제사를 거행하고 했다는 증명서를 제출하라는 요구였다. 물론 그리스도인은 자신의 종교적 신념 때문에 희생 제사를 지낼 수 없었고, 그 벌을 받았다. 문제는 그 칙령의 초점이 그리스도인을 뿌리 뽑으려는 것이었는지, 아니면 이교 종교의례의 중요성을 긍정하도록 한 것이었는지다. 어떻든 칙령을 따르지 않은 그리스도인들은 고통을 겪을 수밖에 없었다.

9. 초기 그리스도교 성장률에 대해서는 Ramsay MacMullen, *Christianizing the Roman Empire*(New Haven, CT: Yale Univ. Press, 1984)를 보라.

10. Averil Cameron and Stuart Hall의 번역, *The Life of Constantine*(New York: Oxford Univ. Press, 1999).

11. 간단명료한 논의는 Dünzel, *Brief History*, 49~60; Joseph F. Kelly, *The Ecumenical Councils of the Catholic Church: A History*(Collegeville, MN: Liturgical Press, 2009), pp.11~25를 보라. 신학적 사안들에 대한 학문적 비평은 Lewis Ayres, *Nicaea and Its Legacy: An Approach to Fourth-Century Trinitarian Theology*(Oxford: Oxford Univ. Press, 2004), pp.1~61을 보라.

12. J. N. D. Kelly의 번역, *Early Christian Creeds*(3rd ed.)(London: Longman, 1972)(여기에서는 H. R. 드롭너, 『교부학』, 분도, 2001, pp.345~346에 있는 하성수의 번역을 참조했다―옮긴이).

13. 주 11에 인용한 책을 보라.

맺음말: 역사적 예수에서 신으로, 그 여파

1. 고대 유대교와 그리스도교의 관계 및 그리스도교의 반유대주의 발흥에 대한 고전적 연구들 중에서 여전히 중요한 다음 책들을 보라. Marcel Simon, *Verus Israel: A Study*

of the Relations Between Christians and Jews in the Roman Empire(135~425),
trans. H. McKeating(Oxford: Oxford Univ. Press, 1986; French origianl, 1964);
Rosemary Ruether, *Faith and Fratricide: The Theological Roots of Anti-
Semitism*(New York: Seabury, 1974); John Gager, *The Origins of Anti-Semitism:
Attitudes Toward Judaism in Pagan and Christian Antiquity*(New York: Oxford
Univ. Press, 1983).

2. Gerald F. Hawthorn의 번역, "A New English Translation of Melito's Paschal
Homily," *Current Issues in Biblical and Patristic Interpretation*(Grand Rapids, MI:
Eerdmans, 1975).

3. Ruether, *Faith and Fratricide*를 보라. 여기서 나는 그녀의 설명을 따랐다.

4. 어떤 학자들은 암브로시우스가 정말로 이 편지들에서 주장한 것처럼 이 논쟁에서 중
요한 역할을 했는지 의문시한다. 그러나 이 사안을 어떻게 결정하든, 당시 그리스도교
지도자들은 국가 당국과 관계하면서 전례 없는 권력을 갖고 만났음이 분명하다.

5. Lewis Ayres, *Nicaea and Its Legacy: An Approach to Fourth-Century Trinitarian
Theology*(Oxford: Oxford Univ. Press, 2004)와 함께, 다음 두 자료집과 각 서문들이
유용하다. Richard A. Norris, *The Christological Controversy*(Philadelphia: Fortress,
1980), William G. Rusch, *The Trinitarian Controversy*(Philadelphia: Fortress,
1980).

6. Martin Hengel, "Christological Titles in Early Christianity," in *Studies in Early
Christology*(Edinburgh: T & T Clark, 1995), p.383.

해제: 역사적으로 "재맥락화" 된 예수

1. *Did Jesus Exist?: The Historical Argument for Jesus of Nazareth*(New York:
HarperOne, 2012).

2. 자세한 것은 이 책 6장을 볼 것.

3. 오강남, 『또 다른 예수: 비교종교학자 오강남 교수의 「도마복음」 풀이』(예담, 2009)
참조할 것.

4. 예수에 대해 논의한 문헌은 이 책 3장에도 열거되어 있다.

5. Marcus J. Borg, ed., *Jesus at 2000*(Oxford: Westview Press, 1998), p.94. 오강남,
『예수는 없다』(현암사, 2001), p.212에서 재인용.

6. 폴 버호벤 지음, 송설희 옮김, 『예수의 역사적 초상』(영림카디널, 2010). 최근에 나온

레자 아슬란 지음, 민경식 옮김, 『젤롯: 예수는 정치적 혁명가였다』(와이즈베리, 2014)
참조.

7. 이 책을 읽으면서 불교 역사에서 대중부大衆部, Mahasamghika에 속하는 설출세부
說出世部, Lokottaravada가 부처님을 '출세간적lokottara, supramundane' 존재로 보
기 시작한 사건을 떠올리게 된다. 흥미로운 것은 이슬람의 경우 창시자 무함마드를 절대
신격화하지 말라고 가르친다. 이슬람의 입장에서는 예수를 포함하여 어느 인물이든 그
를 인간 이상으로 보는 것은 '용서받을 수 없는 죄shirk'를 범하는 것이라 본다.

성서 색인

4,14: 297, 298

에페소서(에페)
4,5: 407
6,12: 69

필립비서(필립)
2: 304
2,5: 299
2,6-11: 299
2,7: 349
2,9: 329
2,10-11: 302

골로사이서(골로)
1,15: 331
1,15-20: 330
1,16: 69, 331
1,19: 331

데살로니카전서(데살)
4,17: 135

필레몬서
254

히브리서(히브)
1,2: 331
1,2-4: 331
1,5-8: 332
2,5-9: 332

요한1서
1,1-3: 351
1,1-4: 384
1,1-14: 351
2,18-19: 350
4,2-3: 350, 384

색인

함께 읽으면 좋은 갈라파고스의 책들

『왜 세계의 절반은 굶주리는가?』
유엔 식량특별조사관이 아들에게 들려주는 기아의 진실
장 지글러 지음 | 유영미 옮김 | 우석훈 해제 | 주경복 부록 | 202쪽 | 9,800원
* 한국간행물윤리위원회, 책따세 선정도서 | 법정스님, 한비야 추천도서

120억의 인구가 먹고도 남을 만큼의 식량이 생산되고 있다는데 왜 하루에 10만 명이, 5
초에 한 명의 어린이가 굶주림으로 죽어가고 있는가? 이런 불합리하고 살인적인 세계질
서는 어떠한 사정에서 등장한 것일까? 그 책임은 누구에게 있을까? 학교에서도 언론에
서도 아무도 알려주지 않는 기아의 진실! 8년간 유엔 인권위원회 식량특별조사관으로
활동한 장 지글러가 기아의 실태와 그 배후의 원인들을 대화 형식으로 알기 쉽게 조목조
목 설명했다.

『지식의 역사』
과거, 현재, 그리고 미래의 모든 지식을 찾아
찰스 밴 도렌 지음 | 박중서 옮김 | 924쪽 | 35,000원
* 한국간행물윤리위원회 선정도서/ 한국경제신문, 매일경제, 교보문고 선정 2010년 올해의 책

문명이 시작된 순간부터 오늘날까지 인간이 생각하고, 발명하고, 창조하고, 고민하고,
완성한 모든 것의 요약으로, 세상의 모든 지식을 담은 책. 인류의 모든 위대한 발견은 물
론이거니와, 그것을 탄생시킨 역사적 상황과 각 시대의 세심한 풍경, 다가올 미래 지식
의 전망까지도 충실히 담아낸 찰스 밴 도렌의 역작이다.

『물질문명과 자본주의 읽기』
자본주의라는 이름의 히드라 이야기
페르낭 브로델 지음 | 김홍식 옮김 | 204쪽 | 12,000원

역사학의 거장 브로델이 우리가 미처 알지 못했던 자본주의의 맨얼굴과 밑동을 파헤친

역작. 그는 자본주의가 이윤을 따라 변화무쌍하게 움직이는 카멜레온과 히드라 같은 존재임을 밝혀냄으로써, 우리에게 현대 자본주의의 역사를 이해하고 미래를 가늠해볼 수 있는 넓은 지평과 혜안을 제공하였다. 이 책은 그가 심혈을 기울인 '장기지속으로서의 자본주의' 연구의 결정판이었던 『물질문명과 자본주의』의 길잡이판격으로 그의 방대한 연구를 간결하고 수월하게 읽게 해준다.

『현대 중동의 탄생』
데이비드 프롬킨 지음 | 이순호 옮김 | 984쪽 | 43,000원

미국 비평가협회상과 퓰리처상 최종선발작에 빛나는 이 책은 분쟁으로 얼룩진 중동의 그늘, 그 기원을 찾아가는 현대의 고전이다. 종교, 이데올로기, 민족주의, 왕조 간 투쟁이 끊이지 않는 고질적인 분쟁지역이 된 중동이 어떻게 형성되었는지를 명쾌하게 제시해준다. 이 책은 중동을 총체적으로 이해하게 해주는 중동 문제의 바이블로 현대 중동 문제를 이해하기 위한 필독서다.

『푸코, 바르트, 레비스트로스, 라캉 쉽게 읽기』
교양인을 위한 구조주의 강의
우치다 타츠루 지음 | 이경덕 옮김 | 224쪽 | 12,000원

구조주의란 무엇인가에서 출발해 구조주의의 기원과 역사, 그 내용을 추적하고, 구조주의의 대표적 인물들을 한자리에 불러 모아 그들 사상의 핵심을 한눈에 들어오도록 정리한 구조주의에 관한 해설서. 어려운 이론을 쉽게 풀어 쓰는 데 일가견이 있는 저자의 재능이 십분 발휘된 책으로, 구조주의를 공부하는 사람이나 구조주의에 대해 알고 싶었던 일반 대중 모두 쉽고 재미있게 읽을 수 있는 최고의 구조주의 개론서이다.

예수는 어떻게 신이 되었나

1판 1쇄 발행 2015년 12월 7일
1판 6쇄 발행 2022년 3월 7일

지은이 바트 어만 | 옮긴이 강창헌 | 해제 오강남
편집부 김지은 김지하 | 표지 디자인 가필드

펴낸이 임병삼 | 펴낸곳 갈라파고스
등록 2002년 10월 29일 제2003-000147호
주소 03938 서울시 마포구 월드컵로 196 대명비첸시티오피스텔 801호
전화 02-3142-3797 | 전송 02-3142-2408
전자우편 books.galapagos@gmail.com
ISBN 979-11-87038-65-8 (03900)

갈라파고스　자연과 인간, 인간과 인간의 공존을 희망하며, 함께 읽으면 좋은 책들을 만듭니다.